高职高专
市场营销专业精品规划教材

服务营销理论与实务

（第二版）

● 刘红一 　　　　　　　　　　　／ 主　编
● 刘方伟　于世宏　夏　冬　张瀛水　王国丽／ 副主编

清华大学出版社
北　京

内 容 简 介

　　本书内容包括服务营销导论,服务消费行为,服务营销理念,服务营销战略,服务市场的细分、选择和定位,服务产品策略,服务定价策略,服务渠道策略,服务促销策略,服务人员策略,服务过程策略,服务有形展示。本书内容深入浅出,文中插入了案例导入、名词点击、知识窗、小问答、卓越实践等灵活多样的栏目,有利于激发读者的学习兴趣,开阔其视野,启发其思维,帮助读者理解服务营销理论,有利于提高读者应用服务营销理论分析和解决实际问题的能力。

　　本书可以作为高职高专市场营销专业及相关专业的基础课教材或专业课教材,也可以作为成人教育,以及在职职工培训和自学辅导的教材。

图书在版编目(CIP)数据

服务营销理论与实务/刘红一主编 . --2 版 . --北京:清华大学出版社,2014(2017.8 重印)

高职高专市场营销专业精品规划教材

ISBN 978-7-302-35754-4

Ⅰ. ①服… Ⅱ. ①刘… Ⅲ. ①服务营销－高等职业教育－教材 Ⅳ. ①F719

中国版本图书馆 CIP 数据核字(2014)第 060849 号

责任编辑:左卫霞
封面设计:于晓丽
责任校对:袁　芳
责任印制:刘海龙

出版发行:清华大学出版社
　　　网　　　址:http://www.tup.com.cn, http://www.wqbook.com
　　　地　　　址:北京清华大学学研大厦 A 座　　　邮　　　编:100084
　　　社 总 机:010-62770175　　　邮　　　购:010-62786544
　　　投稿与读者服务:010-62776969, c-service@tup.tsinghua.edu.cn
　　　质 量 反 馈:010-62772015, zhiliang@tup.tsinghua.edu.cn
　　　课 件 下 载:http://www.tup.com.cn,010-62795764
印 装 者:北京泽宇印刷有限公司
经　　销:全国新华书店
开　　本:185mm×260mm　　　印　　张:17　　　字　　数:410 千字
版　　次:2009 年 6 月第 1 版　　2014 年 8 月第 2 版　　印　　次:2017 年 8 月第 5 次印刷
印　　数:9001～11000
定　　价:35.00 元

产品编号:056814-01

第二版前言

《服务营销理论与实务》一书自 2009 年 6 月出版以来,得到了高职院校广大师生的普遍喜爱和好评。但是,随着我国市场经济和高职教学改革实践的发展,原有教材要及时修改和更新才能更好地符合时代发展的客观要求。

近些年来,随着我国市场经济的蓬勃发展,第三产业越来越成为大学生就业的主要领域,服务越来越成为企业之间竞争的焦点,企业对员工的服务营销能力要求越来越高。在上述背景下,高职教育领域在教学理念上明确提出了培养高端技能型人才的目标,更加重视职业技能的培养,强调学科标准和职业标准的融合;在教学模式上,一方面,很多高职院校积极开展校企合作、工学结合的实践主导型的教学模式改革和采用项目导向、任务驱动式教学方法;另一方面,在校内努力建设仿真商业社会环境的跨专业的综合实训教学平台,加强实训教学,提高学生的专业认知和应用能力,以实现与企业用人需求的无缝对接。上述两种方法相结合的教学模式得到了越来越多的高职院校的普遍认同,成为高职教学发展的主流趋势。为适应上述市场经济发展和教学理念与教学模式创新的客观要求,我们认为有必要对原教材进行修订。

本次教材修订的内容涉及体例创新、内容精简、侧重实践训练等多个方面。修订后的教材主要具有下列特点。

(1) 体例独特。章前设置本章阐释、能力目标等栏目,正文设有案例导入、名词点击、知识窗、小问答、卓越实践等栏目,章后设置实训课业环节。

(2) 内容更新、精简和适用。一是教材按"分析职业能力"→"确定能力目标"→"序化和精选教学内容"的思路设计和编写;二是根据服务营销发展的新趋势,将新的知识、技术和方法加入其中。

(3) 注重实践训练,突出能力培养。本书课前设置能力目标,课中设置案例导入、卓越实践等环节,课后设置实训课业,目的是训练学生的操作能力和提高职业能力。

(4) 重视运用图、表、例说明问题。

(5) 注重双证沟通。按照产学研结合型教育要求,把职业资格标准中要求的知识、技能与能力融入相关课程的教学大纲中。

(6) 注意解决教材的中国化问题。所谓"中国化",就是既不要写成土生土长的"中国乡土教材",也不要写成洋味十足的"洋教材",而是要把营销学的普遍原理与我国的具体实践相结合。另外,要着力反映我国行业服务营销的发展问题。

另外,根据立体化教材编写要求,本教材配备了精心制作的教学课件和技能题参考答案,有利于教师提高课堂教学质量、教学效率和教学水平。

参加《服务营销理论与实务》一书修订工作的人员和分工如下:辽宁经济职业技术学院的刘红一教授负责修订第 1 章、第 4 章和第 5 章;辽宁经济职业技术学院的刘方伟讲师负责修订第 3 章、第 11 章和第 12 章;沈阳师范大学的于世宏副教授和沈阳宝岩企业集团总裁张瀛水负责修订第 2 章、第 9 章和第 10 章;辽宁卫生职业技术学院的夏冬讲师和中国平安人寿保险股份有限公司辽宁分公司和平营业区六部经理王国丽负责修订第 6 章、第 7 章和第 8 章。另外,中国平安保险公司的卜嵘同志参加了本书教学课件的制作工作。

　　《服务营销理论与实务》一书由刘红一教授负责设计结构并最后对全书内容进行审核、修改和定稿。全书修订后,由刘红一任主编,刘方伟、于世宏、夏冬、张瀛水、王国丽任副主编,卜嵘任参编。本书在编写过程中,参阅了大量的相关文献,在此向文献作者一并表示谢意。

　　由于编者水平有限,修改和编写时间仓促,书中疏漏在所难免,敬请同行专家和广大读者指教匡正。

刘红一

2014 年 6 月

第一版前言

21世纪是服务经济迅猛发展的时代,在这一新的时代里,服务已经成为企业之间竞争的焦点,越来越多的世界知名企业已经将"服务"作为克敌制胜的法宝,服务营销理念也越来越受到企业界和学术界的重视,一个崭新的营销时代已经到来,那就是"服务营销"时代。

和西方发达国家相比,我国的服务营销起步较晚,20世纪90年代才开始真正从事服务营销的研究。在向西方发达国家学习的过程中,我国的学术界和企业界逐步认识到了服务营销对企业经营的重要意义,加快了对服务营销的研究和应用。为了使高职院校市场营销等专业的学生掌握服务营销的理论与技能,满足企业对服务营销人才需求的大幅度增长,我们组织了相关院校的有长期教学经验的教师编写了这本《服务营销理论与实务》教材。

在教材编写过程中,我们坚持了以下原则和要求。

(1) 根据《高等学校教学质量和教学改革工程》(以下简称"质量工程")对"精品课程"教材的要求,本书紧紧围绕高职高专市场营销专业培养营销岗位第一线所需要的能够直接上岗的营销专门人才的目标,坚持改革、创新的精神,体现新的课程体系、新的教学内容和教学方法,以提高学生整体素质为基础,以能力为本位,兼顾知识教育、技能教育和能力教育。

(2) 本教材内容的设计兼顾"知识点"、"技能点"、"能力点"和"素质点"。具体地讲:
①在设计各章的学习目标中,要考虑知识目标、技能目标、能力目标和素质目标四种子目标。知识目标应侧重服务营销理论的重点和要点的理解,技能目标应列出学生学习本章后应掌握的营销技术,能力目标应侧重观念应用或理论联系实际的能力,素质目标应侧重全面提升学生的生理、心理、行为的基本品质和政治思想道德修养水平。②教材各章节中对知识点、技能点、能力点和素质点的内容阐述与本章学习目标中所列子目标一一对应,并有助于实现这些目标。③每章章后习题的设计与本章各节中对知识点、技能点、能力点和素质点的内容阐述一一对应。

(3) 坚持按照先进、精简、适用的原则选择教材内容。"先进"是强调市场营销新理论、新知识、新技术、新方法、新经验、新案例,使教材内容先进科学;"精简"是指教材提供的内容只要"必需、够用"即可,不必充分展开;"适用"是指着眼于未来的应用,具有实际使用价值和可操作性。

(4) 注意解决教材的中国化问题。所谓"中国化",就是既不要写成土生土长的"中国乡土教材",也不要写成洋味十足的"洋教材",而要有意识地把营销学普遍原理与我国市场的特殊国情和我国市场营销的最新具体实践相结合。另外,要着力反映我国行业服务营销的发展问题。

(5) 着眼于产学研结合型教育所要求的双证沟通,把职业资格标准中要求的知识、技能与能力融入相关课程的教学大纲中。

(6) 教材重视运用图、表、例说明问题,进一步加大教材的案例化程度。具体内容如下:微型案例、中型案例、大型(综合)案例三者结合。微型案例内容仅涉及本节的节内小案例

（即节内的"观念应用"）；中型案例内容仅涉及本章的案例，包括作为全章内容导引的引例和各章后习题中的案例；大型（或综合）案例位于全书最后。

（7）加大实训内容的课时比例。各门课程的实训课一般不少于各课程总学时的1/4。

（8）其他栏目设计。每节安排1～2个小资料、小思考，有的章节安排了专论。

本教材的内容可概括为：以科学的服务营销理念为指导，以客观、准确、全面的市场调查信息为基础，在客观、准确、全面地把握消费者需求的基础上科学地制定营销战略、营销计划和市场定位，以产品、价格、渠道、促销、服务人员、服务过程、服务有形展示7个方面的服务营销策略和管理手段为主线和思路，全面阐述了服务营销学的基本理论与实务，条理清楚、观点明确，所介绍的方法实用性强，极具操作性，可作为高职高专市场营销及相关专业基础课或专业课教材，也可作为成人教育教材，以及在职职工培训和自学辅导的教材。

《服务营销理论与实务》由刘红一任主编，刘方伟、于世宏、夏冬任副主编。全书共12章，编写分工如下：刘红一编写第1章、第4章、第5章、第11章的第4节；刘方伟编写第3章、第11章的第1～3节、第12章；于世宏编写第2章、第9章、第10章；夏冬编写第6～8章。全书由刘红一设计结构并最后总纂。本书在编写过程中参阅了大量的相关文献，在此向文献作者表示谢意。

由于编者水平有限，编写时间仓促，书中疏漏在所难免，敬请同行专家和广大读者指正。

刘红一

2009 年 3 月

目　　录

第 **1** 章

服务营销导论

本章阐释

　　本章通过对服务、服务营销和服务营销学的基本理论和实务的介绍,使学生正确理解服务的内涵、外延和特点,了解服务营销的含义、演变和服务营销学的兴起与发展历史,理解服务营销学与市场营销学的区别与联系,理解学习服务营销学的重要意义。

能力目标

　　(1) 能正确理解和分析无形的服务和有形产品的区别与联系。
　　(2) 能正确理解和分析服务营销学和市场营销学的区别与联系。

1.1　服务和服务业

● 案例导入

一位高等职业学院的服务消费者

　　刘硕是辽宁省高职示范院校——辽宁经济职业技术学院工商管理系市场营销专业2010级1班的一位女学生。她的家在沈阳市沈河区,而学院位于离她家很远的空气清新、环境优美的沈北新区,因此,除了周末有时回家外,大部分时间她都住在学院里。

　　她住在8号宿舍楼,那是一幢灰色的欧式建筑。她住在六层楼的626号宿舍,里面有一张两人坐的桌子和两把椅子,有几个装生活用品的铁制储物柜。屋内还设有供手机充电的电源插口。由于这间屋子比较大,因此,安排了8个学生居住,而别的宿舍,绝大多数都是6个人。每年的学费是4 500元,住宿费是1 000元。

　　这是2012年4月的一天,刘硕一大早就起床了,一看表才6点多。她先去了走廊的洗手间,然后从电源插口处拔下手机充电器,把已经充满电的手机放到自己衣服口袋里,接着就拿着脸盆、毛巾、牙具和铺了很长时间的床单到洗漱间,洗漱间里有洗衣机,她投币后就把床单放进洗衣机里了。洗漱完毕后,她进宿舍拿了两个暖水瓶到走廊的水房里,在电热水箱旁划卡后,她将暖水瓶灌满了开水放到宿舍里的桌子上,就下楼到体育场去跑步。跑了5圈后,已微微出汗的她回到宿舍楼附近的健身器材区荡了一会儿秋千,然后就回宿舍了,这时已经7点多了。上楼后,她拿着洗好的床单,背着书包下楼。到了院子里,她先把床单晾到铁丝上,用衣服夹夹住。然后,就朝着餐饮中心的方向走去。

　　餐饮中心是近年来新建的一座三层楼的灰色欧式建筑,宽敞、明亮。每一层楼内都设有五六个档口,每一个档口都是由私人承包的。由于档口间存在竞争关系,并且学院对各档口实行严格管理,因此,每个档口提供的饭菜种类多、特色突出、味道可口、价格合理。早餐有包子、豆浆、粥、煎饼、馅饼、葱花饼、馒头、花卷、糖三角、发糕、油炸糕和各种小菜、咸菜等,另外,饮品店里还有可乐、雪碧、花生露、果汁、咖啡、奶茶等多种饮品。刘硕买了两个她喜欢吃的肉馅包子、一碗皮蛋瘦肉粥和一小盘黄瓜咸菜,一共花了2元多。吃完饭后,她到一楼超市买了一瓶矿泉水花了1元钱,又到手机服务处买了一张50元的手机充值卡。给手机充值后,她走出大门,朝着培训楼的方向急匆匆走去。

　　培训楼也是近年来新建的一座六层高的灰色建筑,刘硕的教室在310房间,这是一间多功能教室,能容纳30～40名学生上课。教室里有投影仪,可以播放幻灯片和音乐。到达教室后,已经7点半了,她马上打开英语课本,边看、边读,抓紧课前预习。因为,8点10分到10点10分是英语听力课,而刘硕的口语听力是个“短板”,成绩一直不理想。她暗暗下决心,一定要多下功夫,突破这一难关。

　　英语课结束后,课间休息20分钟,趁着这段时间,刘硕急忙下楼向距离培训楼200米远的图书馆的一楼大厅走去,那里有银行设置的ATM机,她要取钱买生活用品。还好,取款的人不多,她在ATM机上取完款后就赶紧回教室去了。接下来的3～4节课是市场营销课,她很喜欢这门课,因为教市场营销这门课的教师很有活力,会不断地与学生进行互动。刘硕多次参与讨论,同时,也从其他同学的分析中学到了很多。

　　中午12点放学了,刘硕饥肠辘辘,她赶紧和几个好朋友朝着餐饮中心奔去,路上学生黑压压一片。到了二楼餐厅后,她本想吃一碗旦旦面,但是因为排队的人太多,她只好和朋友们一起买了米饭和炒菜,又从临近的饮品店买了几杯热奶茶。

　　吃过午饭后,刘硕回到宿舍立刻用手机给沈阳瑞志城建置业发展有限公司的王经理打了电话,内容是商量顶岗实习的事情。因为近几年来,工商管理系为了提高学生的实践能力,在市场营销专业率先实施了以“校企合作,工学结合”为特色的教学模式改革,按照工商管理系制订的“2+1”教学计划,即用两年时间在学院学习理论课程,用一年时间到企业实习的计划,2012年5月16日,她就要到自己选择的这家企业中去顶岗实习了。

　　下午13点至15点是体育课,学生可以提前自主选择自己喜爱的运动项目。刘硕选择的是篮球,在教练的指导下,她今天练习的内容是传球和运球,她兴致盎然,练得满头大汗,不仅学到了知识、掌握了相关技术、增强了体力,还了解了很多比赛规则,真是收获满满呀。

　　15点下课后,刘硕约了几个同学到洗浴中心去洗澡,收费采用划卡方式,每人洗一次3元钱。16点,她们到餐饮中心吃了晚饭。

　　17点至18点10分,刘硕到教室观看了利用多功能教室的计算机和投影仪放映的电影,片名是《老男孩》。

　　18点30分至20点30分,刘硕拿着借阅卡,到图书馆二楼阅览室找到她最感兴趣的刊名为《意林》的杂志聚精会神地看起来。里面有很多故事,看后可体会做人的道理,增加阅历,积累生活经验。

　　20点35分至21点40分,刘硕到计算机机房花了1元钱上网,了解最近的国内和国际方面重要的新闻。这是她的爱好和多年形成的习惯,一天不上网,就憋得难受。

21 点 45 分,刘硕回到宿舍,上床睡觉。22 点,宿舍熄灯了,她很快进入了梦乡……

思考与分析

1. 请找出刘硕一天中已经消费的各种服务。
2. 在每一次消费过程中,刘硕都试图满足什么需求?
3. 厨师和教师的服务有何异同? 他们应该从彼此身上学习哪些东西?

1.1.1　认　识　服　务

1. 服务的含义

名词点击

服务是具有无形特征却可给人带来某种利益或满足感的可供有偿转让的一种或一系列活动。

2. 服务的特征

服务与有形商品相比是有本质区别的。一般而言,服务具有以下共同的特征。

(1) 不可感知性

不可感知性包括以下两层含义。

① 服务与实体商品相比较,它的最大特点是服务不是以物的形式而存在,而是以活动的形式而存在,因此,它虽然以自身特有的功效造福于人类,用劳动给人以便利、轻松,用礼貌给人以舒心、愉快,但却因没有体积、形状、色彩、重量而看不见、摸不着、闻不到,即服务的特质及组成服务的元素许多情况下都是无形无质的。让人不能触摸或凭视觉、听觉、嗅觉感到其存在。

② 消费者消费服务后所获得的利益,也很难被察觉,或是要经过一段时间后,消费服务的享用者才能感觉出利益的存在。服务的这一特征,使消费者在购买服务前不能以对待实物商品的办法,如触摸、尝试、嗅觉、聆听等,去判断服务的优劣,而只能以搜寻信息的办法,参考多方意见及自身的历史体验来做出判断。消费者也无法明确说明他们希望得到什么样的服务。因为大多数服务都非常抽象,很难描述。由于这一特征,消费者在购买服务之前所面临的购买风险比购买有形商品要大得多。

服务有时是需要一定载体的,如录音磁带、录像带等作为音乐、电视服务的载体。载体的有效性的强弱,体现了服务质量的高低。

许多服务业为了变不可感知为可感知,常常通过服务人员、服务过程及服务的有形展示,并综合运用服务设施、服务环境、服务方式和手段等来体现。

服务的不可感知性要求服务业提供服务介绍和承诺。服务介绍的诚实性与准确性是服务质量所要求的。服务承诺的针对性与周到性及服务履约的及时性、兑现性,也是服务质量水平的体现。

(2) 不可分离性

不可分离性是指服务的生产过程与消费过程同时进行,服务人员提供服务于顾客之时,也正是顾客消费、享用服务的过程,生产与消费服务在时间上不可分离;而有形的产业用品或消费品从生产、流通到最终消费的过程中往往要经过一系列的中间环节,生产与消费过程具有一定的时间间隔。服务的这一特征要求服务消费者必须以积极的、合作的态度参与服务生产过程(如快餐店的顾客)或通过与服务人员合作(如美容店的顾客),积极地参与服务过程,享受服务的使用价值。只有参与才能消费服务,否则便不能消费服务。如医疗服务,病人接受治疗,只有主动地诉说病情,医生才能做出诊断,并对症下药。服务企业往往将生产、零售和消费场所融为一体。大多数消费者必须到服务场所,才能接受服务,或服务企业必须将服务送到消费者手中。因而,各个服务网点只能为某一个地区的消费者服务,服务场所的选址对服务企业显得十分重要。

服务的不可分离性和有形产品质量及营销管理的区别主要是:

① 服务营销管理将顾客参与生产过程纳入管理,而不局限于对员工的管理。因而对顾客宣传其服务知识,提高顾客参与服务生产过程的水平十分重要。

② 服务的不可分离性表明,服务员工与顾客的互动行为既是服务质量高低的影响因素,也是服务企业与顾客之间关系的影响因素。服务质量管理是服务业的生命。服务质量管理应包括对服务生产全过程中对员工和顾客的双重管理。要促进服务员工与顾客的良性互动,以全面提高质量,树立企业的形象。服务员工与顾客的良性互动的关键是沟通,适时恰当的沟通是全面推行服务质量管理的中心环节。

（3）品质差异性

品质差异性是指服务的构成成分及其质量水平经常变化,很难统一认定。造成差异性的原因有:一是服务人员的原因,如服务人员有各种不同经历、心理状态、性格特点、工作态度,其服务行为也难以把握;二是顾客的原因,由于顾客直接参与服务的生产与消费过程,如顾客因知识水平、兴趣爱好、道德修养、处世经验、社会阅历等差异,即使服务企业提供同样的服务,顾客的感受也会不同,也直接影响服务质量和效果。全国劳模李素丽的售票服务使顾客感到方便、受尊重、温暖、体贴、愉悦;而素质低下的售票员会给人带来烦恼、不安全感。例如,同为听课,有的人听得津津有味,收获甚丰;有的人则昏昏欲睡,收效甚微。

服务品质的差异性会导致"企业形象"混淆而危及服务的推广。同一企业的若干分店,如果销售产品,易于统一企业形象;如若销售服务,则会产生各分店服务质量优劣不等的差异性。提供劣质服务的分店对整个企业带来的负面影响,将大大超过大多数优质服务分店所形成的良好企业形象而产生的正面效应。

（4）不可贮存性

由于服务的不可感知性以及服务的生产与消费同时进行,使得服务不可能像有形的产业用品和消费品一样被储存起来,以备未来出售,而且消费者在大多数情况下,亦不可能将服务携带回家安放下来,如不能及时消费,就会造成服务的损失。如车船、电影院、剧院的空位现象。其损失表现为机会的丧失和折旧的发生。

不可贮存性表明服务不需要贮存费用、存货费用和运输费用。但同时带来的问题是:服务企业必须解决由于缺乏库存所引致的产品供求不平衡问题。服务业在制定分销战略、选择分销渠道和分销商等问题上将有别于实体商品的不同做法。

服务的不可贮存性也为加速服务产品的生产、扩大服务的规模提出了难题。服务业只有在加大服务促销、推广优质服务示范上积极开发服务资源，才能转化被动服务需求状态。

（5）所有权的不可转让性

所有权的不可转让性是指在服务的生产和消费过程中不涉及任何东西的所有权转移。既然服务是无形的，又不可储存，服务在交易完成后便消失了，消费者并没有"实质性"地拥有服务。我们乘坐航班抵达目的地后，除了机票和登机卡在手上外，其他一切都清算交割，同时航空公司也没有把任何东西的所有权转移给旅客。在银行提取存款，在服务过程结束后，储户手中拿到钱，但并没有引起所有权的转移，因为这些存款本身是储户自己的，银行只不过是一个存放的场所，而且银行还要给储户一定的利息。不过也有例外的情况，比如在百货公司购物后，购买者取得了所购商品的所有权，这样公司的服务导致了有形商品所有权的转让。

这一特征是导致服务风险的根源。由于缺乏所有权的转移，消费者在购买服务时并未获得对某种东西的所有权，因此感受到购买服务的风险性，而造成消费心理障碍。为了克服消费者的这种心理障碍，服务业的营销管理中逐渐采用"会员制度"，试图维系企业与顾客的关系。顾客作为企业的会员可享受某些优惠，从而在心理上产生拥有企业所提供的服务的感觉。

在上述 5 个特征中，不可感知性是最基本特征，其他特征都是从这一特征派生出来的。服务的 5 个特征从各个侧面表现了服务与实体商品的本质区别。

3. 服务与有形产品的联系

从"所有能够满足人们需要的任何东西都是产品"这个思想出发，有形产品和服务都是"产品"，只不过服务是非物质形态的产品，它虽然没有物理、化学属性，但它可以满足人们的某种需求。例如，美容、理发、运输等都是服务，都可以满足人们的某种需求。

服务的内涵表明，它是以非实物的形式来为他人或组织提供利益，当然，在许多情况下，无形的服务往往是通过有形的产品或与有形的产品结合来发生作用的。从本质上看，服务与有形产品之间并无严格界限。

首先，不存在纯粹的服务，即不存在不需要任何物质支持的服务。例如，医院提供的医疗服务是以药品、医疗设备等有形产品为基础的；学校的教学过程是非实体的，但是教材、教室、桌椅、电教设备等则是有形产品。

其次，不存在无须借助任何服务手段的纯粹的产品。例如，产品都需要分销，而分销就是一种服务。此外，在客户购买产品之前有售前服务，购买过程中有讲解、演示等售中服务，购买产品后有送货、安装和"三包"等售后服务。

显然，任何一个服务机构，无论是制造业服务机构还是服务业服务机构，它们提供的产出实际上都是"有形产品＋无形服务"的混合体，只不过各自所占的比例不同。

菲利普·科特勒把市场上的产品分成五种：①纯粹有形产品，如肥皂、牙刷、盐等几乎没有附加任何的服务成分。②附加部分服务的有形产品，如汽车、计算机等。③混合物，即服务与有形产品大约各占一半，如餐馆和旅馆里的服务与有形产品是并举的。④附带有少量有形产品的服务，如教育、医疗等服务。⑤纯粹的服务产品，即其中几乎不会附加任何有形产品，如律师和心理咨询等服务。

服务与有形产品之间只在于有形性程度的不同，从高度无形到高度有形之间存在一个连续谱，如图1-1所示。

4. 服务的分类

从不同角度、按照不同标准,可以对服务进行很多种分类,以满足实践中人们的不同的需要和研究目的,下面列举几种分类法,供大家参考。

(1) 按照顾客对服务推广的参与程度不同,可将服务分为高接触性服务、中接触性服务和低接触性服务三大类。

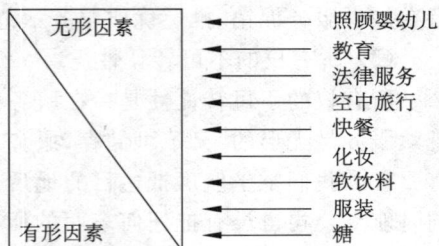

图 1-1　服务与有形产品——无形与有形的连续谱

① 高接触性服务是指顾客在服务推广的过程中参与其中全部或大部分的活动,如电影院、娱乐场所、公共交通、学校等部门所提供的服务。

② 中接触性服务是指顾客只是部分地或在局部时间内参与其中的活动,如银行、律师、房地产经纪人等所提供的服务。

③ 低接触性服务是指在服务的推广过程中顾客与服务的提供者接触甚少,他们的交往大都是通过仪器设备进行的,如信息中心、邮电业等所提供的服务。

这种分类法的优点是,便于将高接触性服务从中低接触性服务中分离、突显出来,以便采取多样化的服务营销策略,满足各种高接触性服务对象的需求;其缺点是过于笼统、粗略,中接触性服务与低接触性服务不易区分。

(2) 按照服务的时序,可以把服务分为售前服务、售中服务和售后服务。

(3) 按照服务的地点,可以把服务分为定点服务和巡回服务。

① 定点服务是指通过在固定地点建立服务点或委托其他部门设立服务点来提供服务,如生产服务机构在全国各地设立维修服务网点、设立零售门市部。

② 巡回服务是指没有固定地点,由销售人员或专门派出的维修人员定期或不定期地按客户分布的区域巡回提供服务,如流动货车、上门销售、巡回检修等。这种服务适合在服务机构的销售市场和客户分布区域比较分散的情况下采用,因其深入居民区,为客户提供了更大的便利而深受欢迎。

(4) 按照服务的次数,可以把服务分为一次性服务和经常性服务。

① 一次性服务是指一次性提供完毕的服务,如送货上门、产品安装等。

② 经常性服务是指需要多次提供的服务,如产品的检修服务等。

(5) 按照服务的技术,可以将服务分为技术性服务和非技术性服务。

① 技术性服务是指提供与产品的技术和效用有关的服务,一般由专门的技术人员提供,主要包括产品的安装、调试、维修,以及技术咨询、技术指导、技术培训等。

② 非技术性服务是指提供与产品的技术和效用无直接关系的服务,它包含的内容比较广泛,如广告宣传、送货上门、提供信息、分期付款等。

(6) 按照服务的费用,可以将服务分为免费服务和收费服务。

① 免费服务是指提供不收取费用的服务,一般是附加的、义务性的服务。

② 收费服务是指提供收取费用的服务。

5. 服务的作用

(1) 服务已经成为市场竞争的焦点

市场竞争无非是价格竞争和非价格竞争,价格竞争以减少机构的利润为代价,其活动空间是有限的,其作用正在弱化。

随着科学技术的进步,非价格竞争的范围也逐渐由产品的竞争、技术的竞争,扩展至服务的竞争。当机构之间生产技术的差异缩小、产品质量相差无几时,尤其是在生产过剩的今天,优质的服务已经成为现代竞争的重要手段和焦点。

(2) 服务已经成为机构形象的窗口

服务的好与坏代表着一个机构的整体形象、综合素质、经营理念。优质服务有利于塑造机构的良好形象,提高机构的知名度和美誉度。

(3) 服务是争取和保持客户的重要手段

客户在购买时,总是希望尽可能地减少成本支出,这些成本包括客户购买时付出的货币成本、时间成本、体力成本、精力成本、心理成本等,同时希望获取尽可能多的客户价值,这些价值包括客户购买的产品价值、服务价值、形象价值和人员价值等。

服务价值是构成客户价值的重要因素之一,对客户的感知价值影响较大。服务价值高,感知价值就高,服务价值低,感知价值就低。此外,服务一方面可直接增加客户价值;另一方面又可以减少客户成本。所以,服务做得好就会受到客户的欢迎。机构向客户提供的各种服务越完备,产品的附加价值就越大,客户从中获得的实际利益就越大,也就越能吸引客户。

(4) 服务已经成为影响机构经营效益的关键

客户是机构的生命之源。得客户者得天下,谁拥有客户,谁就拥有市场。

随着人们生活水平的提高,客户支付能力的增强,客户越来越心甘情愿为获得高档、优质的服务而多花钱。这样,通过提供优质服务,机构自然可以提高产品售价,获得更多的利润。

此外,服务还是投入成本较低、产出较大的竞争手段。例如,改善服务人员的服务态度,实行微笑服务,并没有增加多少机构成本,却可以提高客户的满意度和忠诚度。

1.1.2 认识服务业

1. 服务业的含义

名词点击

服务业也称为第三产业,是以提供服务来获取报酬的产业。

知识窗1-1	三次产业划分理论的由来

1935年,新西兰奥塔哥大学教授费希尔(A.G.B.Fisher)鉴于当时关于第一产业、第二产业的分类并未包罗全部经济活动,提出了"第三产业"的概念。他在《安全与进步的冲突》一书中写道:"纵观世界经济史可以发现,人类生产活动的发展有三个阶段。在初级生产阶段,生产活动以农业和畜牧业为主。第二阶段,以大规模迅速发展的工业生产为标志。纺织、钢铁和其他制造业为就业和投资提供广泛的机会。第三阶段,开始于本世纪初,大量的劳动和资本流入旅游、娱乐、文化艺术、教育、科学及政府活动等。"费希尔认为,

处于初级阶段的生产产业为第一产业,处于第二阶段的生产产业为第二产业,处于第三阶段的产业为第三产业,费希尔的理论很快被人们所接受。从20世纪50年代后期开始,世界各国的经济统计部门普遍采用三次产业的分类方法,它是国际通行的国民经济结构的重要分类法。我国从1985年起采用这种分类法。第一产业是指那些直接依赖于自然资源的开发和利用,并只能在自然资源所在地进行生产的行业,如农业、林业、渔业、畜牧业与采矿业。第二产业是指对第一产业的初级产品进行再加工的行业,如建筑、制造、自来水、电力、蒸汽、煤气等。而第三产业是以第一产业、第二产业的产品为物质条件,生产非实物形态产品的行业,如商业、旅游、交通、金融、保险、教育、房地产等,它是提供服务的产业,因此,第三产业又被称为服务业。

2. 服务业的分类

(1) 官方分类法

1985年5月,中华人民共和国国务院办公厅转发国家统计局的报告,将服务业分为两大部门,4个层次,见表1-1。

表 1-1　服务业的分类简表

流通部门	第一层次		交通运输业、邮电通信业、商业饮食业、物资供销与仓储业
服务部门	第二层次	为生产、生活服务的部门	金融业、保险业、地质普查业、房地产业、公用事业、居民服务、旅游业、咨询信息服务业、各类技术服务业
	第三层次	为提高科学文化素质服务的部门	教育、文化、广播、电视、科研、卫生、体育、社会福利
	第四层次	为社会公共需要服务的部门	国家机关、政党机关、社会团体、军队、警察

(2) 国际标准化组织制定的 ISO 9000 中对服务业的分类

国际标准化组织制定的 ISO 9000 中对服务业的分类按以下序列展开。

① 接待服务,即餐馆、饭店、旅行社、娱乐场所、广播、电视和度假村。

② 交通与通信,即机场、空运、公路、铁路和海上运输、电信、邮政和数据通信。

③ 健康服务,即医疗所医生、医院、救护队、医疗实验室、牙医和眼镜商。

④ 维修服务,即电器、机械、车辆、热力系统、空调、建筑和计算机。

⑤ 公用事业,即清洁、垃圾管理、供水、场地维护、供电、煤气和能源供应、消防治安和公共服务。

⑥ 贸易,即批发、零售、仓储、配送、营销和包装。

⑦ 金融,即银行、保险、生活津贴、地产服务和会计。

⑧ 专业服务,即建筑设计、勘探、法律、执法、安全、工程、项目管理、质量管理、咨询和培训与教育。

⑨ 行政管理,即人事、计算机处理、办公服务。

⑩ 技术服务,即咨询、摄影、试验室。

⑪ 采购服务,即签订合同、库存管理与分发。

⑫ 科学服务,即探索、开发、研究和决策支援。

（3）四种类型分类法

从运营的角度来看，流程是将投入转变为产出的一个过程。服务涉及三大类处理：人员、物品和数据。从这个角度来审视服务行业，我们可以把服务业分为四种类型。分类的依据是针对人员或顾客拥有物品的服务是否有形（见图 1-2）。

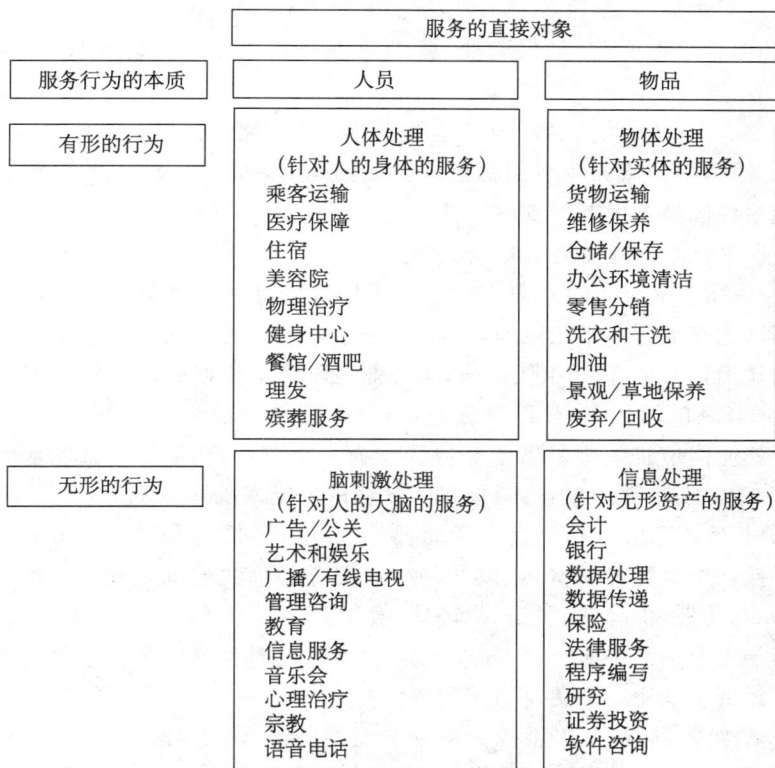

服务的直接对象	
服务行为的本质	人员	物品
有形的行为	人体处理 （针对人的身体的服务） 乘客运输 医疗保障 住宿 美容院 物理治疗 健身中心 餐馆/酒吧 理发 殡葬服务	物体处理 （针对实体的服务） 货物运输 维修保养 仓储/保存 办公环境清洁 零售分销 洗衣和干洗 加油 景观/草地保养 废弃/回收
无形的行为	脑刺激处理 （针对人的大脑的服务） 广告/公关 艺术和娱乐 广播/有线电视 管理咨询 教育 信息服务 音乐会 心理治疗 宗教 语音电话	信息处理 （针对无形资产的服务） 会计 银行 数据处理 数据传递 保险 法律服务 程序编写 研究 证券投资 软件咨询

图 1-2　服务行业的四种类型

3．服务业与服务经济

（1）服务经济时代的到来

英国经济学家约翰·邓宁在对经济社会的演进加以深入研究之后，将社会经济发展分为三个阶段：第一阶段是以土地为基础的农业经济时代（17 世纪初至 19 世纪）；第二阶段是以机器或金融为基础的工业经济时代（19 世纪至 20 世纪末）；第三阶段是以金融或知识经济为基础的服务经济时代（从 20 世纪末开始）。事实上，最近几十年服务业的迅猛增长已经证明了服务经济正在并已经成为现代经济生活的主导。服务业的迅猛发展使其在国民经济中的地位越来越重要，主要表现在两个方面：一方面是服务业的产值增长显著。大多数国家服务业产值的年平均增长速度超过了本国 GDP 的增长速度，发达国家约 2/3 的国内生产总值来自服务业。以美国为例，服务业产值占 GDP 的比例由 1948 年的 54％上升到 2010 年的77.4％，呈现不断上升的趋势。另一方面是服务业为社会创造了大量的就业机会。在美国，81.2％的就业人员所从事的工作是服务业（2010 年）。这些数据还不包括制造企业提供的内部服务以及制造企业外销的服务，它们的就业人数和所生产服务的价值已划入制造业中。

服务经济的重要性还表现在全球范围内服务贸易的增长。以美国为例，美国外贸年年有赤字,但服务贸易却年年盈余。即便是在20世纪90年代初期经济增长一度放慢、制造业普遍下滑的情况下,服务业也没有下滑,市场对服务业的需求保持旺盛的势头,难怪美国人把服务业看成美国经济的"常青树"。

我国自改革开放以来,服务业也有了快速的发展。2012年,服务业增加值占GDP的比重已达44.6%。交通运输、银行、零售等传统服务行业稳步发展,一些新的服务行业,如电信服务业、科研和综合服务业、金融保险业、咨询业等新兴服务业快速成长,成为新的经济增长点。

随着中国加入WTO,中国经济越来越融入经济全球化的格局中。在世界范围内服务业蓬勃发展的背景下,中国服务业在面临更大挑战的同时,也拥有了更为广阔的发展空间,服务业将日益成为我国经济发展的支柱产业。

(2) 服务业在服务经济社会中的地位

① 服务业是社会就业率的主力支撑。按照国外统计的一般规律,在经济增长阶段,服务业的就业率远比其他行业增长迅速;即使在经济衰退阶段,服务业仍保持着强劲的就业吸纳能力。数据显示,20世纪80年代以来,服务业在经济增长期的就业增长率达到4.8%,高于同期制造业3.8%的增长率;在经济衰退期,服务业更是以2.1%的就业增长率全力扭转由于制造业的就业岗位丧失所带来的颓势。作为一个产业群,服务业成为经济社会劳动力的一个"水库",随经济形势收放自如,促进了社会的稳定发展和经济增长。

② 各类服务活动已成为社会生产活动及社会生产系统的基础。服务业不仅在面对顾客的交换中直接创造着社会财富,还以各种生产服务的形式借助行业用品的市场间接地创造社会财富,如仓储费、保险费、税金、代理费、批发零售等流通费用以及利息等,在形式和内在价值上证明了工业经济和服务经济的内在统一性,同时也证明了服务经济确实是在工业经济基础之上经济发展史中的更高市场阶段。

③ 在当今的经济领域中,以服务为主导的竞争战略潮流逐渐占据上风,成为企业获取竞争优势的最强有力手段。服务不再作为工业生产的一种辅助资源为社会所规划,而是独立地或与工业制造体系共同组成生产体系和消费者群体进行社会与经济博弈。很大程度上,狭义的产品成为服务的载体或生产更好服务的辅助工具,向顾客提供全面优质的服务更作为一种社会理念成为经济发展的主要内在动力机制。

④ 在现实的经济社会中,服务业还在以下方面推动着经济浪潮的涌动。

a. 服务给予顾客的只是满足,比有形产品生产更节省社会物质资源。在同样的满足程度下,市场赋予服务和产品相同的价值,而不论它们是否消耗了同样的物质成本。

b. 服务企业产品的附加价值在一般情况下远高于制造业产品的附加价值,提高了社会劳动增值率。

c. 服务业降低了资本的密集度,促进了技术的传播,是垄断的天然屏障。

d. 服务业促进了生产率和边际收益率的提高,有助于产业升级和社会生活质量改善。

可见,今天的服务业已不再是单纯的辅助性行业,它正凭借着自身的价值作用而成为社会经济发展的主流。服务作为一种非独立性的生产手段,在与社会、企业和顾客的博弈中,发挥着自身的独特优势,满足了社会的基本需求,实现了国家乃至世界的财富积累。基于服务在经济发展中的重要意义,它已被视为经济运行的客观标志和经济阶段的划分标准。没有服务业,工农业产品的效用会降低,社会价值会缩水;没有服务业,企业利润会萎缩,竞争力会丧失;没有服务业,社会进步会滞后,社会福利会恶化。

1.2　服务营销的含义及演变

1.2.1　理解服务营销的含义

名词点击

　　所谓服务营销,是指服务企业为了满足顾客对服务产品带来的服务效用的需求,实现企业预定的目标,通过采取的一系列整合的营销策略而达成服务交易的商务活动过程。

　　服务营销是现代市场营销的一个新领域,是随着服务业的不断发展和市场竞争焦点逐步由商品为中心转向服务为中心的背景下而从市场营销之中独立出来的一门新的学科。服务营销的核心是满足顾客对服务产品的需求。顾客对服务产品的需要,不是服务产品本身,而是服务产品能够给顾客带来的服务效用。服务营销的手段是一系列整合的营销策略。服务营销的目的是达成市场交易,实现企业预定的目标。

1.2.2　了解服务营销的演变

　　发达国家成熟的服务企业的营销活动一般经历了 7 个阶段。

　　(1)销售阶段。其表现及后果是:

　　① 竞争出现,销售能力逐步提高。

　　② 重视销售计划而非利润。

　　③ 对员工进行销售技巧的培训。

　　④ 希望招徕更多的新顾客,而未考虑到让顾客满意。

　　(2)广告与传播阶段。其表现及后果是:

　　① 着重增加广告投入。

　　② 指定多个广告代理公司。

　　③ 推出宣传手册和销售点的各类资料。

　　④ 顾客随之提高了期望值,企业经常难以满足其期望值。

　　⑤ 产出不易测量。

　　⑥ 竞争性模仿盛行。

　　(3)产品开发阶段。其表现及结果是:

　　① 意识到新的顾客需要。

　　② 引进许多新产品和服务,产品和服务得以扩散。

　　③ 强调新产品开发过程。

④ 市场细分,强大品牌的确立。

(4) 差异化阶段。其表现及结果是:

① 通过战略分析进行企业定位。

② 寻找差异化,制定清晰的战略。

③ 更深层的市场细分。

④ 市场研究、营销策划、营销培训。

⑤ 强化品牌运作。

(5) 顾客服务阶段。其表现及后果是:

① 顾客服务培训。

② 微笑运动。

③ 改善服务的外部促销行为。

④ 利润率受一定程度影响,甚至无法持续。

⑤ 得不到过程和系统的支持。

(6) 服务质量阶段。其表现及后果是:

① 服务质量差距的确认。

② 顾客来信分析、顾客行为研究。

③ 服务蓝图的设计。

④ 疏于保留老顾客。

(7) 整合关系营销阶段。其表现及后果是:

① 经常地研究顾客和竞争对手。

② 注重所有关键市场。

③ 严格分析和整合营销计划。

④ 数据基础的营销。

⑤ 平衡营销活动。

⑥ 改善程序和系统。

⑦ 改善措施保留老顾客。

到了 20 世纪 90 年代,关系营销成为营销企业关注的重点,把服务营销推向一个新的境界。

1.3　服务营销学的兴起与发展

1.3.1　了解服务营销学的兴起和发展

1. 服务营销学的兴起

服务营销学于 20 世纪 60 年代兴起于西方。1966 年,美国拉斯摩(John Rathmall)教授首次对无形服务同有形实体产品进行区分,提出要以非传统的方法研究服务的市场营销问题。1974 年由拉斯摩所著的第一本论述服务市场营销的专著面世,标志着服务营销学的产生。

服务营销学的兴起缘于服务业的迅猛发展和产品营销中服务日益成为焦点的事实。随着经济的发展,服务业(或称第三产业)在国民经济中的比重日益扩大,产业升级与产业结构优化的直接结果必然导致服务业的强劲发展和产品营销中服务成为企业竞争焦点的局面。

服务业的兴起和发展是由社会经济所要解决的主要矛盾决定的,是社会经济发展规律使然。在前工业社会,社会经济发展的主要矛盾表现为人与自然的矛盾,农业、采矿业等第一产业得以发展;在工业化社会阶段,冶金、机械、石化、纺织、电子等第二产业的各种行业得到全面发展;自 20 世纪 60 年代以来,发达国家相继进入后工业社会的历史发展阶段,后工业社会是面对社会各层面的相互沟通的人际关系为主要矛盾的社会,服务业的异军突起是新时代的需要。

2. 服务营销学在西方的发展

服务营销学脱胎于市场营销学,之后在自己的空间里苗壮成长。自 20 世纪 60 年代以来,服务营销学的发展大致上可分为以下四个阶段。

第一阶段(20 世纪 60～70 年代):服务营销学的脱胎阶段。这一阶段是服务营销学刚从市场营销学中脱胎而出的时期,主要研究服务与产业产品或消费品的异同,以及服务营销学与市场营销学研究角度的差异,并试图界定大多数服务所共有的特征。1977—1980 年,理论界对服务特征的研究最为蓬勃,约翰·E. G. 贝特森(John E. G. Bateson),G. 林恩·萧斯塔克(G. Lynn Shostack)、伦纳德·L. 贝瑞(Leonard L. Berry)、洛夫洛克、朗基尔德等学者纷纷提出经典性论述。于是,无形性、不可分离性、差异性、不可储存性以及缺乏所有权,被归为服务所独有的五大特征。

第二阶段(20 世纪 80 年代初期至中期):服务营销学的理论探索阶段。第二阶段的研究完全建立在第一阶段的研究成果之上,主要探讨服务的特征如何影响顾客的购买行为,尤其集中于顾客对服务的特质、优缺点以及潜在的购买风险的评估,其中以 1981 年瓦拉里亚·A. 西斯姆(Valarie A. Zeithaml)在美国市场营销协会学术会议上发表的《顾客评估服务如何有别于评估有形产品》一文为此方面的压卷之作。当然,服务营销学者也探讨了服务的特征对其市场营销战略的制定和实施是否具有特殊的影响与意义,而这些特殊的影响是否又意味着市场营销管理人员应该跳出传统的市场营销技巧范畴,采取新的市场营销管理手段。也就是说,市场营销学者们试图回答这样一个问题,即服务营销学是否有别于消费品或产业产品的市场营销学。

同时,不少市场营销学者还专门探讨如何根据服务的特征将其划分成不同的种类。他们认为,不同种类的服务需要市场营销人员运用不同的市场营销战略来进行推广。比如,萧斯塔克根据产品从可感知向不可感知的变化过程来区分服务,提出了"可感知性与不可感知性差异序列理论"(the Tangible-Intangible Continuum);蔡斯的"高卷入与低卷入服务生产过程的高低程度划分服务";贝瑞利用"不可感知性"的程度与"服务是否为顾客量身定做"对服务进行分类;而洛夫洛克则根据服务的生产过程、会员制以人提供服务或者是以机器提供服务等不同的变量,提出多种区分服务的方法。

此外,在这一阶段,美国的服务市场营销学者在亚利桑那州州立大学成立了"第一跨州服务市场营销学研究中心"(the First Interstate Center of Services Marketing),成为继北欧诺迪克学派之后的又一个服务营销学研究中心。它标志着美国市场营销学者开始更加重视对服务营销学的研究。

第三阶段(20 世纪 80 年代后期):理论创新阶段。这一阶段的研究可谓是硕果累累。学者们在第二阶段取得对服务的基本特征的共识的基础上,主要解决了以下问题。

(1) 服务营销组合的基本要素。即在传统的产品、价格、分销渠道和促销组合之外,增加"人"、"服务过程"和"有形展示"3 个变量,从而形成 7Ps 组合。

(2) 由"人"(包括顾客和企业员工)在推广服务以及生产服务的过程中扮演的角色,并由此衍生出两大领域的研究,即关系市场营销和服务系统设计。

(3) 服务质量的新解释,确认服务质量由技术质量和功能质量组成,前者指服务的硬件要素,后者指服务的软件要素。服务质量的标准可以可靠性、应对性、保证性和移情性为据。

(4) 提出了服务接触的系列观点,包括服务员工与顾客相互之间沟通时的行为及心理变化,服务接触对服务感受的影响,如何利用服务员工及顾客双方的"控制欲"、"角色"和对投入服务生产过程的期望等因素来提高服务质量问题。

第四阶段(20 世纪 80 年代后期至今):策略研究与专题研究阶段。这一阶段研究的重点集中在两个方面:一是从对 7Ps 组合的深入研究,到强调加强跨学科的研究,服务营销学强调从人事管理学、生产管理学、社会学以及心理学等学科领域观察、分析和理解服务行业中所存在的各种市场关系;二是特殊的服务营销问题,如服务价格理论如何测定,服务的国际化营销战略,资讯技术对服务的生产、管理及市场营销过程的影响等。

3. 服务营销学在中国的发展

(1) 中国服务营销发展的现状

随着我国第三产业的发展以及市场竞争中价格竞争、质量竞争的弱化,服务竞争已逐渐受到企业的重视,日益成为企业在商战中制胜的法宝。目前我国许多企业都在进行服务营销活动,不断创造着新的服务营销方式,拓展服务营销范围,并取得了可喜的成果。但是,从总体情况来看存在的问题还很多,主要问题有:

① 营销观念陈旧。我国服务企业有相当部分是垄断经营,长期以来养成了"等顾客上门"、"唯我独尊"等观念,如银行业、保险业、旅游业、外贸业等。大多数服务企业没有完整的营销战略,营销策略僵化。

② 营销方式单一。许多企业缺乏营销知识,竞争方式单一,最终导致了市场上的无序竞争。企业不注重形象,信誉差。服务业营销的重要内容是讲信誉,重承诺,但很多服务企业讲的是一套,做的是另一套。

③ 营销组织形式不健全。我国部分服务行业长期以来是政府行政部门的附属物,政企不分,许多企业没有设置规范的营销组织机构,没有专门的营销人员。

④ 服务营销理论研究落后。我国在相当一段历史时期内,无论是宏观管理还是微观管理都忽视了服务业的重要性,至于针对如何管理服务业以及服务营销的研究更是缺乏。在实践中,服务企业的营销管理人员基本上还是在沿用传统的 4P 营销组合理论来指导服务的营销活动,远远落后于服务业发展的实践,更难以适应中国服务业未来的发展前景,以及应对日益激烈的国际服务贸易自由化的冲击。因此,学习、研究和运用服务营销学理论,指导和促进服务业的发展,已成为需要我们认真研究的课题。

（2）中国推广服务营销学的必要性

中国第三产业的发展和产品营销中服务活动的日渐突出,决定了中国导入服务营销学的必要性。同时,企业在进行有形产品营销时,服务已成为销售的重要手段,成为企业间进行市场竞争的焦点,并日益成为产品市场竞争的主角。企业营销及市场竞争不仅需要市场营销学作为理论基础,而且需要服务营销学作为行动指导。中国推广服务营销学的必要性和紧迫性在于:

① 中国服务业亟待加快发展且有广阔的发展空间。

中国与世界主要类型国家国内生产总值产业构成比较如表 1-2 所示。

表 1-2　中国与世界主要类型国家国内生产总值产业构成比较　　　　单位:%

国 家 类 型	农业增加值占国内生产总值比重		工业增加值占国内生产总值比重		服务业增加值占国内生产总值比重	
	2000 年	2010 年	2000 年	2010 年	2000 年	2010 年
世界	3.6	2.9[①]	28.9	27.0[①]	67.5	70.1[①]
高收入国家	1.9	1.5[①]	27.7	25.1[①]	70.5	73.4[①]
经合组织高收入国家	1.8	1.5[①]	27.4	24.9[①]	70.8	73.6[①]
非经合组织高收入国家	2.1	1.4[①]	34.8	31.1[①]	63.2	67.5[①]
中等收入国家	11.4	9.7	35.5	34.3	53.1	55.9
中等偏上收入国家	9.0	7.8	36.1	35.3	55.0	57.0
中等偏下收入国家	20.1	15.5	33.5	31.3	46.4	52.8
中低收入国家	12.1	10.0	35.1	34.1	52.8	55.8
东亚和太平洋	15.0	10.7	44.5	44.0	40.6	44.9
欧洲和中亚	10.7	7.4[②]	34.6	30.2[②]	54.7	62.4[②]
拉丁美洲和加勒比	5.6	6.4	29.6	29.8	64.8	63.8
中东和北非国家	12.5	11.6[①]	43.3	40.6[①]	44.2	47.9[①]
南亚	23.9	17.0	25.8	27.9	50.3	55.2
撒哈拉以南非洲	16.3	13.1[②]	29.4	29.6[②]	54.3	57.3[②]
低收入国家	33.9	25.7[②]	20.8	24.4[②]	45.2	49.9[②]
最不发达地区（按联合国分）	32.2	25.3[②]	24.1	27.1[②]	43.7	47.6[②]
重债穷国	30.8	27.0[②]	24.3	25.9[②]	44.9	47.1[②]
中国	15.1	9.5	45.9	44.6	39.0	45.9

注：①为 2008 年数据；②为 2009 年数据。

资料来源：中华人民共和国统计局．国家统计年鉴 2012. 北京：中国统计出版社,2012,3:44.

从表 1-2 可以看出,2012 年中国服务业增加值占国内生产总值的比重比世界平均水平低 25 个百分点,比高收入国家低 28 个百分点,比中等收入国家低 10 个百分点,比低收入国家低 4 个百分点,比最不发达地区低 1.7 个百分点,比重债穷国低 1.2 个百分点,比东亚和太平洋国家高 1 个百分点。由此可见,中国服务业的发展水平是很低的,发展空间广阔,发展潜力巨大。

中国与世界部分国家就业人员产业构成比较如表 1-3 所示。

表 1-3　中国与世界部分国家就业人员产业构成比较　　　　　　　　单位：%

国 家 名 称	第一产业		第二产业		第三产业	
	2005 年	2010 年	2005 年	2010 年	2005 年	2010 年
中国	44.8	36.7	23.8	28.7	31.4	34.6
美国	1.6	1.6	20.6	16.7	77.8	81.2
英国	1.3	1.2	22.2	19.1	76.3	78.9
法国	3.6	2.9	23.7	22.2	72.3	74.4
德国	2.4	1.6	29.8	28.4	67.8	70.0
意大利	4.2	3.8	30.8	28.8	65.0	67.5
加拿大	2.7	2.4②	22.0	21.5②	75.3	76.5②
日本	4.4	3.7	27.9	25.3	66.4	69.7
澳大利亚	3.6	3.3①	21.3	21.1①	75.1	75.5①
新西兰	7.1	6.6①	22.0	20.9①	70.7	72.5①
墨西哥	14.9	13.1	25.5	25.5	59.0	60.6
阿根廷	1.1	1.3	23.5	23.2	75.1	75.0
巴西	20.5	17.0①	21.4	22.1①	57.9	60.7①
委内瑞拉	9.7	8.7	20.8	22.1	68.7	68.9
捷克	4.0	3.1	39.5	38.0	56.5	58.9
荷兰	3.2	2.8	19.6	15.9	72.4	71.6
波兰	17.4	12.8	29.2	30.2	53.4	56.9
西班牙	5.3	4.3	29.7	23.1	65.0	72.6
土耳其	29.5	23.7	24.8	26.2	45.8	50.1
乌克兰	19.4	15.8②	24.2	23.4②	56.4	60.7②
俄罗斯联邦	10.2	9.7①	29.8	27.9①	60.0	62.3①
哈萨克斯坦	32.4	28.3	18.0	18.7	49.6	53.0
南非	7.5	4.9	25.6	24.5	66.6	61.9
埃及	30.9	28.2	21.5	25.3	47.5	46.3
新加坡	1.1	1.1①	21.7	21.8①	77.3	77.1①
菲律宾	36.0	33.2	15.6	15.0	48.5	51.8
孟加拉国	48.1		14.5		37.4	
柬埔寨		54.2		16.2		29.6
印度	55.8	51.1	19.0	22.4	25.2	26.6
印度尼西亚	44.0	38.3	18.7	19.3	37.2	42.3
伊朗	24.7	21.2②	30.3	32.2②	44.8	46.5②
以色列	2.0	1.7①	21.4	20.4①	75.7	77.1①
韩国	7.9	6.6	26.8	17.0	65.2	76.4
马来西亚	14.6	13.3	29.7	27.6	55.6	59.2
蒙古	39.9	40.0①	16.8	14.9①	43.3	45.0①
巴基斯坦	43.0	44.7②	20.3	20.1②	36.6	35.2②
泰国	42.6	38.2	20.2	20.6	37.1	41.0
斯里兰卡	30.7	32.7	25.6	24.2	38.4	40.4

注：①为 2009 年数据；②为 2008 年数据。

资料来源：中华人民共和国统计局. 国家统计年鉴 2013. 北京：中国统计出版社，2013，9：954.

　　从表 1-3 可以看出，2010 年我国在第一产业就业人员的比重达到 36.7%，在世界范围内处于高位，在第三产业就业人员比重达到 34.6%，在世界范围内处于很低的水平，这说明我国的农业现代化水平还比较低，第三产业还比较落后，发展水平还比较低，发展空间广阔，发展潜力巨大。

② 中国劳动力的富余急切需要开辟更多的就业渠道。在我国，服务业发挥着安置就业主渠道的作用。因此，在我国推广服务营销学对于推动服务业就业人数的增加也会起到一定的作用。

③ 传统服务业亟待进行改革，新型服务业则需要新理论武装，发展服务营销学是新旧服务行业发展的共同需要。在我国，商贸餐饮、交通运输等传统服务业占 40％左右。金融保险、信息、咨询、科研开发、教育、旅游、新闻出版、广播电视等所占比重不到 30％，信息服务业所占比重仅为 5％左右。服务业范围广阔，涉及的领域众多，对于这些千姿百态的服务行业的除旧布新需要理论指导，中国在 21 世纪全面推进服务营销学的研究和普及至为适时。

（3）中国推广服务营销学的条件

在我国，推广服务营销学的条件业已成熟，这些条件是：

① 中国自 20 世纪中后期导入市场营销学后，已形成了一支强大的具有丰富市场营销理论和实践经验的活跃在大专院校和企业第一线的理论研究队伍，这为传播、发展服务营销学提供了良好的组织基础和理论保证。

② 中国政府在对国民经济的宏观管理过程中，十分重视对服务业的规范管理，并积极推进服务业的发展，为中国服务营销学的扎根奠定了基础。

③ 服务业自身成长、发展以及提高竞争力的需要，使服务业产生了理论渴求感，众多服务企业的迫切期待为服务营销学的广泛传播提供了比较大的发展空间。

（4）中国服务营销学发展的方向和趋势

① 观念创新

a. 市场观念。市场观念应是企业最核心的经营理念，是服务企业开展营销工作首先应确立的观念。近年来，美国企业界的市场观念产生了一个很大的变化，就是企业越来越重视提供超值服务。超值服务是指企业增加服务内容，提供快速便捷的服务，并随时准备提供意想不到情况下的服务。超值服务赋予了市场观念新的内容，它既超出了顾客对服务的期望值，使企业的信誉行为从被动转变为主动，又有利于企业建立良好的市场信誉和公众形象。

b. 开放与合作观念。随着我国加入 WTO，中国服务业对外将更加开放，更多的外国服务企业及其产品将进入中国市场。为此，我国服务业在选择对外开放的同时，还必须加快自身发展的步伐，这就要求企业进行广泛的合作。首先是打破行业垄断，并实行国内服务企业之间的合作。如航空公司可以实行联航，联合起来共享资源，分担开支，降低成本，提高效率。同时，可以通过组成大型的、具有竞争力的服务企业集团，应对国外服务业进入中国市场的竞争。另外，在对外开放中，与国外跨国公司寻求合作机会，学习先进的营销方法和理念，在开放与合作中提高我国服务企业的竞争力。

c. 竞争观念。平等竞争是市场经济的基本特征之一，其本质就是优胜劣汰。当前，我国服务企业面临的竞争是国内和国际双重的竞争。刚刚从长期的卖方市场和受保护的封闭市场中走出来的中国服务企业必须树立起竞争观念，缩短与国外企业之间的实力差距。

② 营销方法创新

a. 工具创新。信息化的生产力是当今世界最先进最强大的生产力。全球服务企业的竞争已表现为对信息资源的争夺和利用。企业只有准确及时地掌握各种有关的信息，才能制定出正确的战略决策。因此,利用国际互联网开展营销活动,既是一种技术手段的革命,又包含了更深层次的观念革命。它是目标营销、直复营销、顾客导向营销、一对一营销、远程或全球营销、虚拟营销、顾客参与式营销的综合。互联网作为跨时空传输的"超导体"媒体,可以为顾客所在地提供及时的服务。同时互联网络的交互性也使得企业可以了解顾客需求并提供有针对性的、个性化的产品。因此可以说,互联网络是服务经济时代最具魅力的营销工具。

b. 产品创新。把握市场的需求规律和发展趋势,进行服务营销的创新,一方面可以满足顾客的现实需求;另一方面可以创造需求,即引导并满足顾客的潜在需求。

c. 技术创新。企业是否具有竞争力,在很大程度上取决于企业是否具有技术优势。企业如果缺乏科技创新的观念,不重视科学技术的发展,就不能正确地调配资源,也就不能实现自身的快速发展。

d. 管理创新。企业营销管理创新就是不断根据市场变化,有效整合企业的人才、资本和技术资源,以创造和适应市场,满足市场需要。服务企业要不断健全服务体系,丰富和发展服务种类,开拓新的服务领域,建立、健全服务质量控制体系和反馈机制,从而不断提高企业的服务水平。

1.3.2 了解服务营销学与市场营销学及其他学科的关系

1. 服务营销学与市场营销学的联系和区别

(1) 服务营销学与市场营销学的联系

从本质上看,产品和服务都是提供满足和利益,二者都是商品。从营销的视角看,消费者购买的产品和服务,都具有实体性和非实体性两种成分。只不过购买产品时,实体成分占主导地位;购买服务,则以非实体占主要成分。产品营销与服务营销之间并没有不可逾越的鸿沟,不存在本质上的差异,但存在着营销领域、程度和重心上的不同。从学科关系上看,服务营销学是从市场营销学中脱胎、分离和独立出来的,它和市场营销学有着密切的关系,它要以市场营销学的基本理论为基础、为指导。

(2) 服务营销学与市场营销学的区别

① 研究的对象存在差别。市场营销学是以产品生产企业的整体营销行为作为研究对象,服务营销学则以服务业或服务企业的市场营销活动和实物产品市场营销中的服务作为研究对象。有形产品表现为一个具体的物质现实体或一个实实在在的东西,在营销活动中推销的是一个看得见、摸得着的实体,消费者可从其实体的外观及具体的运转中判定产品质量的好坏。由于服务是无形的,这产生了两个问题:一是顾客难以感知和判断其质量和效果,他们更多的是根据服务设施和环境,或从他人之口来衡量,因而顾客在购买服务产品时冒有较大的风险。二是服务不能依法申请专利,因此新的服务概念可以轻易地被竞争对手所模仿。由于服务与产品特点不同,所以服务业与一般生产企业的营销行为存在一定的差异。服务营销的组合由市场营销组合的 4P(即产品、价格、渠道、促销),发展为 7P(即加上了人、过程和有形展示 3P)。

② 服务营销学加强了顾客对生产过程参与状况的研究。服务过程是服务生产与服务

消费的统一过程,服务生产过程也是消费者参与的过程,因而服务营销学必须把对顾客的管理纳入有效地推广服务、进行服务营销管理的轨道。市场营销学强调的是以消费者为中心,满足消费者需求,而不涉足对顾客的管理内容。

③ 服务营销学强调人是服务产品的构成因素,故而强调内部营销管理。服务产品的生产与消费过程,是服务提供者与顾客广泛接触的过程,服务产品的优劣,服务绩效的好坏不仅取决于服务提供者的素质,也与顾客行为密切相关,因而提高服务员工素质,加强服务业内部管理,研究顾客的服务消费行为十分重要,人是服务的重要构成部分。市场营销学也会涉及人,但市场营销学中人只是商品买卖行为的承担者,而不是产品本身的构成因素。

④ 服务营销学要突出解决服务的有形展示问题。服务产品的不可感知性,要求服务营销学要研究服务的有形展示问题。服务产品有形展示的方式、方法、途径、技巧成为服务营销学研究的系列问题。这也是服务营销学的突出特色之一。市场营销学不需要涉及这方面问题的研究。

⑤ 服务营销学与市场营销学在对待质量问题上也有不同的着眼点。市场营销学强调产品的全面营销质量,强调质量的标准化、合格认证等。服务营销学研究的是质量的控制。质量控制问题之所以成为服务营销学区别于市场营销学的重要问题之一,就在于服务的质量很难像有形产品那样用统一的质量标准来衡量,其缺点和不足不易发现和改进,因而要研究服务质量的过程控制。

⑥ 服务营销学与市场营销学在关注物流渠道和时间因素上存在着差异。物流渠道是市场营销关注的重点之一,而由于服务过程是把生产、消费、零售的地点连在一起来推广产品,而非表现为独立形式,因而着眼点不同。对于时间因素的关注,产品营销学虽然也强调顾客的时间成本,但在程度上还不能与服务营销学相比。服务的推广更强调及时性、快捷性,以缩短顾客等候服务的时间,顾客等候时间长会破坏其购买心情进而产生厌烦情绪,会影响企业的形象和服务质量,因而服务营销学更要研究服务过程中的时间因素。

服务营销学与市场营销学还存在其他的差异,这表明服务营销学有独立存在的必要性。

2. 服务营销学与其他相关学科的关系

服务营销学是一门新型学科,它是市场营销学系列中别具特色的学科,它与姊妹学科有一定的关联,各学科彼此补充、互相衔接,各自独立而又浑然一体。

服务营销学与服务贸易相比,其共性都是以服务业为研究对象,但二者研究的视角不同。服务贸易是以研究国内外服务业的交换关系、服务资源配置以及服务交易理论、政策为主的经济学科。服务营销学则是以研究服务业的整体营销行为及战略、策略为主的集经济学、行为学特色于一体的边缘管理学科。

服务营销学与关系营销学之间则是互相交叉、互相渗透的关系。服务营销学要研究在服务企业与顾客之间如何建立与保持长远的关系,并构建关系营销系统,确立顾客满意理念,实施让客价值;但关系营销只是服务营销全面研究实施 7P 策略中有关顾客与过程策略中的一个部分。关系营销学研究企业与顾客、中间商、竞争对手之间的关系,也包含着对服务业面临的相同关系的研究,然而,关系营销学也不限于对服务业的营销研究,它还包括研究更大范围的有形产品的关系营销。

服务营销学与消费者行为学也互有交叉。服务营销学不可避免地要涉及消费者对服务的消费行为,包括购买时的心理分析、行为决策过程、消费行为的变化等。消费者行为学是从消费者的行为共性出发展开研究的。共性中蕴含个性,服务消费行为也必然是消费行为学研究中的应有之义。这种交叉点分别是两个学科各自构造体系的有机组成部分,对于各自都是不可分的,由于这种不可分性,使这种交叉的存在成为必要,而不会让人产生重复之嫌。

服务营销学以政治经济学、商品流通经济学和市场营销学作为先修课程,政治经济学在经济理论上为服务营销学打基础,商品流通经济学和市场营销学在专业基础理论上为服务营销学奠定基石。商品流通经济学揭示了流通领域的运行机制、资源配置及一般规律,引导学生认识流通、市场、流通领域并建立一般概念;市场营销学以鲜明的学科特色研究产品的市场规划、市场细分、目标市场、营销理念、市场营销组合、市场定位、营销策略等特殊范畴,是构成营销学特色的基本元素,同样也是服务营销学借以组装的基本零部件。服务营销学是市场营销学规范的理论框架下的延伸和发展,学习服务营销学不能不以市场营销学作为前提和基础。

◉ 实训课业

一、技能训练

(1)家乐福、沃尔玛、乐购、苏宁电器、国美等大中型超市的售货员在销售冰箱、洗衣机、液晶彩电、计算机等电器时,一般都会向顾客介绍产品的功能、特点、使用方法并做出"三包"保证和承诺。请你用学过的服务特征的有关理论知识分析这样做的原因、意义和要求。

(2)服务营销管理不仅要加强对内部员工的管理,而且要加强对顾客的管理,并且连锁公司的各个分店的管理水平要尽可能一致,请你用所学的服务特征的有关理论知识分析这样做的原因和意义。

(3)我国在"五一"小长假、春节和大中院校放暑假与寒假及假期结束学生返校期间,经常会出现铁路客运供不应求的现象,请你用所学的服务特征的有关理论分析其原因并提出解决问题的对策。

(4)在营销管理中采取"会员制度",给顾客发会员卡的商店越来越多,请你用所学的服务特征的有关理论知识分析这样做的原因和意义。

(5)请结合自己今后就业或创业的计划谈一谈学习服务营销学的重要意义。

二、实训项目

1. **实训内容**

组织学生学习该院校制定的"十二五"发展规划。

2. **实训目的**

学生在深入了解所在院校"十二五"发展规划内容的基础上,能应用其所学的服务特征理论,分析所在院校教学服务中存在的问题及原因,并提出解决问题的对策建议。

3. **实训要求**

(1)以班级为单位组织学生对该院校的"十二五"发展规划进行讨论,讨论题目是《从服务特征的视角谈一谈提高我校教学服务水平的思路与对策》。

(2)课后要求每位学生以上述讨论题目为论文题目,写一篇论文作为实训成果,成绩分为优、良、中、及格和不及格五档。

第 2 章

服务消费行为

本章阐释

  本章通过对服务消费行为的基本理论和实务的介绍,使学生了解服务消费的含义和发展趋势,了解消费者的服务消费心理、购买动机、购买行为和服务消费购买决策过程,理解影响消费者购买行为的主要因素,掌握消费者的服务购买决策规律。

能力目标

  (1) 能分析消费者的服务消费心理,能对消费者的服务购买行为做出比较准确的分析和判断,能根据消费者不同的购买行为采取不同的营销策略。

  (2) 能根据消费者的服务消费购买心理、购买行为和决策规律,为企业制定服务营销战略和策略提供有针对性的建议和对策。

2.1 服务消费与购买心理

案例导入

中国服务消费潜力巨大

中国居民现金消费结构变动情况见表 2-1。

表 2-1 中国居民现金消费结构变动情况一览表   单位:%

指 标	时 间		
	1990 年	2000 年	2012 年
农村居民现金消费结构			
食品	58.8	49.1	39.3
衣着	7.8	5.7	6.7
居住	17.3	15.5	18.4
家庭设备及用品	5.3	4.5	5.8
交通通信	1.4	5.6	11.0
文教娱乐	5.4	11.2	7.5
医疗保健	3.3	5.2	8.7
其他	0.7	3.1	2.5

续表

指　　标	时　间		
	1990 年	2000 年	2012 年
城镇居民现金消费结构			
食品	54.2	39.4	36.2
衣着	13.4	10.0	10.9
居住	4.8	11.3	8.9
家庭设备及用品	8.5	7.5	6.7
交通通信	3.2	8.5	14.7
文教娱乐	8.8	13.4	12.2
医疗保健	2.0	6.4	6.4
其他	5.2	3.4	3.9

资料来源:中华人民共和国国家统计局.中国统计年鉴 2013.北京:中国统计出版社,2013,9:14.

从表 2-1 可以看出,2012 年,在中国农村居民消费支出中,按照每类支出占农村居民总支出的比例大小进行排序如下:食品、居住、交通通信、医疗保健、文教娱乐、衣着、家庭设备及用品、其他。食品支出虽然所占比例最大,但是已呈下降趋势,除食品外,居住、交通通信所占比例较大,都在两位数以上。

2012 年,在中国城镇居民消费支出中,按照每类支出占城镇居民总支出的比例大小进行排序如下:食品、交通通信、文教娱乐、衣着、居住、家庭设备及用品、医疗保健、其他。食品支出虽然所占比例最大,但是已呈下降趋势,除食品外,交通通信、文教娱乐所占比例较大,都在两位数以上。

从表 2-1 可以看出,1990 年、2000 年、2012 年,中国农村居民的交通通信、文教娱乐、医疗保健这三项增长较快的服务性消费支出之和占中国农村居民消费总支出的比例分别为 10.1%(1.4%+5.4%+3.3%)、22%(5.6%+11.2%+5.2%)和 27.2%(11.0%+7.5%+8.7%);1990 年、2000 年、2012 年,中国城镇居民的交通通信、文教娱乐、医疗保健这三项增长较快的服务性消费支出之和占中国城镇居民消费总支出的比例分别为 14%(3.2%+8.8%+2.0%)、28.3%(8.5%+13.4%+6.4%)和 33.3%(14.7%+12.2%+6.4%)。

总之,随着收入水平的不断提高以及生活方式的改变,中国居民服务消费额在消费支出总额中所占比例在逐渐提高,这为中国服务业的发展提供了广阔的空间。

思考与分析

1. 中国居民服务消费水平迅速提高的原因是什么?
2. 中国城镇居民和农村居民现金消费结构变动的异同点是什么?

2.1.1　了解服务消费的发展趋势

1. 服务消费的含义

名词点击

消费,既有商品消费,也有非商品性的服务消费。服务消费是人们为了满足某种需要而有目的地消耗服务产品的行为。广义的服务消费包括生产服务消费和生活服务消费两大部分,而狭义的服务消费仅指生活服务消费。生活服务消费具体包括:饮食服务、衣着服务、医疗保健服务、交通通信服务、教育文化娱乐服务、居住服务、家庭服务、维修服务和租房费、水电燃气费及杂项服务支出等。

　　2. **服务消费的发展趋势**

　　改革开放以来,中国经济的持续高速增长,使居民收入水平不断提高,并由此带来了居民消费结构的深刻变化,服务消费逐年上升。从量与质两方面看,服务消费呈下述发展趋势。

　　(1) 服务消费快速增长

　　随着经济的发展,社会分工越来越细,社会公共服务和公共设施越来越多,消费者花钱"买享受、买轻松、买时尚、买健康"等已成为消费的新趋势。与温饱型消费不同,小康型消费的消费结构、高生活质量的需求日益旺盛,服务性消费支出占居民消费性支出的比重逐年上升。

　　(2) 服务消费需求趋向多样化

　　服务消费已经不仅仅局限于购买产品的过程或之后所享受的种种待遇,也不只停留在传统的服务业所提供的消费,而是扩大到社会各种领域,包括社会文化娱乐、人际交往、社会组织系统、高新科技领域等。从目前来看,服务消费需求主要集中在以下几大类。

　　第一类,日常生活基本服务需求。如洗衣、理发、小区物业管理、餐饮、邮电通信、交通、家政服务、医疗保健、基础教育、配送等多项服务。上述服务与居民生活息息相关,也是人们经常消费的服务项目。

　　第二类,具有现代生活方式的中高收入人群的服务需求。具有一定支付能力的消费者,其服务消费需求的范围则更大,种类更多。如休闲娱乐服务,这类消费者是几乎所有娱乐场所、旅游胜地的主要光顾者;保险和法律咨询服务;多种多样的网上服务;心理咨询服务以及各种私人服务等。

　　第三类,特殊人群的服务需求。一是老年人与幼儿的服务需求。如养老院、幼儿园、保健站、老年人活动站等。二是青少年健康成长中道德、理想、科学、艺术兴趣培养的服务需求,如博物馆。三是城市中一些弱势群体的服务需求,如收容场所、福利院等。

　　(3) 服务消费市场潜力巨大,服务消费品种不断创新

　　如同实物消费品生产需要不断开发新产品一样,服务消费品也在不断创新。凡是老百姓感到不方便、不称心,或需要提供帮助的地方,都是服务消费的潜在市场,只要认真加以开发,就能创造出许多新的服务品种来。

　　(4) 服务消费整体水平不断上升,个性化消费比例增大

　　随着人们收入水平的上升和文化素质的提升,以及科技的飞速发展,对服务消费整体水平有了新的要求。比如,以前我们进餐馆只是为了填饱肚子,而现在我们会更多地注重就餐环境是否舒适、服务态度是否友善等。在现代社会,消费者的个性日益突出,面对同一服务会产生多种需求,企业经营者应以消费者的个性需求为导向,增强服务弹性和应变能力。

　　同时,服务消费正在向追求名牌的境界发展。物质产品要创名牌,服务产品也要提倡创名牌。许多企业正借鉴国外服务企业的先进管理经验和经营方式,努力提高从业人员的素质,逐步形成一批服务规范、信誉好、消费者信得过的名牌服务企业,以推动整个服务消费市场向更高境界发展。

　　【小问答 2-1】　服务消费的未来热点在哪些领域?

答：教育消费成为长期的消费热点，信息消费成为新的消费热点，旅游消费将成为主要休闲消费方式，还有住房及其他高附加值消费。

3. 决定服务消费水平的因素

(1) 收入水平与分配

服务消费水平受多种因素的影响，其中最主要的是收入水平。首先收入是消费的基础和前提，在其他条件不变的情况下，人们的可支配收入越多，对各种商品和服务的消费量就越大。与生活必需品消费相比，服务消费多是更高层次上的消费需求。根据消费者需求层次理论，消费支出里面，首要是满足物质方面的需求，剩余的才能用于服务和精神方面的支出。

其次是总收入的分配与使用。收入可分为两部分：一部分用于积累；另一部分用于消费，两者的比例取决于消费者的消费心理和对未来的预期。比如，年轻人倾向多消费，少积累。当人们对未来收入增长与消费支出的不确定性上升时，人们会不断地压缩不必要的消费，从而增加储蓄。而这一过程往往最先抑制的就是服务消费。

(2) 人口的数量与构成

不同规模的家庭有着不同的消费特征和需求。人口的年龄与性别、职业与受教育程度、个性与生活方式、生活环境等，都会影响服务消费水平。在消费金额确定的情况下，人口的数量与消费水平成反比，人口数量大，增长速度快，人均消费水平就低；人口数量小，增长速度慢，消费水平就会高。

(3) 物价水平

物价水平会影响人们的购买能力。一般来说，物价上涨，消费者用于物质方面的支出比例就会增加，用于服务等方面的消费就会下降。对于我国大多数居民来说，服务消费比起生活必需品来说还是一种需求弹性较大的消费。

(4) 服务设施与便利程度

当服务消费随着居民收入水平的不断提高逐渐成为人们生活必需的消费时，就要求服务设施与人口的分布相一致，特别是居民消费频率较高的服务，其设施规模和网点数量应与居民的服务需求相一致。最终决定居民服务消费水平的只能是生产的发展，因为只有发展生产，人们的收入水平才能提高，物价才能稳定。

知识窗 2-1　　　　　　居民服务消费设施与服务消费

目前，我国大城市中居民服务消费设施不足的情况还十分普遍。如健身、游泳、网球和羽毛球场馆都明显不足。据调查，在北京，周末、节假日、寒暑假的各个时间段，室内羽毛球场馆的场地预约都已满，远未满足居民的健身需要；居民看电影不仅票价贵，而且城市中影院稀少、分布过于集中，也使居民看电影十分不便。在今天，北京居民看电影甚至不如20世纪70年代以前方便。在人们生活节奏不断加快的情况下，尽管人们的收入已经达到了进入服务消费的层次，而且也普遍有着消费的意愿，但是，因场所不足，消费不便，也会影响部分居民的服务消费。

资料来源：严先溥. 我国居民服务性消费发展空间广阔 . http://www.p5w.net/stock/lzft/hgyj/200506/t223418.htm,2005 年 6 月 10 日 .

2.1.2 理解服务消费者的购买心理

1. 服务消费者的购买心理过程

有经验的营销者都会发现：在消费者刚开始购买产品与服务时，很难得到他们的好感。这是因为消费者的购买心理需要经历一个发展过程，通常需要经历如图 2-1 所示的 8 个阶段。

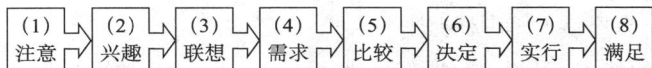

| (1)注意 | (2)兴趣 | (3)联想 | (4)需求 | (5)比较 | (6)决定 | (7)实行 | (8)满足 |

图 2-1　消费者购买心理的 8 个阶段

（1）注意。吸引目光，注视观看，也可通过广告宣传、橱窗陈列、商品陈列等措施来达到目的。

（2）兴趣。产生、引发兴趣，可通过广告宣传、橱窗陈列、商品陈列等措施来达到目的。

（3）联想。购买时和购买后的联想，可通过广告宣传、橱窗陈列、商品陈列等措施来达到目的。

（4）需求。想要拥有、购买，可通过广告宣传、商品陈列和店员说明等措施来达到目的。

（5）比较。与类似的同种商品或服务比较，做出选择，可通过商品陈列、店员的接待和销售技巧等措施来而达到目的。

（6）决定。经过上述 5 个阶段的活动过程，顾客在头脑里经过反复的酝酿和思考，最后才决定购买。

（7）实行。签订买卖契约和付款。

（8）满足。顾客购买后的满意感。

其中，只有保证前四个阶段的成功，才有机会使销售成功。只有当消费者对产品表示出好感或兴趣时，才会在营销者的刺激下激发购买的欲望，直至掏钱完成购买行为。

卓越实践 2-1　　　　　"佳佳"和"乖乖"的不同命运

"佳佳"和"乖乖"是香脆小点心的商标，曾经相继风靡 20 世纪 70 年代的中国台湾市场，并掀起过一阵流行热潮，致使同类食品蜂拥而上，多得不胜枚举。然而时至今日，率先上市的"佳佳"在轰动一时之后便销声匿迹了，而竞争对手"乖乖"却经久不衰。为什么会出现两种截然不同的命运呢？

经考察，"佳佳"上市前做过周密的准备，并以巨额的广告申明：销售对象是青少年，尤其是恋爱男女，还包括失恋者——广告中有一句话是"失恋的人爱吃佳佳"。显然，"佳佳"把希望寄托在"情人的嘴巴上"。而且将产品做成咖喱味，并采用了大盒包装。"乖乖"则是以儿童为目标，以甜味与咖喱味抗衡，用廉价的小包装上市，去吸引敏感而又冲动的孩子们的小嘴，叫他们在举手之间吃完，嘴里留下余香。这就促使疼爱孩子们的家长重复购买。为了刺激消费者，"乖乖"的广告直截了当地说"吃"，"吃得个个笑逐颜开！"可见，"佳佳"

和"乖乖"有不同的消费对象、不同大小的包装、不同的口味风格和不同的广告宣传。正是这几个不同,最终决定了两个竞争者的不同命运。

资料来源:邓启彪. 消费者行为学案例. http://blog.sina.com.cn/s/blog_843f7124010175ei.html, 2012 年 12 月 7 日.

思考与分析

1."佳佳"和"乖乖"两个产品在消费对象、包装、口味风格和广告宣传方面有何区别?

2. 从消费心理学的角度分析,"佳佳"和"乖乖"两个产品的命运为何不同?

2. 服务消费者的个性倾向分析

消费者各有各的特点、习惯、具体情况,如男性与女性、年老的与年少的、讲究实惠的与讲究时髦、热衷于大众化的与讲究人性化的,其购买心理各有不同。

(1)求美心理

顾客在选购商品时完全不是以使用价值为目的,而是特别注重品格和个性。其动机的核心是讲究"装饰"和"漂亮",至于商品的价格、性能、质量和服务等方面的因素都排在次位。主要消费对象是城市年轻女性。

(2)求名心理

消费者在选购商品时,特别重视商品的威望和象征意义。商品要名贵,牌子要响亮,以此来显示自己地位的特殊,或炫耀自己的能力非凡,其动机的核心是"显名"和"炫耀",同时对名牌有一种安全感和信赖感,觉得质量信得过。主要消费对象是成功人士和城市的青年男女。

(3)求实心理

消费者在选购商品时不会在意商品的美观悦目,而是十分注重朴实耐用,其动机的核心就是"实用"和"实惠"。主要消费对象是家庭主妇和低收入者。

(4)求新心理

消费者在选购商品时特别追求款式和流行样式,追逐新潮。对于商品是否经久耐用,价格是否合理,从来不大考虑。这种动机的核心是"时髦"和"奇特"。主要消费对象是追求时髦的青年男女。

(5)求廉心理

消费者在选购商品时,特别计较商品的价格,喜欢物美价廉或削价处理的商品。其动机的核心是"便宜"和"低档"。主要消费对象是农村消费者和低收入阶层。

(6)攀比心理

消费者在选购商品时,根本不是由于急需或必要,而是仅凭感情的冲动,存在着偶然性的因素,总想比别人强,要超过别人才好,以求得心理上的满足。其动机的核心是争强斗胜。主要消费对象是儿童和青少年。

(7)癖好心理

消费者在选购商品时,根据自己的生活习惯和爱好,倾向比较集中,行为比较理智,可以说是"胸有成竹",并具有经常和持续性的特点。他们的动机核心就是"单一"和"癖好"。主要消费对象是老年人和某一方面的爱好者。

（8）猎奇心理

所谓猎奇心理，就是对新奇事物和现象特别注重和产生偏爱的心理倾向，俗称好奇心。在猎奇心理的驱使下，顾客大多喜欢新的消费品，寻求商品新的质量、功能、花样、款式、享受、乐趣、刺激等各种新奇的特性。主要消费对象是儿童和青少年。

（9）从众心理

女性在购物时最容易受别人的影响，例如许多人正在抢购某种商品，她们也极可能加入抢购者的行列，或者平常就特别留心观察他人的穿着打扮，别人说好的，她很可能就下定决心购买，别人若说不好，则很可能放弃。主要消费对象是女性。

（10）情感心理

一般来说，女性比男性具有更强的情感性。女性的购物行为很容易受直观感觉和情感的影响，例如清新的广告、鲜艳的包装、新颖的式样、感人的气氛等，都能引起女性的好奇，激起她们强烈的购买欲望。

（11）儿童心理

儿童由于其生理和心理的特点所决定，在购物时具有显著的特点。

① 特别好奇，凡是新奇有趣的东西都能对他们产生强烈的诱惑力。

② 稳定性差，儿童的消费纯属情感性的，对一种事物产生兴趣快，失去兴趣也快。

③ 极强的模仿性，小伙伴有什么，自己也想要。

（12）求速心理

求速心理是指消费者在购买时，希望得到快速方便的服务而形成的购买心理。这种顾客对时间及效率特别重视，厌烦挑选时间过长和过低的售货效率。

【小问答 2-2】 下列消费者是什么购买心理？

小张把工资的一大半用来收集邮票。

小王打算买一套比同事小李的衣服更高档的服装。

小明缠着妈妈非要买一个和幼儿园小朋友一样的变形金刚。

老赵穿的都是名牌服装。

刘阿姨经常在菜市场挑选合适的蔬菜。

周小姐喜欢买很多漂亮的衣服。

答：癖好心理、攀比心理、儿童心理、求名心理、求实心理、求美心理。

2.2　服务消费与购买行为

◯ 案例导入

"聚件成套"显奇功

日本日绵公司主要经营陶瓷器生意。在日本，他们经营的高级陶瓷器非常畅销，于是公司董事土桥久男就准备把业务拓展到美国去。刚开始时，陶瓷器在美国并不好销，经过仔细的调查研究后，土桥久男发现，过去专门销售陶瓷器的百货公司效率很低，运转速度慢，产品销量不大,不如改用超级市场来销售。于是,他把陶瓷器摆到了纽约的各家超级市场里,占据了橱窗的醒目位置,销量上升很多。但他并不满足于眼前的成绩,他认为销量还可以扩大。通过对美国大众习惯心理和消费行为的分析,他在头脑中形成了一套完整的销售计划。这就是以超级市场为中心,开拓市场,扩大销量的"聚件成套"的计划。

"聚件成套"的具体做法是:第一步,在超级市场推出4个一组的陶瓷咖啡杯,同时赠送购买者四个咖啡碟子。第二步,当咖啡杯卖出相当数量的时候,以较高的价格开始出售糖罐,因为喝咖啡要加糖,所以买了咖啡杯,就要买糖罐。第三步,当糖罐卖出相当数量的时候,再以更高的价格开始出售陶瓷调羹、托盘和碟子。前后推出的这几种产品在花样、色泽、质地等方面完全一致,风格也完全一样,购置全了可配成一套喝咖啡的用具。

资料来源:郭国庆,杨学成.市场营销学概论.北京:高等教育出版社,2008,2:102.

思考与分析

1. "聚件成套"的具体做法是什么?
2. 日绵公司利用美国人的消费心理取得销售的成功对我们有什么启示?

2.2.1　了解消费者购买服务的动机

1. 购买动机的含义

名词点击

购买动机是使消费者做出购买某种商品或服务决策的内在驱动力,是引起购买行为的前提。

2. 消费者购买动机的类型

消费者购买动机一般有下列两类。

(1) 生理性购买动机,是消费者基本生理需求而产生的,是最基本的本能动机,如肚子饿了会产生对食物的需要,口渴了会产生对水的需要。

(2) 心理性购买动机,是人们通过复杂的心理过程而形成的动机,可塑性比较强,它会因市场营销刺激而发生改变。本书所讲的就是心理性购买动机。心理性购买动机分为下列三种。

① 感情动机。感情动机就是由人的感情需要而引发的购买欲望。感情动机可以细分为两种情况:一种是情绪动机;另一种是情感动机。情绪动机是由于人们情绪的喜、怒、哀、乐的变化所引起的购买欲望。情感动机是由人们的道德感、友谊感等情感需要所引发的动机。比如说,为了友谊的需要而购买礼品,用于馈赠亲朋好友等。在购买过程中表现出注重新颖、追求时尚、注意造型、讲究格调、与众不同等特征。

② 理智动机。理智动机就是消费者对某种商品或服务有了清醒的了解和认知,在对这个商品比较熟悉的基础上所进行的理性抉择和做出的购买行为。拥有理智动机的往往是那些具有比较丰富的生活阅历、有一定的文化修养、比较成熟的中年人。他们在生活实践中养成了爱思考的习惯,并把这种习惯转化到商品或服务的购买当中。理智动机在购买过程中

表现出注重质量、讲究效用、注重性价比、希望有可靠的服务保障等特征。

③ 信任动机。信任动机就是基于对某个品牌、某个产品或者某个企业的信任所产生的重复性的购买动机,也叫惠顾动机。比如,治疗烧伤××军区医院最权威、治疗心脑血管疾病××专科医院最好、××教授最权威等。这种信任可能来源于消费者的亲身经历,也可能来自社会公众的口碑评价。

具体而言,在现实经济生活中,这三种动机还呈现出一些不同的表现形式,如求实、求新、求同、求美、求名、求便等。这些不同的购买动机带来不同的购买行为,企业应该根据消费者的动机来了解其购买行为,在此基础上进行营销决策。

2.2.2　了解消费者购买行为的类型

在购买活动中,任何两个消费者之间的购买行为都是存在某些差异的。研究消费者的购买行为,不可能逐个分析,只能大致进行归类研究。

1. 按消费者购买目标的选定程度区分

(1) 全确定型。此类消费者在购买前已有明确的购买目标,包括产品的名称、商标、型号、规格、样式、颜色,以及价格,对服务的总体期望都有明确的要求,可以毫不迟疑地买下商品。

(2) 半确定型。此类消费者在购买前,已有大致的购买目标,但具体要求还不甚明确。这类消费者进入商店后,一般不能向营业员明确清晰地提出对所需产品或服务的各项要求,只有大致的购买目的,需要经过较长时间的比较和评定阶段。

(3) 不确定型。此类消费者在购买前,没有明确的或坚定的购买目标,进入商店一般是漫无目的地看,或随便了解一些产品的销售情况,碰到感兴趣的产品也会购买。

2. 根据消费者性格划分

从一般意义来分析,不同的人有不同的性格,不同的性格就有不同的消费习惯,根据消费者性格可以把消费者购买行为大致划分为以下几种类型。

(1) 习惯型购买行为。习惯型的购买行为是由信任动机产生的。消费者对某种品牌或对某个企业产生良好的信任感,忠于某一种或某几种品牌,有固定的消费习惯和偏好,购买时心中有数,目标明确。

(2) 理智型购买行为。理智型购买行为是理智型消费者发生的购买行为。他们在做出购买决策之前一般经过仔细比较和考虑,胸有成竹,不容易被打动,不轻率做出决定,决定之后也不轻易反悔。

对于企业服务人员,一定要真诚地提供令消费者感到可信的决策信息,如果你提供的信息可信,消费者会因为对你产生信任而再度光临。如果你提供的信息不可信,那么下次他可能会对你敬而远之。

(3) 经济型购买行为。此类消费者特别重视价格,一心寻求经济合算的商品,并由此得到心理上的满足。这种消费者在购买时表现为犹豫不定,货比三家,对价格信息非常敏感,容易受促销影响。作为服务人员,在促销中要使之相信,消费者所选中的商品是最物美价廉的、最合算的,要称赞他是很内行的顾客。

(4) 冲动型购买行为。冲动型消费者往往是由情绪引发的。年轻人居多,血气方刚,容易受产品外观、广告宣传或相关人员的影响,决定轻率,易于动摇和反悔。市场营销刺激对这种消费者的影响非常大,是在促销过程中可以大力争取的对象。

(5) 想象型购买行为。想象型消费者往往有一定的艺术细胞,思想活跃、兴趣广泛、想象力和联想力特别丰富,常以自己丰富的想象力去衡量商品的好坏。针对这种行为,可以在包装设计和产品的造型上下功夫,让消费者产生美好的联想,或在促销活动中注入一些内涵。要努力让消费者产生联想,消费者实现了联想,你就达到了目标。

(6) 不定型购买行为。不定型消费者表现为两方面:一是那些没有明确购买目的的消费者,表现形式常常是三五成群,步履蹒跚,哪儿有卖东西的往哪儿看,问得多,看得多,选得多,买得少。他们往往是一些年轻的、新近开始独立购物的消费者,易于接受新的东西,消费习惯和消费心理正在形成之中,缺乏主见,没有固定的偏好。二是指消费者对购买对象的性能知之甚少,想购买又怕决策失误,犹豫不定。

3. 根据消费者行为的复杂程度和所购商品本身的差异划分

(1) 复杂型购买行为。复杂型购买行为是消费者初次购买差异性很大的耐用消费品时发生的购买行为。购买这类商品时,通常要经过一个认真考虑的过程,广泛收集各种有关信息,对可供选择的品牌反复评估,在此基础上建立起品牌信念,形成对各个品牌的态度,最后慎重地做出购买选择。

(2) 和谐型购买行为。和谐型购买行为是消费者购买差异性不大的商品时发生的一种购买行为。由于商品本身的差异不明显,消费者一般不必花费很多时间去收集并评估不同品牌的各种信息,而主要关心价格是否优惠,购买时间、地点是否便利等。因此,和谐型购买行为从引起需要、产生动机到决定购买,所用的时间比较短。

(3) 习惯型购买行为。习惯型购买行为是一种简单的购买行为,属于一种常规反应行为。消费者已熟知商品特性和各主要品牌特点,并已形成品牌偏好,因而不需要寻找和收集有关信息。

(4) 多变型购买行为。多变型购买行为是为了使消费多样化而常常变换品牌的一种购买行为,一般是指购买牌号差别虽大但较易于选择的商品,如罐头食品等。同上述习惯型购买行为一样,这也是一种简单的购买行为。

【小问答 2-3】　消费者在购买服务产品时,主要考虑什么因素?属于什么类型的购买行为?

答:这是个难以回答的问题,因为不同的消费者在购买相同或不同的服务产品时,考虑的因素和购买行为类型可能是不同的,应做具体的分析。

2.2.3　掌握影响消费者购买行为的主要因素

分析影响消费者购买行为的因素,对于企业正确把握消费者行为,有针对性地开展市场营销活动,具有极其重要的意义。一般情况下,影响消费者购买行为的主要因素有消费者个人因素、社会因素、企业和产品因素等。

1. 消费者个人因素

消费者购买行为首先受其自身因素的影响,这些因素主要包括如下几种。

(1) 消费者的经济状况。消费者的经济状况即消费者的收入、存款与资产、借贷能力等。消费者的经济状况会强烈影响消费者的消费水平和消费范围,并决定着消费者的需求层次和购买能力。消费者经济状况较好,就可能产生较高层次的需求,购买较高档次的商品,享受较为高级的服务。相反,消费者经济状况较差,通常只能优先满足衣、食、住、行等基本生活需求。

(2) 消费者的职业和地位。不同职业的消费者,对于商品和服务的需求与爱好往往不尽一致。一个从事教师职业的消费者,对于购买书报杂志、文化商品、培训服务的需求较大;而对于时装模特儿来说,则对于漂亮的服饰、美容服务等的需求较大。消费者的地位不同,也影响其对商品的购买。身在高位的消费者,将会购买能够显示其身份与地位的较高级的商品与服务。

(3) 消费者的年龄与性别。消费者对产品的需求会随着年龄的增长而变化,在生命周期的不同阶段,相应需要各种不同的商品与服务。如在幼年期,需要婴儿食品、玩具、教育等;而在老年期,则更多需要保健和医疗服务。不同性别的消费者,其购买行为也有很大差异。烟酒类产品较多为男性消费者购买,而女性消费者则喜欢购买时装、首饰和化妆品等。

(4) 消费者的性格与自我观念。性格是指一个人特有的心理素质,通常用刚强或懦弱、热情或孤僻、外向或内向、创意或保守等描述。不同性格的消费者具有不同的购买行为。刚强的消费者在购买中表现出大胆自信,而懦弱的消费者在购买中往往缩手缩脚。

2. 社会因素

人是生活在社会之中的,因而消费者的购买行为将受到诸多社会因素的影响。社会因素主要包括社会文化、社会相关群体、家庭、社会阶层等。

(1) 社会文化因素对消费者购买行为的影响。社会文化通常是指人类在长期生活实践中建立起来的价值观念、道德观念以及其他行为准则和生活习俗。首先,社会文化具有明显的区域性,同一地域的人们具有相同的生活方式和生活习惯,不同地域的服务产品带有不同的文化特征。其次,社会文化具有很强的继承性。社会文化是一个国家或民族在长期的发展历程中积淀起来的。另外,社会文化对人们购买行为的影响是间接的,但却是强有力的。因此,当推广一项新的服务产品时,必须与当地文化相适应,否则将会受到消费者的抵制。

(2) 社会相关群体对消费者购买行为的影响。社会相关群体是指对消费者的态度和购买行为具有直接或间接影响的组织、团体和人群等,即社会关系群体。消费者作为社会一员,在日常生活中要经常与家庭、学校、工作单位、左邻右舍、社会团体等发生各种各样的联系,形成诸多的社会群体。群体内成员之间的消费行为和消费习惯在不知不觉中相互影响和相互作用,群体成员在购买商品与服务时在自觉与不自觉之间要参考群体成员的意见和反应。

家庭、亲戚、朋友、同学、同事、邻居等是影响消费者购买行为的重要相关群体。这些相关群体是消费者经常接触、关系较为密切的一些人。由于经常在一起学习、工作、聊天等,使消费者在购买商品与服务时,往往受到这些人对商品与服务评价的影响,有时甚至是决定性的影响。

此外,影响消费者购买行为的社会因素还包括一定的社会政治、法律、军事、经济等因素。影响消费者购买行为的主要因素,除消费者自身因素、社会因素之外,还有企业和产品因素,如产品的质量、价格、包装、商标和企业的促销工作等。

2.3 服务消费与购买决策过程

● 案例导入

"因您而变"的服务理念

招商银行始终将客户的需求视为第一重要,"因您而变"是它的服务理念。近年来,招商银行投入了大量资源进行营业厅环境改造,为顾客提供优良和人性化的环境,营造舒适的氛围。如提高装修水平,设置服务标识,配备饮料,设置报纸、杂志,安装壁挂电视。改善排队叫号器设置,在叫号器界面上设立不同业务种类,客户按照银行卡的种类取号,分别在不同的区域排队等候,减少了相互干扰,保证营业厅秩序等。同时设立了大堂经理,在营业厅不断巡视,主动热情地解答客户的问题,帮助客户处理业务,提高业务处理的效率,赢得了客户。

资料来源:张东.招商银行零售服务文化发展历程.http://189315.com/news/detail-9.html,2013年5月6日.

思考与分析

1. 招商银行"因您而变"服务理念的实质是什么?

2. 招商银行采取的一系列改进客户服务的措施对消费者的购买决策有什么影响?

2.3.1 了解决策参与者的角色

决策参与者是由参与和影响购买决策的有关人员构成的群体。有些消费品的购买决策单位很小,通常只有一个人,如购买简单、价格较低的日常生活用品往往就是如此;在购买较为复杂的服务产品时,如聘请律师、教育培训等,由于消费者对各种专业性服务领域的具体情况不了解,信息不对称,于是需要从其他人那里寻求大量的信息,减少购买过程中的不确定性。影响消费决策的人在购买决策过程中扮演了不同的角色,发挥着特定的作用。

(1) 购买发起者,即首先提出或者想到购买某种服务的人。

(2) 购买影响者,即对最后购买决定具有某种影响的人。

(3) 购买决策者,即对怎么购买、是否买、买多少、何时买、何处买做出最终购买决策的人。

(4) 购买实施者,即购买过程的实际操作者。

(5) 使用者,即接受或使用服务的人。使用者可以是购买决策者、购买实施者,也可能是其他人。

2.3.2　了解服务消费购买的决策过程

在购买时,消费者要经过一个决策过程,包括三个阶段和五个过程,即购前阶段、消费阶段和购后阶段,确定需求、搜索信息、货比三家、购买与购后评估五个过程。

1. 购前阶段

购前阶段是指消费者购买服务之前的一系列活动。当消费者意识到有某种服务需求时,这一阶段就开始了,随着这种需求不断增强,促使消费者着手准备购买。购前阶段在整个购买决策过程中所占的时间比重相对较长,为了买到自己满意的商品与服务,消费者比较重视这一阶段。购前阶段一般包括三个过程:确定需求过程、搜索信息过程、货比三家过程。

(1) 确定需求过程。消费者有需求,才可能有购买行为。需求可能由内部刺激引起;也可能由外部刺激引起,比如说,你看到某个人穿着非常漂亮得体的服装,这个外在的刺激使你对这种服装产生了希望拥有的欲望。对企业来讲,就要通过适当的方式刺激顾客,使之了解、喜欢你的产品与服务,并产生购买欲望。如加大宣传力度,以刺激顾客产生购买的欲望。

(2) 搜索信息过程。消费者购买决策的第二步是收集信息。消费者的信息来源于两个方面:一是内部渠道,即消费者根据自己的知识储备和对服务产品的记忆来做出判断;二是外部渠道,即从自身以外的外部领域搜索信息,如家庭、朋友、邻居、广告宣传、大众传媒等。所以企业要了解目标消费者接受信息的通道,这样在做宣传时,就可以有针对性地选择宣传媒介。比如说,如果是给出租车司机做宣传,那么他接受信息的主要通道可能就是交通台,他在收听路况信息的时候,同时也就接受了其他有关信息,那么在选择广告媒体时就应以交通台为主。

(3) 货比三家过程,即产品评估过程。作为消费者,可能会从不同的渠道收集很多信息。目的是为了货比三家,通过对信息的分析比较做出决策,这就是产品评估。针对顾客的比较评估过程,企业应该做些什么? 在这个阶段,消费者需要大量的能够打动他的信息。经过对众多竞争对手的产品的比较,消费者当然愿意接受那种性能和价格让他比较满意的产品,那种能给他带来更多利益的产品。所以,企业在宣传中,要注意突出自己产品的优点,尽量让顾客多了解自己产品的优点,方便消费者做出判断和选择。

知识窗 2-2　　　　　　　　就餐场合的选择

以一个顾客选择餐馆吃午饭为例。他面临的第一个问题是"在什么场合下吃饭"。无疑,不同的餐馆适合不同的顾客。他单独一人吃与同朋友一起吃可能有不同的要求。如果一个人吃饭,像麦当劳、肯德基一类的快餐店兴许就可以了。而如果是和朋友一起,则会选择较好一些或者是上档次的餐馆。吃饭的场合确定下来之后,紧跟的问题是"哪些餐馆可以选择"。从理论上讲,顾客可选择的餐馆有很多,而事实上,他通常根据以往的经验和知识只选择有限的几家。不过,究竟他会选择哪一家还要考虑一系列因素。这一过程通常是很难描述出来的。

2. 消费阶段

经过购买前的一系列准备,消费者的购买过程进入实际的消费阶段。对于有形产品而言,消费过程通常包括购买、使用和废物处理等不同过程,而且这三个环节的发生遵循一定的顺序并有明确的界限。比如,顾客从超级市场购买一瓶洗涤剂,在洗衣服时使用,当所有的洗涤剂用光之后就把空瓶子扔掉。

一方面,在服务交易过程中一般不涉及产品所有权的转移,因此,服务的消费过程也就没有明显的环节区分,这些所谓的环节都融合为顾客与服务人员互动的过程。另一方面,服务具有生产和消费同时进行的特点,消费者购买服务的过程也就是其消费服务的过程。在这一过程中,顾客不是同其消费客体打交道,而是表现为同服务提供人员及其设备相互作用的过程。

因此离开服务提供者,服务的消费过程是无法进行的,服务提供者同消费者一道构成了消费过程两大主体。同时各种服务设施的作用也不容忽视,这些设施是服务人员向顾客提供服务的工具,它们给顾客的印象还将直接影响到顾客对企业服务质量的判断。

这个时候,服务企业应该注意,购前的工作尽管成功了,但这个消费阶段也一定要把握好。要做到热情接待、周到服务,让顾客在非常温馨的交易情景下接受你的商品与服务。

3. 购后阶段

服务的购后评价是一个比较复杂的过程。它在顾客做出购买决策的一刹那就开始了,并延续至整个消费过程,顾客的评价不仅受到市场沟通、企业形象、顾客口碑等因素的影响,而且要受到一些来自社会和环境方面的因素影响。在某种意义上,顾客的评价如何将取决于企业是否善于管理顾客与顾客、顾客与员工、顾客与企业内部环境以及员工与内部环境之间的关系。

2.3.3　了解购买服务的决策理论

购买服务的决策理论,包括风险承担论、心理控制论和多重属性论。这些理论是西方学者于 20 世纪 60 年代提出来的,为服务营销决策和消费者购买服务的决策行为提供了理论依据。

1. 风险承担论

在购买产品或服务的过程中,消费者行为具有一定的风险性,消费者的任何行动都可能造成自己所不希望或不愉快的后果,具有风险性。因而,这种后果则由消费者自己承担,消费者在进行购买服务的决策中要尽可能降低风险、减少风险、避免风险。消费者作为风险承担者要面临 4 个方面的风险,即财务风险、绩效风险、物质风险和社会风险。

(1)财务风险是指由于消费者决策失当而带来的金钱损失。

(2)绩效风险是指现有服务无法像以前的服务一样能够达到顾客的要求水准。

(3)物质风险是指由于服务不当给顾客带来肉体或随身携带的用品的损害。

(4)社会风险则是指由于购买某项服务而影响到顾客的社会声誉和地位。

风险承担论认为,购买服务的风险大于购买商品的风险的原因,出于服务的不可感知性、不可分离性和服务质量标准的难以统一等。消费者购买服务,一要有承担风险的心理素质;二要有规避风险的意识。消费者规避风险或减少、降低风险主要采取以下策略。

(1)忠于品牌或商号。根据自身经验,消费者对购买过程中满意的服务品牌或商号不随意更换,不轻易去否定或背离自己认为满意的服务品牌或商号,不贸然去承受新的服务品牌带来的风险。

(2)口碑是影响消费者做出购买决策的重要因素。优质服务企业往往会形成好的口碑,口碑是社会消费群体对企业服务的评价。好的口碑即是企业信誉度和美誉度的体现。消费者无法去测定企业的信誉度和美誉度,但可借助消费群体的口碑去判断其服务风险的大小。好的口碑,尤其是从购买者的相关群体获得的信息,对购买者具有参考价值和信心保证。

(3)对于专业技术性服务,要多方面了解。购买者降低风险要从内部和外部两个侧面降低购买的不确定性及其后果,要通过加强调查研究、借助试验、大量收集服务企业的内部和外部的信息等方式避险。

风险承担论一方面客观地正视了消费者购买服务的风险性的事实;另一方面明确地为消费者规避、减少、降低风险提供了依据。这一理论为密切服务企业与消费者的关系,化解在服务购买过程中可能出现的矛盾具有理论指导意义。

2. 心理控制论

心理控制论是指现代社会中人们不再为满足基本的生理需求,而要以追求对周围环境的控制作为自身行为的驱动力的一种心理状态。这种心理控制包括对行为的控制和对感知的控制两个层面。

行为控制表现为一种控制能力。在服务购买过程中,行为控制的平衡与适当是十分重要的。如果控制失衡就会造成畸形,损害一方利益。如果消费者的控制力强,则服务企业的经济地位势必受到损害,因为消费者讨价还价能力强,则意味着企业利润的相对减少;如果服务人员拥有较多的行为控制权,则消费者会因为缺乏平等的交易地位而感到不满意,对于服务企业而言,其经营效率会随之下降。

在服务交易过程中,并不只表现为行为控制这一个层面,还要从深层次的认知控制加以分析。服务交易过程中的行为控制是交易双方通过控制力的较量和交易,以消费者付出货币和控制权而换得服务企业的服务为目标。交易双方都在增强自己的控制力,在彼此趋近于平衡的状态下取得成交。但由于交易双方对服务质量标准的认知的不一致性,导致交易双方对交易结果难以获得十分满意的最佳感受。这是感知控制层面所要解决的问题。

感知控制是指消费者在购买服务过程中自己对周围环境的控制能力的认知、了解的心理状态。消费者对周围环境及其变化状态感知控制越强,则对服务的满足感越强,对企业的满意度也就越高。

服务交易过程既是交易双方行为控制较量的过程,也是感知控制竞争的过程。从本质上讲,服务交易的成败,顾客满意度的高低,主要取决于服务企业对感知控制的能力和举措。企业服务人员的感知控制能力与其工作的满意度具有正相关关系,也与消费者的满意度具有同样的正相关关系。

心理控制论尤其是感知控制对于企业服务和服务企业具有重要的管理意义。这一理论要求企业在服务交易过程中,应该为消费者提供足够的信息量,尽可能让购买者对服务提高认知度,使购买者在购买过程中感觉到自己拥有较多的主动权和较大的控制力,充分地了解服务过程、状态、进程和发展,以减少风险忧虑,增强配合服务过程完成的信心。例如,在民航服务活动中,如若飞机误点,航空公司应该及时解释飞机为何误点、何时起飞、食宿安排等相关问题,以使乘客能提高认知控制能力,减少埋怨,配合服务。

3. 多重属性论

多重属性论被广泛应用于市场营销研究领域。它的基本思路是,消费者在选购服务产品时,需要考察服务产品本身的一系列属性,并根据这些属性的重要程度进行综合判断与决策。

服务产品的属性一般可分为三类:明显性属性、重要性属性和决定性属性。

明显性属性是引起消费者选择性知觉、接受和贮存信息的属性,是反映事物特征的、能把不同事物区分开来的、容易被人觉察的那些属性。例如,旅馆的明显性属性有旅馆的店址、建筑物的特征、独特的品牌名称或标志等。这些属性虽然明显,但对某些消费者来说可能并不重要。

重要性属性是表现服务业特征和服务购买所考虑的重要因素的属性。重要性属性对消费者意味着关键的利益,消费者非常重视。例如,旅馆在客人心目中的重要性属性有安全、服务质量、客房设备、餐饮质量、声誉、形象等。重要性属性不一定就具有明显性,例如,有A、B、C、D 四个航空公司,如果在飞机的安全性方面水平一样的话,那么安全性在此时就不能成为消费者区别 A、B、C、D 四个航空公司的明显的标志,它不具有明显性,也不能成为消费者选择航空公司的决定性属性。另外,属性的重要性也会因人而异。

决定性属性是决定消费者选择结果的那些属性,这些属性与消费者偏爱和实际购买决策关系最为密切。决定性属性一般是企业与众不同的某种属性,通过此属性将某企业和竞争者区分开来。例如,旅馆的决定性属性可能为服务质量、安全、安静程度、预订服务、总服务台、客房及浴室的状况、形象、令人舒适愉快的物品、高档服务、食品与饮料的价格及质量、地理位置、声誉、建筑艺术、保健设施和客房特点等。

决定性属性一定是明显性属性,但对某项服务而言不一定是最重要的属性,重要性属性不一定是决定性属性。服务的决定性属性是选择服务企业的最主要属性,其权重要高,重要性属性是消费者选择服务的重要因素,其权重虽略低于决定性属性但不能拉开距离过大。消费者对服务的选择就是依据多重属性论对服务属性进行综合考察而得出最佳选择,从而建立多重属性模型。

多重属性模型的具体应用。假定我们要测量旅客对 A、B、C、D、E 五家旅馆的评价。每一家旅馆都用五个属性(或标准)进行衡量:安全性、声誉、价格、客房及浴室的设备、地理位置。假设在旅客心目中这五个标准的权重分别为:0.3、0.3、0.2、0.1、0.1。然后,通过调查,让旅客给这五家旅店打分,以 100 分为最好,得到的结果如表 2-2 所示。

表 2-2 五家旅店多重属性模型

属性 \ 旅馆	A	B	C	D	E	权重
安全性	100	90	90	80	80	0.3
声誉	100	80	70	60	80	0.3
价格	90	100	100	100	100	0.2
客房及浴室的设备	100	100	90	80	70	0.1
地理位置	90	90	100	60	100	0.1

根据表 2-2,可计算出旅客对每一家旅馆的评价,具体计算如下:

A＝100×0.3＋100×0.3＋90×0.2＋100×0.1＋90×0.1＝97

B＝90×0.3＋80×0.3＋100×0.2＋100×0.1＋90×0.1＝90

C＝90×0.3＋70×0.3＋100×0.2＋90×0.1＋100×0.1＝87

D＝80×0.3＋60×0.3＋100×0.2＋80×0.1＋60×0.1＝76

E＝80×0.3＋80×0.3＋100×0.2＋70×0.1＋100×0.1＝85

测算结果,A 旅馆综合评分最高,应为首选对象。

● 实训课业

一、技能训练

(1) 从本章案例导入中表 2-1 可以看出,2012 年,在中国城镇居民消费支出中,按照每类支出占城镇居民总支出的比例大小进行排序如下:食品、交通通信、文教娱乐、衣着、居住、家庭设备及用品、医疗保健、其他。食品支出虽然所占比例最大,但是已呈下降趋势,除食品外,交通通信、文教娱乐所占比例较大,都在两位数以上。请分析上述结果说明了什么? 其原因是什么?

(2) 应用你所学习的决策参与者的角色、服务消费购买决策过程和购买服务的决策理论的知识,分析说明你选择现在所在的学校来读书的决策过程。

(3) 假定我们要测量社会公众对 A、B、C、D、E 五所学校的评价。每一所学校都用五个属性(或标准)进行衡量:教师数量和素质、教学设施和设备、教学管理、学生数量和素质、图书馆藏书量,假设在社会公众的心目中这五个标准的权重分别为:0.3、0.3、0.2、0.1、0.1。然后,通过调查,让社会公众给这五所学校打分,以 100 分为最好,得到的结果如表 2-3。请你分别计算五所学校的得分并按得分多少对五所学校进行排序。

表 2-3　五所学校多重属性模型

属性　　　　　学校	A	B	C	D	E	权重
教师数量和素质	98	90	90	80	80	0.3
教学设施和设备	90	80	70	60	80	0.3
教学管理	100	100	100	100	100	0.2
学生数量和素质	100	100	90	80	70	0.1
图书馆藏书量	90	90	100	60	100	0.1

(4) 对国内大电信运营商进行深入了解,分析其不同特征的消费市场目标人群的消费心理。

(5) 收集本班同学的月服务消费支出项目,分析同学之间的服务消费行为的差异。

(6) 结合你一次愉快的服务购买经历,谈谈不同的购买阶段,即购前阶段、消费阶段和购后阶段,你的消费心理特点。

二、实训项目

某一消费者群体服务消费行为和消费心理研究

1. 实训内容

选定你所在学校的某一个专业班级的学生,调查与分析影响该班级学生晚间到机房或网吧上网消费行为的主要因素,并撰写一份调研报告(设计可行的调查问卷或访谈题目)。

2. 实训目的

了解、分析和总结某一消费者群的服务消费购买心理特点和规律,并以此为根据为某一服务行业设计营销策略。

3. 实训要求

(1) 组织学生以 6 人为一组,以团队形式,由组长负责利用方便的时间,到所在学校的某一个专业班级进行问卷调查。

(2) 以小组为单位组织学生座谈和撰写调研报告。

第 3 章

服务营销理念

本章阐释

　　本章通过对服务营销理念的基本理论和实务的介绍,使学生理解顾客满意的内涵、超值服务的内涵及特点,掌握提高客户满意度的策略和方法。在理解服务流程再造含义的基础上,掌握服务流程再造的方法和策略。

能力目标

　　(1)掌握提高顾客满意度的技巧与策略,能够在企业的营销管理实践中创造较高的顾客满意度,为企业赢得更多的忠诚客户。

　　(2)能应用顾客满意度理论和服务流程再造理论对企业的服务现状进行分析,找出影响企业服务质量的关键因素,提出改进意见,重新设计出更加科学的服务流程。

　　(3)能在不同的企业环境中,结合不同业务及客户类型,对超值服务的方法进行不断创新。

3.1　顾客满意理念和超值服务理念

● **案例导入**

宜家家居的顾客满意和超值服务

　　宜家家居是目前世界上最大的家居供应商,瑞典知名的家居企业,世界 500 强之一,2006 年《商业周刊》全球顶级品牌 100 强之一。1943 年,17 岁的英瓦尔·坎普拉德(Ingvar Kamprad)在瑞典的一个小村庄阿干那瑞(Agunnaryd)开始书写宜家传奇。此后,宜家集团逐渐发展为商场遍布 44 个国家的全球零售商,拥有 12.7 万名员工,年销售额超过 231 亿欧元。在即将到来的宜家 2014 财年,北京大兴、上海宝山、重庆三地将各有一家新店开张,加上中国现有的 13 家宜家商场,届时宜家在中国的门店数将达到 16 家,到 2020 年左右,宜家希望将在华门店总数扩大至 40 家。宜家的理想是为大众创造更美好的日常生活,宜家商业理念是提供种类繁多、美观实用、老百姓买得起的家居用品。以高价格制造优质产品,或者,以低价格制造劣质产品,任何人都可以做到这一点。但是,以低价格制造好产品,你必须找到既节约成本又富有创新的方法。因此,在宜家,做事的方式有些与众不同。北欧是全球最注重环保的地区,宜家致力于确保产品和材料能够最大限度地减少对环境的不利影响,从健康的角度,确保顾客的安全。作为其商业理念的一部分,设计产品时,在保持低成本上坚定不移,始终力求巧妙地使用资源。在提高服务价值方面做到以下几点。

1. 细致入微的商品导购信息

商场没有销售人员,只在每个分区中设一名服务人员,他们不允许主动向顾客促销某件产品,把空间全部留给顾客,宜家精心为每件商品制定导购信息,有关产品的价格、功能、使用规则、购买程序及领取地点等所有信息一应俱全,顾客只要到指定的地方取铅笔把想买的商品填写进购物清单就可以了。宜家将每一个细节都考虑进去,来指导消费者做出购买决定。

2. 信息透明化

在宜家,商品测试是夺人眼球的一道风景线,在厨房用品区,宜家出售的橱柜从摆进卖场第一天就开始接受测试器的测试。如果你不懂怎样挑选地毯,宜家会用漫画形式告诉你:"用这样简单的方法来挑选我们的地毯:一是把地毯翻开来看它的背面;二是把地毯展开看它的里面;三是把地毯折起来看它鼓起来的样子;四是把地毯卷起看它团起来的样子。"对于组装比较复杂的家具,宜家则在卖场里反复放映录像和挂图。总之,宜家希望在没有服务人员帮助的情况下,顾客也能轻松自学成才。

3. 卖场人性化布局

宜家卖场设计有其标准规范,进入商场后,地板上有箭头指引顾客按最佳顺序逛完整个商场。主通道旁边有一个个分隔开来的展示区,展示区深度不会超过4米,以保证顾客不会走太长的距离。展示区按照客厅、餐厅、工作室、卧室、厨房、儿童房顺序排列,是按照顾客的习惯制定的。这种展示方法有利于为顾客呈现一个整体的装饰效果,同时还利于为顾客降低购物时间成本。这些示范室内集中了宜家家居所有出售的商品,就像一个家那样设施齐全、温馨迷人,对于没有家的概念、不知如何装饰家的顾客帮助很大。

4. 卖场人性化服务

顾客在逛宜家时,累了可以在床或是沙发上休息,所以经常逛宜家你会发现很多人在展示区内休息、看书、聊天甚至睡觉。在宜家出售的沙发、椅子、床垫还特意提示顾客:"请坐上去! 感觉一下它多么舒服!"宜家告诉你,质量是经得起考验的。同时还向你销售一种消费观念,体验过后做出的决策才是最好的。饿了就到宜家餐厅,有美味的瑞典食品和适合顾客口味的中国食品。宜家洗手间的水更温暖,一年四季都是舒适的温度。宜家还专为妈妈们设有哺乳间,干净而周到。妈妈们不必再为找不到合适的地方给宝宝喂奶而发愁。宜家为孩子们专门开设了由专人看护的儿童乐园,你可以放心将孩子留在这里玩耍,然后安心去购物。

5. 客户服务

(1) 旧厨房家具拆除服务。你是不是想在宜家买一套崭新的厨房家具? 那家里旧的厨房家具怎么办? 不用担心! 宜家能为你提供专业的旧厨房家具拆除服务,让你轻松把新厨房家具接回家。

(2) 提送货服务。选择宜家所提供的这项服务,你将感受到它为你带来的省时和省力。你可以尽情地购买,而不用为寻找、搬运你所购买的家具而烦恼,只需轻松等待,你所选择的产品便会被快速地送到你家里或是办公室里。选择提送货服务,你只要将你所需要产品的购物清单或者销售订单交给指定的宜家工作人员,他们便会指导你完成整个购物流程,并安排提取和运送你所购买的产品。

（3）组装服务。宜家的产品都采用平板包装，需要你自己回家组装。包装内含指示说明和宜家特殊工具，你可享受自行组装的乐趣。如果你需要帮忙，宜家指定的专业服务人员也乐意提供上门组装服务，同时还能提供灯具安装；画框、挂件、镜子的上墙固定；隔板切割；上墙固定等服务。价格绝对合理。

（4）退换货政策。改变主意了？没关系。只要货品没有组装、破损或使用，您可在60天内（宜家俱乐部会员可在180天内），携带原始购物凭证（银行卡付款需要提供银行卡消费凭证）和外包装完整的货品到商场退换货，他们将按照购物时的支付方式退款。

顾客对宜家的感受贯穿每个细节，美好的环境，独特的购物方式，叫人流连忘返，这样的购物体验使每个顾客都不会感到疲惫或是厌烦。宜家正是用这春风化雨般的超值服务，不但让顾客满意，更赢得了每位顾客的心。

资料来源：www.IKEA.com 道客巴巴网站，中国营销传播网．

思考与分析

1. 宜家在哪些方面创造了顾客满意？
2. 宜家的超值服务体现在哪些方面？

3.1.1　理解顾客满意理念

1. 顾客满意理念的概念

名词点击

所谓顾客满意理念即 CS 理念（Customer Satisfaction），是指企业全部经营活动都要从满足顾客的需要出发，以提供满足顾客需要的产品和服务为企业的责任和义务，以满足顾客需要，使顾客满意是企业的经营宗旨。

2. 顾客满意理念的内涵

顾客满意理念的内涵是个系统，它包括横向和纵向两个层面。

（1）横向并列层次

① 企业的经营理念满意，是指企业经营理念带给顾客的满足程度，具体包括经营宗旨、经营方针、经营哲学和经营价值观等方面，以及各个不同阶段的具体理念等。

② 营销行为满意，是指企业的运行状态带给顾客的满足程度。包括企业的行为机制、行为规则、行为模式和行为实施程序等的满意。

③ 外在视觉形象满意，是指企业具有可视性的外在形象带给顾客的满足程度。包括外在视觉形象标志、标准字、标准色、企业外观设计、企业环境和企业的各种应用系统等的满意。

④ 产品满意，是指企业的实物产品和服务产品载体带给顾客的满足状态。包括实物产品的质量、功能、设计、包装、品位、价格和服务产品载体相应因素的满意。

⑤ 服务满意，是指企业服务带给顾客的满足状态。包括绩效满意、保证体系满意、服务的完整性和方便性满意、情绪和环境满意等，并从时间的节约性和文化氛围的高品位等方面

体现出来。

顾客满意理念是以培养和提高顾客的忠诚性为目标的。顾客忠诚是指顾客对某一企业、某一品牌的产品和服务形成偏爱并长期持续重复购买的行为,是企业以满足顾客的需求和期望为目标,有效地消除和预防顾客的抱怨和投诉,不断提高顾客满意度,在企业与顾客之间建立起一种相互信任、相互依赖的"质量价值链"。

(2) 纵向递进层次

① 物质满意层次,即顾客对企业服务产品的核心层,如服务产品的功能、品质、品种和效用感到满意。

② 精神满意层次,即顾客对服务方式、环境、服务人员的态度、提供服务的有形展示和过程感到满意。

③ 社会满意层次,即顾客对企业产品和服务的消费过程中所体验的社会利益维护程序感到满意,顾客在消费产品和服务的过程中,充分地感受到企业在维护社会整体利益时所反映出的道德价值、政治价值和生态价值。

3. 企业塑造顾客满意理念的客观必然性

企业的经营理念是企业在经营运作中的信仰、宗旨和准则,它是企业所处外部经济环境的必然产物,也反映了企业自身生存发展的需要。

(1) 服务产品市场供给大于需求

在服务产品供给大于需求的市场环境下,消费者拥有充分的权利选择服务企业和服务产品。只有坚持顾客第一,顾客至上,努力使自己的产品和服务满足顾客的需求,企业才能赢得顾客的心,进而在市场竞争中处于优势地位。

(2) 市场竞争异常激烈

随着市场竞争越来越激烈,顾客满意度成为企业发展的瓶颈,不断提高顾客满意度将成为企业竞争的焦点。

(3) 消费者越来越挑剔

消费者的需求多种多样,而且其发展是无止境的。随着社会经济的发展和人们收入及生活水平的不断提高,消费者对产品和服务的质量要求越来越高。在这种情况下,企业生产的产品和提供的服务满足顾客不断提高的质量需求,他们才会购买,才有可能成为你忠诚的顾客。反之,企业就会始终处于追逐新顾客的危险境地。

4. 顾客满意理念指导下的企业营销策略

现代企业实施顾客满意的服务战略的根本目标在于提高顾客对企业生产经营活动的满意度,而要真正做到这一点,则必须切实可行地制定和实施如下关键策略。

(1) 在企业中树立"以客为尊"的经营理念

"以客为尊"的企业服务经营理念,是服务顾客最基本的动力,同时它又可引导决策,联结公司所有的部门共同为顾客满意目标而奋斗。企业的一切营销活动要从顾客的需要出发,以提供满足顾客需要的产品或服务为企业的责任和义务,全心全意为顾客服务。要把为顾客服务、提高顾客满意的理念作为企业每一项工作的指导思想和每一名员工的自我要求。

(2) 不断创新,开发令顾客满意的产品

企业必须熟悉顾客,了解用户,要调查他们现实和潜在的需求,分析他们购买的动机和行为、能力、水平,研究他们的消费传统和习惯、兴趣与爱好。但同时,顾客的需要是发展变化的,顾客的满意度也是发展变化的。因此,企业还要不断创新,千方百计利用新技术、新工艺、新材料、新设计、新发明来开发顾客喜欢的新产品和新服务。

(3) 健全顾客服务体系,提供令顾客满意的服务

企业的服务质量直接关系到顾客的满意度和忠诚度。企业要不断完善服务系统,以便利顾客为原则,用产品本身的魅力和一切为顾客着想的实际行动去感动顾客。服务的具体内容和形式,应根据顾客需求和商品特性而展开。按服务时间分类,服务可分为售前、售中和售后服务。售前、售中和售后服务是企业生产经营者接近消费者直接的途径,所以企业要建立专门的机构和设立专人来搞好售前、售中和售后服务工作,接待和处理顾客投诉,加强与顾客的联系和沟通,倾听顾客的不满,不断纠正企业在营销活动中的失误和错误,及时补救和挽回给顾客造成的损害。

售前服务是指在顾客未接触商品之前所采用的一系列服务,目的在于方便顾客购买和激发购买欲望。其核心是围绕着如何更好地方便顾客而展开。售前服务常见的做法有:各种精心设计的商品性能、使用方法、维修措施的宣传介绍;优雅而又便于顾客选购的销售环境;送货上门;开展电视、电话订货及邮购和卡片预约订购;开展为顾客或用户提供购前的勘察、设计、咨询、培训等多种服务项目。总之,售前服务的内容和形式多种多样,企业界根据顾客的需要和变化趋势,在不断创新和扩展。当前出现的“试用”、“先尝后买”、“分期付款”、“还款销售”、“销售路线说明书”等,都属于售前服务的拓宽。

售中服务是指在商品销售过程中,为顾客和用户提供的一类服务。其目的是密切供需关系,增强购买者的信赖感,以期实现交易。其核心是围绕着使顾客在物质和精神上获得最大限度的满意而展开。售中服务的具体内容包括:除对所有顾客都进行热情、主动的接待和从顾客立场介绍商品效益外,还有代为挑选商品,代为办理各种购买手续,代为办理合同、包装、托运、保险等项目,提供食宿方便及购买过程中一切方便顾客的措施。

售后服务是指商品卖出去后,继续提供的各种服务。热忱而周到的售后服务,可增加消费者对商品的安全感和对企业的信任感,不仅可以巩固现有顾客,促使其重复购买,也可通过购买者的宣传,争取更多的新顾客,开拓新市场。当今企业界,不少人认为,售后服务是关系着企业存亡的大事。它不仅仅是一种策略和手段,也是企业加强与顾客在技术、经济和情感方面联系的重要方式,从而可以准确而及时地反馈各种消费者的需求信息,促进企业不断提高经营水平和发掘潜在市场。售后服务的内容极为广泛,不少领域还有待开发。从目前企业界的具体做法看,主要有:售后送货服务,售后“三包”(包修、包换、包退)服务,定点、上门和巡回维修服务,售后安装、调试服务,包装服务,多种形式的访问服务和技术服务等。

(4) 掌握竞争对手情况

一个追求顾客满意的企业,不仅要了解顾客的需要,还要了解竞争对手的情况。在市场竞争愈演愈烈的条件下,只有比竞争对手做得更好的企业,才有希望在市场竞争中获得成功,才有机会获得不断的发展。

21 世纪将是以服务取胜的年代,这个时代企业活动的基本准则应是使顾客感到满意。不能使顾客感到满意的企业必无立足之地。因为在信息社会,企业要保持技术上的优势已越来越不容易,企业必须把工作重心转移到顾客身上,从某种意义上说,使顾客感到满意的企业,将是成功的企业。

　　企业服务理念满意系统的建立,其核心在于确立以顾客为中心的企业理念,它应具体地体现和反映在企业的经营宗旨、经营方针和经营哲学上,并贯穿于企业的质量观念、服务观念、社会责任观念和人才观念等诸多经营观念中。

　　在顾客满意的服务理论中,为建立顾客满意系统而进行的顾客满意度调查,以及检验顾客满意系统的运作及其结果,需要通过顾客满意级度和顾客满意指标来进行测量和评价。顾客满意级度是顾客在消费了企业的产品或服务之后所产生的满足状态的等级。通常分为7个级度,即很不满意、不满意、不太满意、一般、较满意、满意和很满意。顾客满意指标是指用以测量顾客满意度的项目因子或属性。如企业产品的顾客满意指标,可以概括为7项:品质、数量、设计、时间、服务、价格和品位。企业服务的顾客满意指标,可概括为5项:绩效、保证、完整性、便于使用和情绪环境。

3.1.2　理解超值服务理念

　　1. 超值服务的概念

名词点击

　　超值服务就是用爱心、诚心和耐心向消费者提供超越其心理期待(期望值)的、超越常规的全方位服务。

　　2. 超值服务系统

　　超值服务以顾客为导向,向用户提供最满意的产品、最满意的服务。它是贯穿科研、生产、销售全过程的。超值服务是由售前超值服务、售中超值服务和售后超值服务三个子系统构成的服务体系。这三个子系统相互关联、互为条件,共同来完成超值服务的任务。

　　(1)售前超值服务

　　售前超值服务是指按严格的要求和规范做好售前调研、售前培训、售前准备和售前接触四大环节的工作。其中,售前调研是前提,来调查消费者的现实需求和潜在需求;售前培训是对员工的培训,不仅包括服务技能的培训,更重要的是对员工的服务理念、服务道德、服务态度、服务意识的培训;售前准备包括服务开始前的心理准备和技术准备两个方面;售前接触是首先在小范围内与消费者接触,在征求消费者意见的同时了解消费者最新消费动向,及时改进服务。比如在售前接触中邀请各方代表进行的"消费者模拟定价"活动,是新产品价格形成的重要因素。

　　(2)售中超值服务

　　售中超值服务是指服务人员与客户或用户进行交际、沟通和洽谈的过程。主要包括操作规范、语言规范和姿势规范。此外,售中超值服务更重要的是服务人员应本着让顾客获得超值服务的原则,随时根据顾客的需求调整服务程序,增大服务流程弹性。

　　(3)售后超值服务

　　售后超值服务包括服务制度、用户沟通制度、员工服务规范、员工培训制度和奖惩制度等一系列服务规定。具体内容如下:

　○ 服务制度由上门服务制度、产品终身服务制度、免费服务制度、全天候服务制度等要素构成。

　② 用户沟通制度由服务网点制度、用户访问制度、用户档案制度、用户投诉制度等要素构成。

　③ 员工服务规范包含了员工语言规范、员工行为规范和超值服务纪律等要素。

　④ 员工培训制度坚持对服务人员技能和素质进行经常的培训，以保证超值服务的有效实施。

　⑤ 奖惩制度包含了激励机制和处罚机制的各项细则，通过奖优罚劣促进竞争，以推动超值服务水平的不断提高。

卓越实践 3-1　　　　　小鸭集团的超值服务

小鸭集团努力使"超值服务"成为员工的一种价值观，进而成为一种企业文化，并成为集团经营的指导思想，成为全体员工的行为准则。这种理念要求在对用户服务中，实现 7 个超越。

（1）超越用户的心理期待。一般来说，用户对产品无形服务的期望，仅限定在国家"三包"规定的范围内。小鸭集团不仅能够为顾客提供技术先进、质量上乘、外形美观的洗衣机，而且在坚决执行国家"三包"规定的前提下，主动拓展了产品的无形部分，使顾客能享受到超出自己心理期望的超值服务。

（2）超越常规。常规服务主要是指"三包"服务，小鸭集团在服务的种类、质量和方式上都超越了"三包"的要求。

（3）超越产品的价值。产品的总价值是有形产品的价值同服务价值之和。小鸭集团通过人的服务，使用户能够享受长期的多种形式的高质量服务。

（4）超越时间界限。超值服务不受时间限制，它无时不在，一天 24 小时伴随着用户，无处不在，产品销售到哪里，服务就到哪里。小鸭集团拥有遍布全国 138 个服务网点，能随时随地为用户提供安装、调试、咨询和维修服务。

（5）超越内外界限。小鸭集团认为，用户购买了小鸭的产品，就等于在小鸭集团投资，因此，用户是小鸭集团的"投资者"、"债权人"、"股东"或"老板"，是小鸭集团的主人，因而小鸭集团像对待内部员工一样对待小鸭的用户，建立用户档案，自觉自愿地为用户服务。

（6）超越部门界限。小鸭集团要求企业各个部门都要动员起来投入到超值服务链上，为超值服务做出应有的贡献。

（7）超越经济界限。企业实施超值服务所付出的代价和成本，小鸭集团不向用户收取，而是消化在向用户尽义务、献爱心的生产经营过程中。这种超值服务创造的价值超越了等价交换的经济范畴，把物质的东西融化到了精神范畴中去。

思考与分析

1. 小鸭集团的超值服务体现在哪些方面？
2. 小鸭集团实施超值服务的目的是什么？

3. 顾客附加价值与顾客满意度

顾客附加价值亦称让客价值、让渡价值，它是顾客总价值与顾客总成本之间的差额，即

顾客附加价值＝顾客总价值－顾客总成本

产品的顾客总价值包括产品本身的价值，购买过程中厂家为顾客提供的服务（称服务价值），产品对顾客具有的某种特殊意义的价值（称个人价值），产品的购买行为给顾客形象带来的价值（称形象价值）等。产品的顾客总成本，是顾客获取此产品所付出的总代价，它包括货币成本和非货币成本，非货币成本又包括顾客为获得此产品所付出的时间代价（称时间成本）、所花费精力的代价（称精力成本）和心理代价（称心理成本）等。因此，产品的顾客附加价值理论可以用下面的等式作一形象表达。

产品的顾客附加价值＝产品的顾客总价值－产品的顾客总成本
＝（产品价值＋服务价值＋个人价值＋形象价值）
－（货币成本＋时间成本＋精力成本＋心理成本）

这里的所有价值和所有成本，都是针对某一个特定顾客购买某一特定产品或服务而言的。因为不同顾客购买同一产品其价值项目和成本项目中的大部分都是各不相同的，而且不同的产品或同一产品对不同的顾客价值也不一样，例如，一幅历史名画对古画收藏家来说是无价之宝，但对买肉的老太太来说可能分文不值。因此，这里所说的产品的顾客附加价值是产品的顾客相对价值。

顾客附加价值理论的基本假设是：顾客是理性的经济人，他总是追求"顾客附加价值"。这一理论给我们的启示是：产品的顾客附加价值越大，顾客满意程度越高；当顾客为获取产品所付出的顾客总成本超过所得到的顾客总价值，也就是产品的顾客附加价值为负值时，顾客不满意就发生了。因此厂家只有努力提高其产品的顾客附加价值，才能提高顾客的满意度。

从竞争角度考虑，企业应该努力向顾客提供其顾客附加价值高于竞争对手的产品或服务。该理论也表明，企业可以从 3 个思路来提高产品的顾客附加价值，提高顾客满意度。一是增加产品的顾客总价值，包括产品价值、服务价值、个人价值和形象价值等；二是降低产品的顾客总成本，包括货币成本、时间成本、精力成本和心理成本等；三是双管齐下，既努力提高产品的顾客总价值，又努力降低产品的顾客总成本。

3.2 顾客满意度策略

顾客满意度策略是指企业为了使顾客能完全满意自己的产品或服务，综合而客观地测定顾客的满意程度，并根据调查分析结果，从企业整体的角度来改善服务及企业文化的一种经营战略。

3.2.1 理解顾客满意度的含义

名词点击

顾客满意度可以简要定义为："顾客接受产品和服务的实际感受与其期望值比较的实际

程度。"这里既体现了顾客满意的程度,也反映出企业(供方)提供的产品或服务满足顾客需求的成效,它包含以下两方面内容。

1. 顾客感知

顾客感知是指顾客在购买和使用产品或服务后,对实际效果的感受和认知。顾客对服务的感知一般是根据服务质量及其在服务过程中所体验到的总体满意程度来感知的。由于服务的特殊性,顾客对服务质量的感知还包括:在服务过程中对交互质量的感知;在服务过程中对有形环境质量的感知;对服务结果质量的感知。

事实上,顾客对服务质量、产品质量、价格、环境因素以及个人因素的感知都会对顾客满意产生影响。

2. 顾客期望

顾客期望是指顾客在购买决策前对其需求的产品或服务所寄予的期待和希望。消费者一旦对某种事物产生了需求,期望便随之产生。

服务期望是顾客对所接受的服务质量水平的预期,顾客在评价服务质量时,会把对服务绩效的感知与服务期望进行比较。所以,了解顾客期望和顾客期望的产生对服务营销人员来说是很重要的,顾客的期望正是企业希望通过服务营销的努力去达到的。

顾客对服务期望的高低会影响其对服务绩效的评估,从而影响顾客的满意程度。顾客对服务的期望可以分为理想服务和适当服务。理想服务是顾客期望得到的最高水平的服务,是顾客在购买某项服务时所希望实现的绩效水平,如果没有这些期望,顾客可能不会购买这个服务。但是,顾客希望达到的服务期望又常常被认为是不可能的,因为这个原因,顾客可能愿意接受服务的另一个较低水平的服务期望,这个低水平的期望就是适当服务,即顾客可接受的服务水平。适当服务水平远低于理想服务水平,它表示了顾客最低可接受的期望,即消费者可接受服务绩效的最低水平。

由于服务的异质性,不同的服务提供商、同一服务提供商的不同服务人员,甚至相同服务人员提供的服务都是有差异的。同样,顾客对服务的期望也不是一成不变的,不同的顾客对相同服务的期望也是不同的。比如对快餐店的理想服务期望是清洁、卫生、便捷和可口的食物;对餐厅的理想服务期望是优雅的环境、亲切的雇员、良好的服务、美味精致的食物。

顾客满意与否,取决于顾客接受产品或服务的感知与之前的期望相比较后的体验,通常有三种感受状态。

(1) 不满意。当感知低于期望时,顾客会感到不满意,甚至会产生抱怨、投诉;如果对顾客的抱怨和投诉采取积极措施并妥善解决,顾客的不满意可能会转化为满意,并最终成为忠诚的顾客。

(2) 满意。当感知接近期望时,顾客会感到满意。

(3) 很满意。当感知远远超过期望时,顾客有可能由满意产生忠诚。

也可以把顾客的感受状态分为很满意、满意、基本满意、不满意、很不满意五档,并分别给以分值,比如可定为 1.0、0.8、0.6、0.4、0(分)。

所以,顾客满意度是指顾客事后可感知的效果与事前的最低期望之间的一种差异函数。感知效果是指顾客购买和使用产品后可以得到的利益总和。期望值是指顾客在购买产品之前对产品所能提供利益的预期。

$$顾客满意度＝感知效果－期望值$$

目前，很多企业都倾向于使顾客高度满足或很满意。实践证明，当更好的产品出现时，那些正好满意的顾客很容易改变购买行为，而那些很满意的顾客很少改变购买行为。事实上，高度满足能使品牌对顾客产生情感上的吸引力，而不是理性化的偏好，从而建立高度的顾客忠诚。

3.2.2　了解顾客满意度调查的方法

一般来说，打算购买或利用某种服务的人，必然怀着一种期待，希望它能很好地满足自己的需要。顾客的满意程度取决于他们对企业所提供服务的事前期待与实际效果之间的比较。也就是说，如果购买后在实际消费中的效果与事前期待相符合，消费者就会感到满意；超过事前期待，消费者会很满意；如果未能达到事前期待，消费者会感到不满意或很不满意。因此，企业要定量而准确地测量出顾客的满意度，才能改善企业经营，使顾客达到完全的满意。

服务企业在调查顾客满意度时，应按照以下几个步骤来进行设计和实施。

1. 设计专业的问卷

企业的顾客满意度调查如果偏离真实的结果，只会给企业带来苦果要想达到真正的效果，就不能在问卷中带有很强的情绪化与暗示性，其内容也应科学合理。因此，对于一般服务企业来说，顾客满意度调查最好从设计开始就聘请专门的调查公司来进行。

2. 改进满意度测定内容

服务企业对顾客满意度测定内容应该随企业经营的情况经常做出改进，不要指望出现"百分百满意"的情况，除非顾客对问卷十分敷衍，或是企业的问卷设计得太差。

即使被调查者对企业在服务方面的改进给予了肯定，问卷调查的范围也不能局限于少数领域。顾客在市场上的选择、信息的流通、期望值的不断提升都决定了企业必须不断地推出新举措，满足新期望。因此，顾客满意度调查的内容设计也需要不断改变，真正调查出顾客的完整需要与感觉。

3. 确定满意度调查因素和权重

企业测定顾客满意度的目的是为了改善对顾客的服务提供及服务体验。一个企业的资源有限，不可能立刻将所有问题全部解决，因此应分出轻重缓急，在一段时间内重点解决重大问题。

知识窗 3-1　　　　　影响顾客满意度的主要因素

埃森哲（Aeeenture）在对英国电信服务的一项研究中，找到了帮助服务企业解决影响顾客满意度的主要因素。经研究发现，在以下四大分类项中，客户服务每增加 10 个满意度点数，对总体满意度的促进作用如表 3-1 所示。

表 3-1　顾客服务总体满意度增长比例　　　　　　　　单位：%

顾客服务每增加 10% 的分项	总体客户服务满意度相应增长比例
客户服务/失误响应	4.6
形象/美誉度	4.2
服务质量与可靠性	3.1
性能价格比	0.6

按照上述研究结果，企业要想提升顾客满意度，首先要解决的是顾客服务的失误问题，因为服务质量的降低会对顾客满意度产生较大的影响。

只有明确了服务影响因素和权重大小，才能使企业有限的资源应用到最重要的服务改进方面。

4. 利用多种手段进行调查

客户满意度调查可以利用多种手段进行，例如上门、邮件、电话、网站、服务现场表格等。此外，企业还可以利用呼叫中心进行客户满意度调查。

主动呼叫可以有效地保证样本选择的代表性，对质量的控制及问题的发现都有较大保障。如果结合经常性的客户接触活动，更会让客户感受到企业的重视与关怀。

5. 进行结果分析

企业对调查结果进行分析时，首先要考虑到期望值对顾客满意度的影响。一般来说，期望值的高低会影响到顾客对服务的评价，如果客户的期望值较高，那么即使企业服务优质也很难得到客户认可；客户表现出的满意，并不一定是因为企业优异，而是因为客户没有经历过优质服务，没有比较。

此外，有时客户在被调查时的反应还受到某些主观因素的影响，在回答多种问题时不一定会做出最客观的评价。因此企业在收集了较长时期的数据后，可以做一些深入的分析，如问客户"您估计在座席代表接起您的电话前您大概等候了多久"，将客户的回答与系统里的实际数据作比较，将得出的数值与客户的其他满意程度放在一起考量，可以帮助企业找出影响"主观数据"的相关因素。

企业还可以采用其他评价服务的方式，这要与客户满意度评价服务的方式进行协调。因为其他评价方式如果应用得当，选择合理，将为顾客满意度调查带来较大的改进与收益。

6. 满意度调查的后续工作

设计顾客满意度调查不应到分析报告出炉为止。除了企业内部需要制度改进举措外，还应当给被调查者足够的反馈，至少是对其参与表示感谢。企业在执行满意度调查这件事上，就已经能反映出服务质量的高低。因此，企业在调查完之后，在顾客参与的反馈方面一定要做好做实。

【小问答 3-1】　顾客满意度调研的基本目的是什么？

答：①确定影响满意度的关键决定因素。②测定当前的顾客满意水平。③企业竞争的优势和劣势。④发现提升产品和服务的机会。⑤寻找有效的改进方案以及改进效果的跟踪测试。⑥寻找提高满意度和忠诚度的行动策略——有效可操作决策支持。⑦最终目的是赢得更多的忠实顾客，实现成本最小化、收入最大化、利润合理化。⑧从顾客的意见和建议中寻找解决顾客不满的策略。

知识窗 3-2　　　　　　　　　　　**顾客满意度评估系统**

　　M&Soft ISO 9000 管理软件顾客满意评估系统(CSE 2000)是根据 ISO 9000:2000 版标准要求设计,融合国际先进的评估体系并结合统计技术对评估结果进行充分的、横向、纵向及交叉分析。系统功能如下。

　　1. 评估指标组设置

　　设置评估指标组(一级指标),如顾客所关心的产品实物质量、服务、价格、交付期等。同时根据每个指标组的重要性设定该组的权重值(总权重为 1)。

　　2. 评估指标设置

　　设置各评估指标组所包含的具体评估指标项目(二级指标),如产品实物质量指标组由产品外观、功能、性能等二级指标项目组成。

　　3. 产品类别及产品

　　录入公司所生产的产品资料,包括产品名称、型号、规格、编号,并根据需要分类。

　　4. 顾客

　　将顾客进行分类,如直接顾客、中间顾客、最终顾客、过往顾客、潜在顾客、内部顾客,并录入顾客名称、联系人、地址、电话、所购买产品等基本资料。

　　5. 评估方案

　　设定评估方案,设置对应的评估产品,选择评估指标组及具体的评估指标、项目及权重,方案可以采用级度法或计分法。评估方案设定后,可以自动打印顾客满意度调查表。发送审批后的评估方案方可实施。

　　6. 评估记录

　　录入顾客的评估结果,评估记录可以根据方案要求输入每一项目的满意级度或分数。

　　7. 顾客与产品关系查询

　　按顾客查询其所购买产品及对应的所有资料,或按产品查询购买的所有顾客。

　　8. 评估方案与产品关系查询

　　按产品查询对其进行评估的评估方案或按评估方案查询其所评估的产品。

　　9. 评估结果查询

　　能查询对应评估方案所有产品顾客的评估结果并排序:①评估指标组加权重分(分数或满意度)。②某一评估指标组的分数或满意度。③某一评估指标项目的分数或满意度。

　　10. 评估记录百分比分析

　　对某一指定评估方案所评估的某一产品的评估结果由系统自动进行所有第 9 项所述内容的百分比分析。

　　11. 评估记录综合分析

　　对某一指定评估方案所评估的一种或多种产品的评估结果进行综合分析,绘制分析图。可按所有顾客分析,也可按某个、某类(如直接顾客、最终顾客等)、某些顾客进行分析。可分析所有指标组(一级指标),也可只分析某一具体指标内容(二级指标)。

3.2.3　掌握提高顾客满意度的策略

1. 明确理念

企业要明确提出、阐述和广泛宣传"以客为尊"的经营理念,并通过实际行动,联络公司所有的部门,共同为顾客满意的目标奋斗,让消费者对企业产生依赖情结,建立起忠诚的合作关系。如海尔集团,以"海尔——真诚到永远"为企业经营理念,让消费者购买海尔确保"零烦恼"。

2. 提供顾客利益

站在顾客的角度,给顾客提供更多的利益。顾客的购买首先是一种利益选择,企业若能从更多方面持续地满足顾客需要,顾客每一次购买的良好体验就会以记忆形式保留下来,顾客在以后的购买中就会优先考虑原来的选择对象。给顾客利益时,企业必须考虑以下两方面。

（1）利益的适应性。如不断推出符合时代潮流的新产品、新服务,紧密把握住顾客的心理,防止顾客因需求变化或有更好的选择而改变忠诚。

（2）利益的保护。企业应主动维护消费者的合法权益,尽量以补偿性办法调节与顾客的关系,让企业所有人员都充当企业信誉的"卫士"。

3. 加强沟通

企业通过传送各种信息对顾客的心理和思想施加重大影响,不仅有助于保持与现有顾客的关系,还有助于吸引新顾客。加强与顾客的沟通,不仅能提高顾客素质以适应企业产品,还能通过免费培训和试用来增进双方感情;通过显示新服务产品的用途乃至新的生活方式,可以激发顾客的潜在需求或改变某种消费观念,从而使新老顾客成为或继续成为企业一系列新产品的用户。

4. 与顾客建立有形的关系纽带

通过利益满足和沟通所结成的纽带基本上还是无形的,若能建立一些有形利益的纽带、情感纽带,则会更利于长期地保持双方关系,如发行会员卡、建立俱乐部及产品发烧友等。这些有形的关系纽带,会改变商业交往中那种冷冰冰的纯功利关系。实践证明,这些有形的纽带均能给企业带来良好的效益。

5. 建立消费者数据库

企业通过消费者数据库的建立,选择和收集大量的现有顾客和潜在顾客数据,了解这些消费者的状况,从而进行有针对性的沟通,提供比竞争者更好的产品和服务,增进顾客满意度。

6. 运用情感营销策略

运用情感营销策略把充满情感色彩或人情味的有形产品和无形服务送给消费者。

7. 增加消费者剩余

顾客在购买服务产品时感觉到的消费者剩余越大,消费者获得的满意度就会越高。实际产品接近或超过顾客心目中的理想产品,顾客就会对企业的服务产品以及企业本身产生格外的信任,从而成为满意顾客,进而变成忠诚顾客。增加消费者剩余的方法有两类:一是降低顾客期望值。企业宣传自己的服务产品时应采取适度促销或低促销姿态。在促销中要增强责任感和道德感,不能采用夸大不实或闪烁其词等容易让人误解的,甚至是虚假的欺诈性广告,更不能只是口中说"顾客是上帝",一旦顾客采取购买行为后,却来个 180°大转弯,置顾客利益于不顾,那样,必定会引发顾客的极大不满。二是提升服务产品和服务企业形象,增大企业或服务产品的美誉度。

8. 及时、妥善地处理顾客的抱怨,挽回不满意顾客

顾客与企业的纠纷与矛盾是不可避免的,如何挽回不满意的顾客,对企业来说相当重要。因为如果能妥善处理顾客提出的投诉,这些顾客中的 70% 还会再次光临你的商店;如果能当场听取顾客的投诉并给他们一个满意的答复,那么至少有 90% 的顾客会成为你的回头客。而每个满意而归的顾客,又定会把你的做法告诉其他五个人,这样,企业就可坐享免费广告的收益。及时、妥善地处理顾客的抱怨,应注意以下问题。

（1）尊重顾客的人格,专心对待顾客。

（2）从顾客角度出发,分析顾客的实际问题,尽可能多地找出解决问题的途径,同时请顾客参与共同选择解决问题的最佳途径,给顾客一定的自主权。

（3）对顾客的损失给予一定的补偿,同时增加顾客对未来交易的期望值,使顾客保持与企业的长久交往。

3.3　服务流程再造

3.3.1　理解服务流程再造的含义

1. 流程概述

《牛津英语大词典》对流程的定义是:一个或一系列连续有规律的行动,这些行动以确定的方式发生或执行,导致特定结果的实现;一个或一系列连续的操作。

流程在英国朗文出版公司出版的《朗文当代英语词典》中解释为:一系列相关的、渐变的、人类难以控制的结果。如沉陷的森林经过长期的缓慢的化学变化而形成煤就是此类流程;一系列相关的人类活动或操作,有意识地产生一种特定的结果。如收看电视要经历插上电源、打开电视机、搜寻电视节目等一系列活动,就是流程。从《朗文当代英语词典》对流程这个概念的两种解释中可以看出,流程由一系列的活动或事件组成,前者是一种渐变的连续型流程,后者是一种突变的断续型流程。

按照以上两种权威的流程定义,流程对我们来说并不陌生。如生病了要去医院看病,要吃药或打针,然后康复,就构成了图 3-1 的流程。

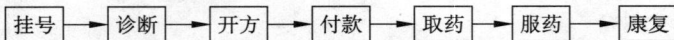

挂号 → 诊断 → 开方 → 付款 → 取药 → 服药 → 康复

图 3-1　病人到医院就诊流程图

名词点击

由此可见,流程实质上就是工作的做法或工作的结构,抑或事物发展的逻辑状况,它包含了事情进行的始末,事情发展变化的经过,既可以是事物发展的时间变动顺序,也可以是事物变化的空间过程。

2. 服务流程的含义

比较有代表性的服务流程的定义如下:

(1) 美国服务营销专家斯蒂文阿布里奇对服务流程的定义是:服务流程是从顾客的角度观察事物,实质上是指顾客享受到的,由企业在每个服务步骤和环节上为顾客们提供的一系列服务的总和。

(2) 根据流程再造的创始人哈默和钱皮特对企业流程的定义可将服务流程定义如下:服务流程是服务企业或部门把一个或多个输入转化为对顾客有用的输出的活动。

(3) 根据美国著名流程再造专家 T. H. 达文波特关于流程的论述可将服务流程定义如下:服务流程是跨越时间和地点的有序的服务工作活动,它有始点和终点,并有明确的输入与输出。

(4) 根据 H. J. 约翰逊对企业流程的定义,服务流程是把服务输入转化为输出的一系列相关活动的结合,它增加输入的价值并创造出对服务接受者更为有用、更为有效的输出。

3. 服务流程的分类

(1) 根据服务流程的形式分类

① 线性流程。在线性流程作业方式下,各项作业活动按一定安排顺序进行。服务是依据这个顺序而产生的。

② 订单流程。订单生产过程,是使用不同活动的组合及顺序,而制造出各种各样的服务。这类服务可以特别设计和订制,以适合各种顾客的需要,以及提供事先预定的服务。

③ 间歇性流程。是指各服务项目独立计算,做一件算一件或属于非经常性重复的服务。

(2) 按照服务流程中与顾客接触的程度分类

① 服务工厂。有些服务流程的劳动密集程度较低(因此服务成本中设施设备成本所占的比重较大),顾客接触程度和顾客化服务的程度也很低。这种服务类型可称为服务工厂。运输业、饭店、休假地的服务运作是这种类型的例子。此外,银行以及其他金融服务业的"后台"运作也属于这种类型。

② 服务车间。当顾客的接触程度或顾客化服务的程度增加时,服务工厂会变成服务车间,就好像制造业企业中进行多品种小批量生产的工艺对象专业化的车间。医院和各种修理业是服务车间的典型例子。

③ 大量服务。大量服务类型有较高的劳动密集程度,但顾客的接触程度和顾客化服务程度较低。零售业、银行的营业部门、学校、批发业等都属于大量服务。

④ 专业型服务。当顾客的接触程度提高或顾客化服务是主要目标时,大量服务就会成为专业型服务。例如,医生、律师、咨询专家、建筑设计师等提供的服务。

4. 服务流程再造

(1) 服务流程再造的含义。

🔍 **名词点击**

服务流程再造是指服务企业或服务部门,从顾客需求出发,以服务流程为改造对象,对服务流程进行根本性的思考和分析,通过对服务流程的过程要素进行重新组合、重新设计,从而使服务真正做到以最终消费者为导向,让服务全方位贴近消费者。

(2) 在理解服务流程再造时,应着重注意以下几点。

① 服务流程再造的出发点:消费者需求。以消费者需求为导向必须使服务企业的各级人员都明确,企业存在的理由是为消费者提供价值,而价值是由流程创造的,只有改进为消费者创造价值的流程,服务活动才有意义,以消费者为导向,意味着企业在判断流程绩效时,是站在消费者的角度思考问题,尽管这样做常常与企业的其他需求发生冲突。

② 服务流程再造的最终目的:消费者满意。就像一部电影的成功是赢得观众一样,一个企业的成功必须赢得顾客,尤其是服务产品,无论多么优秀,得不到消费者喜爱的企业,只能眼看着别的企业赚钱。今天的市场竞争,在很大程度上是对顾客的竞争。一家能充分满足消费者需要的服务企业,必然是一家令消费者满意的企业。

③ 流程再造的对象:企业的整个服务过程。企业的服务过程是指企业为完成某一服务目标而进行的一系列相关活动的有序集合。流程再造就是将整个服务过程按照消费者导向进行重新改造,让整个服务过程中都贯彻"让消费者满意"这一理论精髓。

3.3.2 理解服务流程再造的目标

1. 提供能够满足消费者需求的服务产品

将"一切为了客户"的理念植根于企业员工的心目中。这里所说的"客户"是一个广义的概念,不仅指最终的消费者,而且对于上一道服务工序而言,下一道工序就是"客户"。这一概念看似简单,但如果每一位企业员工都以这样的"客户"来规范自己的工作,"提供能够满足消费者需求的服务产品"就不再是一句口号。

2. 降低服务产品成本,让利于消费者

流程再造给企业带来的最大好处是企业绩效的增加,服务流程绩效的改善则涉及企业中其他各部门运营绩效的提高。对服务产品而言,衡量绩效改善的一个重要指标就是服务产品成本的降低,要做到这一点,主要依靠对服务流程的再设计。

3. 增强市场反应灵敏度,缩短服务产品创新周期

服务流程再造就是要在企业所有员工中贯彻"消费者满意"理念,让每一位员工在服务过程中注意消费者需求的变化,并及时反馈到企业决策层。另外,流程再造尽量减少不能带给消费者满意度增加的活动和机构,缩短服务传递过程,让服务企业组织结构扁平化,灵敏地反映市场信息,及时做出服务产品决策。

4. 以提高顾客忠诚度为核心目标

大多数消费者在首次消费某种服务产品时,都是抱着试一试的心态,而当他再次光临时,说明他对你的服务已经基本满意,并且对你的服务有了基本的期望。如果此时你通过服务流程再造,提供给消费者更加完善、更加舒适的服务产品,在消费者心目中就会留下深刻的印象,从而提升顾客满意度,进而形成高的忠诚度。

3.3.3　掌握服务流程再造的方法

1. 流程图法

流程图法包括蓝图法(在设计一个已想好或者已修正的程序以及描述它应该如何运作时)和服务图法(在描述一种当前的状况时)。

(1) 蓝图法

G. 林恩·萧斯塔克(G. Lynn Shostack)提出了服务过程的蓝图概念。根据服务蓝图模型,一项服务所需的每项工作及各工作时间的相互关系都将在蓝图中画出。蓝图中还需要指出该服务的所有步骤和变化点。详细程度应符合特定的目的和要求,特别是共有服务和竞争性服务的区分要在蓝图中指出来。蓝图中还应该指明可能出现的错误以及破坏被感知的服务质量的失误点,以便在计划过程时采用预防措施。从服务蓝图中可以分析出资源的动态变化是如何影响服务过程及其结果的。

在绘制蓝图时应该注意以下几个关键步骤。

① 明确制定流程图的目的:关于何种类型的服务,会涉及什么样的顾客及在何种条件下使用,以及你需要了解什么。

② 编写一张包括相关顾客经历的所有活动的清单。其中首先应对这些活动进行汇总,比如,不要把"登机"分解成"把登机牌交给服务人员,走下登机桥,进入机舱,找到座位,把随身携带的行李放好,坐下"。

③ 根据正常情况下接触发生的先后顺序,把顾客经历的每一步画成框图。

④ 把为每一个前台活动提供支持的后台活动画成框图(这个工作对检查服务质量问题和制订针对后台工作人员的内部营销计划特别有价值)。

⑤ 证实你的描述——从顾客那里得到支持,确保相关服务人员的参与(每个人对过程都有他自己的理解,一个开放的讨论可能有助于它们之间的相互关系)。确保清楚地界定了不同的角色。同时,画流程图没有唯一正确的方法,两种不同结构的描述都有可能同样好地为你的目的服务。

关注主要顾客和服务人员对过程中某一个点上发生的问题的抱怨,因为这些问题为你在哪些地方应当关注细节的问题,在哪些地方想把"登机"这样的大步骤分解成更具体的部分提供了很好的线索。

(2) 服务图法

J. K. 布伦戴奇提出了服务图的概念。与蓝图不同,服务图的首要目标是从顾客的角度来安排企业的活动,确保服务的方方面面都能增加顾客享受服务时的价值,同时找到服务体系可以分解的转折点,防止为顾客创造的价值达不到预期目标。

服务图既可以简化,也可以复杂化,这需要视具体情况而定。图 3-2 是一张简单的服务图,列出了医院的几个流程,如诊断、登记、入院、手术等。

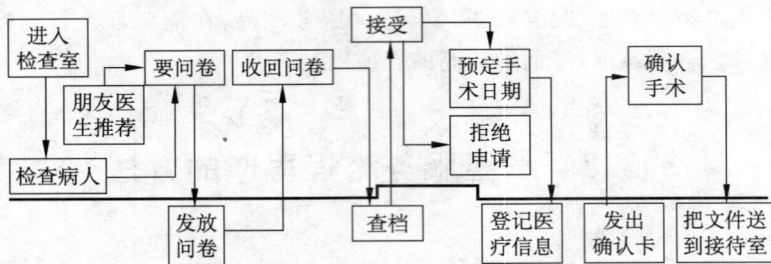

图 3-2　休斯敦医院服务流程图

在图 3-2 的左半部分列出了过程的参与者,水平方向列出了过程所涉及的各种步骤。在设计服务图时,一般需要企业多位成员的参与,以便集思广益。图中粗线上方的活动代表顾客可以看到的活动,通常也是顾客参与程度比较高的活动。这些活动要求员工必须以顾客认可的方式来进行。设计服务图的最后一步是识别可能出现失误的环节,通常包括:①服务过程中的有些步骤不能增加顾客享受服务时的价值,这些步骤在大多数情况下都是重复的。②在提供服务前未能有效地调整顾客的期望。③有些步骤中顾客的参与和合作非常重要,但顾客却没有认识到这一点。④有些步骤过分强调员工个人的判断能力。⑤服务提供系统本身在某些环节上设计欠佳,或者缺乏可靠性。医院应尽量避免这些情况,例如,医生在病人住院后会不断与其进行沟通,外科手术要严格按照规定的技术进行,以减少个人的判断。复杂的服务图需要测量整个过程中每一步骤的时间和成本。但不管简单与否,设计出正确、实用的服务图是成功的基础。

2. 流水线法

流水线法的服务程序设计源于制造业的生产活动。众所周知,由于操作工人各自在流水线上完成一定程序的操作,因而效率很高,并且不易出错。根据这一思想,有的服务企业也采用类似的方法来指导顾客服务。这种流水线法要求提供顾客标准化的、程序化的服务。为此,企业需要制定详细的制度、规范和服务内容,使服务人员做到有章可循。采用流水线法为了达到服务的高效率和规范化,一般要采用如下做法。

(1) 对工作任务进行简化。

(2) 明确的劳动分工。

(3) 尽量用设备代替服务人员的工作。

(4) 使服务人员决策权尽可能减少。

(5) 建立系统的服务制度和工作内容并使之标准化。

流水线法具有高效率、低成本、交易量大的优点。由于工作有章可循,工作内容已经标准化,工作方式制度化,因此,工作比较容易进行。同时,由于经常进行重复性的工作,因而服务人员在演示、操作时损坏产品的概率就会降低,大大降低了工作成本。当工作规范时,其交易量也会因效率高而增加。此外,流水线法比较容易培训员工,而且也给顾客一种工作比较规范的感觉。

　　3. 授权法

　　20 世纪 90 年代,授权法越来越受到人们的推崇。这种通过赋予服务人员一定权力、发挥他们主动性和创造性的方法,被认为是治疗低品质和低效率服务的一剂良药。它强调对服务人员的尊重,重视"人性"的东西。授权法认为制度、规章、工作程序等许多细节性的规定是对服务人员自尊的一种轻视和贬低,该方法把服务人员从细枝末节的严格规定中解放出来,让他们自己寻找解决问题的方式和方法,并对自己的决定和行动负责,以唤起他们的工作投入感、责任感和对顾客的真切关怀。

　　(1) 授权法的实施

　　成功地在企业顾客服务中实行授权法,看起来是一件很简单的事情,实际上是一项复杂的系统工程。不仅要求企业在理念上做出转变,而且要在制度、组织结构和行动上采取实质性的举措。研究表明,企业只有从以下四个方面采取行动,才能成功实现授权。

　　① 在组织内进行适当的分权。

　　② 组织信息共享。

　　③ 组织内的知识共享。

　　④ 组织成员共享组织的利润和报酬。

　　这四个方面必须都实现,授权法的作用才能发挥。我们可以用"授权公式"来表示四者之间的关系。

$$授权效果＝分权×信息共享×知识共享×报酬共享$$

　　需要注意的是,公式中用的是乘号,而不是加号,因而不管其他因素努力程度有多大,只要有一个因素是零的话,授权效果就为零。比如,有的管理者虽然给予员工一定的权力,但却没有提供给他们足够的信息,或者在报酬方面不公平,都会导致授权法起不到预期的作用。

　　在分权方面,企业要给予员工自由处理日常工作的权力,特别是在一些需要顾客参与的服务中,因为顾客不但直接受到服务错误的影响,而且注视着服务员工是否改正。给予服务人员这种自由和权力有以下两个方面的好处:第一,及时更正服务中的错误。尽管在服务中杜绝失误是不可能的,但如果员工能及时改正错误,不但会使顾客感到真正的关怀,而且可以减少以后类似错误的发生;第二,超过顾客期望,使顾客快乐。如果服务人员不但解决了服务过程中的失误,而且还提供一些顾客需要的特殊服务,那么就会使顾客感到非常惊喜。

　　当然,企业在分权时,绝不能忘记让员工共享信息、知识和报酬。这是因为,员工不但提供给顾客本职内的服务,还要担任顾客的向导,给顾客提供想要了解的其他方面的信息和知识。因而,企业应当使员工更多地了解顾客期望、顾客反馈以及企业生产、销售,特别是顾客服务方面的信息和知识。同时,企业也要根据服务人员的服务质量和企业财务业绩,让他们共享企业的收益,如发放股利、利润共享等,以激励他们。

　　通过以上四个方面的变化,企业可以在员工心目中创造一种"授权"的观念。这种"授权"观念包括以下三个方面。

　　① 对工作中要发生的事情进行控制,自由选择完成工作的方法;可以自动地去满足顾客的期望;有权力决定工作如何设计;有能力和责任对错误的发生作出反应。

　　② 了解开展工作的环境,了解一件工作在整个顾客服务体系中与上游和下游活动之间的关系。

③ 能够对工作结果作出解释,知道工作质量、工作数量和报酬之间的关系。

授权法一旦为员工创造了一种“授权”观念之后,便会发生一系列积极的结果。由于员工处于满意状态,他们提供的优质服务就会使顾客满意,整个组织也会得益于顾客与组织之间的忠诚关系,形成高利润和竞争优势。

(2) 授权法的效果评价

企业在权力、信息、知识和报酬四方面做出改变后,“授权”是否起到了作用? 员工是否拥有了“授权”观念? 顾客是否比以前更满意? 这些问题都需要进行调查和评估。除了经验性的判断之外,企业还可以通过以下几种方法获得信息资料的支持。

① 询问员工。最简单、最直接的方法就是询问企业的员工是否感到被授权,然后评估授权状况。

② 调查顾客。企业也可以通过调查顾客的方式来评估员工是否被授权。当然,这种顾客感受可以与顾客满意结合在一起来考察。

③ 追踪被授权员工的比例变化。假如有一个企业,其中一部分员工可以获取顾客反馈的信息,并享受利润分配计划。显然,如果这部分人数发生变化,那么企业的“授权”状况和效果也会发生变化。企业应当考察“授权”员工比例变化与顾客满意度变化之间的关系。

④ 组织结构的变化。一般来说,管理层次的减少和管理幅度的增大也是授权成功的一个重要标志。

3.3.4　掌握服务流程再造的策略

1. 变职能中心为流程中心

在传统的服务企业中,每一位员工属于不同的职能部门,各司其职,员工的任务是将自己的工作干好,而不管这项工作对提高企业整体绩效有什么帮助,职能部门之间的工作相互独立。在一个以流程为中心的服务企业中,企业的基本组成单位是不同的流程,不存在刚性的部门。在传统服务企业中,服务流程隐含在每一个部门的功能体系中,没有人专职对完整具体的流程负责,任务和任务间经常脱节和冲突,而在以流程为中心的企业中,每一个流程都由专门的流程负责人控制,由各类专业人员组成团队负责实施。比如,在服务业盛行的“首问负责制”实质上就是以流程为中心的管理模式,消费者有什么要求,自始至终只需要与一个人联系,接下来的任务就是等着享受满意的服务。

以流程为中心的服务企业,还意味着企业形态的弹性特征,流程是直接面对消费者需求的,随着市场需求的变化,流程也应随时变化。

2. 打造以人为本的自我管理的服务团队

传统企业面对的是相对静止的市场环境,企业中除了领导人之外,其他人思考问题的出发点是如何把本职工作做好,其他的事情用不着他来考虑。如服务产品开发工程师只需要关注他的设计方案,至于消费者将有什么反映,市场前景如何,那是别人的事。而在激烈的市场竞争中生存的服务企业,必须以流程为中心,每一位员工都要既关心过程又关心结果。

进行团队式管理,不是现代管理者随意的选择,也不是企业领导者任意发挥,这是流程组织所担负的任务所决定的。让全体员工从"要我做"变为"我要做",这是服务企业流程再造的最高境界,也是打造服务团队的精髓所在。

3. 顾客导向策略

顾客导向策略实质上就是要企业管理者和企业员工实现思考中心的转移,即从以企业自身为基点的思维方式转向以顾客为基点的思维方式。这就要求我们在进行一切服务活动的时候,都不仅是考虑到顾客的利益,而是根本从顾客的角度来考虑问题。这与我们常说的"顾客是上帝"的价值表述是完全不一样的。在实际服务过程中,我们应从以下几个方面开展工作,让顾客导向的价值观融入企业员工的服务行为体系中。

(1) 将这一价值观在企业发展战略和远景规划中充分表述,并植根于员工的心目中。只有让员工主动地、自觉地去完成这个以顾客为中心的价值体系建设,服务流程再造才能得到真正的贯彻。

(2) 以顾客满意为目标,自上而下地改进服务体系。首先,领导的以身作则必然会导致上行下效;其次,将优质服务的思想贯彻于企业文化建设之中;再次,打破职能界限,对服务过程进行流程式改造。

(3) 创造具体的优质服务目标。通过明确的制度使顾客导向这一理念明晰化为对员工的行为期望。例如,企业规定在接到顾客要求服务的电话后,必须在一定时间内服务到位;再如,荣事达集团推出的红地毯服务,以及星级酒店对客房服务人员的服务规范等。

(4) 训练员工从顾客的角度去理解和体谅顾客。顾客的满意度在很大程度上取决于需求的满意度和感觉的良好程度。前者主要通过服务过程获得满足,而后者是顾客的主观感受,服务人员良好的服务态度和服务意识,无疑会给消费者极大的满足。

(5) 给予员工宽松的自主决策的行为空间。服务过程就是服务产品的生产过程,在同一服务过程中,消费者的需求和感受千差万别,管理者不可能在之前对所有的情况都规定清楚,员工也不可能事事请示汇报,企业必须要授权员工自主解决问题的权力。北欧航空公司总裁卡森认为:要想赢得一位新顾客必须付出一定代价,但留住满意的顾客却无须花钱,而要想赢回不满意的顾客,就得付出高昂的代价。所以危险并不在于员工向顾客承诺太多,而在于他们不敢承诺任何事情——只因为他们害怕违反规定。

卓越实践 3-2　　　　　　　某酒店的服务流程再造

1. 前台入住、离店流程再造

某酒店前台设接待、问讯和收银三个岗位,分别负责宾客从抵店入住、在店消费到结账的相关工作。就宾客入住而言,接待处的主要职责是:接待客人,办理入住登记手续,分配房间,正确显示客房状态。问讯处负责分发客房钥匙、提供留言、邮件服务、委托代办等。收银处负责建立宾客账户、收取押金,提供贵重物品积存、外币兑换服务等(见图 3-3)。

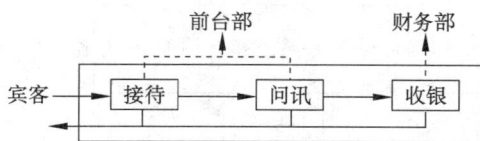

图 3-3　原前台管理流程

这种设计虽然分工精细、明确,员工只掌握少量特定的服务知识和操作技能就可以上岗,一个岗位可以通过信息资料的反复核对来减少失误和防止有人中饱私囊,但是,在三个岗位之间互相传递信息,不可避免地使宾客办理手续需要较长的等候时间,一般为5～10分钟。除此之外,酒店还需付出由这种信息沟通方式所产生的代价和面对由此带来的问题:需要聘用较多的员工;需要购置相应数量的机器(计算机设备);难以有效提高各岗位上的工作效率和设备使用效率;服务柜台需要占用更多的大堂空间;接待处、问讯处由前台部管辖,收银处由财务部管辖,同处总服务台的三个服务岗位分属两大部门管理,一方面使得管理费用加大,另一方面影响了相互之间的协调性,两部门不可能在入住高峰时间和结账高峰时间相互调派人手,导致出现宾客在一个岗位前排队轮候,而站在柜台内的某些服务员袖手旁观的不合理现象。以上种种问题的症结就在于,传统流程的设计是站在企业内部职能管理的角度,严格区分构成流程的各种工作的业务性质来进行岗位设置,从而实现归口管理。这种方式固然有其内部管理便利的优点,但是,却与"以宾客为本"、"服务第一"的管理理念相背离。

进行流程再造后,接待、问讯和收银三个岗位合并为一,由一人完成入住和结账服务的全过程,使宾客入住等候时间缩短至3分钟左右,办理离店手续只需1分钟。宾客可在任何一个柜台办理手续或咨询(见图3-4),不仅方便了宾客,同时也大大缩短了信息沟通所需的时间、减少了沟通过程中可能出现的问题。此外,它有效解决了上述传统流程中存在的各种弊端,在节省劳务成本方面效果尤其显著,用工数只需原来的40%～50%。

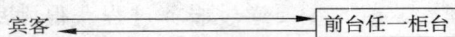

宾客 ———————————▶ 前台任一柜台

图 3-4　新的前台入住管理流程

2. 餐饮服务流程

餐饮服务具有生产与销售的同步性,要求一线的餐厅楼面服务与二线厨房、采购等后勤服务相互配合。目前大多数酒店采用的服务流程(见图3-5)要求岗位间要及时传递信息、经常核对各种数据,为此,餐厅服务员要经常穿梭于餐厅和厨房间,把大量的时间用于传递单据,既增加宾客的等候时间又令楼面服务员工数居高不下;营业员、收银员、厨房主管每天要做繁重的统计工作,复核大量的数据,往往出现在结账高峰时间需要排队等候结账的情况,容易造成宾客不满,收市后有关人员要花大量时间结数、清点物资,到下班时间而不能下班;厨房对菜肴产品只能进行粗线条的管理,不能对每一菜式进行独立核算,也不能准确评估新菜式的销售情况;采购、库存量往往依赖过去经验,导致或物料短缺不能满足宾客需要,或物料大量积压造成仓储费用加大甚至食品过期变质。

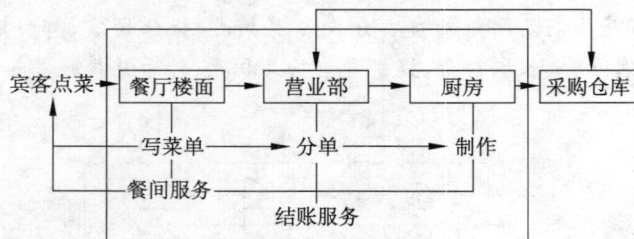

图 3-5　餐饮服务流程

　　要解决上述种种问题,关键是加强信息传递的管理,新流程(见图 3-6)利用计算机设备,楼面服务员把宾客的点菜要求输入计算机,或宾客直接在计算机屏幕显示的菜单上点菜,通过信息处理,机器在各厨房自动打印有关生产制作指令,结账时自动统计金额并打印账单;营业部营业员可专责于结账服务与订餐服务;厨房管理人员可在收市后立刻得到物料耗用情况分析,以此对照实际留存情况,监控厨房生产中的有关环节并作好采购计划;利用计算机自动生成的报表,餐饮部管理人员可专注于销售情况分析、市场调查、新产品研发及提高服务水平等方面,使内部管理走上更高的层面。再造后的流程可使楼面服务员减少 20%～30%。

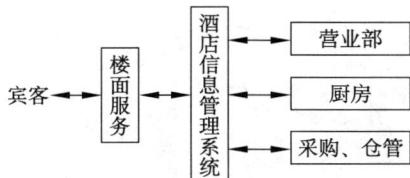

图 3-6　建立在酒店信息管理系统基础上的餐饮服务流程

　　流程再造使得该酒店的内部管理更加协调,经营成本更加低廉,服务效率有明显提高,大大提高了酒店的经营效益。

资料来源:马洁.酒店的服务流程再造.广州大学学报,2000 年 6 月.

思考与分析

1. 该企业原有的服务流程在哪些方面存在问题?
2. 新设计出的服务流程为什么能较好地解决这些问题?

● 实训课业

一、技能训练

(1) 在你的购物经历中选出一家在服务方面最令你不满意的企业,说明事情的经过,并分析该企业在服务方面存在的问题及原因,提出解决问题的对策建议。

(2) 如果你是一家小型饭店的经理,请谈一谈应该树立怎样的服务理念,并将在哪些方面来展现你的理念?

(3) 选择学校附近的一家饭店,请你帮助策划能给客户带来更多超值服务的措施。

(4) 假如你是一位医疗器械公司的销售代表,到各个医院去销售医疗器械,请按照销售工作的客观内容和顺序画一张销售流程图。

二、实训项目

服务营销理念的应用

1. 实训内容

要求每名学生从世界 500 强企业中选择一家企业,认真查阅其相关资料,了解其市场营销理念,特别是服务营销理念。

2. 实训目的

通过学生对世界 500 强企业文化的理解,深刻认识营销理念对于企业增强核心竞争力,尤其是可持续发展的重要意义。

3. 实训要求

以小组为单位座谈讨论,主要是分析以下问题。

(1) 企业的核心价值观是什么?

(2) 企业的服务营销理念是什么? 企业是如何在实际工作中贯彻执行其服务营销理念的? 它的作用如何?

第 4 章

服务营销战略

本章阐释

　　本章通过对服务营销规划、服务营销战略选择和服务营销组合的基本理论和实务的介绍,使学生了解服务营销规划的内容,理解制定服务营销战略的思路,掌握服务营销战略的分析方法,能应用服务营销战略的基本类型和具体服务战略形式的理论,结合某些企业的实际,为其选择和制定正确的服务营销战略。

能力目标

　　(1) 能应用服务营销战略分析方法为某一企业选择和制定服务营销战略提供分析报告。

　　(2) 能应用服务营销战略的基本类型和具体服务战略形式的理论,结合某些企业的实际,为其选择和制定正确的服务营销战略。

4.1　服务营销规划

4.1.1　了解服务营销规划的含义和过程

1. 服务营销规划的含义

名词点击

　　服务营销规划是指企业为了达到一定的服务营销目标,在综合分析企业内部资源和外部环境的基础上,对实现企业目标所需要的战略、策略和详细计划加以制订并进行控制和反馈的整体性活动。

　　战略、策略和计划是管理上常讲的课题,也是重大的挑战。能否制定出正确的战略、策略和计划,决定着企业竞争能力的强弱和企业的生死存亡与发展。

2. 服务营销规划的过程

(1) 从组织内部和外部环境收集信息。

(2) 分析和确认企业内部的优势、弱点和外部的机会与威胁(SWOT 分析)。

（3）确定成功营销要素的基本假设。

（4）设定公司的市场目标：主要依据已获得的信息、对各种假设和既定策略所作的 SWOT 分析。

（5）设计、制订详细计划和方案以实现目标。

（6）衡量完成任务的进度，必要时检讨并修正计划。

4.1.2　了解服务营销规划的内容

1. 企业目标

确定企业目标是企业制定明确战略的重要组成部分，企业有了明确的目标，才会有明确的方向，才会产生内在的驱动力。目标的设置包括以下方面。

（1）市场地位

① 服务的销售额。

② 企业所占的市场份额。

③ 服务质量应达到的水平。

④ 服务拓展的可行性。

（2）创新目标

① 服务营销理念上的创新。

② 服务营销方式上的创新。

③ 服务营销手段上的创新。

（3）生产率水平

① 服务劳动效率。

② 资本产出率。

（4）资源开发利用

① 建筑物、设备的利用率。

② 技术开发目标。

③ 原材料和部件成本的减缩。

（5）利润率

① 利润及利润率的预期。

② 利润的使用与扩大投入。

③ 风险奖励。

④ 吸引新资本。

（6）管理者的业绩和发展

① 管理者业绩的目标与具体指标。

② 管理者培训、学习和晋级。

③ 管理者的职业发展。

（7）职工的业绩和态度

① 职工业绩的目标和指标。

② 职工服务态度规范。

（8）公共责任

① 对社会发展和公益事业的贡献。

② 对社会生态环境保护的贡献。

企业目标有的可以通过量化的方法来体现。例如，一个银行表达其企业目标可以如下所述。

① 利润——到 2014 年赢利翻一番。

② 增长——到 2014 年年收入增加一倍。

③ 创新——每三年开发一个新的服务项目，而且，它将占用启用后三年内至少 10% 全部销售年收入。

④ 形象——提升知名度和美誉度，到 2014 年知名度提升 50%，美誉度提升 30%。

⑤ 服务——增加咨询和延伸服务的附加值，到 2014 年年总收入由 15% 增长到 25%。

⑥ 员工——新增员工 20%，综合素质提高 20%。

2. 态势考察

态势考察是对企业的内在条件、外部环境和发展态势的评审和分析。

（1）营销评审

营销评审的目的是收集所有必要数据，从而确定如何在所选择参与竞争的每个营销环节获得成功。数据收集包括两类：企业外部环境的评价和内部评估。这些数据与现有情况和未来可能发展趋势相关联。营销评审主要包括环境分析、市场分析、竞争分析和企业分析四个方面的综合全面和系统的考察与分析。在每一个方面还可以再次划分为若干个细目。例如，经济变量可以划分为通货膨胀、收入、价格、存款和贷款限制等。

① 环境分析：包括政治、经济、金融、法律、文化、技术、宗教、社会、全球等方面的环境分析。

② 市场分析：包括规模、增长、市场需求、购买行为、中间商等方面的分析。

③ 竞争分析：包括竞争对手的目标、市场份额、定位与增长、服务质量、营销组合等方面的分析。

④ 企业分析：包括企业目标、市场份额、定位与增长、服务质量、营销组合等方面的分析。

营销评审既要全面，又要抓住重点。按照帕雷托原则，20% 的数据将给出一个满意的营销评审所需的 80% 的信息。例如，在美国运营的银行可能与宗教没有什么关系，但一个在北爱尔兰运营的银行就可能与宗教有关。

（2）SWOT 分析

SWOT 分析的目的，是把营销评审中有意义的数据分离出来，从而发现如何管理才能最佳地满足每个市场的各个环节内顾客的需要，识别那些对企业营销战略形成和实施有潜在影响的趋势、力量和条件。

（3）关键假设条件

关键假设条件的目的，是从态势考察角度辨别那些对营销战略的成败至关重要的因素。具体包括：

① 国内生产总值的变化。

② 经济形势。

③ 预计需求水平。

④ 通货膨胀率。

⑤ 利率变化等。

对关键假设条件的变化,企业要制订应急方案,以保证原有规划的顺利实施。

3. 战略选择

战略选择是营销决策中重要的战略决策工作,本章 4.2 节将详细阐述服务营销的战略选择问题。

4. 营销组织

为了适应营销环境的变化,实现服务营销目标,必须要对营销组织进行科学设计。

5. 方案实施

这是对企业实施营销规划的具体时间安排,以及每一阶段要达到的目标及相关策略支持的原则和要点的统筹性、纲要性方案。

4.2 服务营销战略选择

◯ 案例导入

家乐福的服务差异化战略

零售业是一个主要由价格和服务决定企业竞争力的行业,相同的商品花色种类,相同的超低售价,然而不同的服务决定着顾客不同的满意度。对于零售企业来说,这种战略的应用主要表现在超市卖场服务的差异化。

家乐福的经营理念中的免费停车就是其服务表现,尽管现在许多大卖场、超市都有免费停车位,但是家乐福是第一个提供免费停车服务的零售商,这为其树立了独特的经营理念。

此外,重视服务贯穿于经营活动的全过程。家乐福服务范围大,它为顾客提供了一揽子服务,走进家乐福,除了能买到满意的商品外,只要愿意,顾客还可以在店内理发、吃饭、娱乐,即使是带小孩也不用愁,购物时,你可以将小孩安放在店内临时托儿所。另外店内还提供银行存款,信用卡支付等服务。

家乐福的服务没有停留在微笑、周到等层面,而是在商品质量上下足了功夫。例如它们提供的新鲜、高质量的商品,在假货横行的市场环境下,对消费者无疑具有极大的吸引力,有些顾客宁愿多走几步路,多花几块钱,也要到家乐福的店中买个踏实。此外,家乐福的退换货制度,不仅使顾客在购物中感到方便,也充分体现了对顾客的信任。

凭借着独特的竞争优势,家乐福成为世界第二大零售集团。在中国,家乐福也顺利度过了磨合期,其受欢迎的程度和销售额也大大超过了世界零售第一的沃尔玛。

思考与分析

1. 家乐福是如何实施服务差异化战略的?

2. 家乐福为什么要实施服务差异化战略？

4.2.1 理解服务营销战略的总体思路

1. 服务营销战略的含义

名词点击

服务营销战略是指服务企业为了谋求长期的生存和发展,根据外部环境和内部条件的变化,对企业所作的具有长期性、全局性的计划和谋略。服务营销战略是企业在组织目标、资源和它的各种环境机会之间建立与保持一种可行的适应性的管理过程。营销战略被认为是最佳管理七要素(战略、结构、系统、作风、技能、人员和价值观)之首,是企业竞争与成长的利器,制定营销战略实质上就是根据情况选择做最恰当的事,"做恰当的事比恰当地做事更为重要"。

2. 制定服务营销战略的总体思路

制定服务营销战略的总体思路是:要在科学地分析企业内部资源、能力和企业外部环境的基础上,制定出一个使企业目标、资源、能力和环境相互协调、相互适应的市场竞争战略。

(1) 科学地分析企业的内部资源和能力

制定服务营销战略的目的是为了在特定的竞争环境中,使企业的资源与顾客的需求达成一致,充分发挥企业业务优势,构建企业的核心竞争力。换言之,制定服务战略是为了在企业已有资源的基础上,形成自身的核心能力。企业资源理论认为,企业是一个资源的集合体,它是构成企业经济效益的稳固基础。由于企业的许多资产和能力是长期积累起来的,因此企业的战略选择必然受到现有资源存量以及获取或积累新资源速度的限制,这就造成了不同企业之间的战略差异。在资源差异能产生效益差异的假定下,企业资源理论认为企业之所以赢利,是因为企业内部有形资源、无形资源以及积累的知识在企业间存在差异,而企业可以利用这些资源差异形成低成本优势或差异化优势,从而由资源优势产生企业竞争优势。

根据资源优势产生和支撑企业竞争优势的论断,企业必须要对自己的资源进行评估,搞清楚哪些资源是优势资源,哪些资源是劣势资源,通过加强和扩大优势资源使其成为企业持续竞争优势的源泉。一般地说,资源大体上可以分成三大类,即有形资产、无形资产和组织能力。而作为战略性的资源,通常具有三个重要属性:一是能为顾客创造价值,而且能比竞争对手的资源更好地满足客户需求,否则这种资源就失去了市场的认可和市场价值;二是稀缺性,不为众多企业所拥有,否则就不是战略性资源;三是可获性,这种资源必须是企业现有,或能通过其他途径获取的,否则对企业来说只是空谈。因此,企业的战略资源就是指具有独特价值的、不易模仿和替代的、能够产生竞争优势的资源。

企业能力理论认为,企业是一个能力体系或能力团队,能力是企业生存的前提,它具体表现为行为流程或潜在特点的智力资本、资源等。因此,企业的目标就是改善企业内部的能力配置,形成异质性核心能力,在市场竞争中获取优势。但是,并不是企业所有的资源、知识和能力都形成持续的竞争优势，只有当这些资源、知识和能力具有稀缺性、价值性、异质性、难以模仿性等特性时，它们才能构成企业的核心能力。由于核心能力的上述独特性，它能够大幅度地增加价值或降低成本，并转化成企业的竞争优势。因此，它是企业竞争优势的源泉，也是企业战略竞争制胜的焦点。

资源理论和能力理论是紧密联系不可分割的。企业战略资源是形成企业核心能力的基础和前提条件，同时，企业战略资源在运动过程中，通过借助企业的吸收能力、创新与整合能力、延伸能力等将企业资源转化成为核心能力，从而将战略性资源转化成了企业的战略性能力，即核心能力，或称之为核心竞争力，这也是服务企业战略管理的宗旨。

知识窗 4-1　　　　　　　核心能力理论的来源和含义

以美国战略学家帕拉汉尔德(C. K. Frahalad)和加里·哈默(Gary Hamel)为代表的学者提出的"核心能力说"指出，企业是一个知识集合体，企业通过积累过程获得新知识，新知识逐渐融入企业的正式和非正式组织，成为左右企业未来知识积累的重要主导力量，这股主导力量就是"核心能力"。

根据帕拉汉尔德和哈默的定义，"核心能力是组织中的积累性学识，特别是关于如何协调不同的生产技能和有机结合多种技术流的学识"。具体来说，核心能力是指提供企业在特定经营中的竞争能力和竞争优势基础的多方面技能、互补性资产和运行机制的有机融合，是不同技术系统、管理系统及技能的有机组合，是识别和提供竞争优势的知识体系。

（2）科学地分析企业的外部环境

企业的外部环境包括宏观环境和市场环境等，应认清企业发展面临的机会和威胁，并制定出有针对性的、有效的市场竞争战略。

20 世纪 80 年代以来，以迈克尔·波特为代表的哈佛学派提出了以企业竞争者、购买方、供应方、替代产品、潜在竞争者五种产业结构力量为元素的竞争力量模型。该理论认为，企业制定战略与其所处的市场环境高度相关，而企业所处的产业环境最为关键。对于不同产业而言，上述五种竞争力量的综合作用是不同的，这导致了不同产业或同一产业在不同发展阶段具有不同的利润水平，进而影响了企业战略的制定。

该理论将产业组织理论引入企业战略管理研究领域，侧重从企业所处的行业环境切入，将竞争分析的重点放在企业的外部环境上，认为行业的吸引力是企业赢利水平的决定性因素，即市场结构是决定行业内部和行业间绩效差异的主导力量，市场结构分析是企业制定竞争战略的主要依据。因此，服务企业的竞争优势也来源于服务企业所处特定的行业结构，以及由此而来的服务企业的具体战略行为。

总之，一方面，服务行业的结构限定了服务企业的行业条件；另一方面，服务企业的资源和能力决定了企业可能采取的战略主张。上述两方面共同决定了企业的战略决策，进而决定了服务企业相对于竞争对手为顾客所创造的不同价值。正是这两方面决定了服务企业的竞争优势，这两方面也就构成了服务企业战略制定的总体思路，见图 4-1。

【小问答 4-1】　企业制定战略的程序是什么？

答：一般而言，企业制定战略可分为以下九个步骤：综合研究、战略定位、战略目标、战略方针、战略步骤、解决方案、战略预算、战略控制、战略调整。

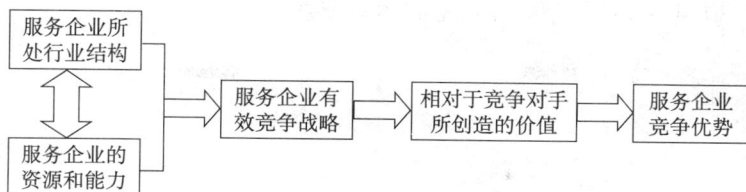

图 4-1　服务企业竞争战略制定框架

4.2.2　掌握服务营销战略的分析方法

服务营销战略分析是制定营销战略的重要组成部分和先决条件。根据服务营销战略制定的总体思路,其分析方法可采用 SWOT(strength、weakness、opportunity、threat),此法即是对服务企业的内因分析(优势 S、劣势 W)、环境分析(机会 O、威胁 T),从而确定应选择的战略方针的方法。

1. 优势、劣势分析

优势是指能使企业获得战略领先并进行有效竞争,从而实现自己的目标的某些强而有力的内部因素和特征;劣势则与其相反。服务企业的优劣势分析一般围绕下述问题展开。

(1) 企业在行业中的地位。

(2) 企业的资本状况及融资渠道。

(3) 企业的目标市场顾客的信赖度、忠诚度。

(4) 企业服务进入市场的难易度。

(5) 企业竞争对手的状况。

(6) 企业决策者、管理者、员工素质。

(7) 企业与社会有关部门的关系。

(8) 企业服务开发空间的大小等。

2. 机会、威胁分析

机会是指企业营销行为富有吸引力的领域,在这一领域中,该企业将拥有更多的发展空间和优势;威胁则是指环境中对企业不利趋势所形成的挑战,面对这些挑战企业若不采取趋利避害的营销决策,则会导致企业市场份额被侵蚀。服务企业的营销机会与威胁分析一般围绕以下问题展开。

(1) 是否有新的商机或新的竞争对手入侵。

(2) 是否创新替代服务或被替代服务所取代。

(3) 国际、国内市场的变化是否有利于服务企业。

(4) 各类环境的变化对服务企业的发展是利还是弊。

(5) 企业的定位是否得当等。

3. 服务营销对策分析

服务企业制定营销对策时,可将企业的内因(优势、劣势)和外因(机会、威胁)进行综合分析,形成下面的(见图 4-2),分别表示不同的对策选择。

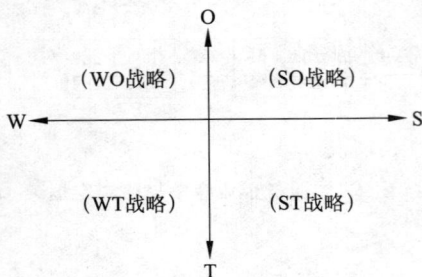

图 4-2　服务营销对策分析图

(1) SO 战略,即扩张性对策。这时企业内部拥有优势,而环境又提供了机会,这是理想的最佳状态。

扩张性对策可以采取以下具体措施。

① 外延扩张式,即扩大目标市场范围和领域,增设服务网点,拓宽服务渠道,扩大营销队伍。

② 内涵积累式,即通过技术改进、成本降低,以追求高收益率。

③ 资本营运式,即通过资本营运,实行特许经营、兼并、联合等方式加以扩张。

(2) WO 战略,即防御性对策。这时内部条件已处于劣势,但外部环境尚有机会,企业要趋利避害。

防御性对策的最主要的举措是不断利用环境提供的市场发展机会,引入创新机制,不断推出新的服务,淘汰陈旧过时的服务。

(3) WT 战略,即退出性对策。这时企业内部处于劣势,而外部又处于威胁状态,要果断撤离。

(4) ST 战略,即分散性对策。这时企业内部拥有优势而外部则受到威胁,关键在善于运作。

分散性对策主要是指多元化对策,多元化对策包括同心多元化、水平多元化、跨领域多元化等。分散性对策的目的,在于分散营销风险。是采取关联性多元化还是非关联性多元化要依据企业的情况而定。

4.2.3　掌握服务营销战略的基本类型和具体服务战略形式

1. 成本领先战略

(1) 成本领先战略的含义

名词点击

成本领先战略是指服务企业通过降低服务总成本,使其以低于竞争对手的服务总成本吸引更多的顾客,实现企业赢利。成本领先战略逻辑体现在两方面:一是大规模可以带来规模经济,这将有效降低服务总成本;二是低成本的服务,可以有效降低顾客的服务支出。

　　企业在整个行业中的成本结构及其地位,取决于企业的价值链效率。因此,服务企业要实施低成本战略,就必须提高企业的价值链效率。一般来说,价值链效率可通过以下两条途径来实现:一是从宏观上改善整条价值链;二是在价值链基本不变的前提下,对单个价值活动的效率予以改善。因此,成本领先战略的具体实施方式主要有以下两种。

　　第一,重组价值链。重组价值链是指企业对现有价值链进行大幅调整或重新设计,使其以不同于竞争对手的方式更高效地设计、生产或销售。重组价值链的方向:一是使价值活动的组合与排序更为合理;二是对价值活动的内容及性质作出大幅度的合理调整。例如,美国西南航空公司(Southwest Airline)就是通过对价值活动内容的重新界定显著降低了成本,从而成为 20 世纪 90 年代初经营最为出色的美国航空公司之一。表 4-1 体现了美国西南航空公司的价值链重组的结果。

表 4-1　美国西南航空公司重组后的价值链

航空公司	售票业务	登机业务	飞行作业	机上服务	行李托运
其他航空公司	售票处设在市区,提供全面周到的服务和票种选择	全面周到的服务	购买多型号的全新飞机从事飞行,员工属工会成员	提供餐饮、娱乐等多种免费服务	免费托运行李
西南航空公司	无售票处和售票柜台,机上售票或售票机售票,不售中转票,几乎无票价选择	只在候机楼简陋的二等机场提供服务,不提供座位安排服务	只使用一种型号的飞机,座位密度大,员工不属于工会成员	仅供应小吃和饮料,且一律收费	提供有限的行李放置空间,且托运行李一律收费

　　第二,控制价值链中的部分环节。所谓控制价值链中的部分环节,就是瞄准占总成本比例较大或比例在不断增长的价值活动,并对其进行有效改善。企业价值链中的成本,主要受到一些结构性因素的影响,这些因素也就是成本驱动因素。因此,企业要控制价值链部分环节,就是要对相关成本驱动因素,特别是对企业价值活动成本影响较大的驱动因素进行有效控制,削减各成本驱动因素对企业价值活动的不利影响。表 4-2 列举了价值活动与主要成本驱动因素之间的对应关系,企业可以在这些价值活动中对相应的成本驱动因素加以关注和分析,并适时采取相应的成本控制措施。

表 4-2　价值活动与主要成本驱动因素之间的对应关系

价值活动	主要成本驱动因素
内部后勤	地理位置、供应的纵向联合程度
生产经营	学习、规模经济、技术政策、购买资产的时机选择
外部后勤	订货规模、同企业内其他经营单位的关系、地理位置
市场和销售	广告规模、市场大小、销售人员利用率
服务	服务网络规模、同企业内其他经营单位的关系
企业基础建设	地理位置
人力资源管理	人力资源政策
技术开发	纵向联合程度、与其他经营单位的联系、企业内部政策
采购	采购政策、纵向联合程度、购买规模

实施总成本领先战略必须具备三个基本前提条件:服务产品的品质相同;企业资金实力雄厚;服务功能相同。

实施总成本领先战略还可以采取以下途径:调整企业资产结构和服务产品结构;压缩费用,减少支出;改善分销渠道和促销措施;在高成本、劳动密集型的活动中实现自动化等。

(2)成本领先战略的具体服务战略形式

成本领先战略的具体服务战略形式是服务成本与效率战略,该战略形式是指企业通过降低服务成本和提高服务效率,从而降低服务价格水平和顾客的支出成本,使顾客满意,使企业占有较高的市场占有率。采取何种形式有效地降低服务成本和提高服务效率是该战略能否实现的关键,可供选择的具体形式如下:

① 采用非现场服务。服务的一个明显特性就是服务生产与顾客消费通常是同时进行的,这势必增加服务现场中企业与顾客间的互动,从而提高了企业的服务成本。根据顾客与服务组织之间相互作用的性质,可以将服务分为顾客到服务场所、上门服务和远程服务三大类。由于电信技术和交通设施的发展,企业与顾客间的联系已经变得非常方便,这使得企业有可能将一些服务的交易过程和作业过程分离开来,从而减少顾客的参与和互动。例如,修鞋店可以在很多分散的地方设置收取站,然后将收集好的鞋子集中送到某一个修鞋厂,这样就避免了顾客参与服务过程。将服务交易与服务作业分离,就使服务企业的运作像工业那样可以在后台高效率地进行,进而降低了服务成本。

② 减少服务中的人员互动。这是与服务标准化相对应的,服务标准化的目的之一就是减少服务人员与顾客之间的关系互动。如 ATM 机(自动柜员机)的大量使用,使顾客不必到银行与银行职员进行面对面的接触,这样既便利了顾客,又降低了银行业务的交易成本。一般地说,这类服务形式适用于低接触性的服务需求,而对高接触性需求的顾客是不合适的。同时,企业需要尽量降低顾客使用的技术门槛,便于顾客的使用。

③ 实施标准化服务。服务标准化是与服务个性化相对的,其目的就在于通过服务生产和传递的工业化技术,减少服务过程中服务人员与顾客之间的互动,从而降低企业的服务成本。

随着技术的进步,不少服务企业都尝试应用服务的工业化和标准化技术。如以麦当劳、肯德基为代表的快餐业,通过标准化生产制作过程,为所有顾客提供几乎相同的食品与服务;同时,由于服务的标准化,服务企业可以在多场所提供几乎相同的食品和服务,实现了服务企业的低成本扩张。

④ 寻找低成本顾客。服务企业可以从几个不同角度来识别和寻找低成本的顾客。

a. 考察顾客服务需求的特性。如果顾客没有特殊的服务需求,企业就可以为他们提供大众化的服务,这样就可以有效降低企业的服务成本。如一些大型超市,沃尔玛、家乐福、麦德龙等国际零售企业,其服务定位就是那些愿意批量购买、追求实惠、不需特别服务的顾客,这类顾客的服务成本较低,这也是沃尔玛、家乐福、麦德龙等国际零售企业得以实现低成本服务战略的重要依据。

b. 考察顾客服务的预订程度。如果顾客经常使用企业的服务预订系统,那么就等于顾客将自己的服务需求交由服务企业管理,这将有利于服务企业对总体服务的供需平衡进行有效管理,通过疏导顾客服务需求的时间安排,尽量避免某一时段服务过分拥挤的现象,这样既可以避免在服务高峰期发生部分顾客因为拥挤和排队而流失的后果,也可以避免服务企业为了应付某一需求高峰期可能增加服务人员和设施投入而增加的企业成本。

c. 考察顾客在服务中的参与程度。如果顾客参与服务程度较高，就可以减少服务人员的投入，降低服务成本。如瑞典的宜家家具超市，鼓励自助型（Do It Yourself，DIY）的顾客，让他们自己组装家具，搬运家具，从而降低了服务成本，同时又使顾客从中获得了价格优惠。

d. 考察顾客的风险程度。如人寿保险企业经常会把那些年轻人作为它们的目标顾客，因为与老年人相比，年轻人身体健康，发病、死亡的概率更低，企业可以降低保险成本。

2. 差别化战略

（1）差别化战略的含义

名词点击

差别化战略是指企业针对顾客的独特需求，设计和创造个性化的服务，以赢得顾客的消费偏好，提高服务传递价值和顾客感知价值，从而实现企业赢利。随着社会的进步和经济的发展，一方面，由于技术的成熟和管理的完善，以及这些技术与管理在不同企业之间的迅速扩散，致使企业降低成本的空间日渐缩小；另一方面，消费者收入水平的提高，对服务质量的要求也日益提高，非价格竞争的因素在争夺顾客中所起的作用越来越重要。因此，差别化战略应用日益广泛。

【小问答 4-2】　差别化战略的实质是什么？

答：差别化就是与众不同，差别化战略的实质就是通过创新创造竞争优势。

差别化战略的目标是发现顾客的独特需求，并设法满足之。因此，差别化战略的实施可以从以下四个方面加以考虑。

一是认识独特性的来源。独特性的来源极其广泛，它可来自价值链上的每一个环节、每一个方面。企业在某种价值活动中的经营差别取决于一系列基本驱动因素的影响。企业只有辨认这些具体的驱动因素，才能从中找到创造经营差别化的新形式。

二是识别顾客的购买标准。服务的差别化，最终依赖于顾客的感知和认可。差别化不是简单的标新立异，而是建立在顾客需要的基础之上的，它只能是符合顾客购买标准的标新立异。因此，实施差别化战略，非常重要的一点就是识别顾客的购买标准。顾客的购买标准可分为使用标准和信号标准，前者是指企业在满足顾客需求过程中创造价值的具体尺度，后者是指顾客借以判断产品是否符合其使用标准的一组信号。服务企业应该充分理解和深入分析这两方面的标准，并以此作为企业生产、提供和传播的准则。

三是获取满足顾客需要的独特性。企业所提供的服务只有符合顾客需要的独特性，才具有买方价值与市场价值，才能转化为企业的生产力。因此，服务企业必须在符合顾客购买标准的前提下，才能获取满足顾客需求的独特性，这正是服务企业进行有效服务生产和提供价值的基础。

四是使顾客感知并认同企业所提供服务的独特性价值。由于服务的无形性、异质性等特点，顾客评价服务的难度比评价有形产品更大，相比而言，顾客将面临更大的购买风险。为此，顾客希望服务企业能提供一些简单明了的信息帮助其作出购买决策。服务企业在保证服务独特性满足顾客使用标准的同时，要注重信号标准的建立与宣传，使顾客更容易感知服务的独特性价值，提高企业服务的独特性价值。

实施差别化战略的企业必须具备以下前提条件：创造性的眼光；强大的市场营销能力；服务方面享有盛誉；拥有传统的优质技能；销售渠道的合作伙伴强有力的合作。

（2）差别化战略的具体服务战略形式

① 服务定制化与个性化战略。服务定制化与个性化战略是指服务企业通过对顾客服务需求的差异化进行分析，为不同的顾客提供不同的服务，提高顾客的感知服务质量，进而提高顾客的利益所得，达到顾客满意，使企业占据稳定的市场份额的战略。因此，服务定制化与个性化战略的核心，就是采取何种形式形成企业的服务差别化。

随着人们收入水平的提高，顾客越来越要求有个性化的服务以满足自己的个性化需求。随着信息化技术的发展，顾客可以更加方便地与企业进行沟通，共同设计服务。同时，企业柔性生产能力得到提高，企业有能力根据顾客的个性化需要调整生产计划，为顾客提供定制化的服务。于是出现了大规模定制化，即在大规模基础上，定制化产品或服务的开发、生产、营销和传递。大规模定制化将大规模化生产的效率、低成本和顾客定制化的差异化优势有机结合起来，如汉堡王推行"点后再做"的定制策略与麦当劳的标准化服务相比就形成了明显的差别化特征。

大规模定制化要求服务企业真正树立起顾客关系管理观念，倾听顾客的声音，满足顾客内心的真实需求。互联网的发展，便利了顾客与企业之间的直接沟通，这也是未来顾客定制化的一个重要平台。服务定制化的方法和形式主要包括如下几种。

a. 模块组合定制化服务。模块组合定制化服务是指服务企业根据自己所处行业特点，根据不同的顾客需求，开发不同的服务模块，这些独特的服务模块可以进行不同的组合，最终形成不同的服务产品，供顾客进行选择。如旅游公司可以为游客提供不同的服务组合，如不同的饭店、航班、停留时间等，旅游者可以根据自己的实际情况选择不同的组合，设计自己的旅行计划。

b. 交付地点定制化服务。交付地点定制化服务是指服务企业根据顾客的需要，按照顾客指定的地点进行服务。如家教服务、医疗服务等，服务人员通常就可以到顾客的住所、单位等指定地点服务。

c. 自我设计定制化服务。自我设计定制化服务是指服务企业根据顾客自己的设计需求，提供相应的服务。例如，通过互联网络提供的网上购物服务、自动票务系统等，顾客可以根据自己的需求，在计算机系统上进行操作，输入特定的指令，计算机系统就会为顾客提供相应的个性化服务，如订票服务系统等。

d. 非核心定制化服务。非核心定制化服务是指服务企业在核心服务之外，为顾客提供一些附加但对顾客有重要意义的选择性服务。例如，宾馆通常提供的标准化的核心服务是为旅客提供相应档次的住宿服务。除此之外，宾馆可以提供不同类型的客房，如允许吸烟的房间和不允许吸烟的房间，或者提供尺寸大小不同的床铺，为商务旅客提供笔记本电脑或传真服务等，来吸引不同需求的顾客。

② 服务质量战略。服务质量战略是指服务企业力图在服务质量上与竞争对手形成差异，提高顾客的感知质量水平，达到顾客满意，建立顾客忠诚。一般来说，顾客对服务质量的感知主要来自两方面：一是服务结果质量；二是服务过程质量。服务企业对不同质量维度给予不同程度的重视，形成了不同的服务质量战略类型。我们以结果质量和过程质量为两轴，在不同象限的不同区域构成了不同服务企业的不同战略定位，见图4-3。

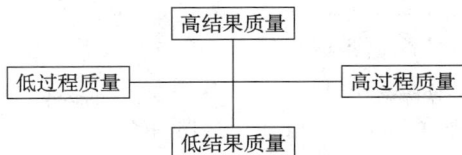

图 4-3　服务企业质量战略定位

a. 服务结果质量战略。服务结果质量是指服务生产过程的结果,它是顾客在服务过程结束后的"所得",是顾客对服务企业提供给他的技术产出的感知。虽然服务是无形的,但对"得到了什么服务",尤其是当某项服务有特定结果时,顾客就能以该结果为基础来判断服务的有效性。由于结果质量主要与技术相关,因此顾客对结果质量的衡量还是比较客观的。为此,服务结果质量又称为技术质量。服务结果质量战略是指服务企业强调在服务结果方面与竞争对手的差异,突出服务中更容易感知的层面的战略。

服务结果质量战略经常应用到搜寻性服务以及经验性服务类型中,因为这两类服务与信任性服务相比,它们具有更强的可感知性。对于搜寻性服务来说,顾客在消费前即可得到与服务的相关信息;对于经验性服务来说,顾客在消费之后也容易对感知服务质量作出评价与判断。因此,顾客对最终得到了"什么样"的服务更为重视。可见,服务结果质量是强调服务企业的工具性绩效。因此,如果服务企业通过分析确认自身所提供的服务属于搜寻性服务或经验性服务,则可以将战略重点放在服务结果质量战略方面。

b. 服务过程质量战略。服务过程质量是指顾客接受服务的方式以及在服务生产和服务消费过程中的体验,它是指服务的方式,顾客是如何得到服务的。由于顾客很难对无形服务进行评价,顾客倾向于对服务过程的评价,重视服务企业提供服务的方式。因此,服务过程质量对顾客的感知服务质量评价具有十分重要的影响。为此,服务过程质量又称为功能质量或互动质量。服务过程质量战略是指服务企业强调在服务过程方面与竞争对手的差异,突出服务中不容易感知的层面的战略。

服务过程质量战略经常应用到信任性服务,因为这类服务与搜寻性、经验性服务相比,它的可感知性更低,即便是在消费后,顾客也很难对服务质量作出客观的评价与判断。因此,顾客更重视服务的过程因素,他们往往是通过对服务过程的感知来形成最终的感知服务质量。可见,服务过程质量是强调服务企业的情感性绩效,因此,如果服务企业通过分析确认自身所提供的服务属于信任性服务,则可以将战略重点放在服务过程质量战略方面。

服务结果质量战略与服务过程质量战略二者之间并不是非此即彼的关系。相反,它们是相辅相成的。如果没有一定的服务结果为基础,那么服务过程再好,也无法满足顾客的基本需求;同理,即便企业非常重视服务结果质量,但如果服务过程中顾客抱怨很多,他们也很难对服务质量作出正面的评价,最终会影响到顾客对服务结果质量的评价。因此,服务结果质量战略与服务过程质量战略二者应当是任何一项服务的内在组成部分,不可分割。服务企业的战略选择,只是在结果和过程之间寻找一个适当的平衡点。相对而言,是突出服务结果质量还是突出服务过程质量,这取决于企业所生产、提供的服务类型,企业可以从搜寻性、经验性、信任性等不同服务性质方面进行分析和取舍。

③ 服务市场标准。服务市场标准是指顾客对服务行业所提供服务的惯例要求,这种顾客角度的要求往往也成为服务企业参与竞争的标准。

　　通常顾客在选择服务企业之前,首先会根据自己的基本需求,确定可选的服务企业范围;然后,对这些潜在的可选服务企业进行比较,进一步作出选择;顾客在接受服务之后,如果服务企业在某些方面未能有效满足自己的愿望,顾客可能将该服务企业排除在自己的选择清单之外,这样企业就出现了顾客流失。因此,服务企业应当清晰地了解自己所处行业的服务市场标准,并针对不同的服务市场标准采取相应的措施和对策。

　　a. 服务资格标准。服务资格标准是指服务企业要参与某一市场的竞争所必须具备的竞争实力。因为只有具有与其他竞争对手相近的实力时,顾客才会考虑选择该企业的服务,该企业才会进入顾客的选择清单之中。换言之,服务资格标准就是服务企业参与行业竞争的起码条件或敲门砖。例如,在宾馆行业,不同的星级就代表了不同宾馆参与不同市场竞争的资格标准,三星级宾馆是无法吸引五星级的目标顾客的,因为它与五星级宾馆处在显著不同的市场定位上。换言之,它们的服务资格标准是不一样的。因此,服务企业必须根据自身的市场定位,了解相应的服务资格标准,这也是企业进入特定市场应该具备的资格条件。

　　b. 服务优胜标准。服务优胜标准是指服务企业在具备服务资格标准之后,参与竞争赢得顾客的吸引力所在。这种吸引力可能表现在多个方面,如价格、质量、品牌等,它们主要体现为一种差别化特色。服务优胜标准与服务资格标准不同,它通常并没有一定的定规;相反,它通常是权变的,如在中档的中餐饭店中,不同的顾客之所以选择不同的饭店,顾客可能有不同的理由,这些不同的理由可能就成为相应的服务优胜标准。同样,同一顾客在不同的时间去中档的中餐饭店就餐,也可能有不同的选择,顾客也有其不同的考虑和想法,这些不同的考虑和想法也同样可能成为相应的服务优胜标准。因此,服务企业要深刻掌握不同顾客的需求心理,以及同一顾客的心理变化情况,在不改变企业服务定位的基础上,相应地推出自己的服务特色,吸引更多的顾客,从而成为行业的优胜者。

　　c. 服务失败标准。服务失败标准是指服务企业在竞争过程中,导致顾客流失的原因。不同行业顾客流失的共同原因是顾客期望没有得到满足,顾客感知服务质量低于其感知成本付出,致使顾客转向接受其他竞争对手的服务。服务失败标准可以有多种表现。它既可能是企业在服务资格标准方面有问题,也可能是在服务过程中的某一细节有问题;既可能是服务结果质量的问题,也可能是服务过程质量的问题。为此,服务企业需要对行业中的服务失败标准进行分析,并尽最大努力避免这些问题在本企业中发生。

　　服务资格标准、服务优胜标准和服务失败标准三者之间存在着内在的联系,不具备服务资格标准的服务企业,是无法谈论服务优胜标准的;具备服务优胜标准的服务企业,必然具备服务资格标准。一般来说,服务资格标准可以理解为顾客的保健因素,而服务优胜标准可以理解为顾客的激励因素。但随着竞争的加剧,服务企业可能会将某些激励因素转化为保健因素,从而提高行业的服务资格标准。对于服务失败标准来说,克服服务失败标准,显然不是吸引、保留顾客的充分条件,但却是必要条件。在此基础上,服务企业应该不断创新,形成自己的服务优胜标准,努力成为行业中的优胜者。

知识窗 4-2　　　　　　　　　　　服务差异化的途径

　　总体而言,服务差异化主要包括以下几个方面。

　　1. 服务理念差异化

　　服务理念差异化包括服务宗旨、服务方针、服务准则等方面差异化,理念差异化是服务差异化的核心和灵魂,这是服务行动的指针。

2. 服务人员差异化

服务企业可以通过雇用或培训比竞争者更优秀的人员来形成差别化并获取强大的竞争优势。如新加坡航空公司由于人员的优质服务博得了良好的声誉;麦当劳的员工谦虚而有礼貌;IBM 的员工很专业。

训练有素的员工应具有 6 个特征:胜任,即具备必要的知识和技能;礼貌,即对顾客友好,能为顾客着想;可信,即值得公司信任;可靠,即能准确提供服务;反应敏捷,即能对顾客的需要和有关问题迅速作出反应;善于交流,即能尽力理解顾客,准确地与顾客沟通。

3. 服务形象差异化

(1) 创造独特的企业标志。标志往往把企业和一些代表质量或其他特征的事物或人物联系起来,如麦当劳金黄色的双拱门、迪士尼乐园的米老鼠等。但同时,标志必须通过对服务企业的个性化广告才能向外传播,进而得到顾客的认可。

(2) 开展公共关系活动。如经常参加一些特定的文化活动,如艺术展览、文艺演出等;赞助一些相应的体育活动,如足球联赛、世界乒乓球锦标赛等;捐助公益事业,如向福利院和希望工程捐款以及支持社区建设等。

(3) 培植特色企业文化。服务企业独有的风貌、企业精神、价值观念、员工信念、行为取向、企业宗旨等都是企业文化的基石。而服务店铺的装饰、部门命名、服务人员的仪态和语言则是企业文化的建筑材料。精心培育的企业文化也会成为区别于竞争对手的独特性,成为吸引消费者的风景线。

4. 服务定位差异化

服务定位差异化包括很多方面,例如在服务对象、服务时间、服务地点、服务内容、服务方式、服务交付等方面制造差异。这方面的实例很多:2003 年上海仁爱医院通过"白加黑"服务,抢占夜间医疗服务市场;北京亚之杰汽车 4S 店推出"修车夜市",通过延长服务时间,为那些白天没时间修车的客户提供便利。

5. 服务模式差异化

服务模式是实施销售服务理念的行为体现,是服务理念和行为的总结和概括,例如一些企业提出的 TCS 模式(全程满意模式)、管家式服务、无人化服务、零距离服务等模式,每种模式都有其特色。

6. 服务承诺差异化

服务承诺差异化是指产品在退、换、修、功效等方面通过承诺来吸引消费群体,以令人放心的服务承诺来制造差异,例如长春百货大楼提出的"不满意就退货",有效地消除了消费者购买商品后有问题或不合适退货难的顾虑,因此该承诺深入人心,也为企业树立了良好的形象。

3. 集中战略

名词点击

集中战略是指服务企业把产业中的一个或一组细分市场作为企业的服务目标,依托企业资源与局部竞争领域的良好适应性创造企业的局部竞争优势。实施集中战略的企业，既可以在目标竞争领域中寻求成本优势，也可以在目标竞争领域中寻求差别化优势。因此，集中战略又可以分为成本集中战略和差别集中战略两大类。

　　服务企业之所以选择实施集中战略，可能是出于不同的原因与考虑：一是由于企业实力较弱，难以在大范围的市场展开竞争，转而在局部区域谋求竞争优势；二是由于市场与产业的同质性较弱，存在一些未被占领的细分市场机会，企业趁机进入。一般来说，服务企业可以根据市场细分的步骤，寻找行业中潜在的市场机会，从细分市场的规模与增长速度、细分市场竞争状况，以及企业的资源与能力等方面进行分析和考虑。集中化经营的积极意义在于：资源的相对集中，能保证成本领先优势；活动范围的缩小，促使企业采取科学管理方式；企业经营方向和目标十分明确，风险较小。其局限性在于，企业竞争范围狭窄，企业的应变能力较弱。

　　集中化战略的实施必须具备以下条件：市场需求具有较大规模并具有明显的不同的顾客群；服务特点适宜于专业化经营；适合于按标准化管理的企业。

　　4. 多元化战略

名词点击

　　多元化战略亦称为多角化战略。其内容是：一个企业同时经营两个以上行业的服务产品的市场经营战略。多元化经营是在企业内部各项功能高度分化和专业化，并拥有协调方式的情况下而采取的分散风险的战略。

　　实施多元化战略的前提条件是：所有服务产品都处于市场生命周期的同一阶段；所有服务产品都是风险产品或滞销产品；所有服务产品都存在对某种资源的严重依赖。

　　多元化经营可分为如下几类。

　　(1) 不相关多元化。一个企业的主要业务收入低于企业全部收入的70%，而且其他业务与主业务之间不具备相关性。

　　(2) 相关—关联型多元化，亦称同心多元化。主业收入占总收入的比例低于70%，但与其他相关业务（并不与主业直接相关）总共所占的比例超过70%。

　　(3) 相关—延长限制型多元化。主业收入不超过70%，但与其他直接与主业相关的业务一起所占的比例超过70%。

　　(4) 优势垂直型多元化。垂直整合的业务收入占总收入的70%以上。

4.3　服务营销组合

4.3.1　认识服务营销组合的含义

名词点击

　　所谓服务营销组合，是指服务企业对可控制的各种市场营销手段的综合运用。具体地说,就是服务企业运用系统的方法,根据企业外部环境,把服务市场营销的各种因素进行最佳的组合,使它们互相协调配合,综合地发挥作用,实现服务企业的战略目标。

4.3.2　了解服务营销组合的七要素

服务业的营销组合(7P)如表 4-3 所示。

表 4-3　服务业的营销组合(7P)

要　素	内　容
1. 产品	(1)领域；(2)质量；(3)水准；(4)品牌；(5)服务项目；(6)保证；(7)售后服务
2. 价格	(1)水准；(2)折扣(包括折让及佣金)；(3)付款条件；(4)顾客认知价值；(5)质量/定价；(6)差异化
3. 地点或渠道	(1)所在地；(2)可及性；(3)分销渠道；(4)分销领域
4. 促销	(1)广告；(2)人员推销；(3)销售促进；(4)宣传；(5)公关
5. 人	(1)人力配备：①训练,②选用,③投入,④激励,⑤外观,⑥人际行为；(2)态度；(3)其他顾客：①行为,②参与程度,③顾客/顾客接触度
6. 有形展示	(1)环境：①装潢,②色彩,③陈设,④噪声水准；(2)装备实物；(3)实体性线索
7. 过程	(1)政策；(2)手续；(3)器械化；(4)员工裁量权；(5)顾客参与度；(6)顾客取向；(7)活动流程

1. 产品

服务产品是一种特殊的商品。服务产品应考虑服务产品的范围、服务水准、服务质量、服务品牌、服务保证(或承诺)和售后服务等。要提高服务产品的竞争能力,就需要将这些因素有机地组合。

2. 价格

价格方面要考虑的要素包括:价格水平、折扣、折让和佣金、付款方式和信用。在区别一项服务与另一项服务时,价格是一种识别方式,顾客可以从服务的价格感受到其价值的高低。价格与质量间的相互关系,是服务定价的重要因素。

3. 地点或渠道

提供服务者的所在地以及其地缘的可及性都是服务营销效益的重要因素。地缘的可及性不仅是实物上的,还包括传导和接触的其他方式。分销渠道的类型及其涵盖的地区范围都与服务的可及性密切相关。

4. 促销

服务促销是为了提高销售,加快新服务的引入,加速人们接受新服务的沟通过程。促销包括人员促销与非人员促销两大类,而非人员促销又包括广告、销售促进、宣传、公关等营销沟通方式。

5. 人

由于服务生产过程与消费过程同时进行,服务人员或者在服务企业担任生产(或操作性)角色的人在服务产品的生产与营销过程中扮演着服务表现和服务销售的双重角色,因而,在顾客看来其实就是服务产品的一部分,这在那些经营"高接触度"的服务企业尤其如此。所以,服务企业必须十分重视对服务人员的甄选、训练、激励和控制。

6. 有形展示

有形展示会影响消费者和顾客对于一家服务企业的评价。有形展示包括的要素有:实体环境(装潢、色彩、陈设、噪声),服务提供时所需要的装备实物(如餐饮企业盛菜用的餐具,出租汽车公司所需要的汽车),以及其他实体性线索(如超市包装用的方便袋)。

7. 过程

服务过程对服务企业是一个十分重要的因素。在服务营销过程中必须重视服务表现和服务的递送。在服务的过程中服务人员表情愉悦、专注和关切对提高顾客的满意度或消除顾客的不满都是有好处的。因此,服务企业的经营管理者必须重视企业整个服务体系的运作政策和程序方法的采用、服务供应中器械化程度、员工裁量权、顾客参与服务操纵过程的程度、咨询与服务的流动、订约与等候制度等。

服务营销组合包括七项要素而不是产品营销组合的产品、价格、渠道、促销四项要素即4P,其主要原因如下:

(1) 4P的营销组合是根据制造业的情况确定的。由于服务业产品的非实体性特征,决定了适宜于实物产品的营销组合并不能适应服务业的需要。

(2) 服务业的营销实务从事者认为实物产品的营销组合内容不足以涵盖服务业的需要。在实践中服务业管理者发现,若与制造业公司相比,他们必须要应付一些显然不同性质的问题。例如,维持服务质量的问题;从事服务的人成为"产品"的一部分;服务不能申请专利;服务产品不能库存等。

(3) 越来越多的证据显示,实物产品营销组合的层面和范围,不适应于服务业管理,事实上有一系列的要素(如人员、有形展示和过程)是传统的实物产品营销组合框架所未能涵盖的。

⊙ 实训课业

一、技能训练

(1) 国际零售巨头沃尔玛是成功实施服务成本与效率战略的典型代表,请你到图书馆和互联网上搜集、阅读有关沃尔玛的资料,分析说明它是如何成功实施这一战略的? 这一战略的优越性是什么?

(2) 麦当劳是快餐业中成功实施标准化服务管理的典型代表,请你到图书馆和互联网上搜集、阅读有关麦当劳的资料,分析说明它是如何成功实施标准化服务管理的? 标准化服务管理的优越性是什么?

(3) 中国著名企业集团海尔公司是实施质量战略的典型代表,该公司著名领导人张瑞敏砸冰箱的故事广为流传。请你到图书馆和互联网上搜集、阅读有关海尔公司的资料,分析说明它是如何成功实施这一战略的? 这一战略的优越性是什么?

(4) 运用你所学的服务营销战略分析方法的理论知识,为你所在的学校设计服务营销战略。

二、实训项目

1. 实训内容

请学生从自己所在学校的实际出发运用所学的有关理论,分析和研究该学校为学生提供的定制化与个性化服务的状况。

2. 实训目的

提高和检验学生应用差异化竞争战略理论分析和解决实际营销问题的能力。

3. 实训要求

(1)教师引导学生从教学服务、生活服务的方方面面分析和讨论该校为学生提供了哪些定制化和个性化服务? 取得的成绩和问题及原因是什么? 应该采取哪些措施来进一步拓展和完善定制化和个性化服务?

(2)课后要求每位学生以《××学校服务定制化和个性化问题研究》为题目写一篇论文作为实训成果,成绩分为优、良、中、及格和不及格五档。

第 5 章

服务市场的细分、选择和定位

本章阐释

　　本章通过对服务市场细分、服务目标市场的选择与定位的基本理论和实务的介绍,使学生能正确理解服务市场细分、目标市场选择与定位的含义与意义,掌握服务市场细分、目标市场选择与定位的原则、步骤、工具和方法,能应用所学理论与方法为某些服务企业制定符合实际的、切实可行的目标市场定位方案。

能力目标

　　(1)掌握市场细分的依据和步骤。

　　(2)掌握细分市场评估和目标市场选择的方法。

　　(3)掌握服务市场定位的原则、层次、步骤和方法。

　　(4)能应用服务市场细分、目标市场选择和定位的理论与方法为某些服务企业制定符合实际的切实可行的目标市场定位方案。

5.1　了解服务市场的特征

5.1.1　认识服务市场

1. 市场的含义

名词点击

　　市场是商品经济的产物,人们对市场的认识是随着经济的发展而不断深入的,人们从不同的角度认识市场,对市场的理解也就不一样。人们对市场的解释通常可以概括为如下三种。

　　(1)市场是指买主和卖主聚集在一起进行交换的场所

　　这是传统的市场概念,它强调的是交换的场所或地点。

　　(2)市场是商品交换关系的总和

　　所谓交换关系的总和,是泛指交换某种特定商品的所有买者和卖者的总和。它强调的是商品交换的这一行为或行动,既包括买方,也包括卖方。经济学家将市场表述为卖主和买主的集合。

(3)市场是指某项产品或服务现实的或潜在的购买者的总体

这是站在企业、卖方和市场营销者的角度来理解市场,它强调的是买方,即购买者,包括现实的和潜在的购买者。在市场营销者看来,卖主构成行业,买主则构成市场。

2．服务市场的含义

名词点击

服务市场就是服务商品市场,是组织和实现服务商品流通的交换体系和销售网络,是服务生产、交换和消费的综合体。从其反映的经济关系来看,服务市场是参加服务商品交易活动的所有买者和卖者的集合。而对于一个服务企业而言,它的市场则是其特定的服务对象,即顾客。另外,服务市场也可以指某些有形的交易场所。

5.1.2　了解服务市场的特征

1．供给者和需求者直接见面

由于服务具有不可分离性特征,这一特征决定了服务产品的生产和消费是同时进行的,所以,服务市场中产品的销售在一般情况下不能通过中间商,而必须由生产者和消费者直接见面,采用直销的方式。生产者和消费者对服务的效果都会产生影响。

2．供给和需求分散

由于服务的销售方式在一般情况下只能采取供给者和需求者直接见面的直销方式,而服务的需求者不仅包括人数众多的分散的个人消费者,而且还包括各类组织消费者,这些消费者的需求各不相同,从而决定了服务需求的分散性。同时,从供给者方面看,服务产品的生产和供给方式也具有分散性特点。因此,服务企业面对的是具有不同需求的分散的消费者,必须提供各种各样分散的服务。

3．供给和需求弹性大

这一特征集中表现为服务产品的生产能力和购买能力之间的矛盾在通常情况下难以暴露,只有在矛盾激化的时候才能表现出来。其原因如下:一是服务设施、设备的设计能力与实际能力是不同的量,实际能力大于设计能力。例如,火车的实际运载能力可以通过增加车皮、车次的方法来提高,从而缓解火车载重服务供应不足的问题,从而化解掩盖运输活动中的供求矛盾。二是自我服务和社会服务处于相互转换之中,社会服务不足,可转向以自我服务为主;社会服务发展,自我服务可相对减少。例如,各家各户可采用自己做饭满足自己饮食需求的方式来抵消社会食品供应的不足,从而使食品的供求紧张状态烟消云散。三是服务产品与一般实物商品可以相互替代,也起到了化解服务供求矛盾的作用。例如,对于修理、干洗、整烫等服务活动,消费者可通过购买新的商品而免除对旧商品的整理服务。

4．需求多样且多变

首先,消费者人数众多,性别、年龄、文化、收入、习惯等不同,又有规模性质不同的社会组织,这一切决定了需求的多样性和差异性。其次,随着社会经济发展和人民生活水平的提高,购买服务的人也在增多,对服务的需求也会发生变化,表现出多变性的特征。

5. 销售渠道单一

由于服务产品具有无形性特点,因此企业销售服务不能像有形产品那样通过陈列、展销的方式供消费者挑选,而只能靠良好的信誉、形象或具有创造性的方式和行之有效的广告宣传等方式来吸引顾客,销售服务产品。

5.2　掌握服务市场细分理论

● 案例导入

加拿大皇家银行的持续市场细分策略

位于多伦多的加拿大皇家银行(加拿大最大的银行)的分析家们每月至少利用数据模型对其 1 000 万名客户进行一次市场细分。细分变量包括信用风险、当前及预期的收益率、生命阶段、退出的可能性、渠道偏好(顾客喜欢去实体网点或通过自助服务设备、电话中心,还是网上银行得到服务)、产品使用率(顾客对购买产品的实际使用率),以及顾客购买其他产品的可能性(如交叉销售的可能性)。正如一位高级副总裁所说,"向大量客户提供同样的产品或以同样的方式对待他们的时代已经一去不复返了!现在我们的营销策略更个性化了。当然,这都是技术的功劳"。

数据的主要来源是营销信息档案,其中记录了顾客购买的银行产品种类、使用的渠道、对过去营销活动的反应、交易数据,以及在吸引顾客时需要注意的各种限制。另一个数据来源是企业数据仓库,其中储存了所有的账单记录和新老顾客填写的各种文件信息。

皇家银行的分析家利用复杂的运算法则进行模型分析,他们能将银行庞大的数据库同时基于多个变量(包括目标顾客对某一特定产品作出积极反应的可能性),分割成若干个微细分市场。然后,针对每个微细分市场提供高度个性化的服务,展开定制化的营销活动。这些数据还可以帮助银行识别那些赢利性不高的顾客,并通过激励他们使用成本较低的渠道提高银行效益。

皇家银行进行细分市场分析的一个重要目标,就是保持和增进能够给银行带来收益的顾客关系。银行发现,那些购买多种服务的顾客能够带来更多的利润。这些顾客使用银行服务的平均时间是 3 年。皇家银行实施复杂的细分策略的成果之一是,顾客对其直接营销活动的响应率从 3%的行业平均水平跃升至 30%。

思考与分析

1. 加拿大皇家银行每个月对 1 000 万名客户进行市场细分的依据及来源是什么?

2. 加拿大皇家银行每个月对 1 000 万名客户进行市场细分的目的是什么?其效果如何?

5.2.1　了解市场细分的含义、意义和条件

1. 市场细分的含义

名词点击

所谓市场细分是指企业按照一种或几种因素，把整个市场分割为若干个有相似需求和欲望的消费者群，形成子市场的市场分类过程。不同的细分市场之间，消费者的需求差别比较多、比较明显；而在每一个细分市场内部，消费者需求的相似点则比较多。市场细分理论的提出，是基于如下两个理论基础。

一是消费者需求的异质性。也就是说，并不是所有的消费者的需求都是相同的，只要存在两个以上的顾客，需求就会有所不同。由于消费者的需求、欲望及购买行为是多元化的，所以其需求满足呈现差异。

二是企业资源的有限性和为了进行有效的市场竞争。现代企业由于受到自身实力的限制，不可能向市场提供能够满足所有需求的产品或服务。另外，即使是处于市场领先地位的企业也不可能在市场营销的全过程中占有绝对优势，因此，为了进行有效竞争，企业必须将市场细分化，选择最有利可图的目标市场，集中企业资源，制定有效的竞争策略，以获得或增强竞争优势。

【小问答 5-1】　市场细分的实质和出发点是什么？

答：市场细分不是对产品进行分类，而是对顾客的需要和欲望进行分类。比如服装的需求市场可以分为老年市场、中年市场、青年市场、少年市场、童装市场等。不要把自己的产品分类等同于市场细分。市场细分一定要从顾客的特点出发。目光要先盯着顾客，然后再来看自己的产品。

2. 市场细分的意义

（1）分析市场机会，选择目标市场

通过市场细分，企业一方面可以了解到不同消费群体的需求情况和目前的满足状况，发现尚未满足或没有完全满足的市场需求；另一方面企业可以掌握细分市场中其他竞争者的营销实力及市场占有情况，使企业避重就轻，选择最适合企业发展的目标市场。

（2）集中企业资源，以小搏大

这对广大中小企业来说意义尤为重大。资源和市场经营能力都很有限的中小企业，不可能与大企业展开正面竞争，只能通过市场细分，把握住力所能及的市场机会，选择有利的细分市场，集中人、财、物及信息等一切资源投入到该细分市场，以企业的全部对抗大企业的局部，变竞争劣势为竞争优势，使自己在市场竞争中能够生存和发展。

（3）增强市场营销战略的有效性

企业在未细分的整体市场上一般只会采取一种营销组合，但由于整体市场的需求差异性较大，企业的营销活动往往不能取得令人满意的效果。而且由于整体市场的需求变化较快，企业难以及时把握，使企业的营销活动缺乏时效性。而在细分市场上，市场需求具有同

质性,企业又能密切关注市场需求的变化,并相应地及时调整营销战略,从而取得市场主动权。

3. 市场有效细分的基本条件

将市场进行细分、形成有效的细分市场必须具备以下条件。

(1) 购买者需求的多样性和稳定性

多样性是指顾客对服务存在着不同的需求。如果一家旅馆的所有顾客都对服务具有相同的要求,就没有必要对他们进行商人和旅游者的细分。稳定性是指一个细分市场的潜在顾客能够在相当长的时间内保持稳定。

(2) 可确定性和可衡量性

可确定性是指需要一些标准,能明确辨别谁在细分市场之内,谁在其外,以此来衡量潜在需求。可衡量性是指顾客具有的特征信息易于获取和衡量。

(3) 可赢利性

可赢利性是指细分市场应具有适当的规模和潜力,具有一定的购买力,企业可从中获得效益。

(4) 可达到性

可达到性是指企业能够比较方便地进入细分市场,不受太多限制。例如空间上的可进入性,观念上的可接近性等。

(5) 可行动性

可行动性即为吸引和服务细分市场而系统地提出有效计划的可行程度。

5.2.2　了解服务市场细分的依据和步骤

1. 服务市场细分的依据

(1) 按地理环境因素细分

按地理环境因素细分是根据消费者工作和居住的地理位置进行市场细分的方法,即按不同的地理单位,比如国家、省、区、县等进行细分。由于地理环境、自然气候、文化传统、风俗习惯和经济发展水平等因素的影响,同一地区人们的消费需求具有一定的相似性,而不同地区的人们又形成不同的消费习惯与偏好。因此,地理因素得以成为市场细分的依据。由于这种方法比较简单明了,为许多服务企业所偏爱。比如,肯德基在上海首先推出了花式早餐粥以及为消费者度身定做的早餐组合套餐,而在北方城市推出了"寒稻香蘑饭"。肯德基按地区安排它的市场营销计划,使其产品更具有地方性,广告、推广和销售等工作也更适应各地区顾客的需求。

(2) 按人口和社会经济因素细分

这里的人口因素包括年龄、性别、家庭人数、生命周期等。人口统计变量是区分顾客群最常用的依据,因为顾客的欲望、偏好和使用频率等经常与人口统计变量密切相关,而且人口统计变量也比其他类型的变量更容易衡量。比如,美国的一些银行根据顾客的生命周期划分市场,它们把顾客生命周期分成单身、年轻满巢(即年龄在 40 岁以下,至少抚养一个孩子)、中年满巢(年龄超过 40 岁,至少抚养一个孩子)、年老空巢就业(年龄超过 60 岁,仍就业,但孩子独立)和年老空巢退休等几个不同的阶段。由于处于生命周期不同阶段的顾客其需求有很大差异,银行可以借此寻求目标市场,提供适合顾客需求的服务。

社会经济因素则是指收入水平、教育程度、社会阶层、宗教和种族等变量。一个人的教育背景、职业与收入、社会地位等变量之间存在着直接关系。一般来说,一个人受教育水平越高,就越可能获得较高的地位和收入。近年来,按职业进行市场细分的方法正得到一些企业的重视。另外,诸如社会阶层、住所的类型、家庭所有权等细分变量也被一些公司所采用,如顾客对住所类型的关注对那些房屋租赁公司有很大的现实意义。

(3) 按消费心理因素细分

影响顾客购买行为的心理因素,如价值观念、生活态度、生活方式、个性和消费习惯等都可以作为市场细分的依据,尤其是当运用人口和社会经济因素难以清楚地划分细分市场时,结合考虑顾客的心理因素如生活方式的特征等将非常有效。比如,人们形成和追求的生活方式不同,消费倾向也不同,那么他们需要的服务也就不同。常见的心理细分会把具有共同个性、兴趣、心智特征的顾客归纳为某一个整合群体。许多服务企业已越来越倾向于采用心理因素进行市场细分。

(4) 按消费行为因素细分

复杂的消费行为也是市场细分所要面对的问题,同时,它也可能成为市场细分实现的依据,包括购买时机、使用状况、使用频率、忠诚程度、促销反应以及态度等。

① 购买时机。按顾客购买和使用产品的时机进行分类。例如,某些产品和项目专门适用于某个时机(春节、中秋节、圣诞节等),企业可以把特定时机的市场需求作为服务目标。如旅行社可以专门为某个时机提供旅游服务;文具店可以在新学期开始前专门为学生准备学习用品等。

② 使用状况。按使用状况进行细分,就是根据顾客对产品的使用方式及其程度进行细分。据此顾客大体上可以被划分成从未使用者、曾经使用者、准备使用者、首次使用者、经常使用者、偶尔使用者等几个细分市场。服务企业往往关注那些经常使用者,因为他们的使用次数比偶尔使用者要多得多。所以,许多快餐店愿意为那些经常光顾的顾客提供快速服务,价格也较为低廉。银行则对各种使用者都表示关注:一方面,它们希望了解那些经常使用者的特点、行为和身份等,以不断吸引其购买服务;另一方面,又会采取一些措施来刺激那些偶尔使用者,促使其向经常使用者转变。

③ 使用频率。采用这种细分标准可以先将顾客群体划分为使用者和非使用者,然后再把使用者划分为小量使用者和大量使用者。

④ 忠诚程度。顾客的忠诚度包括对企业的忠诚和对品牌的忠诚,亦可作为细分依据。比如按品牌忠诚不同可将顾客分为单一品牌忠诚、多品牌忠诚和无品牌忠诚。

⑤ 促销反应。这是根据顾客对促销活动的反应进行市场细分的方法。显然,不同的顾客对于诸如广告、销售推广、室内演示和展览等促销活动的反应是各不相同的。比如,喜欢企业向其邮寄产品目录的顾客可能喜欢使用信用卡,并对其他邮寄品也有较高的反应率。由此,服务企业可采用直接邮购的方式与这类顾客沟通,并建立起较好的顾客关系。一旦顾客对某个服务企业表示忠诚,那么即使他们偶尔对企业的服务不满意,通常也不会轻易改变这种忠诚。有研究表明,在银行业,尽管顾客对企业提供的服务常常感到不满意,但仍有

75％的顾客会忠诚于该企业。所以,有些银行的营销部门指出,顾客可能会改变生活伴侣,但不会改变银行。

⑥ 态度。顾客对产品的态度大体可分为:热爱、肯定、冷淡、拒绝和敌意。针对不同的态度,企业可采取不同的营销对策。

(5) 按顾客受益因素细分

顾客之所以购买某项服务,是因为他们能够从中获得某种利益。因此,可以根据顾客在购买过程中对不同利益的追寻进行市场细分。这种方法与前面几种方法不同,它侧重于顾客的反应,而不是产品的购买者本身。比如,不同的顾客希望从不同的银行那里得到不同的利益:一部分希望能从声誉较好的银行那里获得全面、整体性的服务;一部分则希望获得低利息的优惠贷款;还有人希望在私人银行进行高利率储蓄。一家银行可以根据自身的资源状况,选择其中的一个或两个细分市场进入,提供独具特色的服务。服务的特点使得利益细分的方法几乎适用于所有的服务企业。

按顾客受益因素细分市场,首先必须了解顾客购买某种产品所寻求的主要利益是什么;其次要调查寻求某种利益的顾客是哪些人;最后还要了解市场上的竞争品牌各自适合哪些利益,以及哪些利益还没有得到满足。

(6) 按服务要素细分

这是根据顾客对企业服务的反应进行细分。虽然从某种意义上来说,它可以归入利益细分,但是仍有单独论述的必要,因为通过了解顾客对企业服务中不同要素的看法及反应,将有助于企业设计更合理的服务组合。

利用服务要素进行市场细分时,通常要考虑如下三个问题。

① 是否存在拥有同种服务要求的顾客群体。

② 企业能否使自己的产品差异化。

③ 是否所有的产品都需要同一水平的服务。

彼得·吉尔摩(Peter Gilmour)对设备供应行业进行了研究,以了解不同细分市场对售后服务、电话订货效率、订货的便利程度、技术人员的能力、送货时间、送货可靠性以及资料的提供等九种顾客服务的反应。结果表明,不仅购买者和供应商对这些服务重要性的看法有所侧重,而且购买者之间对这些服务重要性的看法也有很大区别。因此,通过测定购买者对不同服务重要性的看法,供应商将能更加有的放矢地为不同的细分市场提供最佳服务,满足购买者的愿望和要求。

2. 服务市场细分的步骤

服务市场细分一般包括三个步骤:通过调查研究确定相关市场、确定最佳细分变量、细分市场。

(1) 通过调查研究确定相关市场

所谓相关市场是指企业向其推广服务产品的目标顾客群。如某家投资银行将资产超过100万元的人士作为自己的目标客户;某家酒店则瞄准商务人员市场等。为确定企业的相关市场,服务营销者要与消费者进行非正式的接触,并将消费者分成若干个小组,以便了解他们的动机、态度和行为,进而通过问卷调查向消费者收集相关的市场资料,如服务产品的知名度、服务产品的使用方式、对该服务产品所属类别的态度等。在了解这些信息的基础上,企业必须对自身的资源状况做一分析,明确自己的优势和劣势,然后确定企业服务产品线的宽度、顾客的类型、地理范围等营销要素。

（2）确定最佳细分变量

前面我们介绍了很多可以用来细分服务市场的变量，实际上，企业在选择细分市场的依据时，并不能照搬这些标准，而必须对其进行甄别或有所创新。所以企业必须确定最佳的细分变量。

一般而言，在确定最佳细分变量时，首先要把各种潜在的、有用的标准都罗列出来。在列出这些标准之后，要对其重要性做一评估，选择出那些被认为是重要性的标准。同时，还需对那些重要的标准作进一步的详细划分，以确定最佳细分变量。一般而言，一项好的或适合的细分变量应具备以下三个特征。

① 恰当性。这是好的细分标准必须具备的第一个特征。这意味着它必须与消费者对指定的产品或服务的行为、态度有密切的联系，或者说，它所定义的所有细分市场必须在对指定产品或服务的行为和态度中显示出各自鲜明的区别。

② 测量的可能性。一项合适的标准应当是易于测量的，或者至少是可识别的。如细分标准中人口统计、地理等标准总体上符合这一条件，而个性和心理因素则不太容易测量。如焦虑可以作为细分人寿保险市场的标准，但却很难获得关于特定的人群中有多少人是焦虑的、多少人是沉着的统计材料，而且也很难从调查中获得相关的统计。

③ 实际操作价值。合适的细分标准应具备的第三个特征是对市场营销人员有实际用途，以引导他们向某个或某些特定的细分市场努力；或者使他们根据不同的细分市场，确定不同的营销组合。

（3）细分市场

在这一阶段，服务营销者按照确定的细分标准，将消费者划分成不同的集群，然后根据主要的不同特征给每个不同的细分市场命名。

需要说明的是，由于细分市场是不断变化的，所以细分市场的过程必须定期反复进行。在这个过程中，要密切的关注市场出现的一些新变化、新特征，尤其应当关注新的服务类型的出现，及其对本企业市场的影响，以便及时调整营销策略。

5.3　掌握服务市场选择理论

◯ 案例导入

平民银行 Banco Azteca

Banco Azteca 成立于 2002 年，是墨西哥近十年开办的第一家新银行。这家银行的目标市场是那些收入相当于每月 250～1 300 美元的 1 600 万户墨西哥普通家庭，他们大多为出租车司机、工人和教师等。尽管这个细分市场的综合收入高达 1 200 亿美元，但大多数银行对这些顾客群体不感兴趣，嫌弃穷人账户赚不到钱。毫不奇怪，这些家庭平均 12 户中只有一户拥有储蓄账户。

Banco Azteca 是理查多·萨里纳斯·皮利戈（Ricardo Salinas Pliego）的创意，他是一家

集零售、媒体和通信业务为一体的商业帝国的掌门人,旗下还包括墨西哥最大的日用品零售集团 Grupo Elektra。银行的分行网点设在 900 多家 Elektra 的商场里,统一装饰成墨西哥国旗的绿、白、红三种颜色,旨在营造一种宾至如归的氛围。张贴的海报上也醒目地宣传着 Azteca 的广告用语,意思是"友好的银行,热情待客"。

Azteca 之所以同 Elektra 联盟,意在利用这家零售巨头在客户金融业务方面 50 年的不凡业绩,因为事实上大约 70% 的商品都是赊账销售的。Elektra 在信用销售方面具有良好的业绩,其偿还率高达 97%,并拥有丰富的顾客信用记录数据库。正因为这样,高级管理层认为将那些分布于商场内部的 Elektra 信用部门转变成 Azteca 支行并延伸服务项目是完全可行的。

新银行在信息技术方面投入巨资,其中包括高科技的指纹识别器。这样,顾客就不必出示印刷证件或者存折。银行还出动了一支由 3 000 多名贷款代理人组成的队伍,骑摩托车为顾客提供上门服务。银行还提供个人贷款以及吸纳定期存款,并且正在推出二手车贷款、针对低收入者的按揭贷款以及借记卡服务。贷款通常可以用顾客以前购买的物品作为抵押担保。

2003 年,Grupo Elektra 得到财政部的授权,收购了一家私营保险公司并将其重新命名为 Seguros Azteca。这家保险公司以非常低廉的价格,向长期以来一直被墨西哥保险行业忽视的细分市场群体提供最基本的保险产品,保险单通过 Banco Azteca 的支行网络进行分销。第二年,银行扩大了业务范围,为希望创立或扩展小企业的个人进行融资。

思考与分析

1. 平民银行 Banco Azteca 为什么选择那些收入相当于每月 250~1 300 美元的 1 600 万户墨西哥普通家庭作为目标市场?

2. 平民银行 Banco Azteca 采取了哪些措施来提高目标市场的营销效率和效益?

5.3.1 掌握评估和选择细分市场的方法

对细分市场的评估和选择必须考虑下面的四个因素。

1. 细分市场的规模和发展潜力

潜在的细分市场要具有适度规模和预期的增长率,只有规模和预期增长率适当的细分市场才能成为服务企业进入的驱动力。适当的规模和预期增长率是一个相对量,对实力雄厚的大企业来讲,是指规模较大、增长速度较快的细分市场;对中小企业来讲,则是指不被大企业看好、规模较小、增长速度比较温和的市场。但无论是实力雄厚的大企业还是实力较弱的中小企业,都必须考虑目前的销售量及其增长率,选择与自身条件相适合的市场作为目标市场。

衡量一个企业在某一市场上的发展潜力可以采用购买力指标(Buying PowerIndex)法。购买力指标以三个指标为基础:细分市场消费者人数与总市场人数之比;细分市场消费者实际工资与总市场消费者的实际工资之比;细分市场的销售额与总市场的销售额之比。细分市场的购买力指标(BPI)的计算公式为:

$$BPI=\frac{0.2\times细分市场人数}{总市场人数}+\frac{0.5\times细分市场实际工资}{总市场实际工资}+\frac{0.3\times细分市场的销售额}{总市场的销售额}$$

假设该市场的年销售额是 X,那么该市场的潜在销售额是 X×BPI。如果公司在细分市场中的实际销售额是 Y,那么该公司完成了潜在销售额的 Y/X×BPI(%)。将此结果与现阶段市场中的份额相比,如果比较的结果大于1,则说明该市场发展的余地较大;结果的正向差异越大,说明市场潜力越大。

2. 细分市场的赢利能力

细分市场不但要具备理想的规模和预期增长率,还要有理想的赢利能力。当然,不同服务企业的目标利润率是不同的,即使同一个服务企业,在同一个时期的利润率也会有所不同。但从长期来看,任何服务企业都必须保证一定的获利水平,否则企业将无法维持生存与发展,企业也就失去了进入细分市场的意义。

3. 细分市场的结构吸引力

理想的赢利能力会使细分市场更具吸引力,但具有相同市场赢利能力的细分市场,由于结构的差异,对企业的吸引力是不同的。我们通常从以下五个方面来研究一个细分市场的结构。

(1) 细分市场内的竞争状况。如果某个细分市场已经有了为数众多、实力强大、竞争意识强烈的竞争者,则该细分市场就会失去吸引力。如果企业的细分市场正处于稳定或萎缩状态,面临生产能力不断扩大、固定成本过高、市场退出壁垒过高或者竞争者投资很大等问题时,企业要想坚守该市场,通常需要付出高昂的代价。

知识窗 5-1　　　　　　　　　　星巴克的竞争对手

中国内地市场已有的中国台湾上岛咖啡、日本真锅咖啡,以及后来进入的加拿大百诣咖啡等无不把星巴克作为其最大的竞争对手,"咖啡大战"的上演已经不可避免。而综合分析认为,星巴克面临的竞争对手不止这些,大致可分为四大类。

① 咖啡同业竞争:连锁或加盟店如西雅图咖啡、伊是咖啡、罗多伦咖啡及陆续进入市场的咖啡店及独立开设的咖啡店。

② 便利商店的竞争:便利商店随手可得的铁罐咖啡、铝罐包装咖啡、方便式随手包冲泡咖啡。

③ 快餐店卖咖啡:麦当劳快餐店、得州汉堡、肯德基快餐店等以便利为主售卖的咖啡机冲泡的咖啡。

④ 定点咖啡机:矗立于机场、休息站,可随时买到冲泡的咖啡,或铁罐咖啡、铝铂包装咖啡。

资料来源:中国饭网,2005 年 4 月 27 日.

---

(2) 新加入的竞争性服务的提供者状况。若某个细分市场的赢利能力过高,则可能吸引新的竞争者加入。它们会投入大量的资源,增加新的生产能力,并争夺市场份额,那么这个细分市场可能就会失去吸引力。反之,如果新的服务面临着森严的进入壁垒,并且有可能遭到市场内原有服务企业的强烈报复,它们就很难进入。

(3) 替代服务。如果某个细分市场已经出现了替代服务或者具有潜在的替代服务,该细分市场就失去了吸引力。替代服务会限制细分市场内价格和利润的增长,服务营销者必须密切关注替代服务的发展状况。

(4) 购买者的议价能力。如果某个细分市场中购买者的议价能力很强或正在增强,则该细分市场的吸引力就较小。拥有强大议价能力的购买者会设法压低价格,对服务提出更高要求,这会使服务提供者的利益受到损害。

(5) 供应商的议价能力。如果服务企业的原材料或设备供应商具有较强的议价能力,则可能导致价格的上升或者所供应产品或服务的质量降低,使企业蒙受损失。这样的细分市场也是缺乏吸引力的。对于服务企业,最佳的防卫办法就是与供应商建立起良好的合作关系或开拓多种供应渠道。

4. 企业的目标和资源

即使某一细分市场具有合适的规模和增长速度,也具有较好的赢利能力和结构性吸引力,服务营销者仍需将本企业的目标和资源与其所在细分市场的情况结合起来考虑。例如,某一细分市场虽然具有较大的吸引力,但不符合企业的长远发展目标,这时,企业不能只顾眼前利益而损害长远的战略利益,这样的细分市场也只能放弃。另外,即使某一细分市场符合企业的目标,企业也必须考虑其是否具备进入该市场并在竞争中取得优势的资源和技术条件。如果企业没有超过竞争者的技术和资源,甚至缺乏赢得市场竞争的必备力量,那么也不应该进入该细分市场。

此外,服务企业在选择目标市场时除了要认真考察上述四个要素外,还应当考虑到营销的社会责任这一越来越受关注的因素。这表现在企业选择目标市场时应当尽力避免将脆弱的或处于不利地位的顾客当成目标市场,或向顾客提供有争议的或具有潜在危险性的服务。

5.3.2　了解目标市场的进入模式和市场覆盖战略

1. 目标市场的五种进入模式

通过对不同细分市场的评估,服务企业会发现一个或几个值得进入的细分市场,下一步就是要决定进入哪几个市场。通常情况下,服务企业可以选择以下五种方式中的一种进入选定的细分市场即目标市场。

(1) 密集单一市场

密集单一市场是一种最简单的进入方式,服务企业只选择一个细分市场进入,并向该市场只提供一种服务,以取得企业在这一特定市场上的竞争优势。这个细分市场可能会成为企业服务延伸的基点,如图 5-1(a)所示。

(2) 产品专业化

产品专业化即企业集中生产一种服务产品,并向各类顾客销售这一服务。企业用服务产品 P_2 去满足 M_1、M_2、M_3 三个子市场的需求。企业可以通过这一策略在某个服务产品方面获得很高的声誉,并且利于企业降低成本,但这种策略在面临替代服务的威胁时,对企业很不利,如图 5-1(b)所示。

（3）市场专业化

市场专业化即企业专门为满足某个顾客群体的需要而提供各种服务。这一策略可以使企业在特定的顾客群体中获得良好的声誉，并可能成为这个顾客群体所需要的各种新产品或服务的提供者或销售代理商，如图 5-1(c)所示。

（4）有选择的专业化

有选择的专业化即企业决定同时进入几个不同的细分市场，为不同的顾客群体提供相应的服务。其中，每个被进入的细分市场都具有吸引力，并且符合企业的经营目标和资源状况，但各个细分市场之间很少或根本没有联系，然而在每个细分市场上企业都可获利。此种进入策略较之于单一细分市场策略，更利于企业分散经营风险，如图 5-1(d)所示。

（5）整体市场

整体市场即企业全方位进入市场，用各种服务产品满足各种顾客群体的需求。只有那些资源实力雄厚的大型企业才可能采用此种策略，如图 5-1(e)所示。

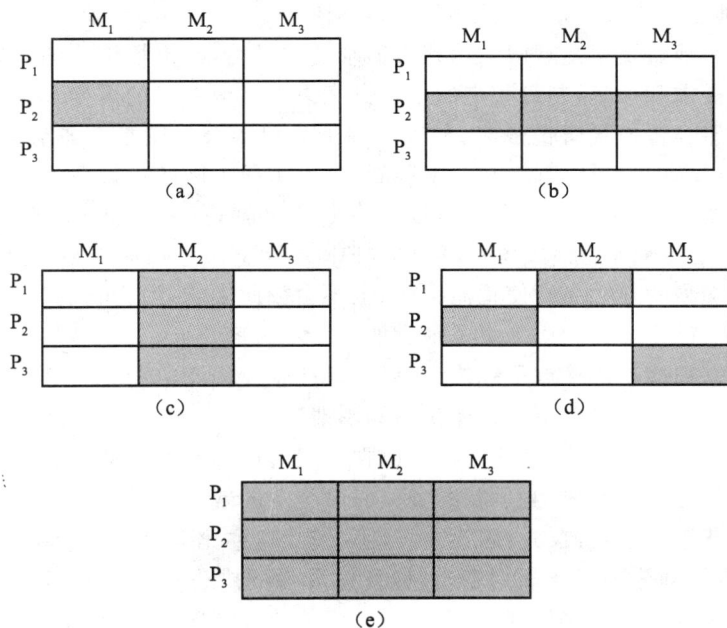

P：服务产品　　　M：细分市场

图 5-1　目标市场进入模式

2. 目标市场的覆盖战略

市场覆盖战略即目标营销战略，一般来说，有三种市场覆盖战略可供服务企业选择：无差异性市场营销、差异性市场营销、集中性市场营销。

（1）无差异性市场营销

无差异性市场营销即企业只推出一种服务产品，运用一种营销组合，在整个市场上进行销售，试图吸引尽可能多的顾客，如图 5-2(a)所示。

企业采用这一战略的前提应是消费者需求的同质性，即认为面对的是同质市场，或忽略消费者需求的异质性，而着眼于其共同的需求和偏好，不进行市场细分，将整个市场当作目标市场,针对共同的需求,推出一种产品和单一的营销手段加以满足。

采用无差异性市场营销的优势是可以获得规模效益,它是一种与大规模生产和标准化生产相适应的一种营销方法。首先,无差异性的广告宣传、单一的销售程序、相同的管理模式,降低了销售费用和管理费用;其次,以整个市场作为目标市场,节约了市场细分的调研和规划费用,从而也降低了企业的经营成本。

无差异性营销战略的不足:首先是无法满足消费者需求的差别性偏好。实际上很难找到一个需求是完全同质的市场,所以用同一种营销策略去满足所有消费者的需求是不可行的。尤其是消费者需求个性化、差别化的趋势日益明显,这一目标营销战略正面临着严峻挑战。其次是对抗竞争风险的能力较差。无差异性市场营销战略容易受到竞争者的冲击,一旦竞争者将市场细分化,从而从各个细分市场进入,则企业的市场地位将面临危机。

(2)差异性市场营销

差异性市场营销即企业分别提供不同的服务产品,运用不同的市场营销组合,为若干个细分市场服务,满足每个细分市场的不同需求,如图 5-2(b)所示。

企业采用这一战略主要是着眼于消费者需求的差异性,在市场细分的基础上,针对各个细分市场的不同需求和偏好,制订相应的营销方案去满足消费者的需要。现在,越来越多的服务企业在采用差异性市场营销战略,如美国爱迪生兄弟公司就是个典型的例子。爱迪生兄弟(Edison Brothers)公司经营着 900 家鞋店,分为 4 种不同的连锁店形式,每一种都服务于不同的细分市场:钱德勒(Chandler)连锁店专营高价鞋;贝克(Baker)连锁店专卖中档价格的鞋;勃特连锁店专售廉价鞋;瓦尔德派尔(Eduard Pyle)连锁店专营时装鞋。这种策略使该公司的不同类型的连锁店即使距离很近,也不会彼此影响,因为它们针对的是不同的细分市场。这种策略已使该公司成为全美最大的女鞋零售商。

差异性市场营销战略的优点是能扩大销售,提高企业的竞争能力。首先,以多种不同的服务产品、多种营销组合,可以更好地满足不同消费者的需求和偏好,争取更多的顾客,从而扩大销售量。其次,服务企业通过此战略可以在不同的细分市场上都占有一定的份额,可以有效地抵抗某一细分市场需求、竞争状况突变时对企业的威胁。

差异性市场营销的不足:首先,因为差异性营销战略要比无差异性营销战略投入更多的研究开发费用、市场细分调研及规划费用,以及差异性的广告宣传等费用,致使企业总的经营成本偏高。其次,此种战略要求服务企业有较强的综合管理能力,分别对不同的市场设计不同的营销组合,并使企业整体经营状况协调一致,因而管理的难度更大。所以,对于那些资金、技术实力较弱的中小企业来说,原则上不适合采用此种战略。

(3)集中性市场营销

集中性市场营销即企业集中力量设计生产一种或一类服务产品,采用一种市场营销组合,为一个细分市场服务,如图 5-2(c)所示。

采用这一战略的服务企业也是着眼于消费者需求的差异性,但其目标不是整个市场或多个细分市场,而是将资源和精力集中在一个细分市场上。在这个细分市场上,利用有限的资金和力量,向纵深发展,追求较高的市场占有率,而不追求在整个市场或多个细分市场上都占有相对较小的份额。如日本有一家帽子店,销售的帽子有千种之多,在该细分市场获得了较大的竞争优势。

集中性市场营销的优点主要表现在两个方面:一是有利于企业集中力量在一个小的范

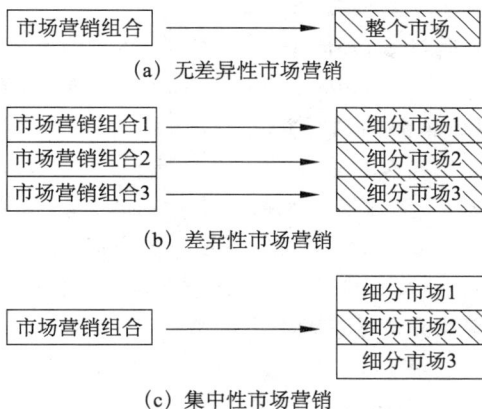

图 5-2 目标市场覆盖战略

围内,对消费者的需求有更深入的了解,便于服务企业制定有针对性的营销组合,提供最好的服务,增强企业的竞争力。二是有利于降低经营成本。

集中性市场营销战略的不足:主要表现为风险大。由于采用此种战略的企业的目标范围较小,一旦目标市场内出现剧烈的需求波动或出现强大的竞争者,企业就容易陷入困境。

上述三种不同市场覆盖战略各有利弊,分别适用于不同的企业和市场情况。一般而言,实力较强的大中型服务企业通常可采用无差异市场营销或差异市场营销战略;那些实力薄弱的小企业虽无力与大企业竞争,但其灵活性强,可以"见缝插针"地在一些大中型服务企业不参与、竞争不激烈的某个狭小的细分市场上立足,即采用集中性市场营销战略。

5.4 掌握服务市场定位理论

● 案例导入

动感地带赢得新一代

中国移动作为国内专注于移动通信发展的通信运营公司,曾成功推出了"全球通"、"神州行"两大子品牌,成为中国移动通信领域的市场霸主。但由于手机市场的进一步饱和、联通的反击、小灵通的横空出世,使中国移动通信市场弥漫着价格战的硝烟。而同其他运营商一样,中国移动旗下的"全球通"、"神州行"两大子品牌缺少差异化的市场定位,目标群体粗放,大小通吃。面对"移动牌照"这个资源蛋糕将会被越来越多的人分食的状况,在众多的消费群体中进行窄化细分、更有效地锁住目标客户、以新的服务方式提升客户品牌忠诚度、以新的业务形式吸引客户,是运营商成功突围的关键。

通过周密的市场调研和分析,中国移动锁定了一个新的顾客群——消费新生代,即15~25岁年龄段的学生、白领。2003 年 3 月,中国移动推出子品牌"动感地带",宣布正式为年龄在 15~25 岁的年轻人提供一种特制的电信服务和区别性的资费套餐。

如何打造"动感地带"的品牌特征呢?这就需要先了解其客户群的心理特征。"动感地带"目标客户群体定位于 15～25 岁的年轻一族,从心理特征来讲,他们追求时尚、对新鲜事物感兴趣、好奇心强、渴望沟通,他们崇尚个性、思维活跃,有强烈的品牌意识、对品牌的忠诚度较低,是容易互相影响的消费群体;从对移动业务的需求来看,他们对数据业务的应用较多,这主要是可以满足他们通过移动通信进行娱乐、休闲、社交的需求。接着,确定品牌名称、品牌个性、广告语及形象代言人。

在品牌名称上,"动感地带"突破了传统品牌名称的正、稳,以奇、特彰显,充满现代的冲击感、亲和力,同时整套视觉形象系统简洁有力、易传播、易记忆、富有冲击力。

在品牌个性上,"动感地带"被赋予了"时尚、好玩、探索"的品牌个性,同时提供消费群以娱乐、休闲、交流为主的内容及灵活多变的资费形式。

在品牌语言上,采用了富有叛逆的广告标语"我的地盘,听我的"及"用新奇宣泄快乐"、"动感地带,年轻人的通信自治区!"等流行时尚语言配合富有创意的广告形象,将追求独立、个性、更酷的目标消费群体的心理感受描绘得淋漓尽致,与目标消费群体产生情感共鸣。

在明星代言人的选择上,锁定了周杰伦。他以阳光、健康的形象,同时有点放荡不羁的行为,成为流行中的"酷"明星,在年轻一族中极具号召力和影响力,与动感地带"时尚、好玩、探索"的品牌特性非常契合。可以更好地回应和传达"动感地带"的品牌内涵,从而形成年轻人特有的品牌文化。

"动感地带"独特的品牌主张不仅满足了年轻人的消费需求,吻合他们的消费特点和文化,更提出了一种独特的现代生活与文化方式,突出了"动感地带"的"价值、属性、文化、个性"。将消费群体的心理情感注入品牌内涵,是"动感地带"品牌新境界的成功所在。

在产品的设计上,"动感地带"充分考虑年轻人的需求特征,不仅话费低于"全球通"和"神州行",而且提供了多款套餐服务,还有其他个性化的彩信和彩铃下载、移动 QQ、手机上网、12590 语音杂志等业务。它所宣扬的客户的"大特权"——话费节约权、手机常新权、业务任选权和联盟优惠权,吃准了年轻一族的潜在需求点。海南省"动感地带"主要套餐产品如表 5-1 所示。

表 5-1　海南省"动感地带"主要套餐产品一览表

套餐类型		资费/(元/月)	服 务 内 容
必选套餐	学生套餐	15	赠送 200 条网内短信,省内基本通话费 0.25 元/分钟
	时尚套餐	30	赠送 500 条网内短信,省内基本通话费 0.15 元/分钟
	休闲套餐	40	赠送 150 条网内短信＋200 分钟省内基本通话费＋彩铃功能费;超出后省内基本通话费 0.20 元/分钟
可选套餐	亲情号码套餐	2	可设定 3 个海南移动的手机号码为亲情号码,省内与亲情号码通话时主被叫 0.10 元/分钟。亲情号码设定后修改 1 元/次。
	2 元聊天计划	2	闲时省内基本通话:0.10 元/分钟(星期一到星期五 22:00 至次日 08:00,周六全天)
	10 元短信套餐	10	购买 200 条网内短信
	3 元 GPRS 轻松计划	3	购买 1MB GPRS 流量,超出后 0.03 元/KB
	10 元 GPRS 时尚计划	10	购买 10MB GPRS 流量,超出后 0.03 元/KB
	双彩套餐	5	送当月彩铃功能费＋20 条国内彩信(不含港澳)

根据国际著名调研机构 AC 尼尔森的调查数据显示,"动感地带"在上市不到 10 个月的时间内,用户规模就突破 1 100 万大关,它在 15～25 岁的目标受众月品牌知名度和美誉度分别达到 80％和 73％,而且还在急速飙升。数据显示,每三秒钟就会有一个新的"动感地带"用户产生。

思考与分析

1. 中国移动为什么要推出"动感地带"品牌?
2. "动感地带"的品牌定位是什么?
3. "动感地带"营销成功的原因有哪些?

5.4.1　认识服务市场定位的含义、意义和特点

1. 服务市场定位的含义

名词点击

所谓服务市场定位,是指服务企业根据市场竞争状况和自身资源条件,建立和发展差异化竞争优势,以使自己的服务在顾客心目中形成区别,并优越于竞争者服务的独特形象。当企业选择了目标市场并遇到竞争对手时,自然而然要作定位分析。比如,企业需要了解在这一细分市场上顾客心目中所期望的最好服务是什么,竞争对手所能够提供服务的程度,以及本企业提供的服务是否与顾客需求相吻合,如果顾客的期望尚未或很少被满足,那么企业应该采取怎样的措施使自己的产品达到顾客期望的水平等。

从 20 世纪 80 年代开始,定位的战略意义逐渐被一些领先的服务企业所认识,因为它给不可触摸的服务提供了一个实实在在的框架。进入 90 年代以后,定位对于服务企业的重要意义就表现得更加明显了。由于市场竞争的加剧,顾客很容易被铺天盖地的广告信息所淹没,他们要区分不同的企业所提供的服务日益困难,此时服务企业的定位宗旨就是如何使顾客比较容易地识别本企业的服务。

定位是一种战略性营销工具。据此,企业主管能够明确企业现有的位置、希望占据的市场,企业可以确定自身的市场机会,并且当竞争情况发生变化时,企业能够采取相应的措施。服务定位是服务差异化的先决条件,更是服务品牌形象确立的基础。每一种服务都会因提供者和提供标准的不同而形成一系列区别于其他产品的特征,其中有的是实质性的,有的是感觉上的。市场定位就是使这些特征在顾客心目中和市场舆论中得以强化和固化的过程。

【小问答 5-2】　服务市场定位的中心和出发点是什么?

答:服务市场定位是营销观念的具体体现,即它是以了解和分析顾客的需求心理为中心和出发点的。定位绝对不是首先要公司决定把自己以什么样的形象发布出去,或者是通过行为表现出去,而是首先从市场出发,从探求顾客的心理着手,去搞清楚他们是一个什么样的想法,再把公司或产品与服务的特色结合起来考虑。

2. 服务市场定位的意义

（1）定位能创造差异

企业通过市场细分与目标市场选择,选定了自己的目标市场。但仅是确定了目标消费

者还是远远不够的,因为企业此时还处于"一厢情愿"状态,使目标消费者购买本企业的服务才是关键。为此,企业要将其服务定位在目标消费者所偏爱的位置上,并通过一系列营销活动向消费者传达定位信息,使本企业与竞争者的差异突显于消费者面前,从而引起消费者的注意并使之感到本企业的服务就是他们所需要的。如果本企业的定位与消费者需求相吻合,则企业就在消费者心目中占据了有利位置。

我国香港报业是定位创造差别化的典型例子。香港共有报纸 60 多种,在狭小的市场空间内竞争十分激烈,而其中的佼佼者无不是通过定位战略来创造差异的。如《明报》定位于政论性;信报定位于财经、商业;《东方日报》定位于市民家居;《星岛日报》定位于社区新闻等。

(2) 定位形成竞争优势

迈克尔·波特(Michael Porter)提出,企业获得竞争优势的两个基本途径是低成本和差异化。定位可以创造出本企业区别于竞争企业的独特性,并通过定位沟通将此差异化深植于消费者的心中,从而获得较为持久的竞争优势。在这个定位时代,企业必须明确的是,关键不是对产品本身做什么,而是在消费者的心目中做什么。例如,香港报业竞争中的佼佼者无不是通过定位战略来创造差异从而形成竞争优势的。

(3) 实现定位差异化的方法——价值链分析

市场定位过程在很大程度上取决于企业有效地为顾客提供优越传递价值(Supplied or Delivered Value)的能力。优越传递价值是企业提供给顾客的全部价值减去顾客购买成本之差。其中全部顾客价值包括服务价值、产品价值、人员价值和形象价值等,全部顾客成本则包括货币价格、时间成本、能源成本和心理成本等。因此,顾客的购买决策过程实际上就是对这些成本和价值进行比较和考量的过程。

波特的价值链(Value Chain)模型有助于对优越传递价值进行分析。利用价值链分析,企业能够发现通过增加价值实现产品差异化的途径。波特认为,价值链上的活动可以分成两种类型。一种是基本活动,如内部和外部物资管理、经营、营销和服务等;另一种是支持性活动,如基础设施、人力资源管理、科技开发等。支持性活动渗透于基本活动的过程之中。如图 5-3 所示。考虑到服务行业的具体特点,可以设计出符合服务行业实际情况的价值链。比如,一家管理咨询公司的价值链如图 5-4 所示。通过价值链分析,企业将不断明白如何从价值链上的各种活动着手建立竞争优势。一方面可以通过有效地从事各项活动而获得低成本的优势;另一方面也可以通过利用独特的方式从事这些活动而获得差异化优势。应该明确的是,价值链上的各项活动并不是独立进行的,它们之间也存在着相互影响、相互作用的关系。而且,在服务企业内这些活动之间的界限更为模糊。比如,营销、经营和人力资源管理等活动之间并不存在真正的独立。因此,企业有必要根据实际情况对这些活动或职能进行协调和整合,以达到有效为顾客提供优越传递价值的目的。

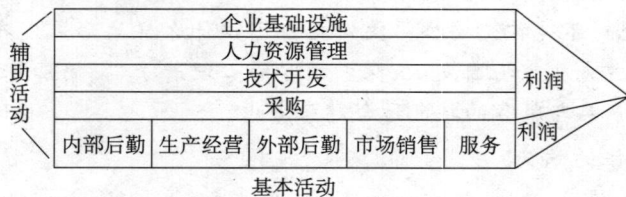

图 5-3　一般价值链

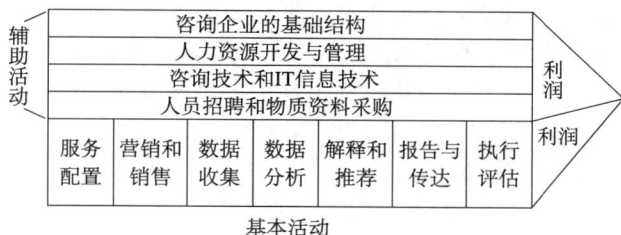

图 5-4 管理咨询企业的价值链

价值链的每个元素代表了应该彻底考察和辨别现有的和潜在的企业可以实现其成本优势或差异性优势方法的一个领域。为了获得差异性,将竞争对手的价值链加以考察是很有必要的。价值链的分析方法可在如下方面对服务企业有所帮助。

① 企业可通过价值链分析,对自己的价值链有一个清晰的认识和了解,并且可以寻找到赢得差异性或成本优势的资源,从而实现给顾客卓越的传递价值。

② 通过价值链分析,企业可以了解适合其顾客的价值链在什么地方。如果顾客是普通的制造企业,则其价值链与上文所述的普通价值链基本相同;如果顾客是服务企业,则企业应当将其价值链从一般价值链中区分出来;如果顾客是个体消费者而不是企业,则个人价值链也应被考虑在内。

③ 企业可以通过价值链分析,了解其供应商或分销商的价值链,以便更好地与之合作。

④ 企业可以了解竞争对手的价值链,并将其作为自己的竞争基准。

3. 服务市场定位与服务的特性

在本书第 1 章中,我们已经讨论了服务的基本特征,这些特征对于服务企业市场定位和选择合适的服务具有重要意义。尤其是服务的无形性、差异性和不可分离性等特征对于服务企业市场定位的意义更为重要。克里斯托弗·J. 伊斯沃德(Christopher J. Easingwood)和维贾伊·马哈詹(Vijay Mahajan)根据这三个特征提出了服务企业市场定位的不同选择。

(1) 服务的无形性

服务的无形性特征使得服务企业营销区别于生产性企业的营销,因为企业无法根据看得见、摸得着的有形产品特征来推广产品。但是,市场定位却可以使无形的服务变得有形化。它通过有形产品证据的作用而使顾客感知到无形的利益。比如,一位旅客住宿某酒店时希望酒店非常整洁,也就是说,他愿意得到"整洁"的利益。而当他走进酒店房间时看到的是一尘不染的地毯、整齐洁净的设施,连卫生间马桶的盖子上都贴着"已为您消毒"字样的便条。旅客所看到的地毯、设施和便条等有形产品证据都将促使其在心目中形成一个良好的印象,即这家酒店很整洁。采用市场定位策略也有助于顾客对其他附加在服务上的有形特征进行识别。比如,一家保险公司进行市场定位时希望顾客能够比较容易地参加投保,这时,公司会设计出详细、易懂的投保说明书并免费赠阅。

(2) 服务的异质性

服务的异质性在很大程度上取决于服务人员在服务生产过程中的作用。比如,在一家餐馆中,主要是服务员与顾客打交道,他们的表现将直接影响顾客对餐馆的服务评价。然而,他们的服务质量在不同的时间里也会有所不同,而且服务员之间的水平也参差不齐,这就使整个餐馆的服务存在很大差异。同时,提高或降低服务中任何一部分的质量都将会影响整体服务质量。比如一家被认为服务质量水平很高的酒店可能会因为个别服务人员仪表不修整而给旅客留下不好的印象。因此,企业在进行市场定位时也可以从提高服务人员素质的角度入手。麦当劳快餐店就充分认识到了这一点。该公司开办了"麦当劳汉堡包大学"对其雇员进行严格培训,从而在人员素质方面与其他快餐店形成差异化。

(3)服务还具有不可分离性的特征

正如在本书第 1 章中所指出的,由于服务本身不是一个具体的物品,而是一系列的活动或过程,所以,在服务的过程中,顾客和服务提供者必然发生联系,二者缺一不可。当服务人员向顾客提供服务的时候也正是顾客消费服务的时候,即服务的生产和消费过程同时进行,其中离不开顾客的参与。因此,企业也可以从管理顾客参与的角度实现产品的差异化。

总之,服务的上述基本特征为企业进行市场定位提供了现实依据,企业可以从多个角度实现自身产品的差异化。事实上,在本书第 1 章中我们还分析了划分服务类型的不同方法和模型。这些方法和模型也为企业市场细分提供了条件。比如,企业有可能充分地满足顾客的实际需求,但是,这种需求又是捉摸不定的,只有第一线的服务人员才能把握得住。所以,当 SAS 航空公司认识到这一点后,公司放权由服务人员自主决策。这些一线服务人员自己给自己定位,努力做到关心顾客,切实满足旅客的实际需求。

5.4.2　理解服务市场定位的原则和层次

1. 理解服务市场定位的原则

市场定位的最终目的是提供差异化的产品,使之区别和优越于竞争对手的产品,而不论这种差异化是实质性的、感觉上的,抑或是二者兼有的。虽然无形的产品即服务的差异化不如有形产品那样明显,但是,每一种服务都能让顾客感受到互不相同的特征。既然如此,服务企业在进行定位时,必须尽可能地使服务具有十分显著的特色,以最大限度地满足顾客的要求。通常,在评价差异化特征时有以下几个标准可供选择。

(1)重要性,即差异所体现的需求对顾客来说极为重要。

(2)显著性,即企业产品同竞争对手的产品之间具有明显的差异。

(3)沟通性,即这种差异能够很容易地为顾客所认识和理解。

(4)独占性,即这种差异很难被竞争对手模仿。

(5)可支付性,即目标顾客认为因产品差异而付出额外花费是值得的,从而愿意并有能力购买这种差异化产品。

(6)赢利性,即企业能够通过实行产品差异化而获得较多的利润。

每一种服务都会有一系列区别于其他服务的特征,其中有些特征可能是实质性的,另外一些则可能是感觉上的。企业在市场定位时将面临一项重要的抉择,即向目标顾客推销其服务所需要的特征数量究竟是一个还是多个。有的营销人员喜欢"强调一点而不及其余",他们认为,通过大力推广服务的某一个优点容易在顾客心目中形成市场领导者地位的形象。也有一些营销人员认为应该介绍服务的多个特点,这样能够寻找到更多的市场机会,并不易被其他竞争者跟随。不管怎样,有一点是必须强调的,即企业必须承认和接受服务在顾客心目中已有的形象和看法,如果试图否认或挑战顾客的已有认识,必然会导致失败的结局。一个成功的定位战略必须考虑到顾客对服务的已有认识,然后确定哪些服务需求在顾客心目中是十分重要的,哪些需求是竞争对手所没有或很少满足的。企业所要选择的正是那些未被满足的,并且对顾客极为重要的需求。

2. 理解服务市场定位的层次

本章前面提到的定位,均指服务企业提供的产品或服务的定位。事实上,定位有好几个层次,以前提到的只是其中之一,即"产品定位"层次,而作为一个系统的服务市场定位一般包括以下几个层次。

(1) 服务行业定位

在考虑企业位置以及产品位置之前,服务企业必须首先考虑自己所在的行业在整个服务产业中的位置。图 5-5 显示了部分服务行业的相对位置。

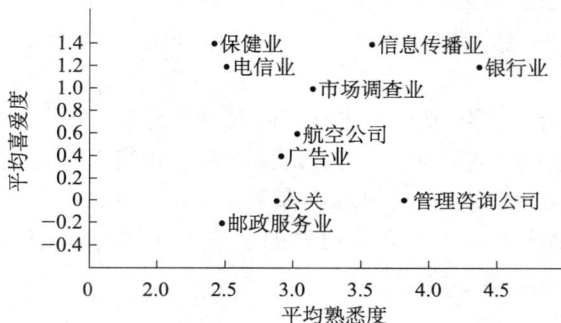

图 5-5　服务行业的定位

(2) 服务企业定位

服务企业定位与它的产品定位是相辅相成的。企业定位处于定位层次的高层,服务企业必须先定位它们的产品,然后才能在公众中树立自己良好的企业形象。而企业定位则对产品定位起着强化作用。一旦企业定位成功,获得了良好的社会声誉,则企业的产品定位也会相应得到巩固,并为企业带来长期效益。

一般而言,企业根据其自身的资源状况和市场中的竞争状况可在如下定位中进行选择。

① 市场领导者。即在行业中处于领导地位。这样的企业既是市场竞争的主导者,也是其他企业挑战、效仿或回避的对象。如零售业中的沃尔玛、快餐业中的麦当劳等。

② 市场追随者。即在市场上居于次要地位,一时不能成为行业领导者的企业。根据其追随领导者的程度可以分为紧密跟随者、距离跟随者和选择性跟随者三种定位。

③ 市场挑战者。即在同行业中虽然居于次要地位,但已发起与领导者的竞争并迅速后来居上的定位。

④ 市场补缺者。即那些在市场中某些部分实行专业化经营,以避免与重要企业发生冲突,仅为市场提供某些有效的专业化服务的企业定位。这种定位一般适用于那些实力较弱的中小企业。

企业定位的具体方法很多,例如,企业形象定位、杰出人物定位、服务特色定位、公共关系定位等。

(3) 服务定位

服务定位是将某个具体服务定位在顾客心目中,只要顾客产生了相关需求,就会自然而然地想到这种服务,从而达到先入为主的效果。服务定位是定位系统的基础,只有企业最终售出的服务在顾客心目中占据了有利的位置,企业定位才有了基础。

服务可以是有形的东西,比如饭店的各种饭菜等,也可以是无形的东西,比如理发、音乐会等。服务定位的目的就是让这些有形、无形的服务在顾客心目中留下深刻的印象,因此,产品的各个要素都要与这一定位形象相符合。按照现代观念对产品进行界定,产品是指为注意、获取、使用或消费以满足某种欲望和需要而提供给市场的一切东西。产品内涵已从有形物品扩大到服务(如美容、咨询)、人员(如体育、影视明显等)、地点(如桂林、维也纳)、组织(如保护消费者协会)和观念(如环保、公德意识)等;产品的外延也从其核心产品(基本功能)向一般产品(产品的基本形式)、期望产品(期望的产品属性和条件)、附加产品(附加利益和服务)和潜在产品(产品的未来发展)拓展,即从核心产品发展到产品五层次。为了取得有利的市场地位,企业必须围绕着产品的五个层次进行服务定位,使自己的服务与竞争对手的服务有所差异。

需要说明的是,企业并不需要在上述所有层次进行定位。比如出租车公司和饭店,只需在企业层次和个别服务层次定位就行,而且定位决策也相当简单。但对于一些规模大、开展多项业务的服务机构,上面三个层次的定位都是必要的。但是,有两点需明确:一是企业定位和个别定位必须有清晰的相关性并有内在的逻辑关联;二是品牌可以产生于产品组合层次,也可产生于个别产品层次。

5.4.3　掌握服务市场定位的步骤和工具

1. 服务市场定位的步骤

(1) 确立定位层次

采取哪一个层次的定位一般是很明确的,但有些企业会在不同的时期强调不同的层次。例如,一些英国的结算银行目前高度重视公司定位,而非产品定位。

(2) 确定关键特性

定位层次确立后,需要针对选定的细分市场确立一些重要的专门特性,尤其应当考虑影响购买决定的那些因素。每个人在对服务作出购买决定时都会采用不同的标准,购买服务的目的也可能影响评价标准,比如人们对商业保险和人身保险的评价标准是有差异的。使用服务的时间同样会影响服务选择,比如人们为工作日午餐和周六晚餐选择不同的餐馆。另外,决策单位也有关系,比如个人使用服务和集团使用服务时决策方式是不同的,家庭将比个人更重视旅店的友好态度。

顾客基于自身所感受到的不同服务机构之间的差异来作出选择,有时这种差异并非本行业最重要特性之间的差异。比如,乘飞机的旅客通常都把"安全性"作为首要选择标准,但事实上大多数航空公司提供的飞行安全性相差无几,旅客的选择实际上是基于舒适性、正点率以及飞机上提供的饮食等其他品质。因此,应当通过调查,确认决定服务选择的显著特性是什么,这将构成定位的基础。

因此,服务企业应当确认目标细分市场要求的显著特性和专门利益。重要的是了解顾客希望这些相关的显著特性带来什么利益,并设法让顾客感受到这种利益的存在。借助计算机的帮助有许多分析研究工具,可以用于确认显著特性,比如因果分析、多元相关和回归分析、差分方程分析等手段。

（3）将特性置于定位图上

在确定了最重要的特性之后,应将具备这些特性的服务企业的相对位置在定位图上显示出来。如果存在一系列重要特性,建议通过统计方式将之综合并简化为二维且能代表顾客偏好的主要选择特性。

定位图可表示竞争企业依据选择出的特性所处的市场位置,其中空白之处还暗示着企业潜在的市场机会。如果企业有多个细分市场,则可以根据顾客在不同市场上对服务和利益的不同评价做多个定位图。

定位图既可基于客观特性,也可基于主观特性。英国一家报纸在一项研究中使用的定位图就采用了平均年龄和社会阶层这两个客观变量。定位图也可将客观特性和主观特性结合起来,比如银行在进行定位研究时可分别以"最优贷款利率"和"友好服务"这两个客观主观特性作为二维的衡量指标。图 5-6 显示了通常采用的二维定位图。

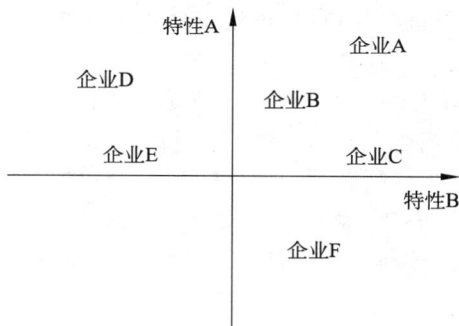

图 5-6 二维定位图

利用定位图,我们不仅可以确定竞争企业的位置,而且能够发现核心需要之所在,从而沿着满足核心需要的路径对自己进行重新定位。

（4）评价定位选项

① 可供选择的定位方式。利斯和德鲁特曾提出三种定位选项。

A. 避强定位。这是一种避强就弱、抢占市场薄弱环节的定位方法。服务企业采用这种定位方法可以避免激烈冲突并巩固当前的位置。比如一家出租车公司在全国排名第二,为了避免来自强手的打击,它把第二这个市场位置当作一项资产,其宣传用语是:"我们暂时屈居第二,所以我们会更加努力!"这样既宣传了自己,又激发了顾客的同情心和信任度,从而巩固了当前的市场位置。服务企业还可以采用确定空缺的市场位置,打击竞争对手弱点的定位方法。比如联合泽西银行是新泽西州的一家小银行,它把自己定位为"一个快速行动的银行",以便在与花旗银行等大银行竞争时,攻击其反应较慢的弱点。

B. 迎头定位。这是一种以强对强的市场定位方法。由于与强有力的竞争对手对着干,所以这种方法的风险较大,但同时也能激励企业以较高的目标要求自己,奋发向上,如麦当劳、肯德基在很多地方的竞争就是属于这种定位策略。

卓越实践 5-1	步步高的迎头定位

VCD 产业在国内短短的几年时间,造就了大批明星企业。步步高就是其中之一。

在步步高进入这一市场时,VCD 业界极红火的是"爱多"公司。该公司聘请香港功夫电影明星成龙演绎的广告,在中央电视台播出之后,成龙口中的"'爱多',好功夫!"家喻户晓。但"爱多"也是一个新企业,底子并不太厚。

因此,步步高一出来,就紧紧盯着"爱多",并模仿了其广告创意,聘请出道于北京、成名于香港的另一功夫电影明星李连杰演绎了一段"步步高功夫",台词是"步步高,真功夫!"并和"爱多"的广告一起在中央电视台播出。一时间,中央台的广告中,"功夫"不断,热闹非凡。步步高则一炮走红,大获成功。

思考与分析

1. 步步高为什么选择"迎头定位"策略?企业在什么条件下可以采取"迎头定位"策略?

2. 步步高是如何实施"迎头定位"策略的?其效果如何?

C. 重新定位。当企业产品出现滞销、市场反应迟钝等现象或第一次定位不准确时,就需要进行重新定位。重新定位往往基于以下三种情形。

a. 原有定位不能达到营销目标。此种情形或是因为传播的困难,或是因为虽有效地向目标顾客传递了企业的定位观念,但市场占有率、利润率等经营指标不理想。比如,纽约附近的长岛有一家小银行叫长岛信托公司,面临着来自纽约的花旗银行等大银行日益激烈的竞争。市场调查表明长岛信托在六家银行中按分支行数目、服务范围、服务质量、资本金等指标衡量均排名最后。为此,长岛信托把自己重新定位为"长岛人的长岛行",所有指标的排名不久就有了大幅度提高。

b. 发展新市场的需要。新的市场有不同的市场环境和不同文化、社会背景的顾客,原有定位可能变得不再合适,需重新定位。

c. 竞争的需要。企业在竞争中可能会丧失原来在某些方面的明显优势,而建立在原有优势基础上的定位无法再使企业具有竞争力,需要重新定位。

一般而言,重新定位具有一定的风险。首先,企业内部要在定位方面达成共识是比较困难的;其次,要重新获得顾客的认同也并非易事;最后,企业还可能面临资金投入的困难。

② 成功定位的原则。企业在确立自己的市场位置之后,应当努力维持或提升其相对于竞争者的市场位置。托马斯·康斯尼克(Thomas Kosnik)提出了下列成功定位必备的特征。

A. 定位必须是有意义的。定位不应是一些漂亮的宣传口号,而应当是具有实际意义的,否则企业可能陷入困境。如计算机行业的苹果公司,它一直把自己树立成一个年轻的、具有自由精神的,立志要改变世界的硅谷公司形象,这种形象在家庭和教育市场上很受欢迎,可在相对保守的企业市场上则似乎并没有得到认可。可以说,在企业市场上,苹果公司的这种定位有华而不实之嫌。所以,后来苹果公司开始在解决顾客问题方面投入了更多的关注,并在宣传中也注意强调这一点,使其定位更有实际意义。

B. 定位必须是可信的。服务企业的市场定位必须能让其目标顾客信服,而不是一厢情愿地宣传一些在其顾客看来并不可信的东西。如许多公司声称能为所有的人提供所有的服务，这显然是令人难以信服的。即使是那些行业中的领先者，也没有声称自己无所不能，而是集中于某一特定领域做一个可信任的企业。虚假夸大的、不可信任的定位往往会适得其反，给企业带来不利影响。

C. 定位必须是唯一的。企业应当在既定的目标市场上，发掘能持续地使自己保持领先地位的市场定位，差异化的方法有很多种选择，表 5-2 列出了 12 种领先方式及其内涵，即 12 种可使企业获得领先地位的定位选项，企业应当根据自己和市场的竞争状况加以选择。

表 5-2　定位方式

定 位 选 择	含　　义
市场份额领先者	最大的规模
质量领先者	最好的或最可信的产品或服务
服务领先者	最迅速地为顾客解难
技术领先者	最早发现新技术
创新领先者	在技术应用上最具创造性
灵活领先者	最具适应性
关系领先者	最致力于顾客的成功
特权领先者	最具排斥性
知识领先者	最好的功能和技术
全球领先者	在国际市场上占据最佳位置
折扣领先者	最低的价格
价值领先者	最好的价格/性能比

企业在考虑这些定位选项哪一个最为合适时，应回答下面的问题。

a. 哪一种定位最能体现企业的差异化优势？

b. 哪一种定位为主要竞争对手所占据？

c. 哪些定位对每一目标细分市场最有价值？

d. 哪些定位有众多的竞争者？

e. 哪些定位目前的竞争尚不激烈？

f. 哪些定位最适合于企业的产品和产品线定位战略？

以上关于定位选项的选择，是从顾客感知服务的角度来分析的。事实上，考虑定位的角度有多种，因为企业的位置要受到竞争群体和顾客群体的影响。企业、竞争者、顾客便构成一个定位感知网络，这个网络（见图 5-7）对企业实施营销战略的方式有深远的影响。

应当注意到，企业对自身的感知与竞争者和顾客对企业的看法经常相悖。立足于企业层次的定位必须致力于管理和宣传自己差异化的位置，以提高企业的可见度和可信度，为此企业必须不断地与顾客对话，以支持并提升其市场位置。

（5）执行定位

企业和服务的定位需要通过与顾客隐性和显性的接触传达出去，这就意味着公司的职员、政策和形象都应当传递期望中的市场定位。事实上，企业期望的位置和实际传递的位置往往不相一致。比如，英国航空公司曾标榜自己服务周到，但旅客的实际感受并非如此，为此公司需要作大规模的内部调整，其中包括职员必须真正想顾客所想，而经理对职员也要采

企业自身的感知

企业

企业对竞争者的感知　　竞争者对企业的感知　　顾客对企业的感知　　企业对顾客的感知

竞争者 ◀——— 顾客对竞争者的感知 ———▶ 顾客

竞争者自身
的感知　　　　　竞争者对顾客的感知　　　　　顾客自身
的感知

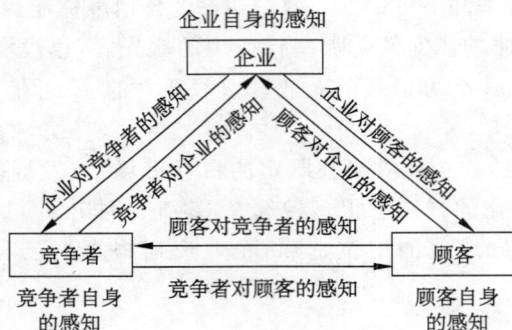

图 5-7　定位感知网络

取关怀的态度。在广告战略上,公司大胆放弃了沿用很久的"我们关心您"这一口号,转而从具体行动上体现公司的特色。可见,成功的定位取决于协调的、整体的内部和外部营销策略。

如果目标细分市场的顾客对企业提供的服务反应冷淡,那么定位就很有可能失败。反应冷淡的原因主要是企业的服务毫无特色,与竞争者相比没有明显的优势,为此企业的定位战略必须要求突出本企业服务的与众不同之处,而且这些不同之处正是顾客所看重、所渴望的。因此,企业必须经常考察其定位战略,使之不至于过时或者脱离目标顾客所需。

市场营销组合是执行定位战略的关键所在,执行定位的市场营销组合必须基于与目标细分市场相关的、关键的、突出的特性。确立这些特性应该分析竞争者的位置以发现其弱点所在。市场营销组合代表着定位的无限机会,下面我们将说明每一组合因素如何支持服务企业的定位。

① 产品。产品本身能够传递定位,比如银行发行某种新卡可以将企业定位为具有创造性。

② 价格。零售商和旅店非常清楚价格在定位中的作用。价格以及一定价格带来的服务质量的改变有助于企业进行重新定位。

③ 服务便利性和地理位置。一些银行把自己定位为更接近顾客,这有赖于技术的进步。

④ 沟通与促销。沟通与促销和定位联系十分紧密,因为正是广告等沟通与促销规划使得定位得以传达出去。定位主题或标志,比如"我们在倾听您的意见"、"全球最佳航线"等有助于强化期望的定位。

⑤ 职员。职员对定位起着关键作用。如果企业的定位是"我们会更加努力",那么它必须设法保证每个职员确确实实在为服务顾客而付出更大的努力。企业在传递定位之前,首先要培训职员以改善其服务表现。

⑥ 程序。程序对定位也是至关重要的。如果在银行或超级市场门前排起长队,再训练有素的职员也束手无策。另外,通过改革程序结构(包括提供服务的复杂性和多样性),也可以对企业进行重新定位。

⑦ 顾客服务。顾客服务对顾客感知有很大影响,因此顾客服务可用来创造竞争者难于模仿的竞争优势,即在定位中创造差异性。

知识窗 5-2　　　　　几种常见的定位失误

（1）不充分定位。这是定位本身不清或沟通得不够好的结果，购买者对品牌只有一个模糊的概念，并没有真正意识到品牌的独特之处。

（2）过分定位。企业、产品或服务的营销表现，使购买者对品牌形象的认识过于狭窄。如中国的丝绸，在西方顾客心目中是一种上流社会消费的高价商品，但由于国内企业争相出口，不断压价，使其在国外市场上成了一种便宜货，许多人反而不买了。

（3）混淆定位。由于品牌特征过多，或品牌的定位改变太过频繁，顾客会对品牌形象感到困惑。

（4）可疑定位。即购买者难以相信广告中对产品特征、价格或制造商的宣传。

2. 掌握服务市场定位的工具

定位不仅是一种思考，在实践中还需要专业性的工具使之操作具体化。我们下面介绍定位图、排比图和配比图三种定位工具。

（1）定位图

定位图是一种直观、简洁的定位分析工具，一般利用平面二维坐标图的服务识别、服务认知等状况作直观比较，以解决定位的问题。其中，坐标轴代表消费者评价服务的特征因子，图上各点则对应市场上的主要服务产品或服务企业，它们在图中的位置代表消费者对其在各关键特征因子上的表现的评估。

利用定位图进行定位通常分为两步：确定关键特征因子和确定各服务在定位图上的位置。其中，确定特征因子是编制定位图的关键。影响消费者购买特征因子的因素多种多样，企业必须通过市场调查确定那些对消费者购买决策影响最大的因素，并要注意该因素应该能够和竞争者进行比较。然后将各竞争服务或企业置于定位图，即可发现企业的定位空间。如图 5-8 所示，以 A 市餐饮业为例，说明定位图的应用，对于餐馆，消费者最关注的三项特征因子是服务、环境和价格，这是通过调查分析得来的。从图中可以看出，该市的餐饮业主要集中在两端，一是服务、环境很好，但价格同样不菲的高档酒楼；一是低档价廉的小食肆。这两类市场竞争很激烈，市场空隙很小，但从图 5-8 中我们可以看出，服务、环境优良但价格适中的市场领域却是一片空白，餐饮企业可以定位于此，获得相对广阔的市场空间。

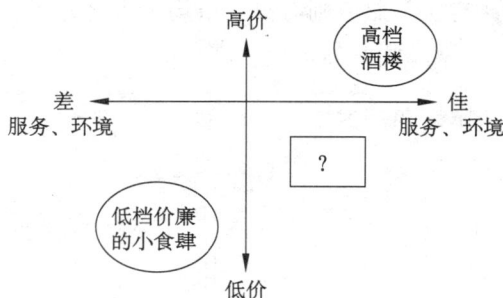

图 5-8　餐饮企业定位图

(2) 排比图

随着消费者的需求差异越来越大,同时产品同质性越来越高,对消费者购买决策产生影响的产品特征因子也越来越多,这使得营销者选择关键特征因子的难度越来越大,由双因素分析发展为多因素分析已是客观要求。而若定位图超过两维,不仅其直观性大受影响,而且也增加了分析的难度。排比图突破了这一局限性,兼顾多因素分析与直观性。所谓排比图就是将特征因子排列出来,在每一因子上分别比较各竞争服务产品或企业的表现,最后在此基础上确定定位。如图 5-9 所示,以一家管理咨询公司为例说明排比图的运用。

在图 5-9 中,描述咨询公司的 8 个特征因子的重要性由上到下不等,其中专业程度最重要,作业能力次之,资料处理能力最不重要。图中 B、P、R、A、S 代表各主要竞争对手,其中,S 公司在最关键方面——专业程度上能力最强,而且在作业能力、动员能力、主管亲和力方面实力都很强。而 A 公司则在作业能力方面最强。不难发现,前两项特征因子已是强手如林,不宜再强行进入。但从图中可以看出,在"作业知识"上,排在最前面的 R 公司也表现平平,连出众的 S 公司在此方面也很弱,因此,定位的范围就很明显了,作业知识不失为一个有价值的定位位置。

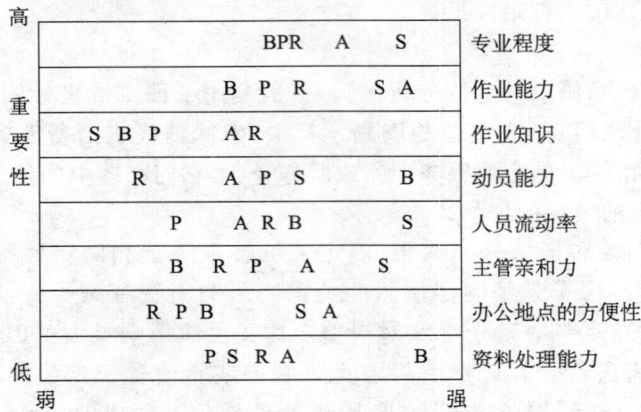

图 5-9　竞争公司强度

(3) 配比图

运用配比图比较容易发现市场空当,从而找到定位的范围。如图 5-10 所示,配比图左边列出的是竞争者及自己服务的优势与劣势,而右边则列出了经细分的消费者群对服务的各自要求。经左右配比,定位成功的服务都可以击中某一群消费者的心,如 A-G4、C-G1。至于那些定位不成功或缺乏定位的服务则游离于市场需求之外。企业要注意的是哪一群消费者的需求没有得到满足,这就意味着那是一个潜在市场。

图 5-10　定位配比图

● 实训课业

一、技能训练

（1）如果你想在大型百货商店中创建一家童装销售店铺并采取特许经营的方式进行营业，作为老板，在当前童装市场竞争日趋白热化的情况下，你认为应该怎样对童装进行市场细分、目标市场选择和市场定位？

（2）中国某城市有 ABCDE 五家饭店参加评比，通过问卷调查，顾客按照价格水平和服务水平两个主要评价要素对五个饭店的经营状况的评分见表 5-3，请根据表 5-3 数据制成企业定位图并对餐饮市场现状进行分析。

表 5-3　饭店经营状况社会评分结果一览表　　　　　　　　　　　单位：分

评价要素	A 饭店	B 饭店	C 饭店	D 饭店	E 饭店
价格水平	98	90	60	80	40
服务水平	98	90	60	45	40

（3）某城市卫生管理部门对五所医院的竞争强度的评分结果见表 5-4，请根据表 5-4 的评分结果绘制成排比图并对定位的目标进行分析。

表 5-4　医院竞争强度评分结果一览表　　　　　　　　　　　单位：分

评 价 要 素	A 医院	B 医院	C 医院	D 医院	E 医院
医生数量	98	96	90	80	70
医德水平	98	90	80	85	75
医疗和护理技术水平	95	98	80	84	82
医疗设备水平	90	96	85	75	70
病床数量	90	80	70	60	50
科研水平	70	60	50	20	40
医疗管理水平	60	65	70	40	30
后勤管理水平	40	50	30	60	20

（4）选择一家你所在城市的大型超市进行调研，分析说明它是如何进行市场细分、目标市场选择和市场定位的？

（5）选择一所你所在城市的学校进行调研，分析说明它是如何进行市场细分、目标市场选择和市场定位的？

（6）选择一所你所在城市的幼儿园进行调研，分析说明它是如何进行市场细分、目标市场选择和市场定位的？

二、实训项目

著名服务型企业服务市场细分、目标市场选择和市场定位战略的应用。

1. 实训内容

组织学生到星级酒店、宾馆等著名服务型企业中去调研，分析他们是如何进行服务市场细分、目标市场选择和市场定位的。

2. 实训目的

利用服务市场细分、目标市场选择和市场定位的理论结合企业实际分析、研究和解决企业存在的实际问题，提高学生的实践应用能力。

3. 实训要求

(1) 采取多种教学形式。一是聘请水平较高的服务型企业高级管理人员到学校做专题讲座;二是组织学生以 6 人为一组,由组长负责,利用实训课或其他时间到著名服务型企业去考察和学习。

(2) 以小组为单位座谈讨论,分工协作撰写调研报告。报告的主要内容包括:企业是如何进行服务市场细分、目标市场选择和市场定位的? 采取的措施和取得的成绩是什么? 存在的问题和原因是什么? 解决问题的可行性的对策和建议有哪些?

第 6 章

服务产品策略

本章阐释

    本章通过对服务产品策略的基本理论和实务的介绍,使学生了解服务产品的概念,掌握服务产品生命周期各个阶段的特点及企业应采取的营销策略,理解新服务的概念、服务创新的层次和新服务开发的程序,理解服务品牌的含义,明确服务品牌的管理内容。

能力目标

(1) 掌握服务产品生命周期各个阶段的特点及企业应当采取的营销策略。

(2) 明确服务品牌的管理内容。

6.1　服务产品概念

案例导入

中国平安保险的服务产品

    中国平安保险(集团)股份有限公司于 1988 年诞生于深圳蛇口,是中国第一家股份制保险企业,至今已发展成为融保险、银行、投资等金融业务为一体的整合、紧密、多元的综合金融服务集团。中国平安拥有近 54.9 万名寿险销售人员和约 20 万名正式雇员。截至 2013 年 6 月 30 日,集团总资产达人民币 3.17 万亿元,归属母公司股东权益为人民币 1 727.56 亿元。从保费收入来衡量,平安寿险为中国第二大寿险公司,平安产险为中国第二大产险公司。

    中国平安集团以保险、银行、投资三大服务产品线为支柱。其中"保险"业务中产品项目丰富,也是中国平安的金字招牌,具体包括以下内容。

    (1) 汽车保险服务:车险快速报价、车险续保。

    (2) 意外保险服务:一年期意外险、短期综合意外险、交通意外险、小微企业团体意外险、航空意外险、家庭综合保险、驾乘综合保险、平安倍保安行、慧丽关爱女性意外险。

    (3) 国内旅游险服务:自助游保险、高原游保险、户外运动保险、自驾游保险。

    (4) 境外保险服务:境外旅游保险(全球)、境外旅游保险(欧洲)、境外旅游保险(亚洲-日本除外)、境外旅游保险(港澳台地区)、境外留学保险、境外工作保险。

    (5) 健康保险服务:少儿重大疾病保险、少儿综合保险、老人健康保险、剩余健康保险。

(6) 家庭财产险服务:家庭财产保险、"家财宝"综合保障计划。

(7) 人寿保险服务:馨逸人生大病险、安康无忧医疗保险、少儿教育金。

(8) 自助保险卡服务:个人意外及家财、家庭意外及家财、高额综合意外等。

(9) 平安易贷险服务:无抵押易贷险。

中国平安保险公司完整的服务产品体系能满足客户个性化服务的需求,从传统的储蓄型、保障型产品,到非传统的分红型、投资型产品,为客户提供多元化产品服务。

资料来源:中国平安保险(集团)股份有限公司官方网站.

思考与分析

1. 保险服务产品和有形产品有何区别?

2. 试分析保险服务与餐饮服务的异同?

6.1.1 理解服务产品概念的含义

1. 产品的含义

名词点击

按照现代产品观念,产品是指为注意、获取、使用或消费以满足某种欲望和需要而提供给市场的一切东西。产品的内涵已从有形物品扩大到服务(如美容、咨询)、人员(如体育、影视明星等)、地点(如桂林、维也纳)、组织(如保护消费者协会)和观念(如环保、公德意识等);产品的外延也从其核心产品(基本功能)向一般产品(产品的基本形式)、期望产品(期望的产品属性和条件)、附加产品(附加利益和服务)和潜在产品(产品的未来发展)拓展,即从核心产品发展到产品五层次,如图 6-1 所示。

产品、服务与有形商品是具有一定区别的概念。严格地说,产品是一个大的整体的概念,而服务和有形产品则是产品范围内的两个小概念。菲利普·科特勒认为:服务产品往往依附于有形的物品,而有形产品里面也包含有服务的成分。

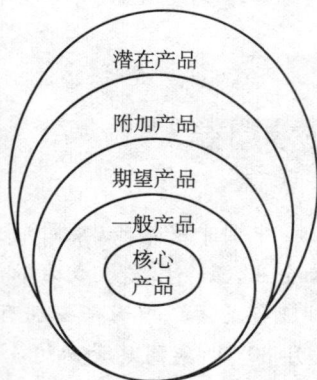

图 6-1 产品的 5 个层次

2. 服务产品的含义

名词点击

服务产品的概念有广义和狭义之分。广义的服务产品是指一切具有无形特征的却可以给人带来某种利益或满足的一系列活动,包括派生性服务产品和专业性服务产品。狭义的服务产品仅指专业性的服务产品。一般情况下,服务营销中讨论的服务产品都是指专业性服务产品。

(1) 派生性服务产品

派生性服务产品是指服务在整体产品中不占主体地位,它依附于有形产品而存在,为促进有形产品销售,无偿或有偿地向顾客提供的能增加顾客满意度的一系列活动。

（2）专业性服务产品

专业性服务产品是指一系列专门为解决顾客的有关问题或为顾客带来某种利益和满足的具有无形性的活动过程,这一活动过程在整体产品中占有主体地位。在这一过程中,可能需要有形产品(有形展示)的参与。但有形产品不占主体地位,它只是服务活动顺利进行的物质基础或条件。专业性服务产品包含三个层次:核心服务、便利服务和支持服务。

① 核心服务是企业满足目标市场需要的服务,是顾客真正购买的服务和利益,它体现了企业最基本的功能。比如,旅店提供住宿,航空公司提供运输等。当然,一个企业可以有多个核心服务。例如,一家旅店,既可以提供住宿服务,也可以提供会议服务和餐饮服务。

② 便利服务是为了使顾客能够享用核心服务,企业提供的一些附加服务和便利条件。例如,北京华联超市为了方便顾客购买,设有专门的汽车定点定线免费接送顾客的服务。

③ 支持服务是核心服务以外的供顾客能够感受或在其意识中形成的其他利益,其作用是增加服务的价值或者使企业的服务同其他竞争者的服务区别开来。支持服务并不是便利核心服务的使用,而是被企业作为差异化战略而使用的。例如,旅馆房间内供住客洗澡用的肥皂、牙膏;供住客旅游用的地图和旅游手册等。

便利服务与支持服务之间的区别有时并非十分明显。一些服务在某种场合是便利服务,在另外的场合可能是支持服务。但是,对二者加以区分是十分重要的,因为便利服务往往是义务性的、不可或缺,没有这些服务,企业的基本服务组合就会失效,是顾客最基本的期望价值,便利服务是企业提供核心服务的基本物质基础、辅助物品及有形产品和相关辅助服务。支持服务是为了增加服务的价值和竞争力。没有便利服务,核心服务不可能或不能顺利被消费;没有支持服务,核心服务仍能被消费和享受。

6.1.2　了解基本服务产品组合的内容

基本服务产品组合由一系列无形和有形的服务要素组成,并决定了顾客究竟能够从企业那里得到什么东西。基本服务产品组合包括:基本服务要素、服务形态、服务质量、服务数量、服务水平。

1. 基本服务要素

基本服务要素是指一项完整的服务应该由哪些部分构成。基本服务要素一般包括服务的主体、服务的客体和服务内容。

（1）服务的主体。服务的主体一般指的是履行服务的人,他们的经验水平、教育水平、个性特点、交际能力等都会影响到顾客对服务产品的评价。应该特别注意,在实际的服务操作过程中,一些服务项目不是由服务企业所提供的,而是由顾客自己提供的。这个时候,顾客也成为服务主体的一部分。

（2）服务的客体。服务的客体即服务的对象,一般指服务的顾客。服务的不可分离性决定了服务的生产过程与消费过程是同时进行的。这样,服务对象对服务产品的生产有着一定的影响力,它的可变性和多样性要求服务企业所提供的服务必须以客户价值为导向。

（3）服务内容。这里研究的服务一般指的都是专业性服务产品,其服务内容为:核心服务、便利服务和支持性服务。具体内容在前面已经阐述。

2. 服务形态

在基本服务组合中，各种服务要素是以不同的形态提供给市场的。针对每种服务要素进行的不同选择便构成了不同的服务形态。例如，服务产品的标准体系。对于每一项服务都应有统一的评判标准，这样才能使顾客在消费时心中有数。酒店的星级服务标准、医院的统一服务标准、每一家麦当劳快餐店或沃尔玛连锁超市的服务标准等都属于此列。

3. 服务质量

（1）服务质量的含义。根据世界标准化组织 ISO 对质量的定义：质量是反映产品或服务满足或隐含需要能力的特征和特性的总和。我们可以用下面较通俗的说法给服务质量下定义。

服务质量是产品生产的服务或服务业满足规定或潜在要求（或需要）的特征和特性的总和。特性是用来区分不同类别的产品或服务，例如，旅游有陶冶人的性情、给人愉悦的特性，旅馆具有能让消费者休息和睡觉的特性；特征则是用来区分同类服务中不同规格、档次、品味的服务，例如，飞机和轮船用舱位的等级来表示服务的规格和档次，而酒店则用星级标准来说明其服务质量的基本特征。

（2）服务质量的构成要素。服务质量由技术质量、职能质量、形象质量和真实瞬间构成，它是顾客感知质量与预期质量的差距的具体体现。①技术质量是指服务过程的产出，也就是顾客从服务过程中所得到的东西，如饭店的菜肴是否可口、旅馆的服务是否到位等；②职能质量是指服务推广过程中顾客所感受到的服务人员在履行职责时的行为、态度、着装和仪表等给顾客带来的利益和享受；③形象质量是指服务企业在社会公众心目中形成的总体印象，顾客可以从企业的资源利用、组织结构、市场运作、企业行为方式等多个侧面来认识企业形象；④真实瞬间是指在特定的时间和特定的地点，服务供应者抓住机会向客户展示其服务质量的过程。

4. 服务数量

与服务质量密切相关的是服务数量或提供给顾客的服务额度，它们是不容易设定和管理的。与服务数量有关的决策包括：服务产品中递送的服务总量，比如在旅游服务中旅客所游览的景点数量；服务产品递送的服务时效性，比如，旅客是否能在合同约定的时间内得到满意的服务；服务产品递送的服务流量，这是衡量消费者获得服务信息的强度指标。

5. 服务水平

服务水平是指顾客在获得利益质量和数量之后所做出的判断，是服务使用者对于他们所将获取的服务要素以及这类要素的构成形态的一种心理预期和期待。

从客观上来说，服务水平是对服务人员水平、服务质量水平、服务品牌战略、服务流程、服务时效、服务态度等的综合评判。但从主观上看，服务水平又表现为顾客的实际感受与其心理预期之间的差距。

【小问答 6-1】 有形产品展示和服务产品展示的主要区别是什么？

答：二者的主要区别是：①有形产品可以利用产品实体本身来对产品进行有形展示，也可以借助一些消费者看不见的抽象的、无形的联想来推广自己的产品。服务产品无法用服务产品本身和另外一些无形的联想来推广服务产品，但它可利用环境和所有用以帮助生产服务和包装服务的一切实体产品和设施来展示服务产品。②服务产品的形象在很大程度上取决于人,所以人就必须被适当地包装。

6.1.3　理解服务过程的含义

基本服务组合只是揭示出服务产品的技术层面,而服务的生产和传递过程以及顾客对这些过程的感知也是服务产品的重要组成部分,是服务产品生产和消费的全过程。服务过程包含三个要素:服务的易接近性、顾客与企业之间的交换过程和顾客参与,这些要素构成了服务的递送系统。

1. 服务的易接近性

服务的易接近性是指顾客能否较容易地了解、接触、购买和使用服务。通常,服务信息的传递过程(包括服务购买前的信息传播和搜寻过程、服务中的信息感知过程、服务后的评价过程和信息反馈过程)、服务人员的数量和技术、办公时间及其安排和顾客的数量与知识水平等决定了服务是否具备易接近性。如果一家维修公司的电话接线小姐让顾客等了很久才拿起话筒,或者她不能找到技术人员同顾客交谈有关维修的问题,那么,该公司的服务就失去了可接近性,这将严重影响顾客对其服务产品的感知。

2. 顾客与企业之间的交换过程

顾客与企业之间的交换过程,即服务生产的过程,也是服务消费的过程。在这个交换过程中,顾客与服务人员是互动的。这种互动过程可分为如下几种。

(1) 顾客与服务人员的相互沟通取决于服务人员的行为,如他们说什么、做什么以及如何说、如何做等。

(2) 顾客与企业的物质设备、技术资源之间的相互作用。

(3) 顾客与企业各个系统如等候系统、账单系统、传递系统之间的相互作用。

(4) 同一互动过程中,顾客之间的相互作用。

毫无疑问,顾客在购买服务的过程中,不仅要与服务人员打交道,还要了解和熟悉企业的经营管理制度和运作程序,有时还要使用诸如售货机、取款机之类的技术设施,而且还会与其他相关的顾客打交道。所有这些互动过程都将对顾客感知企业服务质量产生重大影响。如果顾客认为这些过程过于烦琐和复杂,或者受到不友好的对待,则他们很难会给企业的服务质量以较高的评价。

3. 顾客参与

顾客参与也是服务递送系统的一项重要内容。由于服务产品的生产和消费是同时进行的,顾客直接参与服务产品的生产过程,并影响到他们对服务产品的认知。比如,当病人去医院看病时,病人作为"服务对象"必须向医生提供正确、充分的信息,帮助医生做出正确的诊断,进而在很大程度上影响治疗效果。

根据以上论述,我们可以总结出服务递送系统的两大要素:人员和有形展示。

(1) 人员。涉及服务表现和递送的人员大致有三种类型:一是服务企业的员工,他们的态度、技能、知识和行为,对于顾客从服务消费中所获得的满足水平有极大影响。各种各样的人才涉及其中。这些企业员工,有的与顾客有所接触,有的则不接触,但他们都会对服务的形态、特色和性质产生影响。二是顾客见到的人以及见不到的人。为服务企业工作的,还有其他单位和人,包括一些"代言人",如公关代理、中间人、志愿者以及其他相关人员,当然也会影响到服务。三是不可或缺的"消费大众",包括过去、现在以及未来可能的消费人群。由于他们在服务生产过程中均有参与,会影响到"过程",同时也会相互影响。

(2) 有形展示。服务是无形的,但服务设施、服务设备、服务人员、顾客、市场信息资料、定价目录等都是有形的。这些有形物都可为无形的服务提供有形的展示,不论是顾客前来企业购买或消费服务,还是服务企业员工前去递送服务,顾客都会看到这些资源。因此,一切可传达服务特色及优点的有形组成部分都被称作有形展示。有形展示的有形产品包括建筑物、厂房、设备、工具、设施之布局陈设以及服务的实体性要素,从运输工具到标签、文件和格式等。

6.1.4　掌握服务产品组合决策的内容

服务是一种产品,但要比通常意义上的物质产品更复杂一些。因为服务有时不仅提供无形产品,还可能同时提供有形产品,这一点无论对于制造业企业,还是服务业企业,都是客观存在的。关于服务产品化,在电信、邮政、银行、保险等服务行业领域表现得尤为明显。对于制造业企业,如摩托车生产企业,其售后服务中心在为客户提供服务时,很可能会为客户提供零配件服务,而零配件就是一种有形产品;对于服务业企业,如零售业也会为客户提供用于购买的商品。可见,在很多情况下服务都是一个组合产品,如某汽车厂商针对新4S店开业推出的系列服务活动:免费检测发动机、免费洗车、免费赠送打折卡等,这是一个"打包"的服务产品。

因此,在进行服务产品规划时,考虑如何进行服务组合是非常必要的。服务产品组合是指服务企业所提供的各种不同类型的服务产品之间质的组合和量的比例。服务组合的确定就是对服务组合的宽度、长度、深度和相关性等方面进行全方位决策。

1. 服务产品组合的含义

服务产品组合由各种各样的服务产品线所构成。服务产品线是指相关联的一组服务。这些服务出自同一生产过程,或针对统一的目标市场,或在同一销售渠道里销售,或同属于一个服务档次。比如,酒店提供不同的房间在同一销售渠道里销售。服务产品组合可以从宽度、长度、深度和相关性四个方面进行分析。宽度是指一个企业提供服务的大类的多少,即服务产品线的条数。长度是指各个服务产品线长度的总和,而各个服务产品线的长度则指服务产品线中服务项目的数量。深度是指每个服务项目中包含的服务子项的品种,如酒店里双人间又分为普通双人间和豪华双人间,这样双人间的深度就是2。相关性是指各服务产品线在最终效用、提供条件、分销渠道及其他方面的关联程度。以酒店为例,由于客房服务、餐饮服务与会议服务总是很容易被客户共同利用,酒店的服务产品线具有很高的相关度。

2. 服务产品组合策略

服务产品组合策略是通过对服务企业产品线和竞争对手产品组合战略的分析,对服务产品线的宽度、长度、深度和相关性做出的决策。特别强调的是,产品线的相关性对企业的服务产品组合是非常重要的。只有保证系列服务产品之间的相关性,才更有利于集中企业的精力与资源,充分发挥企业资源的整体效应,并在相对专一的领域做出成绩。

一般有以下服务组合策略。

(1) 扩大服务组合。扩大服务组合,即拓展服务组合的宽度和加强服务组合的深度,并把这些产品推向多个不同的市场。

(2) 缩减服务组合。缩减服务组合,即面对市场不景气或原材料供应紧张,企业为了提升总利润而剔除获利能力差的服务产品线或服务项目,集中有限资源发展获利多的服务产品线或服务项目。

(3) 服务定位延伸。服务定位延伸,即全部或部分改变服务原有的市场定位,向上、向下或双向延伸服务产品线。

(4) 服务产品线现代化。服务产品线现代化,即在某些市场条件下,服务企业的服务产品线要在生产形式上或服务理念上不断创新,超过竞争对手或顾客期望,以适应竞争形势。比如为那些情绪不佳的人开设的发泄吧,就是在不断创新中推出的服务产品,不但有专业和特殊的人员服务,还有专供人发泄的各类道具。

卓越实践 6-1   吉林移动差异化服务见真功

2013 年,吉林移动积极转变"发展即新增"的惯性思维,坚持"保有也是发展"的理念,努力将企业规模优势转变为效益优势,最大限度地实现市场与客户的双赢。在这一理念的驱动下,吉林移动通过科学定位客户市场,精准服务目标客户,积极调动各个渠道环节参与整个业务发展和存量客户的保有维系,逐步将各项功能统一优化整合为新型服务平台,为客户差异而创新服务。

中高端客户是高价值、高利润的群体,只有保证中高端客户的保有率、做好专属服务才能在激烈的竞争中立于不败之地。鉴于中高端客户需求越来越高,个性化需求日益突出,吉林移动在服务手段、服务模式和针对性服务体系方面持续展开改进和创新,以求更加贴近客户需求。

通过整合自身和第三方资源,吉林移动针对中高端客户开展个性营销活动。仅在"跨越 2 000 万,大干 100 天"活动期间,吉林移动在门户网站开展的"贵宾刷积分抽奖"活动,日均参与客户就达 700 余人,日消耗积分 17 万分,其中月内消耗全部积分客户占参与客户比例达 37%。同时通过启动异业联盟活动,吉林移动将经营中高端客户价值与第三方进行优势资源互补,整合各方资源,进行客户统一包保。

在中高端服务内部管理上,吉林移动积极突出中高端的差异优势。为做好全球通VIP 客户上线、加强 VIP 客户审批管理工作,组织省公司与分公司协同开展 2013 年中高端客户关怀活动,以外呼和短信方式明确告知客户经理、电话经理及客户权益。此外,提供违章查询及水费、电费、话费查询等生活服务信息;开展全球通 VIP 大讲堂活动;与浦发银行合作开发专属理财产品等中高端客户差异化服务。

资料来源:荆小洪. 吉林移动差异化服务见真功. 中国信息产业网,2013 年 10 月 7 日.

思考与分析

1. 吉林移动的成功之处是什么?

2. 吉林移动采取的是什么服务组合策略?

6.2　服务产品的生命周期

◯ 案例导入

电信市场生命周期分析

近年来,中国电信业始终以较快的速度健康发展,但在技术进步和市场竞争的双重驱动下,中国电信业的发展也正进入一个历史性的转折期。2010年,随着三大运营商对3G终端和应用的大量投入,包括运营商、内容服务商、广告商、用户等在内的复杂的3G产业链逐渐形成。

从用户数增长来看,21世纪的前五年是中国电信用户增长的高峰期:移动电话用户已经连续五年每年新增6 000万左右,固定电话用户连续六年每年新增4 000万左右,互联网用户则连续四年每年新增2 000万左右。根据生命周期理论,在"十二五"期间,我国移动电话业务发展将进入成熟期。采取龚波兹曲线法预测,移动电话普及率在2011年将达到69.9%,移动用户将达到9.4亿。

思考与分析

1. 试分析电信产品在中国是何时进入生命周期中的导入期和成长期的?
2. 中国电信用户在21世纪迅猛增长的原因是什么?

6.2.1　理解服务产品生命周期的概念

🔍 名词点击

每一种产品都经历过从无到有、由盛到衰的演进过程。产品的市场寿命便是产品的生命周期。同样,服务产品的生命周期是指某一种服务产品从进入市场、稳步增长到逐步被市场所淘汰的过程。全面认识服务生命周期并依据不同阶段的特征制定相应的营销策略和改进方案,是促进服务快速成长、保持长盛不衰的必由之路。

典型的产品生命周期大致经历四个阶段:导入期(引入期)、成长期、成熟期和衰退期,以企业的营业额和利润,以及在变化过程中两者之间的关系来衡量产品的生命周期。

服务产品生命周期理论在很多服务市场营销中显示了充分的适用性。电信、医疗保健、租赁和户外娱乐等服务行业正处在成长的过程,而电影、手表维修和家庭服务等行业则已经发展过了其顶峰阶段。它也适用于金融服务行业、非营利组织的市场营销、艺术领域等,并在旅游和航空运输中也有一定的适用性。

根据服务产品各市场阶段在市场中的收益变化,最典型的服务产品的生命周期表现可分为四阶段的S形收益曲线,如图6-2所示。

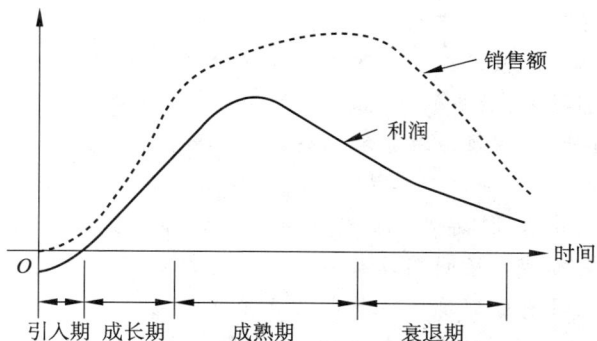

图 6-2　产品生命周期图

（1）在服务产品的引入期，顾客对该服务产品的认知度比较低，随着服务产品推广的不断深入，销售收益呈缓慢上升的趋势。

（2）在成长期，如果最初的购买者保持忠诚，新的购买者在促销和口碑的带动下尝试购买，那么服务需求就开始膨胀，生产和流通成本随销售量的增加而减少，收益快速上升，服务产品进入成长期。同时，新的竞争对手受到市场机会的吸引，将会进入市场，竞争压力逐渐增加。

（3）进入成熟期后，服务产品的销售达到了高峰，销售量的增长平稳且缓慢。

（4）到了衰退期，由于顾客消费偏好的转移、服务技术过时和竞争对手推出新产品等原因，服务产品已经明显缺乏市场的支持，销售收益急剧下降。

有关专家对很多服务产品进行研究之后，发现有许多服务产品的成长与衰退历史并不完全是依循普遍化模式，而存在一些基本模式的不同变体。常见的有：

（1）超越型：是指服务产品进入成熟期后，由于服务诉求的变化，出现了新的消费群体、服务环境、服务水平以及其他因素的变化，具有超越竞争的优势，因此能继续找到新的顾客而使生意兴隆，历久不衰。

（2）循环型：产品或服务在衰退期出现新生机而进入所谓的"第二周期"，周期性呈现出需求的高峰和低谷，但第二周期显然不如第一周期的业绩表现。

（3）流星型：服务产品在进入市场后，以其自身的、新、奇特的特点受到顾客的狂热追捧，很快迎来成熟期，又迅速衰退。

卓越实践 6-2　　　　三亚旅游地复杂的生命周期阶段特征

德国学者克里斯塔勒（W. Christaller）1963 年提出旅游地生命周期理论后，该理论迅速发展，形成了旅游地历经开始、发展、成熟、衰退四阶段模型。旅游地居民基于他们自身的成本和收益交换旅游产品和服务，因此旅游地所处的发展阶段不同，对当地居民的影响也各不相同。

2010 年海南"国际旅游岛"建设成为国家重要发展战略，三亚市旅游产业发展欣欣向荣。表现在旅游接待规模不断扩大，旅游接待能力逐年上升，旅游经济增长不断增强，对外开放程度不断加强。

根据旅游地游客数量的变化特征分析，三亚市旅游产业处于起步阶段。其特点是：游客增加十分迅速,但旅游客流季节性的波动大,淡旺季旅游客流反差明显。根据旅游地旅游宣传与营销的特征,该阶段三亚市旅游产业应处于起步阶段。表现在三亚市出台和落实的一系列关于建设国际旅游岛的相关政策,旅游设施正在建设或者进一步维护中,电视媒体广泛进行旅游宣传,针对性地对旅游相关环节推出优惠政策等。

根据旅游地接待游客数量迅速增加,超过当地居民数量;外来投资占主体并且规模大、旅游相关设施逐步完善,旅游吸引物的多样化等旅游特征,三亚市旅游产业应处于发展阶段。由客源广、客源地市场明确以及旅游地当地居民充分重视旅游业发展的状况来看,三亚市旅游产业又具有稳固阶段的特征。目前三亚市旅游者中"中间型"游客仍居于主导地位,但"自我为中心"型游客逐年递增,自驾游、自助游在2010年间上升趋势明显,随着时间的推移,三亚市将很快出现稳固阶段特征。

综上所述,选择的旅游地生命周期理论的表现特征不同,三亚市旅游产业发展所处的阶段似乎不同,呈现矛盾和冲突,即:三亚同时处于不同的生命周期阶段。究其原因,自1988年海南省建省至今,三亚市的旅游产业发展急剧膨胀,处于超常发展的过程,不具有典型的旅游产业发展的生命周期特征,或者说三亚旅游地生命周期呈复杂、交错的形态。短时间内急速发展的旅游产业,导致三亚市旅游产业生命周期特征复杂、多变、交错。

资料来源:林瑞瑞,吴明远,陈旭. 三亚旅游地生命周期阶段特征与民众幸福感研究. 现代商业,2011,11:166-168.

思考与分析

1. 服务产品的生命周期是否与有形产品的生命周期一样呢? 请举例说明你的观点。
2. 三亚旅游地生命周期阶段的特征是什么?

6.2.2 掌握服务产品不同生命周期阶段的营销策略

1. 引入期的营销策略

服务产品的生命周期开始于引入期。引入期的长短取决于顾客认识新服务并消除主观上的购买风险意识的时间。在现实的市场中,很多新开发的服务产品在投放市场以后,还没进入成长期就被淘汰了。因此,企业要针对引入期的特征和不同服务产品的特征,制定和选择不同的服务营销策略。引入期服务广告宣传的重点是建立消费者对服务产品的认知,最经济的服务推广策略是筛选最可能对新服务发生兴趣的潜在顾客,即开发早期接受型消费者,优先向他们推销,通过他们的积极反应和良好的口碑来引起市场的关注,提高服务产品的知名度,增加服务产品的销售额,缩短引入期持续的时间,这也是服务企业在引入期的主要目的。为此,可以采取和选择以下营销策略。

(1) 迅速渗透策略,即使用低价格和高促销推出新服务产品的策略,适用于市场规模大、对价格比较敏感、行业进入成本低、存在强大的潜在竞争对手的低端服务产品。

(2) 缓慢渗透策略,即使用低价格和低促销推出新服务产品的策略,适用于市场规模大、产品有较高的知名度、市场对价格敏感的服务产品。

(3) 迅速撇脂策略,即以高价格和高促销推出新服务产品的策略,一般适用于全新概念产品,消费者急于购买,行业进入成本较低。

(4) 缓慢撇脂策略,即以高价格和低促销水平推出新服务产品的策略,这类服务的市场规模有限,服务对象收入较高,对该产品有一定了解,行业进入成本较高,竞争威胁较小。

2. 成长期的营销策略

在成长期,服务企业的主要目的是尽可能维持高速的市场增长率,为此,可以采取和选择以下营销策略。

(1) 尽可能扩大服务网点数量,使顾客更容易接近服务,并通过增加服务种类,开展特色服务,改善服务态度,加强服务管理,留住老顾客,开发新顾客,提高服务质量来创造竞争优势,吸引更多的顾客,增加服务产品销售额,提高市场占有率。

(2) 服务广告的宣传重点除了扩大产品知名度外,还应加强消费者对服务产品的信任,说服消费者接受和购买。

(3) 进行新的市场细分和市场开发,开辟新的服务产品线,提高服务产品的市场覆盖率。

3. 成熟期的营销策略

延长该服务产品的成熟期和稳定市场份额的增长是企业该阶段的主要任务。为此,可以采取和选择以下营销策略。

(1) 发展服务产品的新用途,提升消费者对服务产品的满意度,使服务产品转入新的成长期。

(2) 开辟新的服务市场,提高服务产品的销售量和利润率。这包括两方面:一是对现有市场重新细分,对服务产品重新定位,找出新的目标消费者群体,即对消费市场进行纵深开发;二是将成熟的服务产品投放到全新的市场中,扩大服务产品的市场覆盖面,即服务产品市场的横向开发。

4. 衰退期的营销策略

进入衰退期以后,尽量利用原服务产品赚取最后的利润,为推出新服务产品积蓄能量是企业该阶段的主要任务,为此,可以采取和选择以下营销策略。

(1) 立即放弃策略,即彻底放弃该项服务,将回收的资源投入到更具有吸引力的市场。采取该策略可能会带来短暂损失,但抓住新的市场机会的概率大增。

(2) 逐步放弃策略,即继续经营该服务产品,只是回收资金后就不再投入,经营规模逐渐缩小。这种策略虽然避免了立即放弃的阵痛,但经营成本会越来越高。

(3) 自然淘汰策略,即继续保持原来的经营状态。这种策略虽然可能会暂时增加一些客户,但总的来说,代价很高。

服务产品生命周期是一个很重要的概念,它和服务企业制定服务产品策略以及营销策略有着直接的联系。站在服务营销的立场上,审视服务产品生命周期,不仅能给企业应对各个阶段的变化和挑战提供启示,更能帮助企业认清一些潜藏在生命周期边缘的市场机遇。此外,服务产品生命周期也是服务营销人员用来描述服务产品和服务市场运作方法的有力工具。

6.3　新服务的开发

◉案例导入

澳门威尼斯人度假村酒店创新服务模式

澳门威尼斯人度假村以威尼斯水乡为主题,酒店范围内充满威尼斯特色的拱桥、小运河及石板路。在拉斯韦加斯有其同名度假村,澳门在此基础上注入了更多中国的元素,打造成一个集酒吧、饮食、购物、住宿、娱乐于一体的度假村。

该度假村不仅提取意大利威尼斯的街道布局元素,注入运河道的线性分布,还模拟文艺复兴城市建筑风格的各种装饰线,用先进的 GRC 装饰构件,极大地提高了视觉效果,走廊打造的大面积的蓝天白云"不夜城",则是用巨型 LED 天幕覆盖。澳门威尼斯人度假村酒店提出了创新的服务模式,提供了复合功能的服务项目。具体包括:酒店(总面积 60 万平方米,39 层高,总客房数 3 000 间)、娱乐场(位于度假村一楼,面积大于 50 万平方米,设有 850 张赌桌和 4 100 台角子机,拥有世界第一的赌桌数量)、大运河购物中心(约 7 万平方米蜘蛛网状购物中心,有三段造型优美的仿威尼斯水城的人工水道和周边 350 家名品店和 20 多家食肆,人工鹅卵石街道随处可见的音乐歌剧和杂耍艺人的表演)、泳池(位于澳门威尼斯人度假村酒店的地面及五楼,设有柏岸池、天蓝池和绿意池等多个游泳池,威尼斯人池畔花园以及水力按摩浴池等设施)、健身中心(位于澳门威尼斯人度假村酒店七楼,设有散步、跑步专区,健身自行车以及举重等基本健身设施)、金光综艺馆(容纳超过 15 000 人,设有空气调节,场内并无任何支柱)、高尔夫球场(位于大运河购物中心之上的露天平台,是澳门首个设置于酒店内的迷你高尔夫球场地,总面积达 1.1 万平方米,备有 18 洞)、水疗中心(位于澳门威尼斯人度假村酒店五楼,设有多个护理疗程,多个系列)、Malo Clinic 诊所(提供口腔修复及牙科美容、预防及治疗医学、水疗、美容、美容外科、康体及维康保健)、会议中心(净使用空间约 120 000 平方米,中心共设有 6 个展览厅和 108 个相连会议厅,同时可容纳约 5 万人以及 5 000 个展位)。

资料来源:林馨怡.建筑群在建筑设计中的特质分析——以澳门"威尼斯人"为例.科技创新导报,2013(4):41.

思考与分析

1. 澳门威尼斯人度假村酒店的创新服务模式有哪些?
2. 澳门威尼斯人度假村酒店的创新服务模式对酒店的发展方向有何启示?

6.3.1　理解新服务产品的概念

由服务产品的生命周期理论可知,服务产品在市场上总是经历着一个从成长到衰退的市场发展过程。所以,服务企业要想在激烈的市场竞争中成功地发展,就必须不断地引入新产品,以适应不断变化的市场需求。按照技术特性,新服务产品或服务创新主要从以下几个方面来进行。

1. 完全创新产品

完全创新产品即采用全新的方法来满足顾客的现有需求,给他们以更多的选择。采用这种方式风险较大,但回报也很高。

2. 进入新市场的产品

进入新市场的产品即一些已有的服务在进入新的市场时,也被视为新服务产品。比如,将在一些城市已经成熟应用的公交刷卡消费引入尚未使用该方式的城市时,公交刷卡消费就是一种新的服务产品。

3. 服务拓展

服务拓展即增加现有服务品种,拓宽产品线的宽度。由于技术和营销方式已经具备,选择这种方式投资比较少,但创新效果也不会很突出。

4. 服务革新

服务革新即用新技术对现有产品的特征予以改进和提高。实质上是对核心服务以外各层次进行改善,以调整产品的期望价值、增加顾客的附加利益。

5. 形式变化

形式变化即通过改善有形展示来改变现有服务。

6.3.2　掌握新服务创新类别的分级

对于服务的供应商来说,有很多不同的方法可以创新。常见的服务创新类别有以下7种,涵盖了从主体服务创新到简单的风格改变的各个层级。

1. 主体服务创新

面对尚未确定的市场,企业为其创造新的核心服务,包括崭新的服务特征和服务流程。如联邦快递在 1971 年创导的全国范围内连夜包裹快递服务。

2. 主要的服务流程创新

使用新的服务流程提供现有的核心服务,通过新的模式提供额外的益处。如中国人民大学通过网络进行授课,使忙碌的"上班族"可以利用业余时间取得大学学位。

3. 生产线延伸

生产线延伸是企业对现有服务产品线进行拓展,为了满足现有顾客更广泛的需求或吸引不同需求的新顾客。比如,现在很多银行都开展了代售保险产品的服务,希望借此提升与现有顾客的赢利关联。

4. 流程线延伸

流程线延伸是企业提供了一种新的服务传递过程,为了增加便利性,为顾客提供不同的服务体验,吸引那些对原有服务不感兴趣的新顾客。比如苏宁电器于 2005 年推出了"苏宁易购"网上购物商城,开始了网上零售服务和实体店面销售的双渠道。

5. 附加性服务创新

附加性服务创新是为现有核心产品增加新的便利性或增强型的服务要素，或大幅革新现有的附加性服务。比如，热带雨林咖啡馆通过提供服务体验（餐厅设有水族馆、瀑布、活鹦鹉等）来增加核心产品（食品）的竞争力。

6. 服务改进

服务改进主要是对现有产品进行轻微调整变化，包括对核心产品或现有的附加性服务的改进。

7. 风格变化

风格变化是指不涉及流程或服务表现的变化，仅仅在风格上进行改变的创新。比如，一般商场经营 5 年左右都会进行"店面升级"的重新装修。

综上所述，服务创新可以在各个层面进行，并不是每一种服务创新都涉及服务产品特征或顾客体验方面的改变。

6.3.3　掌握新服务产品开发的流程

新服务产品开发是一项极其复杂的工作，从根据各种需要提出设想到正式将服务产品投放到市场为止，其中经历了许多阶段，涉及很多方面。由于各个行业之间的差别和不同服务产品技术的不同，特别是产品开发的方式不同，新产品开发经历的阶段和具体内容也不完全一样，但基本上都经历以下七个步骤。

1. 构思

对未来产品的基本轮廓架构进行构想，是新产品开发的基础和起点，可以通过许多方式产生，既可能来自企业内部，也可能来自企业外部；既可以通过正规的市场调查获得，也可以借助于非正式的渠道。

知识窗 6-1　　　　工行向赣大学生征集创新金融服务"金点子"

新华网江西频道 7 月 2 日电，本月 29 日，"工商银行杯"全国大学生银行产品创意设计大赛江西省赛区举行启动仪式。本次大赛向江西大学生征集银行产品创意设计，优秀选手可直接录用为工商银行江西省分行员工。

作为本次大赛主办方的中国工商银行是国内提供金融产品数量最多、创新能力最强的商业银行，近年，工商银行围绕客户的金融服务需求研发和推广应用了一大批具有技术知识含量、高实用性、高易用性、高附加值的新产品和新服务。截至 2011 年年末，工商银行已拥有各项产品 3 243 种，构建了跨资本市场、货币市场、保险市场的全领域产品体系。目前拥有的国家专利数量累计已达 178 项，在我国银行业全部专利数量中的占比超过 60%。

中国工商银行表示，通过此次大赛面向大学生征集银行产品创意设计方案，不仅能为大学生提供理论联系实际的社会实践机会，提高创新意识和研究能力，培养适合社会需要的创新型人才，也有利于深化银校合作，汇集社会力量推进金融创新，提升金融服务水平。

据介绍,在前两届"工商银行杯"全国大学生银行产品创意设计江西赛区大赛中,共征集到我省高校的 400 余名选手提交的近百件作品。22 件创意作品获江西赛区奖励,4 件作品获得全国优秀作品奖。中国工商银行江西分行高级财会资金专家表示,许多创意紧扣生活细节,贴近实际需求,充满时代特色,为金融产品创新提供了有益参考和启发。

资料来源:新华网江西频道,2012 年 7 月.

2. 筛选

并非所有的构思都是好的构思,并非所有好的构思都是企业可以付诸实施的。对于所获得的构思,企业还必须根据自身的资源、技术和管理水平等进行筛选。通过筛选可以较早地放弃那些不切实际的构思。

3. 服务产品概念的产生

产品概念是用顾客语言表达的精心阐述的构思。在这一阶段,经过筛选后的构思与顾客的需求相结合,转变成具体的产品概念。在这一过程中,还将该产品的特征同竞争对手的产品作一比较,了解它在顾客心目中的位置,对产品概念进行定位。

4. 商业分析

商业分析即经济效益分析,是为了解这种产品概念在商业领域的吸引力有多大及其成功与失败的可能性。具体的商业分析将包括很多内容,如推广该项服务产品所需要的人力和额外的物质资源,销售状况预测,成本和利润水平,顾客对这种创新的看法以及竞争对手的可能反应等。

5. 服务产品开发

进入具体服务产品实际开发阶段时,企业要增加对此项目的投资,招聘和培训新的人员,购买各种服务设施,建立有效的沟通系统,建立和测试构成服务产品的有形要素,构建有效的服务产品递送系统。

6. 市场试销

由于服务产品的不可感知性特征,服务企业并无实体产品可供测试,试销某些新型服务产品总是存在一些特定的困难。一般来说,通常会选择小范围试销新服务,通过顾客的感受来调整新产品的服务内容和服务项目等要素。

7. 正式推广上市

企业正式开始向市场推广新产品,新产品进入其生命周期的引入阶段。企业在新产品上市之前,必须要明确如何在适当的时间和适当的地点、采用适当的推广战略、向适当的顾客推销其新型服务产品。

卓越实践 6-3　　　　　　　　海底捞的服务创新

"人类无法阻止海底捞",这是网络上的一句玩笑话。但对于中国人来说,这话并非言过其实。而让中国消费者疯狂迷恋海底捞的原因,则在于它的"超级服务"。

等候座位时,顾客可以上网、玩牌、修指甲打发时间,孩子有专门的玩具或活动区域,有些门店还可以折千纸鹤,每一只千纸鹤可以抵0.5元用餐费……当海底捞把这些周到得有些"变态"的服务提供给中国消费者时,他们终于体会到做上帝的感觉。用餐时,顾客可以用 iPad 点餐,可以享用免费小吃,点面条就一定能观赏到海底捞特色的"捞面舞",而且还经常会有魔术、变脸等表演。服务员对顾客的照顾更是无微不至,他们会为顾客准备好眼镜布、橡皮筋、手机套等小物件帮助顾客用餐时保持干净,随时更换热毛巾和添饮料。

还有一个很有意思的案例可以证明海底捞的服务有多周到。2011年,有人在网上开玩笑,希望海底捞能提供火锅送餐服务。没过多久,海底捞真的推出了这项服务。有网友拍下了海底捞服务人员上门服务的全程照片,并发布到了网上。一时间,"地球人已经无法阻止海底捞"的说法再次铺天盖地袭来。

海底捞就是凭借它对顾客无微不至、个性化的服务而在中国众多餐饮同行中独树一帜,由一家四川本地小规模火锅店,发展成遍布全国各地的火锅连锁店。2012年海底捞75家分店收入31.27亿元,其中利润占10%,比上年同期增长了54%。

资料来源:任征兵.海底捞美国人能否阻止它?.中国连锁,2013,7:42-44.

思考与分析

1. "海底捞"的服务创新表现在哪些方面?
2. "海底捞"的服务创新对其品牌的成功推广有何重要性?

6.3.4 了解新服务产品的推广

新服务产品从被开发出来到被市场完全接受,是需要一个必要的过程的。期间潜在的目标顾客对刚刚投放市场的新产品的各方面情况还不清楚,在营销人员的引导下,开始第一次接触新服务到最终接受并采用这一服务产品的过程,也就是新服务产品的推广过程。

服务产品推广过程就是服务产品通过不断的推广努力,在目标市场上从未知到被采用的过程。一般经历以下五个阶段。

(1)知晓阶段:顾客对该新服务产品由不知道到知道的阶段,但由于缺少有关信息,还未产生兴趣。

(2)兴趣阶段:顾客开始对新服务产品发生兴趣,主动搜集某些缺失信息。

(3)评价阶段:在了解相关信息的基础上,顾客开始权衡其性能,考虑试用该服务产品时是否明智。

(4)试用阶段:顾客开始使用该新服务产品,以亲身体验和判断服务产品的价值和效用。

(5)采用阶段:顾客决定全面和经常地使用经过试用后感觉满意的服务产品。

新服务产品能够得到顺利推广,关键在于目标市场能否顺利地接受该服务产品,因此要处理好影响目标市场从认知到采用服务产品的各种因素。

6.4　服务产品的品牌

● 案例导入

中国平安保险(集团)股份有限公司新旧品牌标识对比

2009 年 1 月 1 日中国平安启用全新标识。中国三大综合金融服务集团之一中国平安此次换标非常低调。放弃使用了十几年的地球图形标识,而强化了平安的英文品牌名称,直截了当地使用 PING AN 作为标识主体,并与中文名称中国平安形成了固定的组合关系。主题色调整了之前的深绿色和橙红组合,使用了橙红色作为主色,深绿色用作点睛之笔。放弃地球标识并不意味着放弃全球战略,恰恰相反,彰显了平安更大的野心,由于平安已不是单纯的保险公司,而是涉足证券、信托、银行等综合金融领域,在品牌标识上体现这种综合性和发展进程,最好的办法就是逐渐淡化保险业的固有形象,转而建立更模糊的金融品牌! 旧品牌标识与新品牌标识如图 6-3、图 6-4 所示。

图 6-3　中国平安保险(集团)股份有限公司旧品牌标识

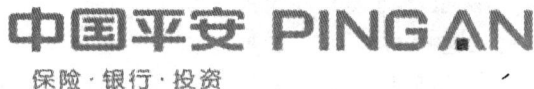

图 6-4　中国平安保险(集团)股份有限公司新品牌标识

资料来源:中国平安保险(集团)股份有限公司官方网站.

思考与分析

1. 中国平安为什么要更换标识?
2. 站在消费者的角度,您觉得中国平安的哪个品牌标识更好呢? 说说你的理由。

品牌是吸引顾客重复购买服务产品的一个主要的决定性因素。品牌的基本职能是把公司的产品和服务同其他公司区分开来,也为顾客提供有效信息来识别特定的公司及产品。在服务营销中,品牌形成企业服务特色。很多企业通过塑造自身的服务品牌,并利用品牌进行营销,取得竞争优势。例如,联想的"阳光服务"、普乐士投影机"贴心 24"等。

6.4.1　理解服务品牌的含义

名词点击

品牌的定义是:一个名字、名词、符号或设计,或是上述的总和,其目的是要使自己的产品或服务有别于其他竞争者。服务品牌是用于识别服务产品的某种特定的标志,通常由某种名称、标记、图案或其他识别符号所构成。

由于服务品牌要依附于某种特定的服务产品或服务企业而存在,它的功能已经不仅是区别于其他竞争服务产品。服务品牌首先要被顾客认识,以质量为基础,具有比较大的市场占有率。其次,服务品牌应是一种风格,是这种服务产品或服务企业的象征,是一种审美观的体现,有令人印象深刻的文化内涵,并具有强烈的个性和稳定性。顾客从中能感受到消费该品牌产品或服务带来的心理上的价值利益。

品牌是一个复杂的符号,其中的含义可分成六个层次:属性,品牌代表的是服务产品或服务企业的内涵;利益,顾客认识到某品牌服务产品的功能特征所带来的利益;价值,品牌代表服务产品或企业在顾客心中形成的价值;文化,品牌已经成为服务产品和服务企业的文化载体,使人们产生同其文化背景相应的各种联想;个性,品牌具有一定的个性形象,这种鲜明的个性形象能够强调自己与其他品牌的不同之处,加强顾客对品牌的认知,促进销售;角色,品牌具有一定的角色感,能够成为某些特定顾客群体的角色象征。

品牌含义是公司给顾客的瞬间印象以区别于其他公司。品牌含义起到展示品牌、服务概念、质量和价值的作用。公司提供的服务、服务质量以及服务的价值都将影响顾客对现有品牌的认识。因此,企业必须创造并加强服务质量以提高预期的品牌形象。

卓越实践 6-4　　　　　　　迪士尼公司的品牌专利保护

1919 年,沃尔特·迪士尼邂逅乌布·伊沃克斯,两个年轻人一拍即合,成立了伊沃克斯-迪士尼商业美术公司。沃尔特的成功源于米老鼠。沃尔特一鸣惊人——1931 年,电影艺术及科学学院的院士们把这部动画片提名竞选奥斯卡金像奖,参评类别则是专门为之设立的最佳短片奖。此后他拍摄的彩色动画片《花与树》,获得了奥斯卡金像奖的特别奖。资金困难一直是沃尔特实现宏伟理想的绊脚石。意想不到的是,一位名叫乔治·博格费尔特的纽约富商帮着解决了这个难题。他的两个孩子都是米老鼠迷,当他决定要把米老鼠及其女朋友明尼的面具作为圣诞礼物送给两个孩子时,便从迪士尼公司买下了把米老鼠和明尼的形象画在玩具、书籍和服装上的专利权。目前,迪士尼的主要业务有 5 项——影视娱乐、电视网、主题公园与游乐场、消费品、互联网与直销。

东京迪士尼乐园位于东京附近的千叶县浦安市,创建于 1983 年 4 月 15 日,占地约 200 万平方米,是世界上第一座美国境外的迪士尼主题公园。由于没有以前投资的经验可以借鉴,在海外建设主体乐园可能存在很大的投资风险,因此迪士尼公司采取了比较保守和稳重的策略:即在东京迪士尼乐园兴建的过程中,迪士尼公司并没有投入资金资本,而以迪士尼品牌专利和服务管理等无形资产投资,与日方签订了长达 45 年的专利使用合同。合同中规定日方每年支付给迪士尼公司专利使用费,数额为东京迪士尼乐园营业总额的 7%,即入场券价格的 10%和乐园消费营业额的 5%。这样看来,迪士尼公司可以获得稳定的专利费收入,而不必承担相应的投资风险,这其实是一种技术许可的投资方式。

虽然从长期投资的角度来看,迪士尼公司采取的投资方式偏重于保守,但如果考虑到这是迪士尼公司第一次在海外建园,而且西方文化与东方文化存在着巨大差异,东方文化能否接受西方文化还是个未知数,经营前景难以预测,迪士尼公司采取的投资方式是合理的。而从实际运营的结果来看,迪士尼公司在东京迪士尼乐园的海外投资项目上取得了极大的回报,截至 2010 年 3 月 31 日,迪士尼公司专利费收入累计高达 1 680 亿日元,也正是在与东京迪士尼乐园成功合作的基础上,迪士尼公司不但坚定了在海外建园的信心,而且在与其他国家建园时在有关专利费收入与投资方面有了谈判的资本。

思考与分析

1. 迪士尼公司为什么以迪士尼品牌专利和服务管理等无形资产投资?
2. 专利保护策略对于品牌管理有什么好处?

6.4.2　理解服务品牌的文化内涵

品牌既是服务产品的名称和个性特征,也是利益认知、情感属性、文化传统和个性形象等价值观念的代表。一个具有丰富文化内涵的品牌才具有持久的生命力。因此,品牌是服务产品形象和文化的象征。

1. 品牌文化的表层要素

品牌文化的表层要素是品牌文化的外在表现形式,主要包括两类,品牌名称和品牌标志。品牌名称是品牌中可以被读出声音的部分,是品牌的"视觉语言",是形成品牌概念的基础。它的独特标志能使顾客马上识别出该品牌,它的生动形象使顾客成为它的忠实用户,并在顾客头脑中产生一个深刻、形象的印象。而品牌标志则是品牌中可以被识别,但不能用语言表达出来的部分。也可以说是品牌中的图形记号,常常为某种符号、图案或其他独特的设计。品牌标志能引发品牌联想,是品牌文化的集中体现。品牌标志的动人形象使顾客产生喜爱的感觉,并进而萌发情感联系,使顾客成为品牌的忠实使用者。比如,著名的迪士尼公司富有冒险精神、正直诚实、充满童真的米老鼠标志,不仅获得儿童的热爱,也是许多成人喜欢的对象。

2. 品牌文化的内层要素

品牌文化的内层要素首先表现为利益认知,即顾客认识到某品牌产品的功能特征所带来的利益。品牌文化通过利益认知向顾客传递产品满足一定需求并在某方面具有较强满足能力的价值信息。

顾客在对品牌的认知过程中,会将品牌的利益认知转化为一定的情感上的利益,这就是品牌文化的情感属性。

品牌也代表了一种文化传统。文化传统有时会成为品牌的强大力量源泉,品牌因此而更有持久的生命力和市场优势。

品牌具有一定的个性形象,强调品牌与其他品牌的区分,无论顾客是否看到该品牌的标志和字体,都能意识到该品牌所代表的利益和形象。品牌的个性形象越突出,顾客对品牌的认知越深,该品牌在市场上将占较大优势。

6.4.3　理解服务品牌的市场效应

品牌效应就是指产品或企业所创造的品牌所产生的经济或社会等方面的影响。从社会角度讲,品牌可以提高国家在世界范围内的声誉,增强人民的民族自信心和自豪感。从经济角度讲,品牌效应是其因满足社会需要而获得的经济效果,是品牌的信誉、声望产生的影响力。

1. 磁场效应

服务企业或产品所创造的优势品牌具有很高的知名度、美誉度,必然会在现有顾客的心目中建立起较高的品牌忠诚度,使他们对服务产品反复购买并形成习惯,不容易再转向竞争对手的产品,如同被磁石吸住一般而成为企业的忠实顾客;此外,使用同类服务产品的其他顾客也会被其品牌的名声、信誉所吸引,转而购买该品牌,并逐步变为其忠实顾客。这样,品牌对顾客强大的吸引力会不断使产品的销量增加,市场覆盖面扩大,市场占有率提高,最终使品牌的地位更稳固,这就是品牌的磁场效应。

2. 扩散效应

企业的一种产品如果具有品牌优势而成为名牌产品,则会赢得顾客及社会范围内对该服务产品及企业的信任和好感。如果企业通过巧妙的宣传,将这种信任和好感由针对某种具体的服务产品转为针对品牌或企业整体,那么企业就可以充分利用这种宝贵资源推出同品牌的其他产品或进入其他领域从事经营。如果策略得当,人们对该品牌原有的信任和好感会逐步扩展到新的服务和产品上,即品牌的扩散效应或放大效应。

3. 聚合效应

知名品牌不仅可以获得较高的经济效益,而且可以使企业不断发展壮大。企业实力增强后,一方面可以将许多提供相关业务的供应商牢牢吸引在本企业周围,建立稳固的合作关系;另一方面企业可以通过入股、兼并、收购等方式控制其他企业;同时,行业中在竞争中失败的中小企业也会逐步依附于名牌企业,企业就会成长为企业集团。即品牌的聚合效应或产业聚合效应。

6.4.4　明确服务品牌的管理内容

服务品牌的实质是促使企业逐渐形成系列服务产品品牌。但是,服务产品品牌代表服务产品本身,服务产品品牌的目标是在服务细分市场中获得一定的竞争地位,服务产品品牌直接受服务产品生命周期的约束和市场竞争的影响。服务产品品牌与服务产品是形影不离的,随着服务产品的衰退、退出市场,服务产品品牌也将面临同样的挑战和考验。同时服务产品品牌直接受到该细分市场的竞争影响,竞争激烈,服务产品品牌的挑战越大,服务营销工作越艰巨。

知名度、美誉度和忠诚度构成了品牌的三个要素,服务品牌的管理实际上也要以这三个要素为基础展开活动,主要内容如下。

1. 品牌的命名

品牌的命名要遵循"五好"原则,即好听、好记、好认、好理解和好传播。

2. 品牌的定位

品牌的定位要与企业的市场定位相符合,表达一种核心理念,代表顾客的核心利益点,并有一定的形象感、人性化(如香格里拉代表优雅的世外桃源,希尔顿代表家的感觉)。

3. 品牌的传播

品牌的传播即要求利用各种工具提高品牌的知名度,并将注意力放在与顾客的沟通和建立美誉度方面。

4. 品牌危机的处理

品牌危机的处理即与顾客发生矛盾时,应该按照企业的危机管理程序冷静处理。

5. 品牌的改造

品牌的改造即当品牌发展到一定阶段时,需要通过市场营销创新、技术创新、管理创新等方面进行品牌改造,保持品牌的活力。

当服务企业创立起具有一定知名度、美誉度和忠诚度的服务品牌后,应根据市场需求变化对服务品牌进行有效的管理。

● 实训课业

一、技能训练

(1) 你平时喜欢看动画片吗?能否从产品整体概念角度研究中国动画产品?

(2) 当代很多大学生业余时间都喜欢玩网络游戏。你或你的朋友是否也曾经热衷于某一款网络游戏呢?根据你或你朋友的经历,尝试分析网络游戏产品的生命周期。

(3) 你是否去主题公园游玩过?如果没有,去当地的主题公园体验一次,并收集相关资料,结合新服务产品的概念,尝试分析主体公园新产品的形式。

(4) 仔细查询你的手机话费详单,并和其他的同学对比,分析目前电信业务研发创新产品时可以从哪些角度入手?

(5) 如果你要在学校附近开设一家美发店,你所设计的品牌是什么呢?

(6) 你所使用的电信服务是什么品牌的?尝试分析该品牌。

二、实训项目

服务产品相关理论知识的应用

1. 实训内容

组织学生到商业街学习和调研,了解和分析某一服务企业的基本服务组合、服务产品的组合策略、核心服务所处的的生命周期阶段和策略、新服务产品的开发情况以及其品牌的构成与管理情况。

2. 实训目的

根据所学的服务产品策略的理论知识分析、研究和解决企业在服务产品组合、生命周期阶段、新服务产品开发和品牌管理等方面存在的实际问题,提高学生的理论应用能力。

3. 实训要求

(1) 组织学生以 6 人为一组,由组长负责,利用实训课或其他时间到商业街去考察和学习。

(2) 以小组为单位座谈讨论,分工协作撰写调研报告。报告的主要内容包括:企业的基本服务组合概况分析;服务产品的组合策略分析;其核心服务的生命周期阶段和策略分析;服务品牌的构成和管理状况分析;存在的问题和原因是什么;解决问题的可行性的对策和建议有哪些。

第 **7** 章

服务定价策略

本章阐释

　　本章通过对服务产品定价的依据、目标、方法、策略的基本理论和实务的介绍,使学生了解服务产品定价的依据、作用,理解企业进行服务定价的目的,学会和应用服务定价的方法和策略,能从实现企业整体目标的战略角度和影响企业定价的多种复杂因素的角度,应用系统思维的方法选择定价方法和定价策略。

能力目标

　　(1)能从企业实际出发明确服务定价依据,选择正确的服务定价目标。

　　(2)能从企业实际出发选择正确的定价方法和定价策略。

7.1　服务定价依据

◎ 案例导入

中国酒店价格、出租率与顾客选择

　　2008 年年底,我国住宿机构超过 30 万家,2008 年年底星级酒店共 16 528 家。酒店行业也成为中国旅游业中的一个重要行业,因此如何确定一个科学合理的价格,不仅是企业经营的需要,是行业维持稳定的需要,也是建立诚信社会、维护社会公平和发展的需要。

　　目前,中国大城市酒店床位价格与出租率关系非常复杂,几乎看不出规律。经过分析后,二者关系可以概括为以下几种趋势。

　　其一,就高型(大都市型):星级高、房价高、出租率也高(见图 7-1)。

　　其二,就低型(一般性城市):星级越高,房价越高,出租率越低(见图 7-2)。

　　其三,双低型:顾客对某两个星级的酒店最不感兴趣(见图 7-3)。

　　其四,双高型:顾客对两个不同星级的酒店感兴趣(见图 7-4)。

　　其五,V 字型:顾客对中档的酒店最不感兴趣(见图 7-5)。

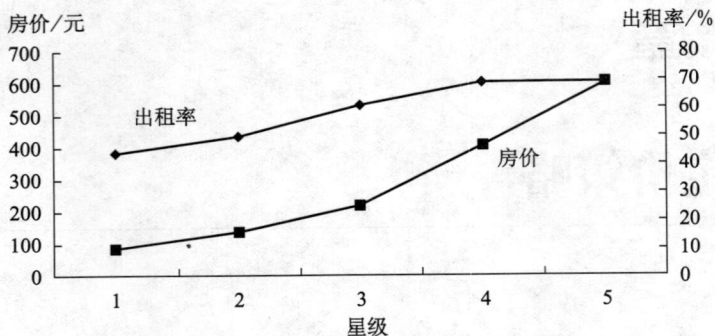

图 7-1　北京酒店星级与出租率关系

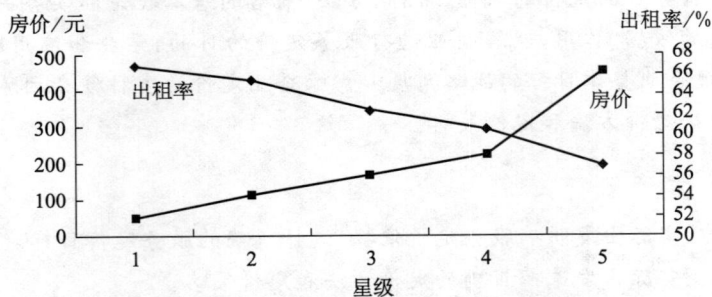

图 7-2　安徽省酒店星级与出租率关系

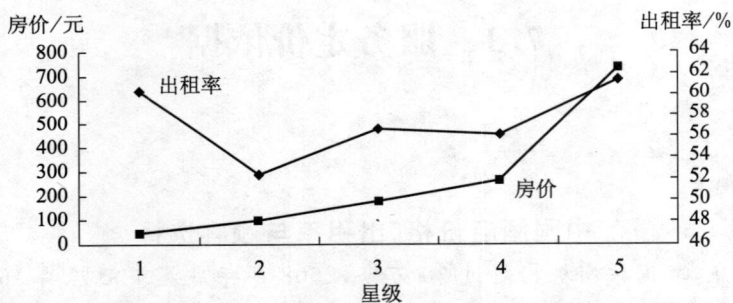

图 7-3　吉林省酒店星级与出租率关系

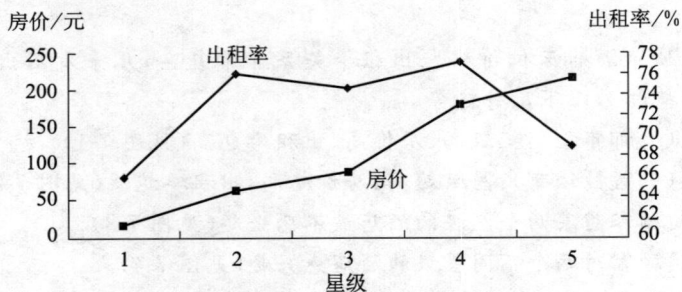

图 7-4　湖南省酒店星级与出租率关系

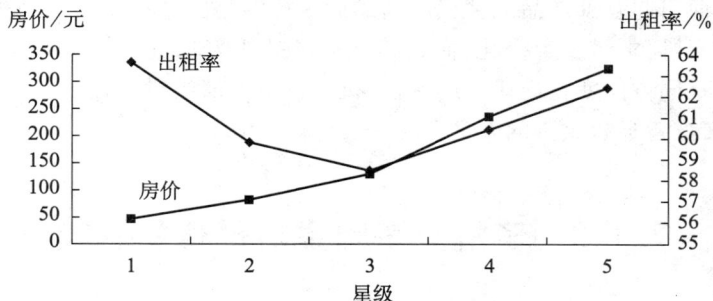

图 7-5　甘肃省酒店星级与出租率关系

资料来源：刘啸．旅游酒店床位定价的黄金分割模式．太原师范学院学报（社会科学版），2012，3：60-63．

思考与分析

1. 根据酒店价格与出租率的关系分析，消费者更乐意选择什么价位的床位？
2. 对于服务行业来说，影响服务产品定价的因素有哪些？

7.1.1　了解成本因素对价格的影响

服务产品的价格至少要能弥补相应的成本和费用，企业才能持续经营。因此，成本因素在定价决策中可以作为一个基准。服务产品成本是由服务产品的生产过程和消费过程所花费的物质消耗和支付的劳动报酬所形成的。服务产品的成本一般分为三种：固定成本、变动成本、准变动成本。固定成本是指不随服务产出变化而变化的成本，在一定时期内表现为固定的量。例如服务设施、服务人员的工资、办公设备和建筑物等。变动成本是指随服务产出变化而变化的成本，如电费、运输费、非正式员工工资等。准变动成本是介于固定成本和变动成本之间的那部分成本，同顾客和服务产品的数量多少有关。例如，在节假日正常营业的大型购物商场的服务人员的加班费就属于准变动成本。在产出水平一定的情况下，服务产品的总成本等于固定成本、变动成本、准变动成本之和。

7.1.2　了解需求因素对价格的影响

一般来说，服务产品的最低价格取决于成本费用，而最高价格则取决于其市场的需求状况。服务业公司在制定价格策略目标，并考虑需求因素的影响时，通常使用价格需求弹性法来分析。需求的价格弹性是指因价格变动而相应引起的需求变动比率，反映了需求变动对价格变动的敏感程度。价格需求弹性通常用弹性系数来表示。该系数是服务需求量变化的百分比同其价格变化百分比之比值。如果价格上升而需求量下降，则价格弹性为负值；如果价格上升需求量也上升，则价格弹性为正值。

企业在制定服务产品价格的时候，也应考虑到产品之间的交叉弹性。交叉弹性是指一种产品价格变动而引起互补产品或替代产品的需求量的相应变动率。当一种产品价格发生变化时，不仅该产品需求量发生变化，而且其互补产品的需求量呈相反方向变化规律，其替代产品的需求量呈同方向变化规律。例如，飞机票价格上涨的时候，乘坐火车或长途汽车的人便会增多，那么准备远程旅游的人又会减少。

7.1.3　了解竞争因素对价格的影响

服务产品的最低价格取决于成本费用，最高价格则取决于其市场的需求状况。那么，在上限与下限之间，企业把这种服务价格定多高，则取决于竞争者提供的同种服务产品的价格水平。

服务的无形性迫使顾客在消费时使用各种各样的参照物，其中竞争者的同类服务就是最佳的参照物之一。服务的同质性使这种参照更容易导致激烈的价格竞争。在产品差异性较小、市场竞争激烈的情况下，企业制定的价格也比较低。凡是服务产品之间区别很小而且竞争较强的市场，都可以制定相当一致的价格。此外，在某些市场背景之下，传统和惯例可能影响到定价（如广告代理的佣金制度）。

7.1.4　了解政策因素对价格的影响

现代市场经济的一个重要特征就是国家的宏观调控，政府可以通过行政法规、法律、经济的手段对企业定价及社会整体物价水平进行调解和控制。因此，企业在对服务产品定价时，必须遵守政府的政策、法规等。

7.1.5　了解服务业特征对价格的影响

服务业特征对服务产品的定价有着很大的影响。具体而言，服务业的特征表现为以下几点。

1. 服务的无形性特征

对于有形产品而言，生产成本与价格之间的关系十分明显，但服务的无形性特征则使得服务产品的定价远比有形产品的定价更为困难。因为顾客在消费服务产品时，由于服务产品具有无形性，顾客在购买服务产品之前是看不到、听不到、尝不到、摸不到、闻不到的，对产品只有一个抽象的概念，难以对服务产品形成一个准确的质量价值认识。

一般情况下，第一次购买某种服务的顾客甚至不知道产品里面到底包含什么内容，再加上很多服务产品是按各类顾客的不同要求，对服务内容作适当的增减，使得顾客只能猜测服务产品的大概特色，然后同价格进行比较。这种例子在管理咨询、医疗和美容行业比比皆是。

另外，很多顾客为了减少消费的不确定性，会凭借服务环境、服务人员、服务设备、企业宣传资料和企业标志等实体要素,来判断服务产品价格合理与否。从而在心目中形成一个模糊的价值概念,他们将这个价值同企业确定的价格进行比较,判断是否物有所值。因此,所含实物成分越低的服务企业,在制定价格时就越需要更多地考虑顾客对该产品的心理评价,这就加大了服务企业的定价难度。

2. 服务的不可储存性及需求波动性,产生了不同时期有差别的服务产品价格

服务具有易逝性、不可储存性,导致服务的供求始终难以平衡。比如,理发、外科手术、酒店住宿、旅游、现场文艺晚会以及其他任何服务,都无法在某一年生产并储存,然后在下一年进行销售或消费。那么,当供大于求时,服务企业可能会更多地使用优惠价及降价等促销方式,以充分利用剩余的生产能力,从而使边际定价策略得到了普遍应用。例如在旅游淡季,酒店客房和航空公司实行折扣价、提供更多的服务内容等,以吸引更多的客人。

3. 顾客往往可以推迟消费某些服务,甚至可以自己来实现某些服务的内容

近几年,在旅游市场很流行的自驾游、自助游,便属于由顾客自己实现服务内容的例子。这样旅行突破了团体的束缚,满足了现代人对自由和闲适的渴望。类似的情况往往导致服务卖主之间更激烈的竞争。当然这也可能提高某些市场短期价格的稳定程度。

4. 服务的差异性

差异性是指服务无法像有形产品那样实现标准化,每次服务带给顾客的效用、顾客感知的服务质量都可能存在差异。所以,不同的"服务质量"其定价也不一样。市场竞争状况直接影响着企业定价。如果服务是同质的(如洗车业、干洗业服务等),那么各服务企业在所允许范围内的价格竞争会异常激烈。相反,越是独特的服务产品,企业越具有定价的主动权。

5. 服务与服务提供者的不可分离性

服务具有不可分离性的特点,即服务的生产过程与消费过程同时进行,也就是说,服务人员向顾客提供服务时,也正是顾客消费服务的时刻,二者在时间上不可分离。例如,只有在顾客在场时,理发师才能完成理发的服务过程。正因如此,每一次服务的质量价格比都不相同。服务产品的质量很难以一个固定的标准来衡量。

卓越实践 7-1　　　福厦到香港机票可低至 7 元,航空公司打价格战

春秋航空再次点燃低价票导火索,福州、厦门到香港航线,票价低至 7 元。记者昨日了解到,下周日,春秋航空在执行完最后一个香港到厦门航线后,将退出我省至香港航线,近日春秋航空在该航线的最后几个航班上推出大量低价机票,部分代售机构甚至报出 7 元的票价。受此影响,传统航空公司也"撑不住了",纷纷降价,福州、厦门至香港的航班近期推出大量低至 200 元左右的机票。

记者从春秋航空公司了解到,从本月 23 日起,春秋航空直飞的厦门至香港航线即将停飞,此前,该航班一直保持了内地前往香港最低平均票价的纪录。而从本周起至停飞前,春秋航空在厦门前往香港的航线上推出了大量特价票,截至昨晚记者发稿时,绝大多数日期还有大量 9 元机票,如果加上税费,单程的票价为 271 元。而部分代售机构甚至推

出 7 元的特价票,单程含税费总价为 269 元。

值得注意的是,在春秋宣布要退出我省至香港航线后,多家传统航空公司一度在该航线上小幅涨价,而抵不过春秋航空的"价格战",近日福州和厦门前往香港的机票价格也有所松动。以中秋节前的价格为例,港龙航空从福州往返香港的机票价格保持在 700 元左右,而东方航空、香港航空从福州往返香港的票价也维持在 750 元左右。此外,厦门航空从厦门往返香港的票价也维持在 500 元左右。多家航空公司表示,虽然春秋航空退出,但是香港航线依然是福州和厦门竞争最激烈的境外航线之一,因此在"十一"长假后,预计这样的低价还将维持一段时间。

资料来源:杨阳. 东南网-海峡都市报,2013 年 9 月 14 日.

思考与分析

1. 航空票价的频繁波动是什么原因导致的?
2. 在上述案例中可以看出哪些因素对于航空票价影响最大?

7.2 服务定价目标

● 案例导入

健身房的定价目标

健身俱乐部的发展推动了我国体育社会化、产业化的发展,对大众健身运动起到了很好的普及与推动作用。健身俱乐部所提供的服务产品有别于一般的实物产品,同样也有别于一般的服务产品,具有自己独有的特点。而价格是消费者感受健身俱乐部健身最直接的切入点,直接影响到消费者对俱乐部的主观感受,进而影响到消费者对健身俱乐部的接受程度,从而影响到健身俱乐部经济效益的获取。

健身俱乐部的定价与所提供体育健身服务产品的质量、消费者意愿及市场竞争有直接关系。检验体育服务产品的定价是否合理,重要的是看价格与体育服务产品质量是否相符。在进行定价时,首先要根据自身情况,把握所面向消费者群体的状况,结合市场竞争情况,明确定价目标。目前现有健身房的定价目标有:

1. 以利润最大化为定价目标的健身房的特点

价格提高,需求递减。单纯高价会使消费者的数量趋于减少;单纯低价虽可以增加消费者的数量,但由于健身俱乐部同时可容纳总量有限,低价营销也不能带来总利润的增长。

2. 以取得一定的投资报酬率为定价目标的健身房的特点

不适用于中小型健身俱乐部,只适用于在区域市场占主导地位、规模大、经营管理水平高、竞争力强的高档次健身俱乐部。

3. 以扩大和维持市场占有率为定价目标的健身房的特点

实行连锁经营是扩大市场占有率的主要手段,对于有实力的健身俱乐部可以在一定时间内实行产品低价,将竞争对手挤出市场或防止竞争对手介入,以维持或扩大市场占有率目标。

4. 以稳定价格为定价目标的健身房的特点

稳定价格往往由健身俱乐部行业中拥有较丰富资源的大型健身俱乐部制定。同地区其他健身俱乐部保持一定的比例。价格在几年内处于一个基本稳定的水平。

5. 以树立企业形象为定价目标的健身房的特点

连锁经营越来越成为大型健身俱乐部树立品牌形象、发挥优势,赢得商战先机的有效手段。

资料来源:张雪飞,刘建刚,王奎修. 健身俱乐部定价策略研究. 聊城大学学报(自然科学版),2009,10:76-79.

思考与分析

1. 通过上述案例归纳健身房定价的目标有哪几类?

2. 健身房是否还可能存在其他的定价目标?

任何企业在为其产品定价时,首先必须确定其定价的目标。定价目标是指企业通过对特定水平的价格的判定和调整所要达到的预期目的。不同的企业、不同的产品、不同的市场有不同的营销目标,因而也就需要采取不同的定价策略。

7.2.1　了解服务定价的作用

商品的价值用货币表现出来,就是价格,价格是商品价值的货币表现,是商品同货币交换的比例指数。服务业企业通过确定服务的价格,向市场传递企业的服务理想和服务价值,以此塑造服务产品在市场消费群体中的忠诚度和影响力。

1. 服务定价水平的高低影响消费者的市场选择行为

每一个消费者都希望用自己的购买力换取至少等值的服务效用。对于服务这种特殊的产品来说,顾客的价值判断要在获得服务好处和满意的综合感受之后才能做出。所以,更多的消费决策是在对价格信息的感受基础上直接做出的。

2. 服务定价是营销竞争的重要手段

根据消费者需求曲线,在其他条件不变的情况下,产品的价格与消费者需求成反比。也就是说,当价格越低时,消费者的需求表现为增大的趋势;反之,消费者的需求越小。适时地调节服务价格,是企业参与市场竞争的手段之一。但是,这种价格竞争策略是一把"双刃剑",一定要谨慎使用。

3. 服务定价直接影响企业营销目标的实现

合理地制定价格,有利于企业降低服务产品成本,提高服务质量,促进企业主动地适应消费者的需求,适应市场竞争,提高经济效益,实现企业营销目标。

7.2.2   理解服务企业的定价目标

一般而言,定价目标有两类:利润导向目标和数量导向目标。

1. 三种利润导向目标

(1) 利润最大化目标。利润最大化目标,指的是企业希望获取最大限度的销售利润或投资收益。一般服务企业在推出一项创新服务的最初阶段,常采用通过制定高价格来达到利润最大化的目标,能让企业在短期内收回投资,并在竞争中取得较大的价格空间。但这种通过制定较高价格来追求利润最大化的行为一般都是短期的。在实际市场经营中,很少存在高价垄断能维持很长时间的例子。

(2) 投资回报目标。投资回报目标,就是一个企业把它的预期收益水平规定为投资额的一定百分比,即投资收益率或投资回报率。定价是在成本的基础上加入了预期收益。这样企业要事先估算,服务定什么样的价格,每年销售多少,多长时间才能达到预期利润水平。预期收益率一般都高于银行利率。

(3) 适当利润目标。企业为了保全自己、减少风险,或者因为自身力量不足,对服务产品的定价以足够保证获取一个适当的利润作为定价目标。比如,按成本加成法决定价格,就可以使企业投资得到适当的收益。"适当"的水平则随产量、投资者的要求和市场可接受程度等因素的变化而有所变化。这种定价目标是绝大多数企业在正常情况下所追求的目标,在确定定价目标时,应注意对适当利润率的确定。

2. 两种数量导向目标

(1) 销售最大化目标。销售最大化目标指增加服务的销量,从而争取最大的销售收入;保持或扩大市场占有率来保证企业的生存。采用此种目标的企业可大可小,每个企业对本企业在市场中所占有的份额是容易掌握的,因而以此作为保持或增加份额的定价目标和依据是比较可行的。

(2) 适应竞争、争取尽可能多的顾客数量的目标。在市场竞争日益激烈的市场形式下,不管是市场领先者还是市场跟随者,大多数企业对竞争者价格都很敏感,定价以前更是多方搜集信息,把自己服务的质量、特点与竞争者的服务进行比较,然后制定价格策略,争取尽可能多的顾客数量。

这些只是一些常用的,还不是全部的定价目标。定价决策取决于许多因素,例如服务定位、企业目标、竞争状态、需求弹性、成本结构、服务能力、服务的生命周期等等。其中成本、需求和竞争三个因素需要更多的精心考虑。

【小问答 7-1】   对于新开业的小型美容院或者美发店而言,其定价目标是什么呢?

答:一般而言定价目标有两类:利润导向目标和数量导向目标。其中利润导向目标有:利润最大化目标、投资回报目标和适当利润目标;而数量导向目标包括:销售最大化目标和适应竞争、争取尽可能多的顾客数量的目标。

定价决策取决于许多因素,例如服务定位、企业目标、竞争状态、需求弹性、成本结构、服务能力、服务生命周期等。其中成本、需求和竞争三个因素需要更多的精心考虑。

对于新开业的小型美容院或者美发店而言,由于其自身实力和面对的市场需求与竞争环境可能是多种多样的,因此,上述各种不同的定价目标都有可能被不同的小型美容院或美发店所采用。

7.3 服务定价方法

● **案例导入**

门票价初步定价 320 元,畅游上海迪士尼最少要花 600 元

预计于 2014 年落成的上海迪士尼主题乐园,成为近期上海经济最新的兴奋点和争议中心。这项预计总投资将超过 500 亿元的巨无霸,是上海迄今最大的政府投资项目。"落户上海是迪士尼历史上的又一个里程碑。"11 月 3 日,迪士尼公司英文官方网站上刊登了迪士尼公司首席执行官罗伯特伊格尔的声明,对上海市场这块"大蛋糕"所表现出的极大热忱和期望可见一斑。

"大型主题公园的成功一定是在主题公园本身的经营、周边配套设施的运营、品牌与知识产权的运作这三个层次中有所作为、有所创造的。"赵抗卫解释,园区经营收入是主题公园最基本的收入来源,主要由门票、服务销售、赞助费收入等几项构成。迪士尼方面预测,在园区经营收入中,门票收入占 50%,食品和饮料占 24.5%,商品 24.5%,其他收入为 1%。门票收入在园区经营收入中的地位可见一斑。

"此次上海迪士尼的门票价格初步定价为 320 元。"上海财经大学教授何建民告诉《中国新闻周刊》。何建民是国内最早的旅游经济学者,今年 2 月,他曾作为唯一一名旅游专家,参与了上海迪士尼项目的评审,并签署了保密协议。根据瑞士银行(UBS)世界区域经济调查机构公布的数据,截至 2007 年 3 月,按购买力平价估算,上海的人均国民收入已经达到 27 734 美元,位居内地第一,"所以这个定价是合理科学的。"何建民说。而 2002 年上海迪士尼项目谈判重启时,美方通过当时的市场调查,认为门票适当的定位在 220 元。何建民估算,门票收入再加上购物消费,饮料、交通费用等,入园一次,游客人均花费会在 600 元左右。

资料来源:天山网综合报道,2011 年 4 月 11 日.

思考与分析

1. 上海迪士尼主题乐园门票的定价方法是什么?
2. 上海迪士尼主题乐园门票定价方法的依据是什么?

在服务企业的实际经营中,可供选择的定价方法有很多。由于企业所处行业、经营的产品、企业自身实力等因素的不同,不同企业所确定的定价方法也不尽相同。下面介绍几种在实践中最常用的定价方法。

7.3.1　掌握成本导向定价法

名词点击

成本导向定价法是指企业以服务的成本作为定价的依据。根据服务成本的形态以及在此基础上的核算方法的不同,成本导向定价法可以分为成本加成定价法、投资报酬率定价法、边际成本定价法及盈亏平衡定价法等。

1. 成本加成定价法

成本加成定价法是指在单位服务的成本中加入一定比例的利润作为服务的销售价格的定价方法。在正常的情况下,采用成本加成定价法可以使服务企业获得预期的赢利,但当企业处于激烈的市场竞争环境中,或是企业的服务组合比较复杂的时候,则由于缺乏对市场变化的适应性和对供求变化的灵活性而不适合采用这种方法。在有形产品性较强的领域如餐饮、零售等行业中,成本加成定价法比较常见。

2. 投资报酬率定价法

投资报酬率定价法又称目标收益定价法,是指根据企业的投资总额、预期销量和投资回收期等因素,在成本中加入预期的投资回报率来确定价格的方法。

以上两种方法很少考虑到市场竞争和需求的实际情况,只是从保证企业利益出发制定价格。另外,先确定服务的销量,再计算价格的做法完全颠倒了价格与销量的因果关系,实际上很难行得通。但如果在科学预测价格、销量、成本和利润四要素的基础上,以上两种方法还是具有一定的可行性。

3. 边际成本定价法

边际成本是指每增加或减少单位产品所引起的总成本的变化量。由于边际成本与变动成本比较接近,而变动成本的计算更加容易一些。所以,在实际的定价过程中,多使用变动成本代替边际成本,而边际成本定价法也称为变动成本定价法。

这种方法是把单位服务变动成本和可接受价格的最低界限作为定价依据的定价方法。在价格高于变动成本的情况下,企业出售服务的收入除完全补偿变动成本外,尚可用来补偿一部分固定成本,甚至可能提供利润。按照变动成本定价,只要企业产品的变动成本低于市场价格,企业每提供的一件服务产品都会产生边际贡献,都可以用来弥补已支出的固定成本,即使弥补后仍然出现亏损,企业的服务活动仍然有意义。

4. 盈亏平衡定价法

在销量既定的条件下,企业所销售服务产品的价格必须达到一定的水平才能做到盈亏平衡、收支相抵。既定的销量就称为盈亏平衡点,这种制定价格的方法就是盈亏平衡定价法。采用盈亏平衡定价法的前提是科学地预测销量和已知固定成本、变动成本。

以盈亏平衡点确定价格只能使企业的生产耗费得以补偿,而不能得到收益。因此,实际上通常将盈亏平衡点价格作为价格的最低限度,再加上单位产品目标利润后才作为最终的市场价格。为了开展价格竞争或应对供过于求的市场价格格局,企业常采用这种定价方法获得市场的主动权。

卓越实践 7-2　　　　迫于成本压力,肯德基产品价格再次上涨

　　基于成本的不断上涨,肯德基于 10 月底开始上调部分产品价格,此次调价主要针对饮料和涉及鸡肉的产品。同时,肯德基方面表示,将在中国市场内启动细分差别定价策略,分区域、分时间、分餐厅调整产品价格。

　　据《北京晨报》消息,2011 年肯德基成本持续上涨,2 月份以来鸡肉原料成本上涨近 15%。经审慎评估与综合考量后,肯德基决定酌情调整产品价格。以北京国展附近的一家肯德基餐厅为例,早餐的"火腿蛋堡＋咖啡"从 7 元涨到 8 元,黑椒嫩牛饭从 19 元涨到 21 元,多款饮料价格单品涨幅 0.5 元。

　　不过,《新京报》消息称,目前提价并未影响优惠券的使用。在有效期内,肯德基派发的优惠券仍按照其标价使用。此外,肯德基宅急送暂时未提价。

　　这是本年度肯德基的第三次提高产品价格。2011 年 1 月底,肯德基宣布从 1 月 31 日开始对中国部分产品进行提价,单项产品涨幅在 1 元左右。2011 年 9 月底,肯德基所属百胜餐饮集团表示为应对成本上涨压力,上调部分产品价格。

资料来源:上官兰雪. 肯德基再提价,同城不同价. 南方周末,2011 年 10 月.

思考与分析

1. 肯德基产品价格上涨的原因是什么?
2. 肯德基产品的定价方法是什么?

7.3.2　掌握需求导向定价法

名词点击

　　需求导向定价法又称顾客导向定价法、市场导向定价法,是以顾客的需求为中心,看重的是他们的态度和行为,服务的质量和成本则为配合价格而做相应的调整。这种方法的最大特点是灵活有效地运用价格差异,使平均成本相同的不同服务的价格,随市场需求的变化而变化,不与成本因素发生直接关系。此外,运用此法还可以为了获取最大利益,而对于不同的顾客索要不同的价格。但使用该定价法,需要先进行市场细分化,然后,再根据各细分市场的成本、需求和利润目标来确定各细分市场的服务价格。需求导向定价法主要包括:理解价值定价法、需求差异定价法和逆向定价法。

　　1. 理解价值定价法

　　理解价值又称感知价值、认知价值,是指顾客在观念上所理解的价值,而不是产品的实际价值。理解价值定价法是指企业以顾客对服务价值的理解度为定价依据,运用各种营销策划和手段,影响顾客对其服务的认识,使之形成对企业本身有利的价值观念,再根据服务在顾客心目中的价值来定价的方法。一般来说,企业通过广泛的市场调研,了解顾客的需求偏好,根据服务的性能、用途、质量、品牌等要素,判定顾客对服务的理解价值,有意识地将实际售价在感知价值基础上上下波动,有利于增加市场销量,扩大市场占有率。

2. 需求差异定价法

需求差异定价法通常对同一服务在同一市场上制定两个或两个以上的价格,或使不同服务价格之间的差额大于其成本之间的差额。其好处是可以使企业定价最大限度地符合市场需求,促进服务销售,有利于企业获取最佳的经济效益。由于需求差异定价法针对不同需求采用了不同的价格,实现顾客的不同的满足感,能够为企业谋取更多的利润。因此,在实际的生产经营中得到了广泛的运用。

3. 逆向定价法

逆向定价法主要不是考虑服务的成本,而是重点考虑需求状况。依据在市场上顾客可以接受的最终销售价格,逆向推算出中间商的批发价和生产企业的出厂价格。逆向定价法的特点是,价格能反映市场需求情况,有利于加强与中间商的良好关系,保证中间商的正常利润,市场产品迅速向市场渗透,并根据市场供求情况及时调整,定价比较灵活。

7.3.3　掌握竞争导向定价法

名词点击

在竞争十分激烈的市场上,企业通过研究同行业竞争对手的生产条件、服务状况、价格水平等因素,依据自身的竞争实力,参考成本和供求状况,制定高于竞争对手或低于竞争对手的价格。这就是竞争导向定价法。这种方法的特点是价格和服务成本不发生直接的关系,只要竞争者价格不动,既使成本或需求发生变动,价格也不变动;反之亦然。

1. 随行就市定价法

随行就市定价法也称参考行业定价法,以此种服务的市场通行价格作为本企业的价格,获得平均报酬。在垄断竞争和完全竞争的市场结构条件下,任何一家企业都无法凭借自己的实力在市场上取得绝对的优势,为了避免竞争,特别是价格竞争带来的损失,大多数企业都会采用随行就市定价法。这种定价方法的优点是:市场平均价格比较容易被消费者接受;避免竞争者之间发生激烈的价格竞争,有利于行业协调发展和维护行业的整体利益;企业还可以集中精力和有限的资源致力于企业管理和市场经营方面。此外,这种方法简单易行,可节约一些不必要的调整费用,减少成本开支。

2. 产品差别定价法

产品差别定价法是指企业通过不同的营销努力,使同种同质的产品在顾客心目中树立起不同的产品形象,进而根据自身特点,选取低于或高于竞争者的价格作为本企业产品价格。产品差别定价法的使用要求企业必须具备一定的实力,在某一行业或某一区域市场占有较大的市场份额,这样顾客才能够将产品与企业本身联系起来。另外,在质量大体相同的条件下实行差别定价是有限的,企业必须支付较大的广告、包装和售后服务方面的费用形成"优质形象"。

7.4　服务定价的具体策略

案例导入

寿险产品的价格策略

价格是寿险营销组合的重要因素之一,价格的高低直接影响消费者数量的多少,从而影响寿险营销的发展。费率定得过高,寿险消费者支付保险费用有困难,寿险需求则下降;费率定得过低,虽然投保数量会增加,但会造成公司经营的不稳定。另外,所定价格如果高于同行的同类险种,竞争能力就会削弱,从而影响该险种的保单销售。通常情况下,寿险产品会选择低价策略、优惠价策略和差异价策略。其中,优惠价主要有统保优惠、续保优惠、趸缴保费优惠、安全防范优惠、免缴或减付保费优惠等。在寿险营销中,统保优惠策略较为适用。而差异价策略则是根据寿险消费者之间的差异而进行定价。这些差异是由于各自所处的地域不同引起的。不同的地域会引发不同的风险,因为各个地方的风险发生概率和风险造成的损失是不同的。

资料来源:陈滢婷. 人寿保险产品营销策略的相关问题探讨. 中国集体经济,2008,4:70-71.

思考与分析

1. 试分析人寿保险选择的定价策略受到了哪些因素的影响?

2. 在寿险营销优惠价策略中,为什么说统保优惠策略较为适用?

服务企业在明确了服务定价的目标之后,便要根据市场的具体情况,选择适当的、灵活的服务定价策略对基本价格进行修改。下面介绍一些常用的定价策略。

7.4.1　掌握服务新产品定价策略

1. 撇脂定价策略

名词点击

撇脂定价策略是一种高价格定价策略,在产品生命周期的最初阶段,将新服务产品价格定得较高,在短期内获取丰厚的利润,尽快收回投资。一般而言,对于全新的服务产品、受专利保护的服务产品、需求的价格弹性小的服务产品等可以采用撇脂定价策略。这种定价策略的目标对象是那些收入较高的先锋顾客,他们勇于尝试新事物,并具有一定的购买能力。

优点是:有利于企业迅速实现预期赢利目标,掌握市场竞争及新产品开发的主动权,减少投资风险;有利于在顾客对新服务尚无理性认识之前,树立良好形象,创造高价、优质、名牌的印象;有利于新服务进入成熟期后拥有较大的调价余地,可以逐步降价,保持企业一定的竞争力;有利于企业调整市场需求,用高价限制需求过快增长,利用高价获取的高额利润进行投资,逐步扩大服务规模。

缺点是:高价格不利于市场的开拓和增加销量,不利于占领和稳定市场,容易导致新服务产品开发的失败;高价高利容易诱发竞争,迫使价格急剧下降,缩短企业的预期赢利期;高价格在某种程度上损害了顾客的利益,容易招致消费者的抵制,甚至诱发公共关系问题,影响企业形象。因此,在顾客日益成熟、购买行为日趋理性化的今天,采用这一策略更应该谨慎。

2. 渗透定价策略

名词点击

渗透定价策略是与撇脂定价相反的一种低价格策略,即新产品投入市场时,价格定得较低,以便顾客容易接受,很快打开和占领市场。利用这一策略的前提条件是:服务新产品的需求弹性较大,并存在着规模经济效益。

这种薄利多销的策略是一种着眼于在大量的销售中获得赢利而不指望在单位产品中贪图高利的定位策略。其优点是:能刺激消费者尽早接受新服务,迅速占领市场,借助大批量销售降低成本,实现预期赢利;低价薄利信号不易诱发竞争,有利于增强企业自身的竞争力,便于企业较长时期地占领市场。

3. 适中定价策略

名词点击

适中定价策略又称为"君子价格"或"温和价格",是企业为了建立企业与产品的良好形象,把价格定在介于撇脂和渗透之间。这样的中间价格,不高不低,给顾客良好印象,不仅有利于招徕顾客,还能使生产者比较满意。该定价策略尽量降低价格在营销手段中的地位,重视其他在市场上更为有效的手段。许多服务产品都采用这种定价策略。

知识窗 7-1　　　　　　　　环保组织的会员定价

美国公共保护协会,于 1891 年成立,这家马萨诸塞州的环保组织在该州 91 个风景优美、生态资源丰富、历史悠久的地段拥有环境保护区。这块包括 7 处历史建筑在内的土地面积达到了 4.5 万英亩(180 平方公里),总体而言,这些保护区给人们提供了娱乐休闲的好去处。美国公共保护协会还在伊普斯维奇的大型鹤类栖息地提供住宿服务。每位会员基本会费是 40 美元,如果是夫妻或家人一起入会,全体会费只要 60 美元。会员得到的优惠条件是免费的旅游手册、住宿享受 50% 的折扣及在商店的折扣和一份通信季刊。

澳大利亚荒野社会,成立于 1935 年,致力于通过教育、科学分析和呼吁的手段建立一个全国性的野外土地资源网络,它的目标是"确保未来的人们能够享受清洁的水源、新鲜的空气,看到野生生物,见到自然的美,并能有机会到平原森林、河流沙漠、高山中旅游休息"。澳大利亚荒野社会总部设立于华盛顿,在全美国设立 8 个分支机构。它的会费为 30 美元或 30 美元多一点,会员将免费得到该组织全彩年刊《野外世界》一份,每季度都有彩色新闻报刊和会员手册相送。

马萨诸塞州奥杜邦协会,是一个非营利环保组织,于 1896 年成立。目前该协会在全美有 58 个野生动物保护区,其中 41 个保护区对公众开放,23 个保护区由工作人员进行管理。最近几年来,这些保护区每年总共有大约 511 000 人次的访问量,其中 145 000 人次是在校大学生。过去三年来,协会保持着每年 14 600 000 美元左右的营运收入,并且每年有一定盈余。3 300 000 美元来自资产赠送形式,2 700 000 美元来自教育项目收入,而 4 200 000 美元来自会员的投资。协会的个人会员需缴纳 37 美元,一家普通的会员缴纳 47 美元,新成员只缴纳 25 美元。该协会鼓励发展更高层次的会员关系:支持者的费用为 60 美元,守护者的费用为 75 美元,捐赠者的费用为 100 美元,保护者的费用为 150 美元,主办方的费用为 250 美元,赞助人的费用为 500 美元,而领导者的会费为 1 250 美元。这个协会会员层次越高,享受的服务就越多、越高级,比如领导会员会受邀参加高档舞会、接受马萨诸塞州奥社邦协会中科学家和保护区领导的接见,以及一些特别的出游活动(如博物学家领导的远足或杜牧漂流)等。

7.4.2　掌握弹性定价策略

名词点击

弹性定价策略是指随着服务过程的深入,服务企业根据消费需求的变化在不同的时间和不同的地点采用前后不同的价格策略。

1. 差别定价策略

差别定价策略是一种“依顾客支付意愿”而制定不同价格的定价方法,主要运用于:建立基本需求,尤其是对高峰期的服务最为适用;用以缓和需求的波动,降低服务易消失性的不利影响。差别定价的主要形式包括以下几种。

(1) 地点差异,服务企业都是以不同的价格策略在不同的地点推广同一种服务产品,即使每个地点的服务成本是相同的。这是因为消费者对不同位置的偏好不同。如剧场不同座位的成本费用都是一样的,但却按不同的座位收取不同的价格;火车卧铺从上铺到中铺、下铺,价格逐渐增高。

(2) 时间差异,意味着取决于服务消费时间不同的价格变化。如航空公司或旅游公司在淡季的价格便宜,而旺季一到价格立即上涨。这样可以促使消费需求均匀化,获得增加的收入,并避免企业资源的闲置或超负荷运转。

(3) 顾客差异,企业把同一服务按照不同的价格卖给不同的顾客。如在公园、旅游景点等将顾客分为学生、年长者和一般顾客,对学生和年长者收费较低。

(4) 服务产品的品种差异,根据服务产品的档次收取不同的费用,如汽车租赁公司对使用不同品牌、不同型号汽车的顾客收取不同的租金,银行推出的各种信用卡和储蓄卡具有不同的业务功能。

【小问答 7-2】　我国在国庆期间推出的“高速公路”免费政策,使国庆长假的高速公路迎来了超大车流量,全国各地高速公路出现严重的堵车现象。高速公路免费现象属于什么样的定价策略？出现免费现象的原因是什么？

答：高速公路免费现象属于差别定价策略中的时间差异定价策略，即价格随服务消费时间的不同而变化。

2012年7月24日，国务院下发交通运输部等部门制定的《重大节假日免收小型客车通行费实施方案》中明确指出："为进一步提升收费公路通行效率和服务水平，方便群众快捷出行"而实行免费政策。

重大节假日期间免费政策的实施除了能进一步提升收费公路通行效率和服务水平，方便群众快捷出行外，还有如下作用：一是可以充分发挥各种交通运输工具的效能，避免运输企业资源的闲置或超负荷运转；二是可以在重大节假日期间刺激各种服务消费需求的增长，使服务型企业增加收入，促进第三产业和国民经济的增长。

2. 个别定价策略

个别定价策略是指所制定的价格水准是买方决策单位能力范围内所能遇到的价位，当然这是以该决策单位对该项服务或公司感到满意为前提。采用这种定价方式的服务市场，如承包伙食和厂房维修业。采取个别定价法必须要清楚地了解：卖方的决策者有权决定的价格底线是多少。

3. 诱导定价策略

诱导定价策略也称偏向价格策略，即当一种服务原本就有偏低的基本价，或某种服务的局部形成低价格结构现象时，就会产生偏向价格现象。企业对这部分基本的服务产品制定较低的价格水平，以此来吸引顾客，集聚人气。顾客是冲着低价服务产品而来的，但是实际消费的又不仅仅是这些低价服务。如，餐厅为了增加惠顾而提供价廉物美的实惠简餐（如商务午餐、套餐或10元吃饱等），但大多数的客人一旦进入餐厅，最后还是会点其他比较高价的菜；汽车修理厂对一般性服务可能收费偏低，借以招揽更多的高价的修理工作。

4. 牺牲定价策略

牺牲定价策略也称招揽定价，是指服务企业刚进入某一服务领域，顾客对产品还不了解、不信任，不愿意尝试的情况下，对第一次订货或第一个合同的要价很低，希望借此能获得更多的生意，而后来生意则要求较高的价格。此种定价方法通常用在营销顾问业和管理教育训练等专业服务机构。

5. 阶段定价策略

阶段定价策略与牺牲定价策略类似，即基本报价很低，但各种额外事项则要价较高。例如，某管理咨询顾问的报价只是其执行服务花费的时间费而已，但未包括执行服务时有关的差旅费。

7.4.3　掌握折扣定价策略

名词点击

折扣定价策略是指对基本价格作出一定的让步，将一部分利润转让给顾客，以此来促进服务销售的定价策略。在大多数的服务市场上都可以采用折扣定价策略，服务业企业选择折扣定价策略一般是为了达到两个目的：①折扣是对服务承揽支付的报酬，以此来促进服务的生产和消费（金融市场付给中间者的酬金）的产生。例如，付给保险经纪人的佣金或对单位委托顾问服务的支付。②折扣也是一种促销手段，可以鼓励提早付款、大量购买或高峰期以外的消费。

1. 现金折扣

现金折扣就是对现款交易或按期付款的顾客给予价格折扣，目的是为了鼓励消费者购买和提前付款，以尽快收回现金，加快资金周转。采用现金折扣一般要考虑折扣比例、给予折扣的时间限制和付清全部贷款的期限。在房地产市场中，凡是购买刚刚开盘的楼房的顾客都会获得价格上的折扣。

由于提供现金折扣相当于降低价格，所以，企业在运用这种手段时要考虑本企业的服务是否有足够的需求弹性，保证需求量的增加能为企业带来足够的利润。

2. 数量折扣

数量折扣是指为了鼓励顾客大量消费，集中消费，根据消费数量给予一定的折扣，购买数量越多，折扣越大。其中包括累计折扣和一次性折扣两种形式。累计折扣指在一定时期内消费达到一定的数量或金额，按总量给予折扣，目的是为了鼓励顾客经常向本企业购买，成为可信赖的长期客户。如一些高档会所，凡是会所会员，一年内消费金额达到一定的数量，按全部消费额的一定比例返还给该客户。一次性折扣指消费者每次消费达到一定的数量或金额所给予的价格折扣，目的是为了鼓励顾客大批量购买，促进产品多销、快销。如每逢节假日，一些商场规定，凡一次性消费满 200 元减 20 元现金。

3. 功能折扣

为了促进服务企业与服务消费者的顺利结合，服务业中的中间商应运而生。功能性折扣的经济依据是批发与零售之间的区别，两者提供的服务性质不同，进货的数量不同。批发商一般是批量采购、批量销售，零售商是零星购进、零星出售。企业根据中间商在服务分销过程中所处环节、承担的功能、责任和风险不同，给予他们不同的折扣，以此来促进服务的生产和消费的产生，便是功能折扣。如航空公司给予售票网点或旅行社的优惠价格。功能折扣的结果是形成购销差价和批零差价。

4. 季节折扣

有些服务的提供是连续的，消费却有明显的季节性。于是，企业采用季节折扣的方式，给那些购买过季产品和服务的顾客提供的一种折扣。它能保证企业均衡生产，产品的销售量在一年四季都保持相对稳定，加速资金周转和节省费用。如酒店在旅游的淡季制定较低的价格体系，吸引顾客，提高客房的使用率。

7.4.4　掌握心理定价策略

名词点击

心理定价策略是指运用一些心理学原理，根据顾客购买和消费服务时的心理动机来确定价格,引导他们购买的策略。

1. 保证定价策略

对一项服务进行直接保证对于顾客来说可能是一个非常有力的保险。即使顾客体验完服务后表示不满意,这个保证也将给予他们一个补偿,通常是降低价格或者是全部偿还。如职业介绍所的服务,必须等到当事人获得了适当的工作职位后,才能收取费用。

2. 声望定价策略

现代社会,随着生活水平的提高,人们往往通过消费来肯定自我价值和表现自我。这样的顾客一般都有求名望的心理,认为"价高质必优",尤其在服务业,由于难以形成统一客观的评价服务质量的标准,价格在一定程度上就成为衡量服务质量的标准。

声望定价策略是一些服务企业利用本企业或所提供的高质量或高档次服务在顾客中的良好声望而制定出比市场同类服务价格较高的价格。如高尔夫球厂、五星级酒店等往往采用这种定价策略。声望定价的高昂价格能使顾客产生"一分价格一分货"的感觉,从而在购买过程中得到精神的享受,达到良好效果。

3. 整数定价策略

对于那些无法明确显示服务质量的产品,顾客往往通过其价格的高低来判断其质量的好坏。但是,在整数定价方法下,价格的高并不是绝对的高,而是凭借整数价格来给顾客造成高价的印象。整数定价常常以偶数,特别是"0"作尾数。

整数定价策略适用于需求的价格弹性小、价格高低不会对需求产生较大影响的服务,如星级宾馆、高级文化娱乐城等,由于其顾客都属于高收入阶层,也愿意接受较高的价格。

4. 尾数定价策略

尾数定价策略策略又称"奇数定价"、"非整数定价",是利用顾客求廉的心理,仅在整数价格之下制定一个带有零头的价格,一般为奇数,以使他们感到获得了较低的价格,从而激起其购买欲望,促进服务销售量的增加。如 8.99 元和 9 元给人的感觉就是不同。

5. 习惯定价策略

顾客在长期购买某种服务产品的过程中,习惯上已经接受了这种产品的价格水平。企业参考这种习惯性价格来制定产品价格的方法就是习惯性定价策略。

一般情况下,只要服务产品的基本功能和用途不变,顾客往往只愿意按原有的价格购买。降价会让他们对产品的质量产生怀疑,涨价则影响市场销量。

7.4.5 了解其他定价策略

1. 组合定价策略

一般定价的依据是服务的消费单位,如专业咨询服务、酒店客房出租、电话通话服务等按时间收费,运输企业按距离收费。但企业通常不只提供单一的服务,而是形成产品组合进行销售。此时,企业的定价策略就不是那么简单的了,通常采用以下几种策略。

(1)服务线定价策略。服务线定价策略是指企业根据顾客对同样服务线不同档次的服务的需要,设计不同的服务和价格点。如酒店的商务套房定价 898 元,豪华套房定价 1 598 元,贵宾套房定价 2 098 元。顾客根据自己的需要选择不同的房间。

(2)特色定价策略。许多企业提供各种可选择的服务或具有特色的主要服务,以较低价格提供主要产品时,还提供具有吸引力的较高价的非必需附带品与之相配,依靠它们的销售来增加利润。如在餐馆中,许多餐馆都主推自己的特色菜,而且价位相对较低。由于顾客一般都会在饭菜之外要酒水。那么将酒水的价格定得很高,又规定顾客不得自带酒水。这样,餐馆就可以从提供的菜肴中收取成本,用酒水的收入获得高额利润。另外一些餐馆则可能将酒类价格定得低而食品价格定得高,以吸引来一大群喝酒的人。

(3)必需附带品定价策略。与特色定价策略相类似,主要利润来自于附带产品,但附带产品与主要产品有着密切的联系。如软件公司将开发的软件低价出售,甚至无偿赠送,但却从不断升级的程序中获取了高额利润。

(4)两部分定价策略。就是将价格分为两部分,固定费用和变动费用。在一定范围内,收取固定费用,超出该范围则加收变动费用。如在国内移动电话用户每个月要付固话费,还要付通话费;游乐园或旅游景区通常在门票中包含了部门项目的费用,还想玩其他的项目则另外收费。采取这种策略时,企业往往将固定费用定得很低,以便吸引顾客使用该服务项目,并通过变动费用获取利润。

(5)捆绑定价策略。捆绑定价策略,即将数种服务(两种以上产品的捆绑)或服务特征(一种产品基本服务和扩展服务的捆绑)组合在一起,以低于分别销售时支付总额的价格销售,从而最大限度地吸引顾客。如沈阳市公交汽车票价为 1 元,若办理月票,则有 0.9 元/次和 70 元当月可乘坐 134 次的两种价格。

卓越实践 7-3　　　　　　　庐山景区门票乱象

通票并不通,游客逛遍庐山要花 1 700 元。国庆期间,全国约 1 400 家景区门票优惠,江西庐山虽然门票标价为 180 元,但美庐别墅、庐山会议旧址等都要单独收费,连看三叠泉自然景观也要单交钱!网友统计,全部玩下来可能要花 1 700 多元。游客说自己好像案板上的肉,进景区就被割来割去。

庐山景区回应称门票实收 515 元。这依旧太贵了吧。近日有媒体和网友称,逛遍庐山所有景点需花近 1 800 元。九江市和庐山有关部门回应称,庐山风景区内所有门票费用共 515 元。专家认为,500 多元的票价依然偏贵,建议庐山通过多种举措,使核心景区内早日实行一票制,打破对门票的经济依赖。

资料来源:搜狐新闻网,2013 年 10 月 5 日.

思考与分析

1. 庐山风景区 180 元的门票制定采用的是什么策略?

2. 为什么实际景区运营中出现了混乱现象?

2. 系列价格定价策略

价格本身维持不变,但服务质量、服务数量和服务水平则充分反映成本的变动。这种定价方式往往被视为一种并不适用于用来处理成本变动的定价方式。只有在固定一套收费方式的一系列标准服务的情况下才适用。租赁公司往往使用此定价方式。

3. 关系定价策略

关系营销包括建立、保持并加强同顾客的关系(通常是指长期关系)。服务公司如果较长期地为现有的顾客提供更多的服务,那么它肯定会从中获利。同样,顾客如果同一家胜任的、可靠的提供一种对于顾客难以决策的高风险服务公司建立合作关系,那么也会从中获利。

关系定价策略就是考虑提供给顾客长期超值服务,与顾客形成持久合作关系,而采用的使顾客与服务企业双方都获得长期利益的一种定价策略。这种定价策略一般适用于服务上与顾客之间有持续接触的交易,能刺激顾客多购买本企业服务,间接抵制竞争对手提供的服务。一般来说,关系定价策略可以采用"会员"价格和组合服务定价两种方式。

(1)"会员"价格。服务企业通过长期合同的形式发展顾客成为"会员",可以从根本上转变服务企业同顾客之间的关系,能将一系列的服务交易转变为一种稳定的、可持续的交易。顾客可以凭借其会员身份先行消费服务产品,然后在约定的时间支付费用(如电话费);或者凭会员证件享受一定的价格折扣。

(2)组合服务定价。组合服务定价是指当顾客消费两个或两个以上相关服务项目时可以享受价格优惠,让消费者确实感到多购买比单独购买便宜。这种组合服务定价能降低成本,吸引顾客从一个服务提供者购买相关的多种服务,顾客也可节省时间和开支。

4. 客观定价策略

客观定价策略是指不论顾客种类,而是先设定服务的单价,再乘以实际提供的服务单位数,即得该项服务的售价。这种定价法常用于律师、管理咨询公司、心理医生、家庭教师等。服务的收费标准通常根据经验或市场价格来确定,但其前提条件必须是该项服务可以被分割,例如,以服务小时计费。

⊙ 实训课业

一、技能训练

(1)如果你是学校附近一家美发店的店长,请谈一谈你会采取哪些定价方法进行服务定价?

(2)如果你是学校附近一家快餐店的店长,请谈一谈你制定价格的目标是什么?

(3)随着生活水平的不断提高,人们的业余文化生活也日益丰富。其中看电影消费是年轻人比较喜欢的活动。请查找资料,分析近年来电影票价的变化趋势。

(4)到你所居住的住宅小区调查了解一下,现行的物业费是如何制定的?

(5)近年来很多大城市的文化演出活动很多,收集资料分析一下,一般演出活动的票价是如何制定的?

(6)近年来越来越多的中国百姓开始热衷旅游业,旅游景点的价格也水涨船高,请研究你所在城市的著名景点,分析其采用了什么定价策略,有没有更好的建议?

(7)近年来幼儿园行业做得风生水起,请你到附近的一家幼儿园做调查,并尝试为其现有的服务项目制定价格。

二、实训项目

服务商品定价方法和定价策略的应用

1. 实训内容

组织学生到本市商业区学习和调研,寻找其商业街上的服务企业并分析这些服务企业所提供的服务产品采用的定价方法和定价策略。

2. 实训目的

利用服务定价的理论分析和研究服务企业运用定价方法和定价策略的实际情况,提高学生的实践应用能力。

3. 实训要求

(1) 组织学生以 6 人为一组,由组长负责,利用实训课或其他时间到商业街去考察和学习。

(2) 以小组为单位座谈讨论,分工协作撰写调研报告。报告的主要内容包括:企业的服务产品组成;选择的定价方法和定价策略是什么? 存在的问题和原因是什么? 解决问题的可行性的对策和建议有哪些?

第 **8** 章

服务渠道策略

本章阐释

　　本章通过对服务渠道策略的基本理论和实务的介绍,使学生了解服务渠道的主要类型,理解服务分销网点选择的依据,掌握确定服务分销网点位置的方法,掌握服务分销方法创新途径,能够根据企业实际情况对服务渠道进行创新设计。

能力目标

　　(1) 掌握确定服务分销网点位置的方法。

　　(2) 掌握服务分销方法的创新途径。

　　(3) 能根据企业的实际情况拓展和创新服务渠道。

8.1　服务渠道概述

案例导入

移动自有实体渠道建设及管理

　　自有实体渠道是指由移动公司投资建设(或租赁)的移动营业厅,营业厅硬件设施及装修统一规划配置,代表中国移动企业形象,是移动的市场基础渠道。目前中国移动形成了较为完善的自有实体渠道体系,包括自营营业厅、品牌店/体验店、自助营业厅等类型。其中自营营业厅按规模和地域又分为综合营业厅、社区营业厅、乡镇营业厅等,在营销宣传、业务发展、服务受理、品牌传播、客户维系、提升形象、掌控市场等各方面发挥了重要作用。

　　自有实体渠道体系包括:

　　(1) 综合营业厅,选址在市区和县城的商业核心地段,是代表移动公司整体形象的旗舰店。综合营业厅定位于面向所有品牌的客户形象传播、客户培训、业务体验、产品销售、客户服务的主渠道。

　　(2) 品牌店,定位于面向特定品牌客户的专业渠道,承载了品牌形象传播、标志性业务体验和销售等功能。

　　(3) 社区营业厅的功能,主要定位于服务和销售,即通过合理布点形成与综合营业厅相呼应的完善的营销服务网络,为移动客户提供快捷、方便的业务受理。

　　(4) 自控手机卖场,定位于终端销售和渠道掌控,即立足于渠道控制和未来竞争的前瞻性,建设以终端销售为主、产权自有经营权租赁外包、引入核心经销商为主要特点的自控手机卖场,达到"抢终端资源、控核心渠道"的目的。

（5）乡镇营业厅,是农村市场开发的根据地,承担了本乡镇范围内的业务发展、客户服务、渠道支撑、新业务营销等重要职能。

（6）自助服务厅,为客户提供 24 小时自助服务,以自助服务设施为提供服务主体,无须服务人员的服务形式。自助厅的功能定位是面向个人客户,布局上注重客户的便利性,以提供查询、缴费、打印清单、办理基础业务为主要服务功能,满足客户对基础服务的基础需求,达到分流客户的目的。

资料来源:得渠道者得天下——移动营销渠道管理实践及发展趋势浅析.中国新通信,2008(18):80-84.

思考与分析

1. 什么是自有实体渠道？ 中国移动公司的自有实体渠道体系包括哪些类型？

2. 自有实体渠道在移动公司中具有何种重要地位？

8.1.1　理解服务渠道的含义

任何一种类型的企业在产品营销活动中都存在如何使企业生产的产品尽快从生产者手中转移到消费者手中的问题,而这一问题解决的关键在于建立顺畅高效的分销渠道。

分销渠道是指产品从生产者（企业）向消费者（用户）转移过程中所经过的通道。这个通道包括某种产品的供、产、销过程中所有相关的企业和个人,起点是生产者（企业）,终点是消费者（用户）,位于起点和终点之间的为中间环节。中间环节既包括了产品在生产制造完成后到最终所有权转移到消费者手中,期间所经历的各种获得所有权的、帮助与促进所有权转移的所有的中间商与服务机构,如批发商、零售商;亦包括为加快所有权转移、节省费用、满足需求而优选的产品实体流动路线、分配方式的组织机构,如银行机构、保险机构、运输部门、储存机构等服务部门。

在企业的实际经济活动中,分销渠道的概念不仅仅限于有形产品的营销活动,在服务营销活动中同样存在分销渠道问题。服务企业也要解决如何使自己的服务产品更加接近目标顾客,使空间上较为分散的顾客与机构能够方便快捷地享受到服务企业所提供的优质服务。那么,服务分销渠道就是指服务从生产者转移到消费者的过程中涉及的所有相关的企业和个人。

卓越实践 8-1　　　　泰康人寿保险公司的营销模式

O2O 模式已成为很多商家的营销模式的首选。淘宝、天猫的成功使得很多企业开始实行互联网销售模式。保险公司也不例外,为了抢占市场份额,开始实行线上线下共同销售。泰康人寿的销售模式就是一个典型的例子。

1. 线上销售

在 2003 年时,泰康与摩托罗拉合作实现用手机直接销售保险。泰康人寿可以直接通过摩托罗拉手机终端为保险客户进行无线投保业务。使得保险合同的办理更加方便快捷。随着电商网络的不断发展,泰康人寿与携程、淘宝、京东商城进行网上渠道合作。为了争夺保险市场份额,网络是最新的销售渠道,泰康人寿看中商机,在京东商城这个现阶段中国大型的电商开设了保险频道。推出健康、意外险等多款人寿网络保险,并建立自己的网站,实行e站到家的服务。保险客户足不出户就可以在网上查看所购买的保险产品的信息及收益情况,并有网上客服,对产品方面有什么疑问可以在线咨询并寻求帮助。

2. 线下销售

对于大多数的保险公司来说,线下销售主要是保险代理人与客户之间的面对面交流与销售。早期的保险代理人销售的方式,使得很多人将保险公司的代理人视为传销者。这也是保险行业在中国发展缓慢的一个重要原因。但对于泰康来说,他们所针对的客户并不是抵触保险和对保险毫无了解的客户。而是选择了曾经购买的老客户以及对保险有所了解的潜在客户。泰康会定期在五星级酒店举办回馈老客户的宴会。泰康客户大多数是中老年人,它会抓住客户的思想,选择当今社会人们的热点话题——养老,宴会上为客户讲述当今社会最新的养老模式;提供保单整理,使客户实现收益最大化,优化保险合同;为客户进行网上注册,手把手教客户如何使用在线服务,让客户更清楚自己所购买的保险合同。这一系列的活动为客户进行售后服务的同时,也提高了自己的品牌形象,销售了自己的产品。

资料来源:姚玉.泰康人寿保险公司的营销特点和策略建议.科技致富向导,2013(23):67,128.

思考与分析

1. 泰康人寿保险公司为什么采取线上销售和线下销售相结合的方式销售保险产品?
2. 是否所有的保险公司都可以像泰康人寿保险公司一样采取线上线下的销售模式?

8.1.2　了解服务渠道的类型

在现实的商业活动中,服务企业的渠道是相当复杂的,不同的分类方法会产生不同的渠道类型。

1. 按有无中间环节,可分为直接渠道和间接渠道

(1) 直接渠道。直接渠道是产品直接由生产者卖给消费者,没有中间环节的渠道,是最简单、最直接的渠道。它的特点是产销直接见面、环节少,易于控制价格、降低流通费用,可以便于生产者了解市场信息。

直销是服务企业最常见的一种销售方式,也是最适合服务产品的配送形式。直销可能是服务生产者经过选择而选定使用的销售方式,也可能是由于服务和服务提供者不可分割的原因。

(2) 间接渠道。间接渠道是指生产者利用中间商将产品供应给消费者,中间商介入交换活动。它的特点是有助于产品的广泛分销,合理配置资源。但相对于直接渠道,间接渠道的流通速度较慢、成本较高。

间接渠道是服务企业经常使用的渠道,它的结构各不相同,而且有些还相当复杂。例如

货币产品的销售渠道,银行信用卡是信用服务的实体化表征,但并不是服务本身。通过信用卡,银行有能力克服不可分割性的问题,同时利用零售商作为信用的中介机构,而信用卡又有能力扩大地区性市场,因为,信用卡可使使用者将银行信用变成"库存",这样,银行就有能力维持远离交易地的信用客户。

2. 按经过中间环节的多少,分为长渠道和短渠道

从市场营销的角度,对长短渠道的划分不是指空间上产品流通路程的远近,而是产品从生产者转移到消费者手中所经过的中间环节的多少,即渠道长度。经过的环节越多,渠道越长;经过的层次或环节越少,渠道越短。

一般来说,长渠道是产品经过两道以上中间环节后到达消费者手中的渠道。短渠道是产品直接到达消费者或只经过了一道中间环节的渠道。

3. 按选择中间商的多少,分为宽渠道和窄渠道

在渠道中,生产者在同一类型的中间环节中选用经销自己产品的中间商的多少,被称为渠道宽度。生产者在某一环节选择两个以上的同类中间商销售产品,为宽渠道。如果生产者只选择一个中间商经销商品,为窄渠道。

4. 按选择渠道形式的多少,分为多渠道和少渠道

渠道广度,是指生产者选择渠道形式的多少。多渠道是企业选择较多的渠道经销产品,而少渠道是企业选择较少的渠道经销产品。当企业只选择一种渠道形式经销产品时,称为单渠道。

服务产品因其不可感知性、服务者与服务对象的不可分离性、产品本身不可储存性,与产品的分销渠道相比,服务渠道几乎总是直接的。此外,还有许多服务业的销售渠道,则包括一个或一个以上的中介机构。因此,如果不是直接将服务提供给顾客,就是提供给向顾客出售服务的中间商,即中介机构。

服务的中介机构为服务生产者完成了许多功能。第一,他们常常合作生产服务,实现服务生产者对顾客的承诺。诸如理发、配钥匙和干洗这样的特许服务,是由中介机构(受许人)利用服务生产者所开发的流程完成的。第二,服务中介机构还使服务地方化,为顾客提供时间和地点的便利。因为像旅行和保险这样的中介机构代表多个委托人,所以它们把各种选择集中于一个地点,为顾客提供零售的功能。在金融或专业化服务中,中介机构通过建立一种在这些复杂而专业化的销售中所需要的信任关系,起到了顾客与公司品牌或公司名称之间黏合剂的作用。另外,还有承担所有权风险、担任所有权转移的中介角色(如采购)、担当实体移动(如运输)的任务等。

8.2　服务分销网点选择

⬤ 案例导入

东田造型扩张或引发美发行业洗牌

继 2009 年 12 月获得信中利投资集团千万元入股,2010 年获得红杉资本巨额投资后,东田造型日前大举发力中端市场,宣布在两年内将在全国各地大中城市大规模开设连锁店。东田造型扩张的同时,各大美容美发连锁企业也开始转变经营思路和经营方式,进行市场定位的扩展和服务项目的增加。这也许会给行业带来新一轮的冲击。

除东田造型奢华型概念店近日在北京三里屯正式开业外,其在北京东方广场的大型概念店也在筹备中。另外,中端品牌东田空间也已在北京朝阳区天鹅湾悄然开业。

在 10 年前,东田造型在全国只开了 18 家门店,而现在,他们推出二线品牌东田空间来冲击中端消费市场,计划在全国发展到 300 家门店。

而对于东田空间的全国扩张计划,掌门人李东田更在意二、三线城市的发展。武汉地区店面的装修已接近尾声,重庆、昆明、南宁等城市也都是李东田非常看重的市场。"所有的店面都是直营店。东田空间不采用加盟的模式。"李东田表示。

由于大型连锁企业同时发力,一些未成规模的夫妻店和刚刚起步的小型连锁店铺普遍受到了冲击。有消费者向记者反映,她经常去的 3 家美容美发店于去年全部倒闭。有业内人士表示,大品牌连锁的可信度相对较高,虽然行业是否会因此重新洗牌尚未见分晓,但连锁品牌集体进军中低端市场,对提升行业门槛、规范行业行为是有益处的。

资料来源:刘妮丽,崇晓萌. 东田造型扩张或引发美发行业洗牌. 北京商报,2011 年 5 月 26 日.

思考与分析

1. 东田造型为什么要推出二线品牌东田空间来冲击中端消费市场,以扩张经营规模?

2. 对于传统的美容美发业来说,东田造型绝对是行业内部的"贵族",但是其连锁扩张却逐步走向"平民"。其选择服务网点的依据是什么?

服务业渠道选择问题中,有关服务的分销网点,即服务所在位置的选择是一个极为重要的方面。不论以什么渠道形态去获取顾客,中介机构的位置,也就是服务业企业分销网点应设置在什么地方,都是很重要的。银行、会计师事务所、法律顾问公司、餐厅、干洗店等服务业公司面临的分销网点决策,与销售实物产品的公司没什么两样。

8.2.1 掌握选择服务网点的依据

服务网点的选择是企业作出的关于服务在什么地方经营、同一区域内经营该服务的网点的多少和员工处于何处的决策。

对服务来说,选择服务网点的重要性,取决于服务提供者和顾客之间相互作用的类型和程度。服务提供者和顾客之间具有三种相互作用方式:顾客来找服务提供者;服务提供者来找顾客;服务提供者和顾客在随手可及的范围内交易。

当顾客不得不来找服务提供者时,服务网点就变得特别重要。如餐馆的位置就是顾客光顾的主要理由之一。因此,选择适宜的地点成为一个关键的问题。服务提供者来找顾客时,假定顾客在足够近的地方得到了高质量的服务,坐落位置就变得不那么重要了。服务提供者和顾客在随手可及的范围内交易时,位置是最无关紧要的。

服务网点的重要性依据服务业类型而各有不同,但通常情况下必须考虑以下因素。

（1）目标市场的要求。

（2）服务企业的营销战略和竞争战略。

（3）服务企业的追求目标和服务特征。

（4）竞争对手选择服务网点的情况。

（5）服务业的灵活性和分散程度。

除此之外，有什么新的制度、程序、过程和技术，可用来克服过去所在位置决策所造成的不足？补充性服务对所在位置决策的影响性有多大？顾客是在寻找服务体系还是服务群落？其他服务机构是否加强了位置决策工作？这些问题也是服务企业在选择服务网点时要注意的问题。

8.2.2　掌握确定服务网点位置的方法

服务网点的重要性根据所要营销的服务性质不同而有所差异。例如，上门修理服务业的紧急水电修理服务，其服务表现者的网点位置，与顾客的利用决策过程没有太大关系。

一般来说，服务业可依其所在网点位置分为以下三类。

1. 与网点位置无关的服务业

有些服务业，如住宅维修、汽车抛锚服务及公用事业等，其所在网点位置是无关紧要的。因为，这些服务都要在顾客的处所实现。因而服务设备的所在位置比服务表现的特定地点较不重要。但是，这种服务最重要的是，当顾客需要服务的时候，服务如何能具有高度的可得性及可及性。就此意义来说，网点所在位置就不只是实体上的邻近而已。当然，实体上的邻近对于某些服务业公司是重要的，因而必须发展分支事务所，以接近客户（如广告代理、建筑师），为了服务能使顾客顺利地取得，重要的一个因素是传送系统，通过此系统可使顾客的召唤获得迅速的反应。

2. 集中的服务业

有些服务经常是集中在一起的，主要原因是供应条件和传统两项因素。此外，促成集中现象的原因还有：由于某些点的地位关联、需求密集度低，顾客移动的意愿、邻近核心服务的补充性服务的历史发展以及需求导向不重要。

3. 分散的服务业

分散的服务业所在的位置取决于市场潜力。有些服务业由于需求特性及其服务本身的特征，必须分散于市场中。但是，有时是机构可以集中的（如企业顾问），但服务营运是分散的（如顾问走访特定客户）等。

卓越实践 8-2　　　　　韩版咖啡"漫咖啡"的店铺布局特点

如果你在街旁看到一家有着大落地窗的两层咖啡馆，装修偏田园、森林等原生态风格，装饰讲究多木质、复古物件，咖啡主售花式甜美饮料，配以丰富华夫饼干等甜点类食物，那么这必定是一家标准的韩版咖啡馆。

2010 年开始经营的"漫咖啡"现在全国店面近 60 家，其中北京店面 20 家，另有 50 家店面处在洽谈、施工或即将开业状态,哈尔滨、沈阳、大连、太原、乌鲁木齐都有店面;"咖啡陪你"店面约50家,另有50家处在已签约状态或进入装修阶段,2015年计划扩展店面至1 000家。

与一般的西方咖啡品牌不同,"漫咖啡"则喜欢落户在办公室、商场和居所的中间地带。其定义的"第三空间"就是当顾客不想回家,也不想工作时,就可以来"漫咖啡"坐坐。所以这样的店面不一定要临街,藏在里面也没有关系。但是"漫咖啡"通常不会选择纯粹的商业区或办公区。因为客流有限,尤其是纯商用写字楼,一到周末就没有客流量了。同时,这样的地方租金太高,咖啡馆赚的钱都交房租了,基本没有利润。在这样的经营理念下,"漫咖啡"第一家店在丽都开业,这个选址本来不被看好,250米外就是星巴克,但店开起来后生意却非常好。很快"漫咖啡"又在中国人民大学校园内开了第二家店。大部分店面如丽都店、工体店、福州店等都能在8个月左右回本。

与麦当劳以做地产的模式扩张类似,"漫咖啡"倾向于在一个区域内,寻找有地产背景资源的合作者。如果合作商开了一家店,就不愿意再开第二家,我们可能会再去找第二个合作商。"漫咖啡"拒绝全资加盟者,坚持"半加盟"。"漫咖啡"的会长辛子称之为"合作伙伴",要求每一家店都要由"漫咖啡"控股,比例在25%左右,但目前也在考虑提高控股比例。两家公司在未来都有上市的愿景。

资料来源:刘辰.挑战星巴克,韩版咖啡凭什么崛起?.创业邦,2013,7:102-105.

思考与分析

1. "漫咖啡"选择店址的依据是什么?
2. "漫咖啡"对合作伙伴的要求是什么?

【小问答8-1】 年轻人交朋友会根据其人品、性格、爱好、特长、事业等因素作出合理判断。那么,服务企业在选择服务网点的时候,通常会依据哪些因素呢?

答:服务网点的重要性依据服务业类型而各有不同,但有几个问题是共同的,是服务提供者在进行服务网点决策时必须考虑的,它们包括:①目标市场的要求;②服务企业的营销战略和竞争战略;③服务企业的追求目标和服务特征;④竞争对手选择服务网点的情况;⑤服务业的灵活性和分散程度。

8.3　服务渠道拓展与创新

◉ 案例导入

好利来公司网络渠道

1992年9月13日,好利来公司总裁罗红率领第一批好利来人,从四川盆地登上甘肃高原,好利来第一家店在兰州正式开业,短期内迅速火爆,进而连开四店。1993年,好利来确定的未来的经营方向是:专注于蛋糕产业,做强做大,做中国的蛋糕王。同时,开始尝试在全国连锁经营,将成功的模式克隆,抢先占领市场,迅速发展壮大。

目前,除了采取加盟模式做连锁店之外,好利来不断创新的经营模式和营销模式也非常值得称道,网络营销就是其中的亮点。好利来公司不仅是第一家建立现代化流水生产线来生产月饼的企业,还是国内第一个把蛋糕推向网络市场,在食品行业率先迈出电子商务的第一步,用连锁网络来创新销售模式的焙烤食品企业。

2004 年,好利来公司开始提供网上产品订购服务。2005 年,好利来网上蛋糕店"买蛋糕"(www. maidangao. com)正式上线运营。2006 年,依托公司遍布全国近 600 家店铺强大的连锁系统,好利来网上营销初具规模,平均月销售额达到 3 万元以上。在当年的"网银杯"超级网商评选活动中,好利来网上产品订购站(买蛋糕网)被评为"超受欢迎的特色产品网商"。

好利来公司的目标是通过先进的呼叫中心系统的支撑和良好的客户服务,打造"网上蛋糕帝国",以便捷的方式,提供健康美味的优质产品和令人满意的服务。

资料来源:莫莉. 好利来网络营销策略. 湘潭大学硕士论文,2010,5:20-21.

思考与分析

1. 好利来公司为什么要创造网络营销新模式?
2. 对于服务企业来说,应该如何开拓服务渠道?

8.3.1　了解服务渠道的拓展情况

服务产品的分销渠道大都可以以独立服务渠道和结合型服务渠道两种方式来实施渠道的发展。

1. 独立服务渠道

独立服务渠道的兴起是为了满足特定需要而无须与另外的产品或服务相关联。因此,一家顾问公司或一家旅行社,不与其他公司联合,且与其他公司分开经营,即属独立服务公司的例子。不过、独立服务公司当然也可以利用其他的中介机构。

2. 结合型服务渠道

结合型服务渠道是服务结合在一个销售某一产品的渠道之中。结合型服务渠道一般是由下述形式发展而来的。

(1)收购:服务是整体产品组合的一部分(如对耐用消费品采购的融资)。

(2)租用:服务在另一家公司的设施中提供和营运,特许权使用人必须给付租金或者营业额抽成给出租的公司。

(3)合同:这是两家或两家以上的独立公司,以某种契约方式合作营销一项服务。因此,财务融资公司和汽车经销商可以基于"搭配协议"而共同经营。

8.3.2　掌握创新的服务渠道

随着服务业的不断发展,在服务分销的方法方面产生了许多创新,并取得了一定的成果。

1. 租赁服务

最近几年,租赁服务业的增长是服务业发展的明显现象,许多个人和公司都已经而且正在从拥有产品转向产品的租用或租赁。采购也正从制造业部门转移至服务业部门。许多销售产品的公司增添了租赁和租用业务。此外,新兴的服务机构也纷纷介入服务市场,增加了租赁市场的服务供应。

在产业市场,目前可以租用或租赁的品种包括:汽车、货车等。在消费品市场,则有公寓、房屋、帐篷、录像带等。还有些过去是生产制品的公司开发了新的服务业务,提供其设备作为租用和租赁之用。在租用及租赁合同中,银行和融资公司以第三者身份扮演了重要的中介角色。

租赁服务实质上是一种无所有权的消费,顾客所购买的仅仅是服务产品的使用权,而不具备该产品的所有权。当这种租赁服务在消费品市场上扩大时,对企业营销和企业本身有很大的影响。首先,伴随租赁服务的不断增长,租赁及租用品的库存投资会提高。这样一来,存量周转率降低,而对储存的需求增高。同时对维护、修理设施及存货整理和再包装的需求也会增加。其次,由于大量的存货,引申出更多的融资和财务需要,这往往会造成金融机构本身在分销渠道中担当所有权功能的角色。但随之而产生的现象是,顾客信用需求可能降低,因为所有权已经转移到渠道内部去了。再次,在租赁及租用情况下,必须要有新的库存观念,如应该多注意占用比率和产能利用率,而忽略存货周期。最后,凡供租赁及租用的产品,必须要有较高的质量,那是因为租用物品往往是利用度高且经常重复使用的,耐久性及易于维护和修理都是其重要的特点。

2. 特许经营

在服务业的发展过程中,服务企业为了尽快实现其规模的扩张,往往采取特许经营的方式。在可能标准化的服务业中,特许经营呈现出一种持续增长的现象。在一般情形下,特许经营是指特许人授权给受许人,以合同形式使其有权利用自己所拥有的知识产权,包括:商号、产品、商标、设备分销、专利和专有技术、经营模式等,受许人则按合同规定,在特许人统一的业务模式下进行经营,并向特许人支付相应的费用。

(1) 特许经营的特征。特许经营是现代服务业发展的一个趋势,常见的特征有:一个人或一个企业对一个名称、一项创意、一种秘密工艺或一种特殊设备及其相关联的商誉拥有所有权;拥有知识产权的一方,将许可权授予另一方,允许在特定时间、地点使用该名称、创意、秘密工艺及其相关联的商誉等知识产权;为了保证特许人的整体信誉和其他受许人的利益,特许人可以通过特许合同中的各种规定或向受许人派出管理人员等方式,对受许人的经营进行监督和控制;受许人应支付权利金或者为已获得的权利而付出某种补偿。

(2) 特许经营应具备的条件。就现有情况看,特许服务通常都与快餐店有关,但是随着经济的发展,特许经营的经营模式同样也被广泛地应用于消费品与商业服务领域的各种企业。

开展特许经营的经营模式必备的条件如下:必须订立包括特许人和受许人双方同意的条款的特许经营合同;特许人必须在企业开张之前,给予受许人各方面的基础指导与训练,并协助其业务的开展;业务开张之后,特许人必须在经营上持续提供有关事业营运的各方面支持;在特许人的控制下,受许人被允许使用特许人所拥有的经营资源,包括商业名称、定型化业务或程序,以及特许人所拥有的商誉及其相关利益;受许人必须从自有资源中进行实质的资本性投资;受许人必须拥有自有的企业。

(3) 特许经营的益处。特许经营是现代服务业发展的一大趋势,并给特许人、受许人和消费者带来很多利益。

特许人可获得的利益有:实现低成本扩张,在某种程度上摆脱资金和人力资源的限制;可激励经理人在多处所营运,因为他们都是该事业的局部有权人;特许人可利用其手中的无形资产尽快在空间上多处布局,实现连锁规模经营,并减少自己的投资风险;特许经营是控制定价、促销、分销渠道和使服务产品内容一致化的重要手段;可以给特许人带来一定的经济收入。

受许人可获得的利益有:可利用特许人无形资产的优势及其良好的社会影响,获得经营自己事业的机会,如成功切入某一服务领域,避免投资失败;可以通过连锁集中式采购带来的大量购买力作为后盾,降低经营成本;有促销辅助支持力量作后盾;可以通过集权式管理解决管理问题。

顾客可获得的利益是:能得到服务产品质量的若干保证,其在全国性特许经营营运的情况下更是如此。

(4) 特许经营的缺点。伴随着资本投入,特许权购买者可能带来激励承诺和原动力。但是在这样一个分散经营的环境中确保所有的受许人的服务和公众形象的移植所需要的费用和遇到的困难可能抵消这些优点。特许权购买人可能被高度激励着,但也同样需要特许权出售企业的高层管理人员付出大量时间和努力。在某种程度上,这归因于特许购买者在法律上独立于特许权出售者。从根本上讲,特许是一种合伙关系,即一个不平等的合伙关系,处理这种复杂性带来的困难及潜在的渠道冲突有时会导致特许经营的失败。

3. 综合服务

在服务业增长中还存在另一个现象,就是综合公司体系与综合性合同体系的持续发展,并已经开始成为某些服务业领域的主要形式。还有许多服务系统将两种或两种以上的服务业结合起来经营,如航空公司、汽车运输公司等运输企业与旅游、酒店逐步融合发展。在一些发达国家和我国大城市,出现了集购物、商务、饮食、住宿、休闲娱乐等为一体的大型商业中心。以前,综合一直被认为是一种制造业的体制,现在已经变成许多现代化服务业体系中的一种重要特色。

4. 准零售化

服务业最重要的中介机构之一便是零售业者。最近几年来,服务业经济发展上的一大特色就是"准零售"出口的崛起。市场竞争日益激烈,要加强服务产品的分销,使服务产品更加接近于最终顾客,服务企业必须加强终端营销,建立自己的终端营销机构,更好地利用终端营销的中介机构,鼓励一些小服务企业或个人成为"零售业者"。这些"准零售"出口主要是销售服务而不是销售产品。在购物中心、特定的购物街道、商务区建立服务产品的零售终端机构,利用或发展其他中介机构作为服务企业的"零售业者",使服务产品分销网络全面延伸,接近目标顾客。比如,美发店、旅行社、票务代理业、银行、房地产代理、建筑公司、就业介绍所、驾驶训练班、娱乐中心、小洗熨店、大饭店、旅馆和餐厅等都属此列。

零售者是整个服务渠道的出口,服务流通的最终环节,最终实现了服务产品的价值。对最终顾客而言,服务零售者承担着方便顾客购买的职能;对服务企业而言,服务零售者承担着针对消费者的营销职能。因此,零售者在服务渠道中的地位越来越重要。

零售业发展到了今天,所发生的一些重大改变都体现在服务业方面,而不再集中在产品制造业方面。随着服务业在先进国家的持续蓬勃发展,服务业零售势必成为集中研究的对象,也将是服务营销者为争取更多的顾客而越来越频繁使用的方法。

5. 虚拟渠道（网络渠道）的发展

技术进步对营销渠道结构的演变与管理行为的变化有着重要影响。互联网的应用与普及,为人们创造了一张巨大的信息网络,也为企业构建营销渠道提供了一个新的平台。虚拟渠道,即网络渠道应运而生。企业可以在网络渠道上进行产品和服务的销售,顾客可以在网络上进行购买活动。

（1）网络渠道的定义。网络渠道是一种使个人与计算机建立通信的渠道。一般采用调制解调器将计算机与电话线连接,或使用宽带方式得到网上的各种信息服务。网络渠道是唯一不需要直接人际互动的服务分销渠道,其功能对象是那些事先设计的服务（几乎总是信息、教育或娱乐）,并有电子媒介传递这类服务。通过电话、电视、网络等媒介,可以为消费者和企业提供服务,包括需要的电影、互动信息和音乐、银行和金融服务、多样化的图书馆和数据库、远程学习、桌面电视会议、远距离健康服务和互动式网上游戏。

网络渠道有两种:商业网络渠道和互联网。商业网络渠道是指大多数公司都建立的网上信息与营销服务,凡登记并付月租金者都可以进入。互联网建立的最初目的是用于研究和学者交流,现在则用途广泛。用户可以收发电子邮件、交换观点、购买产品等。

知识窗 8-1　　　　　　　　保险电商时代来临

作为新世纪代表的互联网,已然颠覆了众多产业的经营理念,保险业亦不例外,低成本、高效率的电子商务直销渠道应运而生,使得传统渠道的发展空间日趋狭窄。从广义来看,电话销售、网络销售等方式均属于保险电子商务形式。

在行业中,平安保险早在 2001 年便不惜斥巨资打造 PA18 网站,2004 年更是在上海组建电话直销中心,试用电话销售。直到 2007 年,随着保监会出台《关于规范财产保险公司电话营销专用产品开发和管理的通知》等系列文件,平安保险如愿获得第一张电销牌照,而保险电子商务也快速崛起。平安财险电商渠道保费贡献度从 2008 年的不到 6%,增长至 2012 年的 30% 左右,成为其市场地位提升的主力军。

资料来源:赵文青. 保险电商时代来临. 金融博览(财富),2013(8):60,61.

（2）网络渠道的优势。利用网络进行销售是一种新生事物,相对于传统的服务渠道,它运用系列化、系统化的电子工具,将原有的纸张流动、货币流动甚至人员流动几乎全部变成了电子流动。网络渠道的优势如下:①提供服务的时间任意化、空间虚拟化;②企业的经营成本低廉;③信息处理快捷;④强调个性化服务;⑤降低成本。

（3）网络渠道的类型。一般来讲,根据企业建立自己的网络渠道的不同目的,将企业网站分为下列类型。

① 信息型站点,即企业为了通过间接的途径获取经济效益而设计的网络渠道。例如,

相关产品的销售和销售成本的降低。收益的根源在于通过网络建立公众对服务的注意,从而增加现实当中的交易机会。这种站点的效果应当通过网民冲浪时的注意率以及他们受到的购买诱惑来衡量。

②广告型站点,即建立网络渠道主要是为了进行广告宣传,如网络电视、广播以及许多期刊型网站。所有的技术和信息内容编制需要的费用都来源于广告的收入。此时,顾客的注意力就成为网站价值的关键衡量标准。

③信息订阅型站点。订购的费用可能按周、月或年来支付。近年来,由于信用卡可以最方便地处理电子事务,而成为最常用的支付手段。

④在线销售型站点,即虚拟店铺。这些虚拟店铺利用电子版的产品目录,通过精心编制的图片和文字来描述它们提供的服务产品、开展促销活动并进行在线交易。一旦产品被购买,该网络企业就在现实中安排产品销售的执行,包括运送和包装等。执行过程有时由网络企业来进行,有时则由生产厂家通过配送机制完成。

⑤售后服务型站点,即许多企业利用网络提供技术支持和售后服务。互联网作为一种有效的沟通渠道,是提供技术支持和售后服务的最新颖、最快捷的方式。特别是 IT 企业,需要对产品进行技术说明,提供免费升级软件。利用互联网可任意让顾客在网站上寻求及时支持和售后服务,只有技术难度较大和专业知识要求较高时,这些企业才会通过传统渠道解决。

卓越实践 8-3　　　　中国银联与中国移动携手打造移动支付平台

中国银联与中国移动 9 日宣布,双方共同打造的移动支付平台正式上线。这为我国加快推广应用移动支付,创造了更大的空间和更有利的条件,有助于实现金融、通信乃至将来更多行业的融合。

移动支付平台是中国银联与中国移动,以 TSM(可信服务管理)系统为核心,为各方提供基于安全支付载体的智能卡应用发行和管理服务平台,是连接移动支付产业各方的"桥梁"。目前,中行、中信、光大、民生等商业银行都完成了与该系统的对接,其他商业银行也正陆续接入。这为移动支付加快推广应用创造了更大的空间和更为有利的条件,实现金融行业、通信行业乃至将来更多行业的融合。

用户通过移动支付平台,可在支持 NFC(近距离无线通信)功能的手机 SIM 卡上下载银行卡,实现电子现金充值、远程消费和商户现场小额快速交易,未来还将支持现场大额交易。移动支付平台可以帮助商业银行实现从传统"柜面发卡"向"空中发卡"的转变,创新发卡和营销模式;可以支持通信运营商开拓增值服务;可以让消费者拥有低成本、安全、便利和应用丰富的"手机钱包",享受更贴心的支付服务。它不仅代表了移动支付的主流模式,更为参与各方提供了加强合作、互利共赢的舞台。

资料来源:安蓓,刘菊花. 中国银联与中国移动携手打造移动支付平台. 新华社,2013 年 6 月 9 日.

思考与分析

1. 中国银联与中国移动携手打造的移动支付平台有哪些功能?
2. 试分析移动支付与银行合作的利弊及将来的发展趋势。

◉ 实训课业

一、技能训练

(1) 走访学校或家附近的美容美发连锁机构,尝试分析美容美发店开展连锁经营的难点是什么?

(2) 商业银行代理保险业务是现在常见的现象。请走访附近的银行,了解保险业务的代理情况,谈谈你的看法。

(3) 自从 1971 年在西雅图派克市场成立第一家店起,星巴克关于咖啡的美丽事业就开始步入辉煌。1999 年 1 月,星巴克进入中国。截至 2013 年年底,星巴克在中国 60 多个城市运营超过 1 001 家门店。星巴克已经在中国成功地确立了优质咖啡行业的领袖地位,取得了很高的品牌知名度。按照星巴克的要求,无论在哪里,每一家门店都要和其他所有门店一样,提供统一口味的咖啡,热情的微笑,并拥有共同的价值观。连锁零售和服务业的最大挑战,就是对不断扩张的门店进行有效管控和支持,保持品质和服务的一致性。请走访所在地附近的星巴克网点,分析其门店经营的成功之处。

(4) 根据第(3)题中你走访的星巴克网点的资料,分析星巴克的店铺布局特点。

(5) 网上订票的优越性使国内越来越多的航空公司着手研制自己的网上订票系统。2009 年,已经有 50.69% 的购票者通过网络完成机票支付,而通过电话预订送票上门的市场份额则在过去 9 年中下滑了近一半。你或者你的朋友是否采用网络订票的方式购买过机票或者火车票? 根据你或你朋友的经历,总结一下这种网络渠道的优势。

(6) 走访你所在地附近的肯德基或麦当劳,参考其店址选择的特点,思考一下,如果你要开一家快餐店,你选择店址的依据是什么?

二、实训项目

评估、设计分销渠道

1. 实训内容

组织学生对当地连锁快餐店、连锁超市或其他大型服务连锁企业进行实地参观访问,了解分销渠道的结构、特点,并对其分销渠道进行评估,提出建议。

2. 实训目的

利用服务渠道的理论分析、研究和解决企业存在的实际问题,提高学生的实践应用能力。

3. 实训要求

(1) 组织学生以 6 人为一组,到当地连锁快餐店、连锁超市或其他大型服务连锁企业等参观访问,听取企业高级管理人员或营销部门主管的介绍,并获得相关资料。

(2) 以小组为单位座谈讨论,分工协作撰写调研报告。报告的主要内容包括:企业服务项目有哪些? 企业服务渠道的结构、特点是什么? 存在的问题和原因是什么? 解决问题的可行性对策和建议有哪些?

第 **9** 章

服务促销策略

本章阐释

　　本章通过对服务促销的基本理论和实务的介绍,使学生了解服务促销、营业推广的含义、促销的目标和构成,掌握服务促销的方法,能应用所学的服务促销策略理论为某一企业制定符合企业实际的服务促销策略组合。

能力目标

　　(1) 掌握服务企业营业推广策略、服务人员推销决策、服务广告决策的内容与方法。

　　(2) 能应用所学的服务促销策略理论,为企业制定切实可行的服务促销策略组合。

　　(3) 掌握关系营销策略的内容和实施方式。

9.1　服务促销概述

○ 案例导入

服务促销热情过分也惹人烦

　　很多市民一定都有过这样的经历:走在市区主干道或交通路口,经常会有人冷不防地塞给你一张宣传广告单,让人不胜其烦。随意走进一家小店铺,本想随便挑几样商品,可闲适的好心情时常被售货小姐的轮番推销击退,最后打消了购买欲望。以往说服务人员冷落不好,现在的过度热情有时也让人直喊吃不消。市民反映:上街被促销员"追踪"、"大姐,到我们这里来看看,新开的健身馆年卡不足一千元,帮我签个名、留个电话就好"……

　　资料来源:世界经理人.营销服务还应有度,热情过分也惹人烦.http://www.ceconlinebbs.com/FO-RUM_POST_900001_900005_927905_0.HTM,2010 年 2 月 5 日.

思考与分析

　　1. 服务促销热情过分为什么会惹人烦?

　　2. 企业应如何正确地开展服务促销活动?

9.1.1 理解服务促销的概念与目标

1. 服务促销的含义

名词点击

服务促销的概念可以解释为:企业在经营的过程中,为了获得更多的客户源泉,利用各种措施和手段把本企业所能提供服务的一切有用信息,诸如服务的内容、方式、特色、价位等,传递给客户的一种经营活动。可以从以下三个方面入手理解这个概念。

(1) 服务促销的根本目的是传递信息,进行市场沟通。

(2) 服务促销的目的是激发顾客的购买欲望。

(3) 促销的手段是告知、帮助和说服。

通过服务促销活动,客户可以对企业有一定的认识,进而才可能享用企业提供的服务。因此可以说服务促销是开启企业与客户沟通的一扇门,一扇必不可少、至关重要的门,它影响着企业的运营效益,能使顾客对企业更信任、更有好感,更能刺激他们重复购买、长期购买,成为企业的忠实客户。因而进行服务促销非常必要。

无论是附加于实体产品的服务,还是服务企业提供的独立服务产品,都需要促销。促销的方式有人员推销和非人员推销。非人员推销包括广告、营业推广、公关关系等。

2. 服务促销的目标

服务市场营销的促销目标与有形产品市场营销的促销目标大致相同,主要促销目标如下:

(1) 形象认知,即建立对该服务产品及服务企业和服务品牌的认识和兴趣。

(2) 竞争差异,即使服务内容和服务企业本身与竞争者产生区别。

(3) 利益展示,即沟通并描述服务带来的各种利益、好处和满足感。

(4) 信誉维持,即建立并维持服务企业的整体形象和信誉。

(5) 说服购买,即说服顾客购买或使用该项服务,帮助顾客作出购买决策。

对促销目标的具体描述,请见表9-1。

表 9-1　服务促销的目标

促销目标	具 体 描 述
顾客目标	增进对新服务和现有服务的认知
	鼓励试用服务
	鼓励非用户(参加服务展示、试用现有服务)
	说服现有顾客(继续购买服务、增加顾客购买频率)
	改变顾客需求服务的时间
	沟通服务的区别利益
	加强服务广告效果,吸引消费者的注意
	获得关于服务如何、何时及在何处被购买和使用的市场信息
	鼓励顾客改变与服务递送系统的互动方式

续表

促销目标	具体描述
中间商目标	说服中间商递送新的服务
	说服现有中间商努力销售更多服务
	防止中间商在销售场所与顾客谈判价格
竞争目标	对一个或多个竞争者发起短期的攻势或进行防御

总之,任何促销努力的目的都在于通过传达、说服和提醒等方法,来促进服务产品的销售。显而易见,这些一般性目标,会根据每一种服务业及服务产品的性质而有所不同。

卓越实践 9-1　　　　　　细心的服务造就成功促销

2011 年 8 月 19 日,工行淄博高新支行营业部来了一位男性中年客户,由于正处于业务高峰,大堂经理正在排队机前值班,引导、分流客户,见到这位客户便礼貌地问了声:"您好,请问有什么可以帮助您的?"这位客户考虑一下,回答说:"想咨询点理财业务方面的问题。我经常在你行办理一些个人结算业务,你们的员工服务水准和服务环境我都非常满意,所以我想咨询你行代理的理财产品。"听到这里,大堂经理判定该客户为一名优质客户,就引导客户来到贵宾客户理财区,并向正在坐班的网点值班主任进行了汇报。值班主任热情地同客户进行了交流,了解到客户想买该行的理财产品后,值班主任和客户就基金的走势和投资理念进行了交流,同时给客户一些投资风险提示。值班主任详细地向客户介绍了该行的产品,推荐了理财金账户卡和该行快捷方便的网上银行,并向客户进行了操作演示。客户对该行网上银行办理业务的快捷、方便产生了兴趣,当场办理了理财金账户,并开通了网上银行。不但把其他银行的存款转到该行理财金账户上,而且通过网上银行顺利地购买了 1 006 万元基金。

资料来源:中国金融界网 . 一则细心服务成功营销的案例分析 . http://www. zgjrjw. com/news/yglt/201197/14265123261. html,2011 年 9 月 7 日 .

思考与分析

1. 什么样的服务叫作细心的服务?
2. 为什么细心的服务能成功地促销?

9.1.2　了解服务促销与产品促销的异同

1. 服务促销与产品促销的相似点

(1) 促销在整体营销中的角色。

(2) 建立各种有效促销方式的问题。

(3) 促销执行管理的问题。

(4) 为了促销目的而使用的各种各样的方法和媒体。

(5) 可利用的协助促销的组织团体。

2. 服务促销与产品促销的差异

(1)服务行业特征造成的差异

服务行业因类型不同,各有其特点。因此,要找出所有类别的共同差异,是一件不容易的事。下面所举的各项因素,是为了说明为什么产品和服务的促销之间会有区别。

① 市场营销导向的不同。有些服务业是产品导向的,因而不十分清楚营销措施对业务有多大程度的帮助,只把自己当作服务的生产者,而不是提供顾客需要的公司。这类服务业的经理人,未受过训练,也欠缺技术,当然更不懂促销在整体营销中应扮演的角色。

② 专业和道德限制。在采取某些营销和促销方法时,可能会遇到专业上和道德上的限制。传统和习俗可能会阻碍某些类型促销的运用,以致被认为不适当或者品位太差。

③ 许多服务业务规模很小。许多服务业公司规模很小,它们认为自己没有足够的实力在营销或在特别的促销方面花钱。

④ 竞争的性质和市场条件。许多服务业公司,并不需要扩展其服务范围,因为现有范围内的业务已经用尽了生产能力。这些公司普遍缺乏远见,没有认识到在目前的状况下,促销努力可以维持稳固的市场地位,且具有长期的市场营销意义。

⑤ 对于可用促销方式所知有限。服务业公司对于可利用的广泛多样的促销方式所知有限。可能只知道大量广告和人员推销方式,而根本想不到其他各种各样适当、有效而且可能花费较少的促销方式。

⑥ 服务本身的性质,可能会限制大规模使用某些促销工具。例如,广告代理服务业公司极少会去使用大众媒体广告。也就是说,服务的种类、特定服务业的传统,在某些服务种类中,对某些促销方法的限制,使得许多促销方法不能自由发挥。

(2)服务本身特征造成的差异

从顾客的观点来看,消费者对产品营销和服务营销两种营销的反应行为,有着很大的差异。

① 消费者态度。消费者态度是影响购买决策的关键。服务业的非实体性是营销上一项最重要的要素,消费者在购买时,往往是凭着对服务与服务表现者或出售者的主观印象,而这种对主观印象的依赖性,在购买实体性产品时,则没有这么重要。对于服务销售者和服务业,有两方面与制造业不同:服务产品被视为比实体性产品更加个人化;消费者往往对于服务的购买较少满意。

② 采购的需要和动机。在采购的需要和动机上,制造业和服务业大致相同。不论是通过购买实体性产品或非实体性产品,同类型的需要都可以获得满足。不过,有一种需求,对产品或服务都是很重要的,即个人关注的欲求。凡能满足这种需求的服务销售者,必能使其服务产品与竞争者之间产生差异。

③ 购买过程。在购买过程上,制造业和服务业的差异较为显著。有些服务的采购被视为有较大的风险,部分原因是买主不易评估服务的质量和价值。另外,消费者也往往受到其他人,如对采购和使用有经验的邻人或朋友的影响。而这种在购买决策过程中易受他人影响的现象,对于服务营销而言有比较大的意义,尤其是在服务的供应者和其顾客之间,有必要发展成一种专业关系,以及在促销努力方面建立一种"口传沟通"方式。这两项做法,势必可以促使各种服务促销努力更有效率。

9.2 服务促销组合

案例导入

企业为什么需要广告？

在市场产品高度同质化的今天,越来越多的企业逐渐意识到,想在产品上体现领先已很难办到,唯有传播,才能创造出差异化的品牌竞争优势,现代企业的市场竞争力是商品力、销售力和形象力的综合体现,商品力借助技术研发,而企业的销售力与形象力的建筑却要依赖广告这一信息传播手段。一些初步建立了自己企业文明的企业愈加清晰地认识到,他们重点推销的不是企业的产品和服务,而是企业的观念、哲学、文化和形象,企业只有成功推销出这些优秀的精神产品,才能使之转化为优秀的物质产品。据 2005 年美国《福布斯》杂志公布的世界最有价值排行榜的排名,前三名分别是宝洁、微软和美国默克制药,它们的品牌价值分别为 1 074 亿美元、1 031 亿美元和 913 亿美元,这几个数字代表着上述公司无形资产的价值,这真是一笔可贵的精神财富！品牌建立不容易,维护它同样也要花大代价,这时候我们可能需要有一种经久耐用并且不一般的宣传方式,向社会大众传达我们对保持自身形象所作出的努力,这只有借助于广告。

资料来源:龚明勇. 企业为什么需要广告? 提高企业形象力竞争力. http://manage. org. cn/article/200610/39370. html,2006 年 10 月 18 日.

思考与分析

1. 在市场产品高度同质化的今天,企业重点推销的是物质产品和服务呢? 还是包括企业的观念、哲学、文化、形象等在内的精神产品呢?

2. 为什么说在市场产品高度同质化的今天企业离不开广告?

9.2.1 了解服务广告

1. 广告的内涵和构成要素

(1) 广告的内涵

名词点击

广告是指企业通过各种付费传播媒体,向目标市场和社会公众进行的非人员式信息传递活动。随着服务业的不断发展,市场竞争日趋激烈,服务企业必须借助于广告传递服务信息,沟通企业与顾客之间的联系。广告具有吸引顾客的注意力、激起兴趣、唤起需求及导致行动等目的,是一个组织促销工作的基石。

(2) 广告活动的构成要素

广告作为大众传播的一个重要分支,具备以下四个基本要素:广告主、广告信息、广告受众和广告媒体。

① 广告主。广告主是广告活动的主体,是指为推销商品或者提供服务,自行或者委托他人设计、制作、发布广告的法人、其他经济组织或个人。

② 广告信息。广告信息是广告活动的内容,一般是指商品信息、服务信息和观念信息等。

③ 广告受众。广告受众是广告活动的客体,是广告信息的传播对象,主要指工商企业的买主或流通业者及其他单位用户和个人。

④ 广告媒体。广告活动是一种有计划、有目的的大众传播活动,其信息的传播必须借助一定的媒体来实现。广告媒体就是这种传播信息的中介工具,所以广告媒体又称广告媒介。广告媒体是沟通生产者与消费者之间的桥梁,是传播信息的运载工具,也是广告主与广告对象之间起媒介作用的物质手段。其表现形式有报纸、杂志、广播、电视、户外广告以及其他名目繁多的广告媒体等。

在一个完整的广告活动中,主要是根据广告主的利益而进行商品和服务信息的传播,广告主是整个广告活动的主体;广告信息是广告的内容和核心;广告受众是产生广告效益的基础;广告媒体是广告信息的载体,是沟通产销渠道,传授新知识和新技术的工具。总之,广告的四种要素是相辅相成、休戚与共、互为一体的关系,缺一不可。合理地利用四者之间的相互关系,是搞好广告设计的前提条件。

2. 服务广告的指导原则

服务业利用广告的趋势在逐渐扩大,基于服务业的特征,服务业利用广告时,可遵循以下几个指导原则。

(1) 使用明确的信息

服务业广告的最大难题在于,要以简单的文字和图形,传达所提供服务的领域、深度、质量和水准。不同的服务具有不同的广告要求,广告代理商因此而面临的问题是:如何创造出简明精练的言辞,贴切地把握服务内涵的丰富性和多样性,使用不同的方法和手段来传送广告信息,发挥良好的广告效果。

(2) 强调服务利益

能引起注意的有影响力的广告,应该强调服务的利益,而不是强调一些技术性细节。强调利益才符合营销观念,也与满足顾客需要有关。服务广告所强调的利益,必须与顾客寻求的利益一致,因此,广告中所使用的利益诉求,必须建立在充分了解顾客需要的基础上,才能确保广告的最大影响效果。

(3) 只能宣传企业能提供的允诺

"使用服务可获得的利益"的诺言应当务实,而不应提出让顾客产生过度期望而公司又无力达到的允诺。服务业公司必须实现广告中的诺言,这方面对于劳动密集服务业较为麻烦,因为这类服务业的服务表现,往往因服务递送者的不同而各异。这也意味着,有必要使用一种可以确保表现的最低一致性标准的方法。对不可能完成或维持的服务标准所作的允诺,往往会给员工造成压力(如旅馆服务业和顾问咨询服务业)。最好的做法是,只保护最起码的服务标准,如果能做得比此标准更好,顾客通常会更高兴。

(4) 提供有形线索

服务广告者应该尽可能使用有形线索作为提示,才能增强促销努力的效果。这种较为具体的沟通展示可以变为非实体性的化身或隐喻。知名的人物和物体(如建筑、飞机)经常可用来作为服务提供者本身无法提出的有形的展示。使用标志、术语、标语口号;提供数据和事实;利用服务机构的行业排名;采用有形比喻等。

(5) 发展广告的连续性

服务公司可以通过在广告中连贯地使用象征、主题、造型或形象,以克服服务业的非实体性和服务产品的差异化两大不利之处。英国航空公司成功的"Fly the Flag"标语广告,就是受益于连续性地使用有些品牌和象征而变得非常眼熟,消费者甚至可从其象征符号中得知这是一家什么公司。一项对于服务业公司使用的各种广告主题的研究调查发现,效率、进步、身份、威望、重要性和友谊等主题最为突出。

(6) 对员工做广告

服务业雇用的员工很重要,尤其是在人员密集型服务业以及必须由员工与顾客互动才能满足顾客需求的服务业。因此,服务企业的员工也是服务广告的潜在对象。由于顾客所要购买的服务是由人表现出来的,因此,服务广告者所要关心的不仅是如何激励顾客购买,而且更要激励自己的员工去表现。

(7) 在服务生产过程中争取并维持顾客的合作

在服务广告中,营销者面临两项挑战:第一,如何争取并维持顾客对该服务的购买;第二,如何在服务生产过程中获取并保持顾客的配合与合作,这是由于在许多服务业中,顾客本身在服务的生产与表现中扮演着相当积极的角色。因此,构思周到的广告总能在服务生产过程中争取到和维持顾客的配合与合作。

(8) 建立口传沟通

口传沟通是一项营销者所不能支配的资源,对于服务业公司及服务产品的购买选择有着较大影响,服务广告必须努力建立起这一沟通形态,其可使用的具体方法如下:

① 说服满意的顾客让其他的人也知道他们的满意。

② 制作一些资料供顾客转送给非顾客群。

③ 针对意见领袖进行直接广告宣传活动。

④ 激励潜在顾客去找现有顾客谈一谈。

(9) 解除购买后的疑虑

产品和服务的消费者,经常都会对购买行动的合理性产生事后的疑虑。对于有形产品,可以通过对实物客体的评估解除疑虑,但对于服务则不能如此。因此,在服务营销中,必须在对买主保证其购买选择的合理性方面下更多的功夫,并且应该鼓励顾客将服务购买和使用后的利益转告给其他的人。不过,最好也是最有效的方式是在购买过程中,使消费者在与服务业公司人员接触时,得到体贴的、将心比心的、合适的和彬彬有礼的服务,这时,人员的销售方式就显得尤为重要。

3. 服务广告的主要任务

(1) 在顾客心目中创造公司的形象

这项任务包括说明公司的经营状况和各种活动、服务的特殊之处、公司的价值等。

(2) 建立公司受重视的个性

这项任务是指塑造顾客对公司及其服务的了解和期望,并促使顾客能对公司产生良好的印象。

（3）建立顾客对公司的认同

公司的形象和所提供的服务应和顾客的需求、价值观和态度息息相关。

（4）指导公司员工如何对待顾客

服务业所做的广告有两种诉求对象：顾客和公司员工，因此，服务广告也必须能表达和反映公司员工的观点，并让他们了解，唯有如此才能让员工支持和配合公司的营销努力。

（5）协助业务代表们顺利工作

服务业广告能为服务业公司业务代表的更佳表现提供有利的背景。顾客若能事先就对公司和其服务有良好的倾向，则对销售人员争取生意会有很大的帮助。

【小问答 9-1】 有一家名叫洛丽的时装店，其广告主题是"洛丽的姑娘们"，广告照片是一群穿洛丽时装的美丽少女。这些少女都不是时装模特，而是光顾洛丽时装店的顾客。照片每隔一段时间更换一次，每次都是一群新的时装少女。这样，不少购买洛丽时装的少女有机会在广告照片上亮相，从而促进了销售。这种促销方式有什么优势？

答：灵活、感染力强、针对性强等。

9.2.2 了解服务人员推销

1. 人员推销的概念和特点

（1）人员推销的概念

名词点击

人员推销是一种传统的促销方式，但在现代企业营销活动中仍起着十分重要的作用。人员推销是企业运用推销人员直接向顾客推销商品和服务的一种促销活动。人员推销的基本形式包括上门推销、柜台推销及会议推销等。人员推销是一种具有很强人性因素的、独特的促销手段。它具备许多区别于其他促销手段的特点，可完成许多其他促销手段所无法实现的目标，其效果是极其显著的。

（2）人员推销的特点

作为一种促销方式，人员推销与其他促销方式相比，最根本的特点是推销员的工作是促进销售的主要原因。具体来说，它主要有以下几个特点。

① 信息沟通双向互动。人员推销与其他促销方式相比，具有双向互动信息沟通的特点。通过推销员良好的推销工作，一方面，推销人员向顾客介绍企业服务或商品信息，达到促进销售的目的；另一方面，推销人员通过与顾客的交谈，了解顾客对企业及其提供服务或产品的态度、意见及要求，不断地收集和反馈信息，据此及时调整自己的推销策略和方法，并为企业经营决策提供依据。

② 满足需求的多样性。推销人员的工作任务并非单一地推销产品，而是具有双重性，即激发需求促进销售与市场调研相结合；推销商品与提供服务相结合。一方面，推销人员应该寻求机会，发现潜在顾客，创造需求，开拓新的市场；另一方面，推销人员要及时向消费者传递产品和服务的信息，为消费者提供购买决策的参考资料，开展全方位的售前、售中与售后服务。

③ 推销方法与过程灵活多样。在推销活动开始之前,推销员应该选择具有较大购买可能的顾客进行推销,避免盲目、泛泛地进行推销。还应该事先对未来顾客做深入研究,拟定具体的推销方法、推销策略等,以提高推销的成功率。推销人员可以和顾客直接接触,当面洽谈,根据不同潜在顾客或用户的需求和购买心理,有针对性地进行推销。

④ 有利于发展和维持客户关系。这是人员推销的一个突出特点。它可以把企业与用户的关系从纯粹的买卖关系培养成朋友关系,彼此建立友谊,相互信任并理解,这种感情有助于推销工作的展开,实际上起到了公共关系的作用。

⑤ 成本高,要求高。人员推销成本费用较高,在市场范围广泛,而买主又较分散的状态下,显然不宜采用此方法;相反,市场密集度高,买主集中(如有些生产资料市场),人员推销则可扮演重要角色。由于人员推销可以提供较详细的资料,还可以配合顾客需求情况,提供其他服务,所以它最适于推销那些技术性较强的产品或新产品;而一般标准化产品则不必利用人员推销,以免增加不必要的支出。

卓越实践 9-2　　　　　人员推销要认真对待每一位顾客

在前不久的一天,店里来了一位顾客,穿着大拖鞋、旧裤子,我感觉他就是来凑热闹的,没抱希望,也就没有主动招呼他。他在店面里转了一圈,开口问我一款瓷片的价格,我就和他随便讲了一下,看在他是顾客的分上,我给他介绍了我们瓷片的产品特征、价格优势等,并拿了一款产品和其他产品通过试水实际操作来验证。此时他说了声"价格太高"就转身要走,说再到其他店面看看。我就做出恭顺的样子给了他一张名片,最后还装腔作势地微笑着向他要电话号码:"公司有团购活动或其他活动时,我们就可以给您电话或短信了。"我心想,即便他不会买太贵的东西,说不准也会抓到一根救命稻草呢? 他很配合,留下了电话。

过了几天,公司有个小区活动,我不经意看到了他的电话号码,要不试试? 于是我给他发了一条信息。没有想到的是,他还真的来了,还带着他的家人,他拿出来的那张平面图让我傻眼了:那是本市最好地段里的一个楼盘,面积近 400 平方米,基本上算是一个小工程了。我有点受宠若惊,于是对空间搭配等方面细心伺候,他的家人显然对我们的产品和价位十分满意,他们最终定下了我们的瓷片和地砖。要是我当初的轻蔑和不屑真实地表现出来,这个单恐怕早就黄了。

资料来源:世界经理人.销售技巧案例:如何揣摩用户消费心理.http://blog.ceconlinebbs.com/BLOG_ARTICLE_3393.HTM,2009 年 7 月 31 日.

思考与分析

1. 在人员推销中为什么要认真对待每一位顾客?
2. 在人员推销中应该怎样做才是认真对待每一位顾客?

2. 服务人员推销的任务

(1)开拓市场

开拓市场是推销员担负的重要任务,推销员不仅要千方百计巩固和老顾客的关系,还要善于发现和培养潜在用户,使企业的新用户能够源源不断地增加。

（2）传递信息

推销人员要把企业产品或服务等各方面的信息及时传达给顾客，与他们保持经常的联系，为推销产品或服务打下基础。

（3）推销产品或服务

推销产品或服务是推销员的最基本职责。推销员要善于接触消费者，运用灵活的推销技巧，向顾客推荐产品或服务，解答顾客的问题，以促成交易。

（4）提供服务

向用户提供各方面的服务也是推销员义不容辞的责任。如向用户提供咨询和技术协助，帮助解决财务问题并及时办理交货等。

（5）协调分配

推销员要协调好供需关系，特别是在发生意外或冲突的情况下，要向用户做好解释工作，以巩固同用户的业务往来和友好关系。

（6）搜集信息

推销员要及时了解市场的变化和顾客对商品或服务的反应，为管理者决策提供有价值的信息，因此，搜集情报和信息反馈也是推销员的一项重要任务。有些企业还要求推销员定期写出市场情况报告书。

3. 服务人员推销的工作程序

（1）寻找顾客

寻找顾客是推销工作的第一步。推销人员首先要善于寻找产品或服务的购买者，包括有支付能力的现实购买者及未来可能成为企业产品购买者的潜在消费者及用户，以减少推销的盲目性，提高成交率。推销人员可以采用的寻找顾客的方法有逐户访问法、连锁介绍法、中心开花法、个人观察法、委托助手法、广告开拓法、竞争插足法、资料查阅法、参加会议法、市场咨询法等。

（2）分析顾客

发现潜在顾客后，推销员还要进行初步的顾客分析，分析的主要目的就是进一步确认潜在顾客成为现实顾客，实施购买行为的可能性有多大。MAN 法则认为，作为顾客的人是由金钱、权利和需要这三个要素构成的，即只有同时具备购买力、购买决策权和购买需要这三个要素的顾客才是合格的顾客，这种分析就是顾客资格鉴定。

（3）接近准备

推销人员在确定推销对象、着手进行推销工作之前，应进行充分的准备。在走出去推销之前，推销人员必须知己知彼，掌握三方面的知识。

① 产品知识。关于本企业、本企业产品或服务的特点、功能等各方面的情况。

② 顾客知识。包括潜在顾客的个人情况。具体用户的资金情况、用户的需要、购买决策者的性格特点等。

③ 竞争者知识。竞争者的能力、地位和它们的产品或服务特点。

（4）接近顾客

在做好接近顾客的准备工作后，推销员就要设法与顾客进行接触。接近顾客又分约见和接近两个环节。约见是推销员事先征得顾客同意接见的行动。约见可以采取当面约见、书信约见、电话约见、托人代约、广泛约见（利用大众传媒，约见大众顾客）等方式。要确定约定的时间、地点、人物等;接近顾客就是正式接触推销对象,引起顾客的注意和兴趣,以顺利转入面谈导购阶段的行动。接近的方法有利益接近法、好奇接近法、产品介绍接近法、问题接近法、调查接近法、直接接近法等。

(5)面谈导购

面谈导购即推销员与潜在顾客正式接触,引导与指导阶段。这是推销过程中的重要一步。在这一过程中,推销员在描述产品或服务性质和特点时,必须使自己的表述充分吸引顾客的注意力,要注意通过顾客的视、听、触摸等感官向顾客传递信息,其中视觉是最重要的。然后,再针对产品或服务本身的特点以及能给顾客带来的利益进行说服与解释。还要特别注意了解对方的反应,以判断买主的真实意图。

(6)释疑解惑

购买者在听取介绍后,可能提出一些异议,如怀疑产品或服务的价值,不接受交易条件或价格,对企业缺乏信心等。推销员应有巧妙的语言能力并提供有说服力的论据。例如,通过产品或服务详细介绍等工作,说服顾客,克服障碍,达到预期的销售目标。

(7)促成交易

人员推销工作的重要环节是促使顾客采取购买行动,这也是推销工作最困难的阶段。推销员在认为时机成熟时,应抓住有利时机,或者提出购买建议,或者提供价格优惠,或者提供便利的服务,或者归纳销售的重点,以促进顾客做出购买决策。

(8)售后服务

产品或服务销售后,并不意味着整个推销过程的终止,如果推销员希望确保顾客满意并重复购买,就必须对顾客进行"跟踪服务",搜集顾客对于产品或服务的改进意见,及时向有关部门反映,以调整营销措施,并帮助顾客解决使用中的问题。这些工作,有利于树立企业信誉,密切双方关系,促成重复购买。

卓越实践 9-3　　　　酒店前厅服务人员推销技巧的应用

前厅服务人员应掌握推销技巧,使每一位步入店门的顾客,高高兴兴地入住。前厅服务人员除了要精通自己既定的服务准则和操作程序外,更应运用营销的艺术,做好散客的推销工作。根据多年的经验积累,前厅服务人员应主要掌握以下三种方法。

一是以礼取人法。如果对所有入住的客人都采用雷同的接待方法,势必丧失了针对性。优秀的前厅工作人员,应慧眼识人,从客人步入店门的那一刻起,在简单的迎宾过程中,需要迅速为其分级定档,并根据其可能接受的消费水平打开突破口,因人而异,运用不同的推销策略、价格水平,尽量达到多招徕客人的效果。只有做到对入住客人一视同仁,以礼貌、热情、周到的服务赢得好评,才能换取信誉,促使成功。

二是明式报价、鱼尾式报价等方法。另外,在平季或淡季时,饭店为做到薄利多销,常采用折扣方式,此时的画蛇添足法便有了另一番妙用。在报出房价的同时,竭力描述蛇尾的实惠,诸如"在此房价的基础上,我们可以给您折扣。这种折扣只在本季度生效"等等推销词,无疑会使客人动心。

三是循循善诱法。推销客房在很多方面与推销商品一样,要生动地描绘、耐心地讲解,以达到成交的目的。此时,循循善诱法便会显示出特有的魅力。

首先,顺藤摸瓜,通过三言两语的交谈,洞察出客人的消费趋势,以此为出发点拓展开来,向客人提供多种选择,并针对不同特色一一详尽,扬长避短。

其次,尽可能推销附加服务,即把各类服务项目展现于客人面前。此举的目的并非吸引其消费,纯粹在于培养一种应有尽有的意识,使客人感到入住该店能足不出户,心想事成。

最后,不轻易错过一位可能的客人,尤其需要努力诱导。在条件允许的情况下,可直接带领客人多的团组参观房间及内部设施,以争取那些消费水平高却又不愿仓促作决定的客人。

资料来源:职业餐饮网.如何做好酒店散客的推销工作.http://www.jdypgxw.com/info/201206/02/jdypgxw_news34076.html,2012年6月2日.

思考与分析

1. 酒店前厅的服务人员应掌握哪些推销技巧?
2. 酒店前厅的服务人员在应用推销技巧时应把握什么原则?

9.2.3 掌握服务企业营业推广策略

1. 营业推广的概念与特点

(1) 营业推广的概念

名词点击

营业推广也称销售促进,是利用一系列激励性、诱导性的促销方式,促使交易双方的有关人员达成最大交易的促销活动。营业推广可以有效地加速服务新产品进入市场的过程,有效地抵御和击败竞争者的促销活动。在促销活动中,营业推广往往配合人员推销、广告、公关等促销方式使用,使整个促销活动产生热烈的氛围和强烈的激励。

(2) 营业推广的特点

作为一种促销方式,营业推广与其他促销方式相比,最根本的特点是与日常销售活动紧密配合,产生"短、高、快"的销售效果。具体来说,它主要有以下几个特点。

① 辅助作用,协同促销。一般来说,人员推销、广告、公共关系都可以独立开展促销活动,而营业推广则很少单独使用,常常是作为其他促销手段的一种辅助手段,与日常销售活动紧密结合,用于特定时期、特定商品的销售。

② 即期见效,速度最快。营业推广策略的重心是迅速促进当前的商品销售。在既定的市场上,营业推广策略要考虑如何加速商品的销售,始终围绕迅速激发需求、强化顾客购买动机、有效激励购买行为这一中心来进行。它是促销方式中见效最快的一种。

③ 形式多样,创意无穷。营业推广策划的关键是发掘新颖独特的创新思维,要根据企业所处的客观环境和市场态势以及企业自身的条件,创造性地进行分析决断、选择、组合和创造强烈而新颖的诱导刺激措施,使之能迅速吸引顾客的注意力,唤起并强化顾客购买该产

品的利益动机。

④ 短期效益,形成高潮。营业推广策划所要达到的目标是短期的和即时的,而其他促销策划如广告策划、公关策划所要达成的目标是长期的和缓慢的。只要创意新颖、方法得当,就能激发消费者的购买兴趣和参与热情,产生立竿见影的销售效果。正因为其短期性目标的要求,其促销效果必然能在短期内形成购买的高潮。

2. 营业推广策划的程序

(1) 确立推广目标

进行营业推广策划,首先要明确营业推广的目标是什么,也就是说,通过对营业推广策划方案付诸实施之后,企业希望达到什么样的目的。推广目标制约着营业推广策划的各个方面,只有目标明确,才能根据目标的要求策划具体的推广方式。一般来说,推广目标是促销组合目标的一部分,是受促销组合目标指导和制约的,但在促销组合目标系统内,营业推广也有自己的具体目标。营业推广的目标从环节上可以分为三种。

① 以消费者为目标的营业推广活动。其目的是刺激其反复购买,包括鼓励重购、促进新用户试用等。

② 以中间商为目标的促销活动。其目的是刺激其大批量购买,包括吸引中间商购买新品种和大批量重复购买,鼓励中间商销售过时过季的库存商品,强化中间商对本品牌的信任和偏好等。

③ 以推销人员为目标的营业推广活动。其促销的目的是鼓励其开拓新市场,包括鼓励推销人员推销某种新产品,促使他们扩大产品销售等。

(2) 选择推广方式

营业推广方式多种多样、难以枚举,可以说其创意是无穷无尽的。企业可以选择的促销方式常见的有以下几种。

① 服务促销,即通过热情周到的服务促使顾客产生购买动机,具体有售前服务、售后服务、开架服务、订购服务、加工服务、维修服务、培训服务、代办托运服务、保险服务、咨询信息服务等。

② 租赁与互惠经销,包括以设备、房屋等商品让渡给买方使用而将其价值分期收回的租赁和既是买方又是卖方的互通有无的互惠贸易促销。

③ 订货会与展销,即以实物形式集中展现在顾客面前的促进销售。

④ 折扣促销,折扣促销包括批量、现金等方面的折扣以促进销售。

⑤ 物质与精神奖励,即对一定时期内购买数量达到一定标准或购买企业指定商品的顾客,给予一定的货币或物品奖励。

⑥ 竞赛与演示促销、现场制作等。

⑦ 赠品促销、优惠券促销。

⑧ 会员制。

以上主要是以消费者为目标的营业推广方式。针对中间商的营业推广活动形式有销售折扣、资助奖励、节日公关、业务会议、代销等形式。针对推销员的营业推广形式主要有:销售红利、推销竞赛、特别推销奖或补助等。营业推广的每一种方式都有其具体特点和适用范围,因此在策划时要反复分析,选择使用。选择营业推广方式时要考虑以下几个方面的因素:推广目标、竞争条件、经济环境。

（3）制订推广方案

制订推广方案要明确以下几个具体问题。

① 确定刺激强度。营业推广作为对消费者的刺激手段,刺激的强度越大,消费者购买的反应也越大,但这种刺激是递减的,因此,要根据具体情况确定适当的刺激强度。

② 确定推广对象。确定营业推广的目标是针对哪一消费群,换言之,要确定营业推广的目标市场在哪里。

③ 组合推广方法。根据推广目标的要求,组合运用各种营业推广的方法。

④ 把握推广时机。选择营业推广实施的时机,在营销策划中极为重要,时机选择合理,营业推广就能够达到事半功倍的效果。

（4）评估推广效果

在策划过程中,预先对策划方案实施的效果进行评估;在营业推广活动展开后,仍要跟踪研究,评估实施结果,以便为调整方案以及进一步展开推广活动提供依据。

9.3 关系营销

● 案例导入

苦恼的私人理财顾问师

王某是一个银行的部门副经理,其从事的管理工作就是管理部门下的客户信贷资产安全。从时髦的意义上讲,这也是西方的大学那些学生花很多金钱辛苦读出来后从事的职业——私人理财顾问师。

可是,令他很苦恼的是,他根本没有办法管理那些客户。王某以人为本,投入了积极的态度和精力为他们服务,可是成效甚微。看着那些客户宁肯承担高额息差,也不愿接受他作为银行专职服务人员的合理化建议。他想知道该怎么面对这些"上帝",使他的上司和客户都满意,并且能够有效、积极地进行管理? 王某采用的一些管理手段包括:人性化关心、激励、制订计划、定时指导、培训服务等。可是,客户往往作出这些反应:①让王某不要干扰他的私人时间;②抱怨服务不充分;③指责品牌和形象不顺眼;④说王某的普通话不够标准,听不明白他讲的是什么意思;⑤以很忙回避,让他联系别人;⑥提出一些王某不能接受的要求作为条件来交换,等等。

案例中王某可谓颇费苦心,为客户着想,但结果事与愿违。从王某提到的问题中可以看出他非常在乎他的客户。但问题的关键是他在乎客户的心理,客户并不能了解到。

资料来源:齐栋梁客户管理.要让客户知道没你不行.http://www.boraid.com/article/html/42/42851.asp,2005年11月6日。

思考与分析

1. 王某事与愿违的原因是什么?

2. 王某应怎样做才能使客户管理工作达到双赢?

9.3.1　了解关系营销的概念与原则

1. 关系营销的含义

名词点击

20 世纪 80 年代提出了"关系营销"的概念。所谓关系营销,是把营销活动看成一个企业与消费者、供应商、分销商、竞争者、政府机构及其他公众发生互动作用的过程,其核心是建立和发展与这些公众的良好关系。关系营销的本质特征可以概括为以下几个方面。

(1) 双向沟通。在关系营销中,沟通应该是双向而非单向的。只有广泛的信息交流和信息共享,才可能使企业赢得各个利益相关者的支持与合作。

(2) 合作。一般而言,关系有两种基本状态,即对立和合作。只有通过合作才能实现协同,因此合作是"双赢"的基础。

(3) 双赢。即关系营销旨在通过合作增加关系各方的利益,而不是通过损害其中一方或多方的利益来增加其他各方的利益。

(4) 亲密。关系能否得到稳定和发展,情感因素也起着重要作用。因此关系营销不只是要实现物质利益的互惠,还必须让参与各方能从关系中获得情感的需求满足。

(5) 控制。关系营销要求建立专门的部门,用以跟踪顾客、分销商、供应商及营销系统中其他参与者的态度,由此了解关系的动态变化,及时采取措施消除关系中的不稳定因素和不利于关系各方利益共同增长因素。此外,通过有效的信息反馈,有利于企业及时改进产品和服务,更好地满足市场的需求。

2. 关系营销与交易营销的区别

关系营销是与客户建立长期联系的过程,因此会创造更强大的、长期的和互动的关系。这种类型的营销还会增加推荐、价格和服务容忍度。此外,还会得到顾客关于产品开发的积极参与和信息提供。

交易营销是交付功能、基本产品的价值传递过程。这种类型的营销产生的是消极的、短期的和单向的关系,并且很难在未来持续。

关系营销与交易营销的比较见表 9-2。

表 9-2　关系营销与交易营销的比较

关 系 营 销	交 易 营 销
长期关系的建立、保持与加强	关注一次性交易
高度重视顾客服务	较少强调顾客服务
高度的顾客承诺	有限的顾客承诺
对价格不是很敏感,价格不是主要竞争手段	对价格敏感,价格是主要竞争手段
与对方关系的最佳化	单纯交易的利润最大化
市场风险小	市场风险大
重视长期利益	关注短期利益

3. 关系营销的原则

关系营销的实质是在市场营销中与各关系方建立长期稳定的相互依存的营销关系,以求彼此协调发展,因而必须遵循以下原则。

(1)主动沟通原则

在关系营销中,各关系方都应主动与其他关系方接触和联系,相互沟通,了解情况,形成制度或以合同形式定期或不定期碰头,相互交流各关系方需求变化情况,主动为关系方服务或为关系方解决困难和问题,增强伙伴合作关系。

(2)承诺信任原则

在关系营销中各关系方相互之间都应做出一系列书面或口头承诺,并以自己的行为履行诺言,才能赢得关系方的信任。承诺的实质是一种自信的表现,履行承诺就是将誓言变成行动,是维护和尊重关系方利益的体现,也是获得关系方信任的关键,是企业与关系方保持融洽伙伴关系的基础。

(3)互惠原则

在与关系方交往过程中必须做到相互满足关系方的经济利益,因为各营销关系方都是经济利益的主体,在市场上地位平等,根据商品经济的规律,在公开、公平、公正的条件下进行等价交换,有偿让渡,使关系方都能得到实惠。

4. 关系营销的层次

在关系营销实践中各关系方联系的紧密程度及深度是由浅到深、由表及里分层次发展起来的,一般可分为五个层次。

第一层次,基础层次,是指企业与关系方最先接触的表层。如企业的商品或服务被顾客购买后,顾客可能永远不再来这个企业了,仅此一次交易活动的接触,以后再没有什么联系了。

第二层次,反应层次,是指各关系方在第一次接触后再继续相互传递信息并有所反应,如企业将商品或服务出售给消费者后,主动向消费者征求使用后的问题。

第三层次,责任层次,是指各关系方相互承担责任,如商店营业员将商品或服务出售给消费者后,不但主动听取顾客意见,而且对商品使用中存在的问题承担责任,让消费者满意。

第四层次,事前行动,是指各关系方经常交流信息,彼此进一步增强了解,使关系一方感到另一方在关心他们的需要,由满意到产生好感甚至忠诚,如商店将商品或服务出售给顾客后,不仅做好售后服务,而且经常与消费者进行相应的信息传递,这样就加深了商店与顾客的情感关系。

第五层次,共生共荣,是指各关系方之间已建立长期稳定的共生共荣的伙伴关系。企业与各关系方建立了长期伙伴关系,特别是与供应商建立这种关系营销,就可以采用实时管理,即制造商把供应商看成自己的原材料车间,而供应商又把制造商看成自己忠诚的顾客,这样双方都能得到稳定的利润。任何一方随意改变这种关系,都会花费高昂的成本,只有相互为对方提供更多的附加值或服务,才有利于彼此合作和发展。

知识窗 9-1 　　　　　　　　　　关系营销的 6 个市场领域

关系营销涉及的市场领域,除了现有的和潜在的顾客市场之外,还包括中介市场、供应商市场、招聘市场、影响市场和内部市场。

（1）顾客市场。顾客是营销活动的主要关注领域。"交易营销"关注要少些，只强调一次性地销售和俘获新顾客，关系营销则是建立与顾客的长久关系。

（2）中介市场。服务营销活动中，顾客是构成中介市场的资源，但不是唯一资源。任何服务企业都不能仅仅靠顾客的口传、口碑来扩大拥护者，他们还要同中间商、代理商、联系人、增值者等诸多社会力量建立关系，这些社会力量也构成为中介市场。

（3）供应商市场。不论是制造企业还是服务企业，都离不开供应商。企业应本着双赢的理念，在市场寻求共同的商机和合作开发的契机。只有与供应商亲密合作，才能谋求低成本、高效益和建立长期的业务往来关系。

（4）招聘市场。对众多的具有竞争意识的企业来说，最缺乏的关键资源是有技能的熟练人才，招聘市场的开发过程就是物色人才、网罗人才的过程。企业优秀人才的聚集，首先是从招聘市场得来的，忽视招聘市场就堵塞了人才的来源。

（5）影响市场。这主要是指对企业有重要影响的行业和部门。如公用电力行业及管理部门，政府工商、税务、行政管理部门等。企业要同这些行业和部门搞好关系，以促进企业的顺利发展。

（6）内部市场。内部市场包括两个主要概念：第一是机构里每个职员和每个部门，他们都是内部的顾客和内部的供应商。当每个人和每个部门都提供和受到最好的服务时，可以确保机构最佳运转。第二是确保全体员工以同机构阐明的任务、战略和目标一致的方式共同工作。内部营销的实质是把内部员工当作顾客，其目标是通过科学的管理，为他们提供良好的服务和报酬，提高他们的素质和积极性，成功处理电话、邮政、电子的和与顾客的个人接触，确保全体员工提供机构的最佳代理，为企业外部顾客提供满意的服务。

上述 6 个市场，并不是所有的市场都需要同等层次的注意和资源。在适宜层次上进行专注的决定可通过以下步骤达到。

（1）识别每个市场的关键参与者。

（2）研究并搞清关键参与者的期望和要求。

（3）考察每一市场现有和设想的重点层次。

（4）形成所期望的关系战略并确定是否需要一个正式的市场计划。

9.3.2　掌握关系营销策略的内容和实施方式

1. 关系营销策略的内容

关系营销把一切内部和外部利益相关者纳入研究范围，用系统的方法考察企业所有活动及其相互关系。企业的营销策略可分解为：顾客关系营销策略、供销商关系营销策略、竞争者关系营销策略、员工关系营销策略等。其中员工关系营销是关系营销的基础，顾客关系营销是关系营销的核心和归宿。

（1）顾客关系营销策略

顾客是企业生存与发展的基础，是市场竞争的根本所在。只有企业为顾客提供了满意的产品和服务,才能使顾客对产品进而对企业产生信赖感,成为企业的忠诚顾客。菲利普·科特勒指出:"忠诚的顾客是企业最宝贵的财富,现在日益重视设计出最好的关系组合以争取和保持顾客。好的顾客就是资产,只要管理得当和为其服务,他们就能转为公司丰厚的终身利益来源。在紧张的竞争市场中,公司的首要业务任务,就是持续地用最优的方法满足他们的需要,以保持顾客的忠诚度。"

① 树立以消费者为中心的观念,即顾客至上。这种观念认为,企业的一切计划和策略应以消费者为中心正确确定目标市场的需要与欲望,比竞争者更有效地提供目标市场所要求的满足。

② 了解顾客的需要,提高顾客的满意度。了解顾客的需要是企业提高顾客的满意度的前提。

③ 建立顾客关系管理系统,培养顾客的忠诚度。

(2) 供销商关系营销策略

对于多数企业来说,它不可能也没有必要从原料的生产到产品的销售完全独立完成,较为普遍的模式是供应商—企业—分销商—最终顾客,即企业从供应商那里获取原材料,通过分销商销售产品。因为供应商提供原材料的费用和产品由分销商销售产生的分销费用构成了企业产品的成本,因此,一般认为,供应商和分销商会使企业的收益降低,企业与供应商和分销商之间存在着竞争。但实际上,企业与供应商、中间分销商之间也有共同利益。在竞争日趋激烈的市场环境中,明智的市场营销者会和供应商、分销商建立起长期的、彼此信任的互利关系。最佳状态的交易不需要每次都进行磋商,而成为一种惯例。现代信息技术的应用,为这种惯例的形成创造了条件,不少成功的跨国公司就是这种惯例的受益者。那么,企业该如何制定策略呢?

① 求实为本,增进了解。企业应该让供销商充分了解企业的实力,培养供销商对企业的信心,同时必须让供销商充分了解企业的营销战略,特别是将企业的战略目标、营销计划充分传达给经销商,以制订有利于本企业的销售计划,树立与企业长期合作的信念。

② 讲究信用,互利互惠。企业和供销商之间,必须保持供销的畅通和平衡。现代企业的生产经营活动日益复杂,企业在市场活动中对待供销商的态度不应为市场供求波动所左右,而应从长远利益出发,重视建立与供应商之间长期互惠互利的关系。供应商所提供的生产要素的质量和数量以及价格等,直接影响到企业的生产经营情况,良好的供应商关系有助于企业摆脱原材料缺乏和价格不稳定的困境。因此,建立良好的供销商关系对于企业生产具有积极的扶持作用。

③ 诚意合作,共同发展。建立企业与供销商之间的良好关系,必须以诚相待,共同解决供应与销售中存在的问题。一方面,提供各种资料与建议,促使采购、收货、营销、会计等部门与供销商加强合作。另一方面,企业应接受并考虑供销商所提的意见和建议,并传达给企业各部门并保证予以合理解决。

(3) 竞争者关系营销策略

在以往的营销观念中,企业与企业的竞争是一场不宣而战的特殊战争,是你死我活的竞争。在这种营销观念的指导下,企业为寻求成功,往往不择手段置对方于死地,有时为了取得竞争上的优势,不惜采取低价倾销的策略,这样做的结果只能是两败俱伤。其实在当今市场竞争日趋激烈的形式下,视竞争对手为仇敌,彼此势不两立的竞争原则已经过时,企业之间不仅存在着竞争,而且存在着合作的可能,以合作代替竞争,实行"强强联合",依靠各自的资源优势实现双方的利益扩张。在这方面许多大型跨国公司已有先例。

如美国通用汽车与意大利菲亚特汽车公司以互换股权的方式实现了战略联合。可以认为,只有通过合作而非低层次的恶性竞争,企业才能提高综合竞争力。这种竞争者合作的企业间关系可视为战略联合,它有利于企业在最大限度上发挥自己的资源优势的同时,更好地利用其他资源,使社会资源得到最佳配置,合作各方获得比合作前更多的竞争优势和利益。

（4）员工关系营销策略

内部营销是企业关系营销的基础,其目标是企业员工转向关系营销的新视野,激励员工开发执行关系营销策略。可以说,没有良好的员工关系,企业就无法开展工作,因此,任何企业都必须首先处理好自己内部的员工关系,只有企业内部上下左右关系融洽协调,全体员工团结一致、齐心协力,才能成功地"外求发展",通过员工的协作以实现资源转化过程中的价值最大化。

① 造就良好的员工信念。如 IBM 公司的组织信念是:尊重个人——尊重组织中每个人的尊严和权利;服务顾客——提供全世界所有公司中最好的服务给顾客;杰出——相信一个组织目标是以卓越的方法完成所有的工作。经过长期努力,IBM 公司的"IBM 就是最佳服务"成为众多员工的组织信念。这种信念帮助 IBM 在成功的路上稳步前进。

② 满足员工的不同层次的需要。满足员工不断增长的物质需求,使企业具有光明的发展前景;满足员工对企业的情感需要,使企业内部建立融洽的人际关系;满足员工的成就感,使企业为员工提供实现个人价值和充分成长的机会,并不断根据知识经济的发展需要,对他们进行知识和技能的培训。

③ 建立企业内部良好的沟通气氛。在企业内部也充满了互相传递信息的沟通活动,因此,在企业内部沟通过程中,企业领导要作风民主,平易近人,要善于倾听不同的意见,鼓励下属大胆提出批评和建议,消除沟通中的地位障碍,形成轻松和谐的沟通环境和气氛。

2. 关系营销策略的实施方式

营销策略实施是将营销策略转化为行动的过程,也是实现预定目标的过程。从宏观的角度来看,关系营销策略的实施,还需要企业从整体上进行统筹规划,具体来说包括组织设计、资源的合理配置以及文化的整合。

（1）组织设计

关系营销的管理,必须设置相应的机构。企业关系管理,对内要协调处理部门之间、员工之间的关系,对外要向公众发布信息、征求意见、搜集信息、处理纠纷等。管理机构代表企业有计划、有准备、分步骤地开展各种营销活动,把企业领导者从烦琐事务中解脱出来,使各职能部门和机构各司其职,协调合作。关系管理机构也就是企业营销部门与其他职能部门之间、企业与外部环境之间联系沟通和协调行动的专门机构。

（2）资源配置

① 人力资源配置。一方面实行部门间人员轮换,以多种方式促进企业内部关系的建立;另一方面从内部提拔经理,可以加强企业观念并使其具有长远眼光。

② 信息资源共享。在采用新技术和新知识的过程中,以多种方式分享信息资源。如利用计算机网络协调企业内部各部门及企业外部拥有多种知识和技能的人才的关系;制定政策或提供帮助以削减信息超载,提高电子邮件和语言信箱系统的工作效率;建立"知识库"或"回复网络",并入更庞大的信息系统;组成临时"虚拟小组",以完成自己或客户的交流项目。

（3）文化整合

关系各方环境的差异会造成建立关系的困难，使工作关系难以沟通和维持。跨文化之间的人们要互相理解和沟通，必须克服不同文化规范带来的交流障碍。文化的整合，是关系双方能否真正协调运作的关键。合作伙伴的文化敏感性非常敏锐和灵活，能使活动双方共同有效地工作，并互相学习彼此的文化差异。文化整合是企业市场营销中处理各种关系的高级形式。不同企业有不同的文化。推动差异化战略的企业文化可能是鼓励创新、发挥个性及承担风险；而成本领先的企业文化，则可能是节俭、纪律及注重细节。如果关系双方的文化相适应，将能强有力地巩固企业与各子市场系统的关系并建立竞争优势。

◯ 实训课业

一、技能训练

（1）学习人员推销理论后，以两个同学组成一组，互换角色扮演推销员与顾客，模拟和演示笔记本电脑的推销过程，其他同学观看后进行公开分析讲评，并进一步归纳提炼推销理论。

（2）为某一品牌的洗发水制作两个 30 秒的电视广告方案。

（3）为某新款汽车制作两个 30 秒的广播广告。首先应该考虑到消费者的安全需要；其次考虑到他们的自尊需求。把广告文案交给老师。

（4）为某一康复保健中心的广告宣传单设计广告语。

（5）叙述和欣赏中央人民广播电台发布的一则商品广告。

（6）某一培训班向你介绍其机构的培训课程，你觉得作为专业的销售人员，他应该怎样做？

（7）如果你是一家小型超市的经理，请谈一谈应该采取哪些促销措施提高超市的营业额？

二、实训项目

服务促销策略的应用

1. 实训内容

对某一服务型企业的服务产品进行调查，然后，根据你所学习的相关专业知识，为该企业设计出你认为新颖有效的服务产品促销方案。（提示：你还可以登录中国营销传播网、中国策划网参阅有关营销实战人士的促销策划方案作为借鉴。）

2. 实训目的

能应用所学的服务促销策略理论，为企业制订符合实际的服务产品促销策略组合方案。

3. 实训要求

（1）采取多种实训教学形式。一是教师可以聘请某一服务企业管理水平较高的高级管理人员到学校为学生做服务产品促销的专题讲座并解答同学们提出的各种问题；二是组织学生以 6 人为一组，以团队形式，由组长负责利用实训课的时间或周六、日的时间，选择某一管理水平较高的服务型企业去观摩、学习和调研。

（2）以小组为单位组织学生座谈和撰写促销方案，培养学生的团队意识和创新精神。

（3）组织学生利用业余时间到某一服务型企业做兼职促销员，提高学生的服务促销能力。

第 ⑩ 章

服务人员策略

本章阐释

本章通过服务人员与顾客、内部营销和服务营销文化的基本理论和实务的介绍,使学生了解服务人员在服务营销中的作用,掌握对服务人员进行管理与培训的技巧,能应用所学为某一服务企业开展内部营销、创建服务营销文化设计出切实可行的方案。

能力目标

(1)掌握内部营销实施的方法、塑造服务企业营销文化的措施和对服务人员进行管理与培训的技巧。

(2)能应用所学为某一服务企业开展内部营销、创建服务营销文化设计出切实可行的方案。

10.1 服 务 人 员

案例导入

埃克森公司实施"草根计划"的故事

埃克森石油公司是一个历史悠久、规模宏大的跨国公司,拥有职工 6 万人以上。长期以来,公司在善待员工问题上坚持执行"草根计划",既确保了职工的凝聚力和向心力长盛不衰,也使自己在激烈的市场竞争中总是立于不败之地。所谓"草根计划",就是根据草根生命力强的特点,在经营理念上,把广大职工视为草根,视为企业发展最基础的力量。公司的一切人事管理措施都围绕这一指导思想来制定,力求最大限度地赢得职工队伍对公司的认同。作为职工,除了履行工作义务之外,则需设法结识国会议员,以便在公司遇到重大问题时,及时向各自认识的国会议员打电话或写信,反映公司情况,寻求国会支持。

资料来源:中人网.善待你的员工.http://www.chinahrd.net/management-planning/birds-eye-view/2006/0605/151111.html,2006 年 6 月 5 日.

思考与分析

1. 埃克森石油公司实施的"草根计划"的含义是什么?

2. 埃克森石油公司实施的"草根计划"对公司的发展有何重要意义？

10.1.1　理解服务人员的地位与服务利润链

1. 服务人员的地位

在服务产品提供的过程中，人（服务企业的员工）是一个不可或缺的因素。尽管有些服务产品是由机器设备来提供的，如自动售货服务、自动提款服务等，但零售企业和银行的员工在这些服务的提供过程中仍起着十分重要的作用。而对于那些要依靠员工直接提供的服务，如餐饮、医疗等服务来说，员工因素就显得更为重要。一方面，高素质、符合有关要求的员工的参与是服务提供的一个必不可少的条件；另一方面，员工服务的态度和水平也是决定顾客满意程度的关键因素之一。考虑到人的因素在服务营销中的重要性，克里斯蒂安·格隆罗斯（Christian Gronroos）提出，服务业的营销实际上由三个部分组成（见图 10-1）。

图 10-1　服务业营销的三部分

其中，外部营销包括企业服务提供的准备、服务定价、促销、分销等内容；内部营销则指企业培训员工及为促使员工更好地向顾客提供服务所进行的其他各项工作；互动营销则主要强调员工向顾客提供服务的技能。

图 10-1 中的模型清楚地显示了员工因素在服务营销中的重要地位。在服务营销组合中，处理好人的因素，就要求企业必须根据服务的特点和服务过程的需要，合理进行企业内部人力资源组合，合理调配好一线队伍和后勤工作人员。以一线员工为"顾客"，以向顾客提供一流的服务为目的，开展好企业内部营销工作。

2. 服务利润链

顾客对企业服务质量评价的一个重要因素是一线员工的服务素质和能力，而要形成并保持一支素质一流、服务质量优异的一线员工队伍，企业管理部门就必须要做好员工的挑选和培训工作，同时要使企业内部的"二线"、"三线"队伍都围绕着为一线队伍的优质服务提供更好的条件这一中心展开。只有为一线员工创造了良好的服务环境，建立了员工对企业的忠诚，进而才能形成其为顾客服务的热诚，通过较高的服务质量赢得顾客对企业的忠诚。服务利润链对这一思路作出了很好的说明。服务利润链如图 10-2 所示。

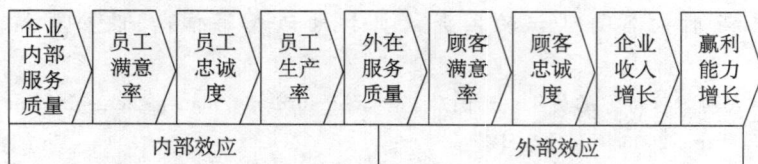

图 10-2　服务利润链

10.1.2　了解服务人员与顾客

在服务营销组合中,人的要素是指在服务传递中扮演角色、影响购买者感知的所有人,包括服务人员和顾客等。

1. 服务人员

一般而言,服务企业的人员可分为两类:必须与顾客接触的员工和不需与顾客接触的员工。在研究服务业员工与顾客接触的问题时,应区分员工与顾客接触的程度。高接触度与低接触度的区分,可依据顾客在处于服务体系中的所有时间里接受服务所占时间的百分比来确定。据此,高接触度服务包括:电影院、娱乐场所、饭店、公共交通和学校等部门所提供的服务;低接触度服务包括:政府主管机构、信息中心和邮电业等所提供的服务。

2. 顾客

对服务企业的营销活动产生影响的另一种因素是顾客之间的关系。一位顾客对某项服务质量的感受,很可能会受其他顾客意见的影响。顾客总会与其他的顾客谈到服务企业,或者当一群顾客同时接受一项服务时,对服务的满足感往往是由其他顾客的行为间接决定的。

知识窗 10-1　　　　企业一线员工是塑造品牌的关键

斯堪的纳维亚航空公司(SAS)总裁简·卡尔森将公司普通员工与顾客的接触称为"严峻的考验"。他说:"斯堪的纳维亚航空公司每年有 1 000 万乘客,平均每个乘客要与 5 个公司雇员接触。因此,航空公司的形象便是 1 000 万乘 5 的结果,也就是说,它每年要经历 5 000 万次'严峻的考验'。这 5 000 万次独特的、永远不会重复的机会,正是使我们自己以一种难忘的方式表现与我们的每一个竞争者的不同的机会。我的工作就是设法在这 5 000 万次严峻考验中不出差错!"怎样才能不出差错呢? 当然是让每一位员工都成为负责的人。用卡尔森的话说,"斯堪的纳维亚航空公司是市场上的一个个顾客同公司的一位位员工进行接触的产物。"

企业的价值和声誉靠服务人员和工作在第一线的经理们支撑。客户给企业打第一个电话,首先接触的是接线员;客户第一次登门拜访,最先见到的可能是清洁人员,他们都在创造着企业的形象。若是企业在跟客户接触的每一个点上都给客户留下很深的印象的话,向客户推销产品或服务将会成为轻而易举之事。

资料来源:世界品牌实验室. 品牌建设,从一线员工始. http://brand.icxo.com/htmlnews/2006/12/12/978653_0.htm,2006 年 12 月 12 日.

10.2　内 部 营 销

◯ 案例导入

玫琳凯的内部营销

当你走进玫琳凯公司在美国达拉斯的总部大厅时,迎面而来的不是油画、雕塑或产品,而是一幅幅比真人还大的首席美容顾问写真照。目睹这一别有创意的设置，人们就会更加真切地体会到玫琳凯"我们是一家以人为主的公司"的深刻内涵。

员工是公司第一营销对象——只有员工满意，才会有顾客的满意；而顾客满意了，企业才能获得利润并持续运行。正是基于这一认识，玫琳凯·艾施说，"一旦有人才加入我们公司，我们就会千方百计地使其安心在公司工作。如果他们不能在某一部门发挥出自己的才干，我们会尽量为他们调换合适的岗位。"她相信，每个人都有自己的专长，无论员工在哪个部门，都必须花时间使他们感到自己的重要性。

玫琳凯大中国区总裁麦予甫也说过，员工是公司使命的一部分，员工的全面发展就是公司的目标之一；只有员工全面发展，公司才能全面发展。因此玫琳凯有专门为员工制订的"关爱计划"和完善的职业培训和发展计划，帮助员工的职业发展。麦予甫认为，当公司把员工当成目标来经营时，员工的忠诚度会非常高，他们会创造非凡的财富。

资料来源：爱成，王逸．玫琳凯的内部营销之道．http://brand.icxo.com/htmlnews/2006/07/11/876428_0.htm，2006年7月11日．

思考与分析

1. 玫琳凯公司为什么要把员工作为公司的第一营销对象？
2. 玫琳凯公司是怎样帮助员工发展的？

10.2.1　理解内部营销的概念

名词点击

内部营销的概念形成于20世纪80年代，内部营销是一种将员工视为顾客的管理哲学。将员工视为企业的内部顾客，努力为员工提供优质的内部服务，使其能够以营销意识参与服务，从而创造"真正的顾客"。

内部营销是一项管理战略，其核心是发展对员工的顾客意识。在把产品和服务通过营销活动推向外部市场之前，应先对内部员工进行营销。只有进行恰当的内部营销，企业在外部市场上进行的经营活动才可能获得最终成功。

内部营销作为一种管理过程。首先，内部营销能保证公司所有级别的员工，理解并体验公司的业务及各种活动；其次，它能保证所有员工准备并得到足够的激励以服务导向的方式进行工作。内部营销强调的是公司在成功达到与外部市场有关的目标之前，必须有效地进行组织与其员工之间的内部交换过程。

10.2.2　了解内部营销的层次

内部营销计划可划分为两个层次：策略性内部营销与战术性内部营销。从策略层次上看，内部营销的目标是：通过制定科学的管理方法、升降有序的人事政策、企业文化的方针指向、明确的规划程序，创造一种内部环境，来激发员工主动为顾客提供服务的意识。从战术层次上看,内部营销的目标是:向员工推销服务、支援服务、宣传并激励营销工作。

在实务上,营销措施就变成广告活动,不但是为了影响顾客,同时也为了要影响员工。它侧重于技能与细节,主要包括定期或不定期地举办培训班、内部相互沟通,召开情况介绍会、座谈会、茶话会;内部全员沟通,如定期出版报纸或快报;情况调查,确认员工需求等。

在员工不太情愿销售一种他们本身就不太接受的服务产品的情况下,内部营销就更加重要。例如,银行职员对银行新规定——为其他银行催收贷款的收费办法不愿接受。在这项新规定收费办法实施之初,有些职员即对利用这种催收服务的客户并不按照规定收费,部分原因是考虑到长期客户关系的建立不易,从而使得这项规定非修改不可,规定只在可行的情况下才收费。

10.2.3　了解内部营销的管理过程

内部营销意味着两种类型的管理过程:态度管理和沟通管理。

1. 态度管理

态度管理即有效管理员工的态度,提高员工服务顾客的意识,并对自觉进行服务的行为给予激励。态度管理是内部营销的关键组成部分。服务企业需要具备超前性的管理意识,要创造未来而不是适应未来。

2. 沟通管理

经理、接待员和支持人员需要大量的信息,来完成与他们职责相符的工作,为内部和外部顾客服务。这些信息可能包括工作计划、产品和服务的特征、对顾客的承诺(例如广告或推销员所作出的)等。他们需要沟通他们的要求、改进工作的意见以及他们发现的顾客需要。这是内部营销的沟通管理。

如果企业想要获得成功,这两种类型的管理都是必要的。但人们往往只认识到了沟通管理,并且沟通中信息是单向的。通常内部营销以活动或行为的形式出现。例如向员工分发内部手册,在员工会议上向参加者提供书面的和口头的信息,而双向沟通很少。员工只是接到大量的信息却没有得到精神上的激励。

在服务营销中,有两句格言流传甚广,经常为人们所引用,其一是:"你希望员工怎样对待顾客,你就怎样对待员工。"其二是:"如果你不直接为顾客服务,那么,你最好为那些直接为顾客提供服务的人提供优质服务。"这两句格言提示了两个原则:对人的尊重和树立集体主义观念。因而,企业可以通过内部营销,使"顾客至上"观念深入到员工的心坎,从而使服务提供者更好地履行自己的职责。

卓越实践 10-1　　　　海底捞是如何开展内部营销的?

海底捞虽然是一家火锅店,它的核心业务却不是餐饮,而是服务。在将员工的主观能动性发挥到极致的情况下,"海底捞特色"日益丰富。

家的文化:身边太多的企业天天教导、培训员工要以公司为大家,以部门为小家,现在看来,只不过是一个挂在嘴边的口号而已。当员工把企业当作自己家的时候,那他们就应该像一个主人,是主人就应该有做事的相关权力。这个家的主人一定会想尽各种办法来建设这个家,让这个家变得更加强大。

授权机制:"海底捞"的一名普通员工拥有是否能够给客人进行免单或加菜等各项决定权,店长、领班、员工的财务决定权非常明确这就是企业管理方式的精明之处,大多数的企业中的一个副总,竟然连几千元的财务决定权也必须经总经理批准后方可实施,自己不得擅自批准。与此相比,海底捞真是让人感到不可思议:让员工做主人,有了权力,有了工作的动力。

激励机制与愿景规划:"海底捞"的大部分员工都是通过内部员工介绍的。如果这个企业不好,你会介绍你的家人、朋友、同学来吗? 我想答案一定是不会。

资料来源:姜汝祥. 海底捞服务:超级五星模式的代价. http://www.ugubl.net/yzpp/news_3485.html,2012 年 11 月 2 日。

思考与分析

1. 为什么说海底捞火锅店的核心业务不是餐饮而是服务?
2. 海底捞是如何开展内部营销的?

10.2.4　掌握内部营销的实施方法

内部营销的目的是提高服务质量,创造顾客满意,其实施对象是企业内部员工。调动员工的积极性和创造性是内部营销的基本任务之一。企业需要借助营销的理念、技术和方法满足内部员工需要,同时获取外部竞争优势。内部营销活动可以从树立内部营销意识、细分内部市场、创建和培育"服务文化"、充分开发和利用企业的人力资源、加强内部沟通等方面展开。

1. 树立内部营销意识

内部营销首先是一种经营哲学,它要求服务企业的管理者和员工都树立服务内部顾客的意识,只有这样内部营销才能在企业内推行。这和经常强调的顾客导向是不矛盾的,因为强调内部顾客满意正是为了最终达到外部顾客的满意,而不是否定外部顾客的满意。日本学者金井正明指出:顾客导向包括外部及内部顾客导向,这也说明了二者的一致性。

海尔的企业文化里有一种"源头论"的说法,即把员工当作企业发展动力的真正源头,在企业内部营造尊重人、信任人、关心人、理解人的氛围,把员工的发展作为企业经营管理的重要目标,这体现的就是要确立内部营销意识。

2. 细分内部市场

在内部营销中对市场的细分就是对企业员工细分,其目的是为了让适合的人做适合的事,使企业的培训课程、激励措施、工作设计更有针对性。人的需求是有差异的,即使同一个人在不同的阶段也存在着需求差异性,这种差异影响着企业工作设计、激励措施的有效性。在对员工的细分过程中除了采用通常的人口统计变量,如性别、年龄、教育程度外,还需要更多地考虑心理变量和情感变量,因为人的个性、价值观念、生活方式、态度、情感等方面影响人的工作热情。

上海波特曼酒店经理狄高志先生认为：一个人如果能真心地喜欢自己的工作，他就会在工作中自然地发挥天赋和潜能，就能将自己的自然快乐带到职业性的工作中，从而增强员工对工作的满意。他希望员工能自然、快乐地工作。自然的工作状态比工作经验和技能更重要，因为后者可以在工作中进行培训和锻炼，但快乐和自然的工作状态是无法培训的。如果管理者在安排员工工作时能够找到工作特征和员工行为特征的结合点，员工的潜能就会得到充分的发挥。

3. 创建和培育"服务文化"

服务文化是严格的服务导向、顾客导向的文化。因为服务质量是各种资源共同作用的结果，因而要成功地进行质量管理，必须创造和培育一种高质量、稳定的服务文化。企业计划实施内部营销，首先要在企业内部创建和培育本企业的"服务文化"。企业的"服务文化"影响和控制着管理人员和各级员工的行为。制定和实施服务战略和策略需要中、高级管理人员的彼此联系以及广大员工的参与和支持，这就需要有"服务文化"影响、指导和控制自己的行为。

企业在创建和培育"服务文化"的过程中，高层管理人员要有战略眼光，要努力探索和开创"服务文化"的途径，通过制定政策、程序、制度和行动方针来规范和约束企业业务活动中的员工行为。高层管理人员只有自己率先成为企业服务文化的忠实体现者和执行者，以良好的作风和强烈的事业心鼓舞鞭策员工，尊重、关心和理解员工，服务顾客，才能使企业倡导的服务意识、价值观内化为员工的行为，也才能凝聚起员工的参与意识和团队精神，使他们与企业风雨同舟、竭尽全力、自觉为顾客提供高质量的服务，实现企业的营销目标。

4. 充分开发和利用企业的人力资源

为保证企业服务营销的有效性，充分开发和利用企业的人力资源，加强企业的人力资源管理，进行质量控制，必须做好以下工作。

(1) 录用合格的人才。聘用优秀人才来实施服务是企业服务营销的关键。企业对服务人员的要求不能仅仅是年轻貌美，主要是应聘人员的内在素质，如价值观、个性和成熟度。

(2) 教育培训。除向员工传授服务技能外，更重要的还有职业道德、服务规范和标准化培训，使员工不仅有"提供优质服务"的意识，而且通过培训，接受新的服务技能、改善服务态度，丰富服务产品知识，以保证他们提供的服务与企业的目标相一致，与顾客的预期相吻合。

(3) 充分授权和倒金字塔形组织管理模式。传统的管理模式是由第一线的员工直接面对顾客，但如未充分授权，一旦碰上问题，员工就无法采取行动，只得将矛盾上交中层管理人员，中层管理人员对信息的传递起着阻碍作用，不了解顾客需求，就更容易丧失顾客。如果企业实行倒金字塔形的管理模式将顾客放在最上层，第一线员工在第二层，第三层是中层管理人员，最下层为企业决策者，就从组织结构和管理模式上保证了上上下下各级员工都对顾客负责，以顾客为中心，根据服务内容自主地解决问题，企业管理人员的任务就是支持、协助第一线员工完成服务顾客的任务和使命。

(4) 激励与认同激励是企业经常采用的刺激方法，能使员工以更高的水平、更大的主动性和自觉性从事服务。管理有方的企业大都实行"以人为本"的管理模式，根据科学的激励理论，针对员工的不同特点进行激励。对员工委以恰当安排时做到人尽其才，以激发员工的内在工作热情;同时要赏罚分明,客观评价员工的工作,激发员工的工作积极性;还应通过教育培训,提高员工素质,增强自我激励能力和进取精神。总之,企业通过改善工作内容、工作环境和工作条件等外在因素,促使员工产生奋发向上的进取精神、努力工作的积极性和满足感。同时,让表现突出的员工得到认同和表扬,也会有助于企业营造良好的服务文化和环境,达到团队的整体发展,使企业整体服务质量都得到提高。

卓越实践 10-2　　　　　酒店的内部营销

　　这一年圣诞节前午夜时分,丽都饭店总机当班的小李,接到某外资公司一位客人的电话,询问圣诞活动预定事宜,并说曾打电话给另一家酒店,因该店总机接线员告之订票处已经下班,于是便打电话到丽都询问。

　　小李接到客人的电话,尽管此事并非她直接的工作范围,但是脑海中立即意识到这件事关系到饭店形象,做好咨询服务是自己应尽的责任和义务,处理得当还能促进饭店的圣诞销售。她马上热情、细致地把有关情况向客人一一作了介绍。客人听后非常满意,并表示他们公司将平安夜活动就定在丽都了。第二天,他们果然来饭店买了 160 张欢度"圣诞平安夜"的套票。

　　酒店在日常管理中很注重内部的沟通与交流,包括各部门之间、员工与领导之间、员工之间,注重团结合作。并每月召开几场员工座谈会,充分听取员工意见,每月评选最佳职工,邀请最佳员工的家属来餐厅参观和就餐等。酒店每次的活动细则在内部网站上都有信息发布。这样就形成良好的合作氛围,从而有利于提高企业的内在服务质量,最终实现外部服务质量的提高。

　　由此可见,自觉的促销意识正是小李的可贵之处。她平时做有心人,关心酒店的促销活动,提前对这次圣诞活动的各项内容了解得清清楚楚,因而面对客人的询问,她胸有成竹,详细解答,抓住了这个意外的机会。

　　资料来源:中国吃网. 某饭店总机接线员的促销意识. http://www.6eat.com/DataStore/CardExpensePage/3766410,2012 年 3 月 7 日.

　　思考与分析

　　1. 酒店应如何塑造特色鲜明的服务营销文化?

　　2. 酒店应如何开展内部营销活动?

　　5. 加强内部沟通

　　内部营销是整体营销的要求,整体营销需要企业各部门的共同努力,在"顾客至上"观念的指导下相互沟通、相互合作、相互支持,其中,各部门的沟通是关键,特别是一线员工和二线员工的沟通在内部营销中显得十分重要。因为一线员工是直接与顾客接触,为顾客提供服务的,二线员工与顾客接触的机会相对较少,但在顾客眼中任何一名员工都是代表企业的,顾客不会去区分每个员工的具体职责,于是一线员工与二线员工之间关于服务内容、对顾客的承诺信息的沟通就显得尤为重要。

　　同时,沟通管理作为内部营销目标之一,也需要各个部门之间加强沟通,使得企业的产品信息、工作计划、服务特征以及对顾客的承诺及时有效地在企业内部传达、运行。而一线员工所获得的最新的顾客需求信息又必须尽快和企业内部相关部门进行沟通,使这些信息转化为符合顾客要求的产品和服务,以抢占市场先机,提高顾客满意率。

卓越实践 10-3　　　　　通用电气公司开"献计会"的故事

　　自全美著名企业家杰克·韦尔奇执掌帅印以来,公司在如何调动基层员工工作积极性、进一步焕发老企业活力方面,采取的一项行之有效的措施就是,定期组织底层员工代表开"献计会",这种类似但又不同于日本企业合理化建议活动的会议形式的独特之处在于,公司领导能面对面听取基层员工的不同意见,员工感到这样参与公司决策比较直观和"过瘾"。韦尔奇这样做的理由是:"最接近工作的人最熟悉工作",同他们直接对话有助于避免官僚主义。"献计会"制度的实施不仅调动了员工劳动积极性,而且也解决了生产经营中存在的老大难问题,降低了成本。例如,过去焊接材料和设备的采购决定,均由白领工程师负责,现在则由工程师和焊工共同商量而定,这样就避免了采购与使用两个环节脱钩的问题,加强了内部沟通。

　　资料来源:中人网 . 善待你的员工 . http://www. chinahrd. net/management-planning/birds-eye-view/2006/0605/151111. html,2006 年 6 月 5 日 .

　　思考与分析

　　1. 通用电气公司为什么要定期组织低层员工代表开"献计会"?

　　2. 通用电气公司采取"献计会"的会议形式对我国企业有何启示?

10.3　服务人员的管理与培训

◉ 案例导入

大陆航空公司:关注员工满意度

　　进入大陆航空位于全球的任意一家公司,你都会在最明显的位置看到我们称为"企业文化"的内容,一共四句。第 1 句:Fly to Win(飞行制胜),即开拓有发展潜力的新市场,在一个不断改变的业界环境里,达成赢利。第 2 句:Fund the Future(为未来投资),即为员工提供培训,购买新飞机,投资新设备、新技术,为未来发展打好基础。第 3 句:Make Reliability a Reality(实现更高可靠性目标),即提供业界领先、安全可靠的产品,在美国交通部公布的各种关键运营指标上领先同行,例如:正点到达率、行李托运等。第 4 句:Working Together(齐心协力),即全公司上下保持通畅的信息沟通渠道,尊重、鼓励、善待每一个员工,让每个员工拥有良好的工作环境和发展空间,让美国大陆航空拥有敬业的工作环境。

　　资料采源:中人网 . 大陆航空公司:关注员工满意度 . http://www. chinahrd. net/employee-relations/employee-relations-research/2006/0728/136188. html,2006 年 7 月 28 日 .

　　思考与分析

　　1. 大陆航空是如何关注员工满意度的?

2. 大陆航空的做法对我国航空公司有何启示?

10.3.1 掌握服务人员管理的内容和方式

1. 服务人员在服务营销中的作用

服务是通过服务人员与顾客的交往来实现的,服务人员的行为对企业的服务质量起着决定性作用,因此,在服务营销中企业对员工的管理,尤其是一线服务人员的管理相当重要。

"公司—员工—顾客"之间的链式关系,说明了员工在服务营销中的地位和作用。在服务组织内部的人力资源管理比一般的人力资源管理起着更为重要的作用,这一重要性主要体现在如下关系上。

(1) 员工的满意程度与企业内部质量相关。

(2) 员工的忠诚度与员工的满意度相关。

(3) 员工的生产效率与忠诚度相关。

(4) 服务的价值与员工的生产效率相关。

这一系列的推断说明内部质量是基础,可以通过员工对自己的工作的评价、对企业内其他人的看法而得到。企业内部对人力资源的管理影响着员工的满意程度,从而影响着企业服务价值的实现。

通常,我们所说的顾客指的是购买企业产品或服务的人。如果我们通过"公司—员工—顾客"的关系来理解员工的作用,可以认为,企业的最终用户并不是唯一的顾客,员工也是企业的顾客,企业为员工提供的"产品和服务"是信息、资源、支持、放权。

管理人员把自己的下属视为顾客是一种很好的管理方法,当管理人员把员工作为自己产出(即管理工作)的顾客时,就会去了解他们的需求,而当管理人员满足员工的需求之后,员工往往能够很好地完成工作。

由于顾客在与一线员工接触时,往往把这些员工作为整个企业的代表,把与这些员工交往得到的感知服务质量作为整个企业所提供的服务质量。因此,如果在企业内部存在这样一个良好的机制,那么,前线的员工一定会尽力给顾客留下良好的印象,并提供优质服务。

2. "顾客/员工关系反映"分析

"公司—员工—顾客"给我们的另一个重要启示是"顾客/员工关系反映",即对于服务组织来说,顾客关系反映了员工关系,即组织(尤其是管理人员)如何对待员工,员工就将怎样去对待顾客。正如一份研究报告指出的那样:如果管理人员帮助员工解决问题,员工也就会为顾客解决问题。

(1) 关心员工遇到的问题并帮助解决

管理人员应关心影响员工工作的问题,包括公事也包括私事。要做到这一点,管理人员不妨从以下几个方面加以考虑。

① 不要使员工时时感受到与管理人员之间的距离,要使他们有可以畅所欲言的环境。

② 定期举行基层员工会议,可以使高层管理人员从这些普通员工中得到建议。

③ 企业为员工提供一些福利性的帮助,例如,通过制订、实施援助员工的计划和为员工

提供信用担保等方式帮助员工解决生活中遇到的一些困难。

④ 企业制订一些支持员工的计划,包括提供服务、职位阶梯和分享企业利润。

（2）使员工了解组织内部发生的事

什么样的事务能够让所有员工了解呢？

① 关于销售、利润、新产品、服务和竞争的综合情况。

② 其他部门的活动。

③ 关于企业在实现目标上的最新发展及完成目标的情况。

（3）树立组织的整体观念,增强员工责任感

培养员工共同的责任感应始于新员工加入时,新员工需要学会的是对顾客和对其他员工的责任感。要使这项工作持续进行,还需要关注顾客对负责任的员工的反馈信息,经常回顾工作中员工表现出责任感的行为,以及对那些很好地为顾客服务的员工进行当众表扬。

（4）尊重员工

当员工感觉不到被上司或同事尊重时,他在对顾客提供服务的过程中往往易于急躁,管理人员在与员工的交往中应注意自己的言行,处处体现出对员工的尊重。

① 及时表扬出色完成工作的员工。

② 记住下属的名字。

③ 尽量避免当众指责员工。

④ 为员工提供干净、适用的设备。

⑤ 注意礼貌用语。

⑥ 认真倾听并尽力去理解员工的看法。

（5）给予员工决定的权力并支持员工作决定

管理人员对员工给予充分的支持会令员工做得更好,下放一部分权力会使员工更加主动、积极地为顾客提供服务。我们要从以下几个方面来理解"支持"。

① 为员工提供配备的人员、资源及相关知识等以使员工更有效地工作。

② 合理的加薪计划。

③ 为下属所犯错误承担相应责任。

④ 在其他人面前为自己的下属作辩护。

⑤ 把注意力集中在解决问题上,而不是一味地责备。

3. 管理人员对员工的管理方式

管理人员所要面对的员工各不相同,并非每个员工都能很好地完成自己的工作。在这种情况下,管理人员应学会帮助员工改变做法,做好工作。而对于员工来说,为了更好地服务顾客,他们往往需要知道自己做得怎样,他们需要来自管理人员的反馈信息。因此,管理人员应及时评价员工的工作并帮助他们改正错误。

如果管理人员没有直接参与员工的工作,就应该对员工与顾客的接触给予更多的关心。通过这些做法,管理人员可以获得有关员工的第一手资料,第一手资料能使管理人员更加真切、全面地了解员工及他们遇到的问题。但在实际中我们往往可以看到,许多管理人员仅仅满足于有关实际工作的二手资料,而这些二手资料往往带有有关人员的主观看法,管理人员难以从中发现员工所遇到的问题。

（1）对员工在工作中取得的成绩,管理人员应及时给予表扬。但作为管理人员不能滥

用表扬，应把对员工的表扬用在较为关键的方面，主要包括以下几种情况。

① 当员工的行为超过企业所要求的行为标准时。

② 当员工的行为一直都符合标准时。

③ 当员工取得进步时（无论进步的大小）。

④ 当员工面对挑剔的顾客保持冷静时。

⑤ 当员工采取灵活措施帮助顾客时。

【小问答 10-1】 赞美的力量。

营销界估计没有多少人不知道卡耐基，可是卡耐基小时候是一个公认的坏男孩儿。在他 9 岁的时候，父亲把继母娶进家门。父亲向继母介绍卡耐基说："亲爱的，希望你注意这个全郡最坏的男孩儿，他已经让我无可奈何。"出乎卡耐基意料的是，继母微笑着走到他面前，托起他的头认真地看着他。接着她对丈夫说："你错了，他不是全郡最坏的男孩儿，而是全郡最聪明、最有创造力的男孩儿。"就是凭着这一句话，他和继母开始建立友谊。也就是这一句话，成为激励他一生的动力，使他成为美国的富豪和著名作家，成为 20 世纪最有影响力的人物之一。

问题：赞美是激励员工最快捷、最实用、最经济的办法。通过赞美可以达到什么效果呢？

答：一是可以培养员工，提高员工的自信心和工作激情；二是可以保证工作质量，促进工作的顺利完成；三是可以体现一个店长应有的个人修养；四是可以树立店长的个人威信；五是可以创造良好的企业文化。

（2）管理人员应该做到以下事项。

① 考虑员工的感受。

② 冷静地分析每一种可能的情况。

③ 表现出相信员工有作必要改变的能力。

④ 仔细向员工解释所犯错误的本质及管理人员期望的改正效果。

⑤ 在私下里批评员工。

⑥ 向员工描述未来可能发生的错误及其后果，并坚持不断地做这样的描述。

⑦ 公平地对待每一个员工。

⑧ 当错误发生后，迅速给予关注。

⑨ 告知员工惩罚措施的目的。

⑩ 迅速对所有违反规则的行为作出处理。

（3）管理人员应该避免以下事项。

① 讽刺犯错误的员工。

② 发脾气。

③ 轻视犯错误的员工。

④ 用带有侮辱性的语气说话。

⑤ 在其他员工面前批评犯错误的员工。

⑥ 对员工进行欺骗或威胁。

⑦ 表现出个人喜好。

⑧ 对员工所犯错误迟迟不进行处理。

⑨ 采取过分严厉的惩罚措施。

⑩ 改正错误的措施执行得不具有连续性。

【小问答 10-2】　当员工在工作中出现差错时,管理人员应该如何对待?

答:管理人员应以谨慎的态度对待员工的差错,员工这时的心态是很敏感的,如果管理人员处理不当,可能会适得其反。管理人员的谨慎,首先表现在他对待员工错误的态度上,管理人员应对员工错误持理解的态度,在帮助其改正的实施过程中,应避免触发员工的敌对情绪。

10.3.2　掌握服务人员培训的内容和方式

在探讨企业内部培训之前,先要介绍企业的人员招聘,这是企业进行员工培训的基础,人员招聘工作质量的好坏对培训工作的效果有着直接影响。

1. 人员招聘

在选择前线员工时,不能像招聘普通员工那样只看重经验和技能,而更应考察态度、资质和个性等能为服务人员带来成功的因素。一般的招聘方法不适用于选择前线员工,因为在这些招聘过程中,招聘人员的决定常常只是基于他们的直觉和应聘者的书面材料产生的。调查资料显示,60%的简历中有不真实资料,大多数推荐信只提供正面的意见,面试也不是一种可靠的方法,招聘人员通过面试只能了解应聘者的外表及在面试中的表现。因此,选择服务组织的前线员工需要更科学的方法。

2. 员工培训

员工招聘只是企业人力资源管理的开始,如何使新员工成为符合企业要求的服务提供者,这是企业内部培训要解决的问题。许多企业为培训员工开办了专门的学校,比如假日酒店大学、麦当劳的“汉堡包大学”等。学校的一切活动都围绕着培训企业需要的人而展开。

知识窗 10-2　　　　　　麦当劳的“汉堡包大学”

麦当劳的“汉堡包大学”为了向员工说明顾客的重要性,仅仅在顾客服务给员工带来的好处这一问题上就有下列一些方面的内容。

(1) 你将学会重要的技能,这些技能将帮助你成功,无论将来你做什么。

(2) 你将从中得到满足感,由于你的工作许多人得到了帮助。

(3) 你将学会如何鼓励顾客和其他员工,这会帮助你得到你想要的东西。

(4) 你将会发现过去没有意识到的一些事,包括不为自己了解的某些能力。

(5) 你将了解一个有效系统是如何运作的。

(6) 如果你做得好,顾客会回头。你做得越好,整个组织就会越好,所有的情形都会好起来。

资料来源:汉堡包大学 . http://baike. baidu. com/link? url = WDfCVJVVBCCK3cqJVyzwGYHN-KSJmzT-cV1C0YgNcro9gEG3Uf-GZbIaPklT71xFRQXthEVDS6WRM9puiLA9K.

这些学校的主要任务首先是对员工进行技能培训(针对某些特定的事务),比如关于酒店的会计系统、现金管理技术等。这些培训内容主要是一些行为准则,一般是针对那些新加

入公司的员工。进行这样的培训是为了让新员工能够在今后的工作中以符合标准的行为高效地完成本职工作,并与其他员工取得协调,更好地工作。

其次是对员工进行交往培训。由于员工在与顾客交往中可能遇到的问题难以预料,因此很难在培训中对这些问题加以模拟解决。所以,在服务组织的培训中,交往技巧的培训在某种程度上比技能培训更困难。许多航空公司对乘务员进行事件分析培训,以帮助乘务员在意想不到的情形下处理好顾客提出的苛刻要求。还有一些企业把角色扮演、创造性技巧和冲突的模拟作为培训方法。根据服务组织类型的不同,可以对技能培训或交往技巧培训有所侧重。

培训的第三个作用在于向员工灌输企业的价值观,并使员工对一些与企业发展有关的事给予更多的关注,这是有关企业文化的培训内容。

在设计内部员工培训计划过程中,首先应考虑的是企业内不同层次的业务需要,这里所说的业务需要,指的是企业各级部门的工作目的、工作内容及所应达到的要求等。在分析各级部门业务需要的基础上制订培训计划以满足这些需要。在制订培训计划时还应注意对不同部门的员工,不同职能和不同地区的部门及组织内不同级别之间相互影响、相互联系的领域进行研究,使制订出的培训计划能增进彼此间的联系,并在公司遇到的问题与业务流程方面建立起员工之间、部门之间、地区之间的理解。

3. 由上而下的培训

上面我们探讨的培训多集中于基层员工的培训计划,那么管理人员是否也应培训呢?答案是肯定的。每个人都需要知道该做些什么和怎样去做,而且每个人都需要得到他人的鼓励与肯定,总裁也不例外。企业内部全面的培训一般在以下四个层面展开。

(1)最高管理层。对最高管理层的培训以宏观的管理为特色内容,主要在于如何制定、实施以顾客为导向的管理战略。高层管理人员还应学会如何加强管理并以身作则,以建立以服务为导向的企业文化。

(2)经理和主管。一般的管理人员需要在下放权力、团队建设,做手下员工的顾问等方面学习如何扮演好自己的角色。管理人员还应掌握必要的技巧使整个组织的计划相互协调以形成整体。

(3)前线与顾客接触的员工。前线员工在培训中应学会有关帮助顾客,为顾客做出安排,把顾客需要放在第一位的看法、战略和技巧。

(4)公司里的其他员工。培训计划应使这些员工知道优质服务给公司、给他们自己的事业所带来的好处,并使他们意识到自己在服务提供过程中的重要性,同时帮助他们理解"内部顾客"的含义,最重要的是使这些员工学会如何在工作中支持、帮助前线员工。

在这四个层面的培训中,经理和主管以及前线员工这两个层面较为重要。服务组织中经理和主管的培训与其工作特点密切相关,员工对顾客提供服务的过程不仅受管理人员如何对待员工的影响,而且也受到管理人员如何对待顾客的影响。管理人员都应该理解自己的行为对下属具有怎样的影响力,同时也应了解在建立以服务为导向的企业文化中自己应扮演的角色和应有的行为。管理人员在平时的工作中要具有表率作用意识,他们应以顾客为中心,在作决定时考虑多种因素,管理人员还应学会如何培训和发展员工同样关心顾客。

10.4　服务营销文化

案例导入

以身作则,最为关键

在思科,广泛流传着这样一个故事,一位思科总部的员工看到他们的总裁钱珀思先生,大老远地从街对面小跑着过来,这位员工后来才知道,原来钱珀斯先生看到公司门口的停车位已满,就把车停到街对面,但又有几位重要的客人在等着他,所以他只好几乎是小跑着回公司了。因为在思科,最好的停车位是留给员工的,管理人员哪怕是全球总裁也不享有特权。再比如通用公司,公司内部有一个价值观的卡片,要求每个人必须随身携带,就连总裁,也随时都拿出这个卡片,对员工进行宣传,对顾客进行讲解。

资料来源:中华门窗网. 如何让部门员工认同企业文化 参与企业文化建设. http://info. bm. hc360. com/2013/08/090918545622. shtml,2013 年 8 月 9 日.

思考与分析

1. 思科公司总裁是怎样以身作则的?

2. 思科公司总裁的以身作则对提高企业管理水平有何重要意义?

10.4.1　理解服务营销文化的含义与功能

1. 服务营销文化的含义

名词点击

服务营销文化的含义是:企业追求优质服务,每个人都把向内部的、外部的顾客提供优质服务视为生活的自然方式和最重要的规范之一。当服务意识、顾客意识和全员营销意识成为服务企业最关注的工作时,服务营销文化就在企业中存在。

服务生产和消费的性质决定了服务营销文化的重要性。服务营销文化能够整合服务业员工的思想和行为,培养员工的组织认同感,具有强大的驱动力、凝聚力和感召力。良好的服务营销文化会促使服务业经营业绩的长期增长,正确应对市场环境的变化和企业的变革。

2. 服务营销文化的功能

一般来说,服务营销文化具有以下四项主要功能。

(1) 导向功能。服务营销文化能够使员工更具有服务导向的特点,即把企业员工引导到确定的目标上来。在服务业内部,服务导向可以增强内部的氛围,改善内部服务的质量。从外部看,具备服务导向的员工,将对顾客有兴趣,为顾客做得更多,并努力寻找满足顾客期望的恰当办法,使顾客和相关群体感知优质的服务,同时强化员工与顾客的关系。

(2) 约束功能。服务营销文化对每个员工的思想和行为具有约束和规范作用。服务营销文化注重的是管理中的企业精神、价值观等软因素,这些因素对员工产生心理约束,而心理约束使得员工对自己的行为进行自我控制。

(3) 激励功能。优良的服务营销文化能够为员工提供一个良好的组织环境,使员工具有执著的事业追求和高尚的道德情操,以极大的热情投入到工作中。服务营销文化能够综合发挥目标激励、领导行为激励、竞争激励、奖惩激励等多种激励手段的作用,从而激发出企业内部各部门和所有员工的积极性,而这种积极性同时也成为企业发展的无穷力量。

(4) 凝聚功能。服务营销文化可以产生巨大的向心力和凝聚力,即用共同的价值观和共同的信念使整个企业上下团结。服务营销文化是全体员工共同创造的群体意识,在这种意识支配下员工积极参与企业事务,逐渐形成对服务企业的归属感。

10.4.2 了解服务营销文化建设中应解决的主要问题

服务营销文化建设对服务业的生存和发展具有举足轻重的作用,在服务营销文化建设中应解决好以下几个主要问题。

1. 树立服务导向的价值观

服务营销文化建设首要解决的问题是关于服务业价值观、经营思想、服务理念、精神风貌、服务形象和素质等方面的全局性问题,这些问题的解决都应站在战略的角度来考虑,以使服务营销文化与服务业发展战略保持一致,促进服务业目标的实现。其中服务业价值观应该在组织中占主导地位,用于对服务业的日常经营活动的指导和对员工业绩的衡量。

服务业发展战略多是关于服务业未来一段时期的发展谋略,对此,服务营销文化建设应尽早谋划,适时介入,为服务业发展营造有利的内外部环境。随着服务业参与国际竞争、国际商务交往的日趋频繁,这就要求服务营销文化具有兼容性和开放性。

2. 实施人本管理

在服务营销组合中,人员是关键要素。服务业员工不仅仅是一种生产要素、一种"经济人",更是"社会人"和"文化人",是服务业的主体。根据"公司—员工—顾客"的链条关系,在服务传递过程中,员工是联系服务业和顾客的纽带。顾客服务主要是依靠员工与顾客面对面的交流实现的,服务业服务质量的好坏直接取决于员工在服务过程中的表现。因此,服务业比其他行业更加注重人员的选择、培训与管理。

服务业实行人本管理,其核心就是以人为中心,理解人,尊重人,激发人的热情,满足人的合理需求,进一步调动人的积极性和首创精神,使员工积极参与企业事务,逐渐形成对服务业的归属感,为服务业发展贡献自身力量。服务营销文化建设的目的,就是要通过文化的培育和推进,帮助服务业员工寻求工作意义,使员工形成团结和谐的团队,让服务营销理念内化为员工共同的价值观和行为规范,使组织和个人得到最优的组合与匹配。

3. 倡导创新精神

服务业能否快速应对市场环境变化,事关服务业生存大计。顾客导向的服务理念是服务创新的方向和指导思想,服务创新的每一步都应当符合服务理念。事实上,要让一项新服务让顾客接受,首先要让服务业员工接受。提高员工对新服务接受率的途径可以是:鼓励员工参与新服务的构想和设计;加强服务机构的内部营销。可以说创新是服务业的生命内核,创新是服务文化,同样也是服务营销文化的精神内核。

因此,把创新这个内核植入服务业价值观,全方位融入服务营销文化诸要素和建设服务营销文化的全过程,培育全体员工的创新精神,使创新成为服务业的品质,是服务营销文化建设必须始终关注的焦点问题,也是所有成功服务业的共同经验。

4. 形成核心能力

所谓核心能力是指服务业内部一系列互补的技能和知识的结合,它具有使一项或多项业务达到竞争领域一流水平的能力。核心能力理论认为,核心能力是企业的特殊能力,具有价值优越性、异质性、难模仿性、不可交易性、难替代性等特征。具有活的动态性质的核心能力是企业追求的长期战略目标,是企业持续竞争优势的源泉。依据核心能力,确立服务业的使命和目标,是服务营销文化建设应明确的方向。有特色的服务营销文化会产生具有异质性的营销、产品和服务,使服务业各种知识、技术和技能有机整合,实现顾客所看重的价值,并把这种竞争优势体现在服务业一系列的产品和服务之中,最终形成服务业的竞争优势,形成服务业的核心能力。

10.4.3　掌握服务营销文化建设的步骤

服务营销文化的塑造是一项艰巨的系统工程。这项工程的顺利实施,需要有一个严密、科学的基本思路。总的来说,它包括以下一些必不可少的步骤。

1. 分析与规划

卓越的服务营销文化是在长期的营造过程中,不断地丰富、积累起来的,它是企业全体员工的汗水和心血的结晶,一旦形成,它就成为企业的一种号召力和鼓舞力,是一笔非常宝贵的精神财富。

(1) 分析内外因素。服务企业首先要了解本企业的历史,在此基础上分析企业现在的内外部环境。

① 内部环境。内部环境是企业文化生长的土壤,对服务营销文化的塑造具有直接的巨大的影响作用。对内部环境的分析,包括对企业性质、员工素质、企业管理制度、企业经营特色等多方面的分析。

② 外部环境。外部环境是企业不可控制的因素,但对企业的经营与员工行为影响极大。外部环境分析主要包括对市场状况、新的服务技术等方面的分析。企业可以根据外部环境的变化及时调节内部环境、回避风险、抓住机遇,以适应日益激烈的市场竞争。

(2) 规划未来。在分析企业过去、现在的基础上,服务企业对其服务营销文化进行总体规划。规划的内容主要包括:总体思想、实施重点、实施方法以及实施计划等。其中总体思想是核心,其他活动围绕总体思想展开。

2. 组织与实施

组织与实施是服务营销文化塑造的关键阶段,主要包括以下几方面措施。

第一,调整现有的规章制度。首先优秀的服务营销文化要形成文字,制定科学的制度来落实这些优秀的理念。尤其对于人力资源制度,包括招聘、培训、考核、薪酬、任免、奖惩等,都应该深刻体现出公司的文化。当企业的规章制度与文化发生冲突时,最好调整规章制度。

卓越实践 10-4　　　　　　平安保险:员工参与管理

　　人力资源改革包括三个主要思想:①将人事管理转化为动态的、充满活力的人力资源管理,并将人才作为一种资源来使用和开发。②强调个人发展与公司发展相统一,人力资源改革着重于激发员工不断提高素质,发挥潜能,同时公司也为优秀的员工提供晋升机会,实现员工的生涯规划和公司远景相结合,让优秀的员工最大限度地为公司发展作出贡献。③强调考核和活力,使每个人都有压力和动力,使平安员工成为"诚实、信任、进取、成就"的优秀员工,使平安成为"团结、活力、创新、学习"的优秀组织。

　　资料来源:中国劳动咨询网.平安保险:让员工参与管理.http://www.51labour.com/html/37/37469_2.html,2006 年 6 月 17 日.

思考与分析

1. 平安保险公司提出的人力资源改革的三个主要思想的目的是什么?
2. "以人为本"的文化在企业管理中有何重要性?

　　第二,全面提高员工的素质、强化员工企业意识。服务营销文化并不是只让企业的中高层管理者认同,而是让所有的员工,甚至是临时的员工都认同。员工素质影响着企业服务营销文化的发展水平,是其实施的基础,故此要树立员工主人翁意识,增强员工对企业的忠诚感,最为关键。

　　第三,以身作则,树立榜样员工。一些企业高层管理者总感觉企业文化是为了激励和约束员工,其实更应该激励和约束的,恰恰是那些企业文化的塑造者,他们的一言一行都对服务营销文化的形成和推广起着至关重要的作用。

　　在服务营销文化实施过程中,找出企业内部现在或者过去相应的先进人物、事迹进行宣传和表扬。按照服务营销文化的要求进行先进人物的评选,并在公司内部和相关媒体进行广泛的宣传,让全体员工都知道他们为什么是先进的,他们做的哪些事是符合公司的服务营销文化的,这样的榜样为其他员工树立了一面旗帜,同时也使服务营销文化的推广变得具体而生动。

　　第四,设计各种活动、加强宣传与沟通。服务营销文化要得到员工的认同,必须在企业的各个沟通渠道进行宣传和阐释,企业内刊、板报、宣传栏、各种活动、研讨会、局域网,都应该成为服务营销文化宣传的工具,要让员工深刻理解服务营销文化是什么,怎么做才符合公司的文化。同时,企业高层应有意识地宣扬服务营销文化,让顾客和客户认知本公司的文化,只有产生了对服务营销文化的认同,才能成为公司的忠诚客户。

知识窗 10-3　　　　　　沃尔玛是如何对待员工的

　　沃尔玛的创始人山姆说:"我认为,如今我们所从事的这个行业中,对管理者最大的挑战,是如何成为员工的真正领导者。一旦他做到这一点,这支优秀管理者和员工组成的团队,就可以战胜一切!"沃尔玛的组织结构是一个倒三角形,位于最上层的不是公司老总而是员工,管理者和员工是一种服务和被服务的关系。如山姆所说,管理者如何对待员工,员工就会如何对待顾客,员工在沃尔玛受到的重视程度是一般企业不能比的。在沃尔玛,员工被称为"合伙人"、"同人",沃尔玛有十大成功的经营规则,其中七条是讲员工的。

目前国内的企业文化建设有声有色,员工的作用被越来越多的企业所重视。特别是一些科技含量比较高的企业,员工受到的重视程度要普遍比普通企业中的员工高。不过商业企业的情况要差些,商业企业作为服务型行业,人们通常认为员工要求的技术水平较低,因而替代性较强,一些管理者并不真正把他们看作企业发展的根本要素,所以导致现在商业企业员工稳定性很差,跳槽现象非常严重。

资料来源:中华硕博网.我们向沃尔玛学习什么?.http://www.china-b.com/jyzy/qygl/20090427/1645780_1.html,2009 年 4 月 27 日.

● 实训课业

一、技能训练

(1) 作为一名普通员工,领导把你想做的工作交给别人,把你不擅长的工作交给你来做,你如何与领导协商此事?

(2) 调查学校中的不同餐饮企业,分析这些企业服务营销文化的差别是什么?

(3) 从你未来想从事的行业出发,谈一谈未来你作为一名新员工,需要进行哪些入职培训?

(4) 如果你是一家星级酒店的总经理,请你谈一谈应该采取哪些行之有效的措施开展内部营销工作呢?

二、实训项目

服务人员策略的应用

1. 实训内容

请同学们讨论"在服务企业中是员工为先,还是顾客为先",分成两组,每组可选出四名辩手,就此问题开展一场辩论赛。

2. 实训目的

掌握塑造服务企业营销文化的措施和服务人员的管理方式。

3. 实训要求

(1) 辩论赛环节主要包括:主席开场;正方一辩首先发言;反方一辩发言;正方二辩发言;反方二辩发言;正方三辩发言;反方三辩发言;自由辩论反方四辩总结陈词;正方四辩总结陈词等。

(2) 以寝室为单位选出辩论赛辩手,组织学生座谈和讨论。

第 11 章

服务过程策略

本章阐释

    本章通过对服务过程的基本矛盾、服务业的生产率、服务质量管理的基本理论和实务的介绍,使学生了解服务过程的基本矛盾,理解提高服务业生产率的思路与对策,掌握服务质量评价的一般标准和方法以及提高服务质量的制度、方法和策略的理论,并能够将这些理论应用到企业的管理实践中,为提高企业的服务生产率和服务质量作出贡献。

能力目标

    (1) 能应用服务质量评价的一般标准和方法及服务质量差距管理的方法,对企业的服务质量进行分析和评价。

    (2) 能应用所学的提高服务质量的制度、方法、策略和服务补救的理论,针对企业服务质量管理工作中的实际问题提出解决问题的系统方案。

11.1 服务过程的基本矛盾

11.1.1 了解服务过程的含义

1. 服务过程的概念

名词点击

服务过程是指与服务生产、交易和消费有关的程序、任务、日程、结构、活动和日常工作。

2. 服务过程与服务特点的关系

服务过程与服务特点的关系大致分为以下四类。

(1) 服务过程之所以能作为服务营销的重要组成部分,首先是在于服务的不可分性,因为服务交易与服务生产、服务消费之间是融为一体的,服务不可能脱离这个整体过程。相反,服务只有经过这个整体过程才能完成。

(2) 服务过程作为服务营销组合要素的合理性,在于服务的易变性。由于服务非机械化生产,难以将服务过程标准化,因此服务营销只有预先设计,特别是把握好"过程"才能把握好服务的易变性。

（3）服务的不可储存性也要求服务营销重视对"过程"的策划。服务营销只有对"过程"精心策划，才能有效地利用服务时间和调节服务的供求，从而把握好服务的不可储存性。

（4）服务过程还关系到服务消费者的参与感和责任感，设计和实施良好的"过程"有助于增强顾客对服务的参与感和责任感，从而满足服务消费者特殊的行为要求。

3. 服务过程的分类

（1）按过程形态分类

按过程形态可将服务过程分为三大类。

① 线性作业。所谓线性作业是指各项作业或活动按一定顺序进行，服务是依据这个顺序而产出的。在服务业，自助式餐厅就是这种作业顺序的标准形态。在自助式餐厅，顾客依顺序做阶段式的移动。线性作业的各种不同构成要素之间的相互关系，往往会使整体作业受到连接不足的限制，甚至因此造成停顿现象，比如自助餐厅的结账员动作迟缓，但这也是一种具有弹性的过程，过程中的工作项目，可经由专门化、例行化而加快绩效速率。线性作业过程最适合用于较标准化性质的服务业，并且有大量的持续性需求。

② 订单生产。订单生产过程是利用活动的不同组合及顺序提供各式各样的服务。这类服务可以特别设计定制，以符合不同顾客的需要，并提供预订服务。餐馆及专业服务业的生产过程即属于订单生产过程。虽然这种过程形态具有弹性的优势，但仍然存在时间不易安排、资本密集不易取代劳动密集、系统产能不易估算的缺陷。

③ 间歇性作业。这是指各服务项目独立计算，做一件算一件，或属于非经常性重复的服务。比如，一个大型计算机系统装置的安装或制作一部大型影片等，都属于间歇性作业。这类项目的工作浩繁，规模及间断性与前两种方式都大不相同，对管理阶层而言，作业管理是复杂而艰巨的。这类项目最有助于项目管理技术的转移及关键途径分析方法的应用。

（2）按接触程度分类

按接触程度可将服务过程分为两类：高接触度服务和低接触度服务。

与顾客接触程度不同的服务，在作业上差异较大，从而对管理者的要求也各不相同。高接触度服务业与低接触度服务业相比，具有以下特点。

① 高接触度服务业比较难以控制，因为顾客往往成为服务过程中的一种投入，甚至会扰乱过程。

② 在高接触度服务业中，顾客也会妨碍到需求时效，同时其服务系统在应付需求上，较难均衡其产能。

③ 高接触度服务业的工作人员，对顾客的服务印象有极大影响。

④ 高接触度服务业中的生产日程较不容易编制。

⑤ 高接触度服务业较难标准化，比如难以用技术取代人力。

⑥ 将服务系统中的高接触度构成要素和低接触度构成要素予以分开管理较为有利，同时可因此激励员工在各种不同功能中的技能专门化。

（3）按复杂程度和差异程度可将服务过程分类

① 复杂程度和差异程度都比较高的服务过程。如外科医生的手术过程，既比较复杂，又随病人的不同或医生的不同而出现比较大的差异。

② 复杂程度比较高而差异程度比较低的服务过程。如酒店的服务过程，比较复杂，但

比较标准化,一般不会因为顾客的不同产生很大的差异或出现很大的改变,而且酒店普遍重视对人员统一的培训,这也降低了服务过程的差异程度。

③ 复杂程度比较低而差异程度比较高的服务过程。如理发、美容、照相等服务过程,不是很复杂,但差异程度比较高,不同顾客要求不同的发型,甚至要求同一发型但要有细微的差别,美容、照相等也是如此。而且理发师之间、美容师之间、摄影师之间手艺的差异也比较大。

④ 复杂程度和差异程度都比较低的服务过程。如超市的服务过程,既不复杂,又没有多少差异。

11.1.2 了解服务过程的基本矛盾

1. 服务过程基本矛盾的内容

服务过程中普遍存在的一个基本问题是,企业缺乏服务的库存能力。不像制造企业,服务企业不能在需求淡季建立库存以备后来需求增加时使用。缺乏库存能力是由服务的时效性以及与消费的同时性决定的。特定轮船上没有销售出去的舱位不可能在第二天继续出售,这些舱位在这一班次提供服务的能力已经消失了。缺乏库存能力与市场需求波动共同导致了服务过程中的基本矛盾即供求矛盾的产生,这一矛盾几乎困扰了所有的服务企业。

在任何一个既定的时段,一个生产能力固定的服务组织都可能面对下列四种状况之一(见图 11-1)。

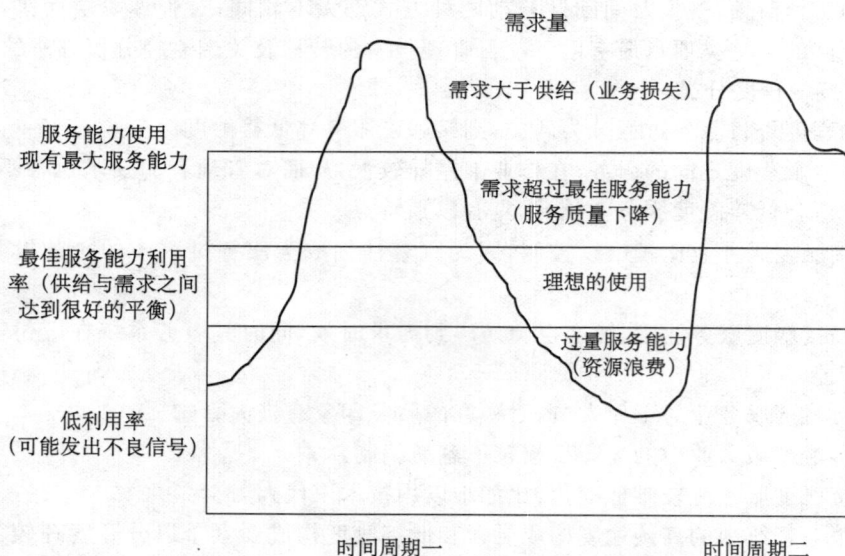

图 11-1 需求与相应服务能力之间的变化关系

(1)需求过剩

需求水平超过最大服务能力,因此必须拒绝一些顾客,损失一些交易。对于接受服务的顾客来说,由于顾客过多或员工和设施超负荷运行,质量可能无法达到承诺的水平。

（2）需求超过最佳服务能力

不会拒绝任何顾客，但是由于顾客太多或已经超出员工提供稳定质量的能力，服务质量依然会受到损害。

（3）需求与供给在最佳服务能力水平上达到平衡

员工和设施都处于理想水平，没有人超负荷工作，服务设备得到了良好的维护，顾客可以获得高质量的服务而没有意料之外的等待。

（4）供给过剩

需求低于最佳服务能力。劳动力、设备和设施等形式的生产资源未充分利用，导致生产力低下，利润减少。顾客可以获得质量相当高的服务，因为他们可以充分利用设施，不必等待，可以吸引员工的全部注意力。

如图 11-1 所示，图中的水平线代表服务能力，曲线代表顾客对服务的需求。在许多服务行业中，能力是固定的，所以在一定时间里可以用水平线表示。然而，服务的需求经常变化，如曲线所示。图中最高的水平线代表最大能力。例如，针对某个酒店，这一水平线就代表它全部 300 间客房向顾客提供住宿的能力，或代表一个足球体育场中的大约 5 万个座位。客房和座位任何时刻都保持不变，但它们的需求是变化的。第 2 条与第 3 条水平线之间的区域代表最佳能力——从顾客和企业角度来看都是最佳能力使用。图 11-1 中不同的部分可划分为 4 种基本情形，代表能力与需求的不同组合。

2. 服务供求不平衡的原因

（1）服务需求具有波动性

在实际工作中，客户的需求量是不断变化的、波动的，这使得服务机构在消费旺季或高峰期是车水马龙，在消费淡季则是门可罗雀。造成服务需求具有波动性的原因有以下四个方面。

① 有规律的需求波动。例如，由于文化、习惯以及作息时间的影响，人们在很多情况下产生了步调一致的需求，于是产生了用餐高峰、交通高峰、旅游高峰，用餐低谷、交通低谷、旅游低谷。

虽然人们的需求可能在一天的不同时间、一周的不同日子、一月的不同周或日子、一年的不同季节或日子都会发生差异，但这些需求大多还都有规律——它们往往出现在上班（开学）前、下班（放学）后、节假日的前后与节假日期间等。

对补习班、夏令营、冬令营的需求往往发生在长假期。对医院呼吸科的服务需求也与季节性的天气变化相关。风景区、住宿、游乐场、零售服务机构的需求与节假日密切相关，也与一年中的气候变化有关。例如，在"五一"黄金周，中国各地的著名景点，出游人数剧增。

总之，我们可以发现市场上有些需求是存在周期性、阶段性、季节性的，可能是每日循环（变化按时发生）、每周循环（变化按日发生）、每月循环（变化按周或日发生）、每季循环（变化按月或日发生）、每年循环（变化按季或月或日发生）。

② 无规律的需求波动。有时需求变化是与突发事件相关的，如疾病暴发、台风、暴雨、停电、停水、交通事故、食物中毒、火灾、地震等，这些突发事件可能在瞬间改变相应的服务需求水平。服务机构无法控制这些突发事件的发生，但可以采取相应措施，尽最大努力满足需求。

③ 服务需求的弹性大。客户对服务的需求会因为服务价格的变动而波动——当价格

低于客户愿意接受的范围时,服务需求就可能会增加;而当价格超出客户承受的范围时,服务需求就可能会减少。

④ 服务与产品之间有着很强的相互替代性。一方面,人们在消费了某些服务后就可能不再购买相关的产品了。例如,人们花了钱修好了皮鞋,就可能在一段时间内不再购买皮鞋了。另一方面,人们在购买了某些产品以后可以减少或完全不用某些服务。例如,人们购买了小汽车后,就可能不再去乘坐公共汽车和出租车了。

(2) 服务供应具有刚性

尽管从长期来看,服务机构对服务的供应能力是有弹性的,但在一个特定的背景下,服务供给能力的弹性是小的,这是因为服务的供应能力受到时间、劳动力、设备、设施或这些要素的制约。一方面受到这些要素的质与量的限制;另一方面也会受到这些要素利用率的影响。所以,服务机构不可能随时调整接待能力来适应客户的需求。

例如,对于交通服务、超市、酒店、电影院、餐馆来说,设备和设施可能是约束服务供给能力的关键因素。运输服务机构的服务能力要受到交通工具及座位数的限制,超市结算服务能力要受到收银机数量的限制,酒店服务能力要受到房间数量和床位数量的限制,电影院里的座位也不能立即增加,餐馆里没有多余的空间可以增加座位和桌子。

另外,制约不同服务机构的服务供应能力的因素也可能不同,有的是"硬件"是关键的制约因素,有的则是"软件"是制约因素。例如,对于大学、医院、咨询公司、会计师事务所、律师事务所来说,时间和人员可能是制约服务供给能力的关键因素。即使时间的制约可以通过雇用更多的人员来弥补,但招聘到高质量的教授、医师、咨询师、会计、律师并不是件容易的事。这里"人员"就是造成服务供应刚性的关键因素。

(3) 服务的易逝性

服务的易逝性即不可储存性,决定了服务不像有形产品那样提前生产后贮存在仓库中以待未来的消费,使得服务业不能用库存调节供需矛盾。

3. 平衡服务供求的策略

(1) 供过于求时的平衡策略

① 减少、转移、调整供应

一是减少服务供应。当供大于求时,减少或停止供应那些不能适应客户需求的服务;在需求不足的时间、地点、环节,根据实际情况,缩短服务时间、收缩服务网点、减少服务人手和设备的投入使用。

二是转移服务地点。当出现局部地区服务供大于求时,服务机构应考虑开辟新的市场,进入新的区域。例如,餐饮外卖和家庭病床的设立会刺激期待"上门服务"的消费,一定程度上缓解了供求矛盾。

三是调整供应结构。服务机构一方面减少或停止不能适应客户需求的服务项目,另一方面可根据市场需求增设新的服务项目。这样一方面可利用闲置人员和设备,降低服务成本;另一方面可以为客户带来新的利益,从而刺激消费、平衡供需矛盾。例如,高档餐厅午间特设学生套餐;电影院在周一至周五将场地出租作为讲座、表演的场所,而在周末的时候用来放电影。

② 刺激需求

一是通过营销组合刺激需求。服务机构可通过服务创新、价格优惠及降价、广告促销等方法刺激需求,将需求从高峰期转移到非高峰期,从而使人员和设备得到均衡使用。

例如,电信公司在晚上 9 点以后和节假日为了促进"长途电话"的销售,推出各种优惠的价格,以使闲置的设备得到充分的利用;电影院用低票价鼓励观众在非周末看电影。

另外,服务机构可以针对一部分重要的目标客户给予优惠,实行 VIP 策略。VIP 策略的优点是在淡季时争取和稳定市场,使淡季不淡,另外,可以吸引初次使用者的再使用。其缺点是旺季时也不得不给予优惠。

二是接受超额预约。预约系统的缺点是在于客户预约了服务,后来却没有履约。如果没有其他客户补上空缺,对服务机构来说是一种损失。因此,有的服务组织采取超额预约的做法,即预约出的数量大于实际可以提供服务的数量,以保证在一部分客户未履约的情况下,仍有较高的"上座率"。

超额预约决策的关键是确定超额预约的数量范围,即预约的数量以超过服务能力的多少为宜。有时候超额预约数量少,即使履约率很低,仍然可能造成服务设施的空闲,丧失获利的机会;有时候预约数量多,即使履约率很高,仍然可能出现供不应求的局面,这样不仅使服务机构的信誉受到损害,而且还因向客户支付补偿金而承受经济损失。所以,如果不能很好地预测不能到场的人数,超额预约是一种危险的策略,要谨慎使用。

③ 余力管理

在供过于求的情况下,服务机构可以顺势而为,利用这段时间让员工进行休整,开展服务技能的培训,增强服务理念,提高员工素质,为消费高峰期的到来做好充分准备。此外,服务机构还可对设备和设施安排维修、保养和更换等,甚至出租设备、设施,从而提高资源利用率,降低服务成本。

(2) 供不应求时的平衡策略

① 增加供应

A. 增加服务时间与频率。例如,超市在春节期间将服务时间延长;书店每逢周末会将营业时间延长;春运期间,铁路部门会增加相应的车次,航空公司也会增加飞机的飞行频次。

B. 增加服务地点。例如,超市通过增加分店、增加收银台,流动餐车供应早点,流动邮局向居住在市郊的民工提供服务,来解决供不应求的局面。

C. 增加人手、交叉培训"多面手"。例如,酒店、餐馆、超市在供不应求时招聘季节工、半日制工和小时工等兼职服务人员;麦当劳的员工经过"多面手"的培训,使得前台不同岗位的员工可以互相补充替换、互相增援。

D. 增加、租用或改造服务设备和设施。例如,医院增加病房、床位、诊断设备;快递公司在运输高峰期向外租用卡车;铁路运输部门可以调整一列火车的卧铺车厢和硬座车厢的比例,在春运高峰期间,由于旅客多,适当减少卧铺车厢的比例,增加硬座车厢的数量可以使一列火车能够运送更多的旅客。

E. 采用现代化的工具、设备、系统和流程来提高服务效率。例如,银行设置了自动柜员机、存折自动打印机、自动点钞机以提高服务效率;为了配合物流和信息流的大范围循环,沃尔玛不断改进管理信息系统和物流体系,建立起了世界范围内的卫星传送设备和物流配送系统。现在借助卫星、网络的商业化,沃尔玛得以在相对较低的成本下维系巨大的物流、信息流;麦当劳的整个系统是工程式的,并依照严格的技术原则作业:每个汉堡包的包装纸以颜色来暗示汉堡包的分类,汉堡包放置于加热的容器中,可供应急切的需求。麦当劳通过制定汉堡包的工艺标准,不但缩短了烤制时间,而且保证了质量,确保服务的迅速、清洁和可靠。

F. 外部合作互助。例如,在许多城市,医院之间分享设备和设施已经成为惯例,医院在诊断设备或床位出现紧缺时可以与另一家医院进行合作。

G. 简化或适当降低服务标准。例如,在保证服务质量的前提下,医生缩短给每个病人看病的时间,是为了给更多的病人看病;餐厅对在一定时间范围内结束用餐的客户给予折扣,可以达到鼓励客户加快用餐速度、提前结账的目的,以便为后来者提供餐位,避免等候时间过长。

② 转移、分散、消化需求

A. 调高价格或减少优惠,将需求从高峰期转移到低谷期。例如,在黄金周的旅游高峰期,旅行社、宾馆、酒店及交通运输服务机构的服务适当提高价格,一方面可以获取高利润;另一方面又可以起到引导客户选择非黄金周出游的作用。

B. 向客户告示高峰期,将需求从高峰期转移到低谷期。例如,旅游景区、酒店和城市交通管理单位提前发布高峰信息,有利于"削峰填谷",而不会"雪上加霜"。

C. 采取预约制度有效地分散需求。预约之后,额外的服务需求就会被分配到同一组织内的服务时间或服务设施上,这种方法相当于存储需求、分散需求。在服务对客户具有高价值、稀缺性的情况下,这种策略用得最多。例如,举办婚宴要事先向酒楼预约,繁忙的律师事务所也要预约才能提供服务,而没有预约的、随机而来的则得不到服务保证。

D. 通过客户自助消化部分需求。例如,银行通过安装自动存取款终端为客户提供了方便;自选商场与超市里让客户自己选配商品;自助餐厅里顾客自己选菜、端菜、清理残留物,减少了服务人员。

③ 排队管理

A. 做好排队管理是服务机构的重要责任。排队管理,就是服务机构通过采取一系列措施,一方面缩短客户实际等待时间;另一方面缩短客户心理等待时间,从而使客户愿意加入到等待的队伍当中,愿意忍受等候。排队管理本质上是一种为服务机构存储需求的行为,服务机构通过对排队等待的设计,可以更好地将客户需求存储起来,为服务供应到位赢得更多的时间,从而减少业务机会丧失的可能性。

B. 缩短客户实际等待的时间。一般来说,排队方式有单列排队、多列排队、叫号排队和分类排队。

C. 单列排队。即等待的客户排成一列长队,其合理性是排在前面的先接受服务,其缺点是客户可能会感觉到排队时间长——"一眼望不到头",另外,客户无法选择自己偏好的服务提供者,因为只有一列,别无选择。

D. 多列排队。即等待的客户可以排成几列队伍接受服务,其合理性是比单列排队让客户等待的时间短,因为有几个窗口可以同时、平行地提供服务。其缺点是客户必须选择排哪个队等待,站错队意味着要耗费较多的等待时间,另外,如果其他队列的等待时间变短,客户要决定是否换队等待。

E. 叫号排队。即按照客户到达的先后顺序而领取排队等候的号码,这样就可以比较好地解决排队中的公平性问题,而且客户知道了大约还要多长时间就轮到自己,因此他在等待期间可以到处转转、浏览、看报或与他人交谈。对于一些营业面积比较小的服务机构来说,也可以不使用排队叫号系统。比如,如果有两个服务窗口,就可以让客户排成一队,两个服务窗口轮流接待客户。

F. 分类排队。如果服务机构提供服务的类型比较多,不同类型的服务项目的办理时间差异性比较大的话,服务机构应尽可能采用分类排队、分别服务的队列方式,这样能够提高排队系统的效率。

管理人员可根据各类客户所需的服务时间,为各类客户分别设置服务台,安排一部分员工从事费时的服务工作,另一部分员工从事简便的服务工作,各类客户按指示牌分别排队。这样,需较长服务时间的客户会比较耐心地等待,只需短暂服务时间的客户也可获得快速的服务。

分类排队可考虑按照下列标准来分。

a. 接受服务的紧急程度。例如,对急诊病人医院应提供专门的快捷通道,不用排队;对慢性疑难病症病人的医疗需要进行全面的检查和专家会诊,耗费时间比较长,对此类患者进行预约服务是可行的。

b. 服务交易时间的长短。服务交易时间短的采用快速通道,服务交易时间长的采用一般通道。

c. 客户的重要性。排队时总有一些客户选择离开,重要客户的离开比其他客户的离开会给服务组织带来更大的损失,因此,服务机构应该优先满足重要客户的需求。例如,银行单独开设大宗业务窗口,其重要客户可以直接来窗口办理业务;机场为头等舱和经济舱的乘客提供不同的通道,头等舱的客户可以比经济舱的客户早一点登机。

d. 购买价格的高低。有些客户为了节省时间和得到优先服务,常常愿意支付较高的价格。这样,服务机构就可以对支付不同价格的客户提供不同的队列,使支付较高价格的客户比支付较低价格的客户优先接受服务。

G. 缩短客户心理等待时间。美国专门研究排队管理的专家戴维·H. 迈斯特尔(David H. Maister)认为,当客户认为等待符合他们的预期时,客户会忍受等待,同时服务机构也能从中获得好处。他还将客户在排队过程中的心理感受进行了总结,并提出了相应的措施。

a. 充实的等待感觉比无聊的等待时间短。大家都有这样的体会,在长途火车上,如果我们无事可做,只是等,那我们可能会觉得时间过得非常慢。但是,如果我们看看书或打打扑克,则可能会觉得时间过得很快。因此,服务机构要努力填充客户的等待时间,为客户提供相关的服务,其目的是把客户的注意力从等待这件事转移到其他事情上。而且,"填充服务"越有价值,客户心理等待的时间就会越短。例如,许多酒店在需求高峰期把等待进餐的客户引进酒吧、咖啡屋、茶馆,这样既可以为酒店带来效益,还可以缓解客户焦急等待的心情,使他们愿意在此等待进餐,而不会不耐烦地走掉。

b. 轻松、愉快的等待感觉比焦虑、痛苦的等待时间短。为此,服务机构要在客户等候区安装空调,提供舒适的座椅、报刊,播放新闻或音乐,提供免费的饮料或茶饮等,为客户提供舒适、愉快的等候环境,使等候变得有趣。同时,要将等候区与服务区隔开,避免等待的客户受到刺激。

c. 确定长度的等待感觉比不确定长度的等待时间短。住在城市里的人大都有这样的经历,有时在路上遇到堵车,汽车排起了长龙,没有任何消息告知将要等待多长时间,司机会感到时间非常漫长。因此,服务机构在出现意外情况时应及时通报,以使客户心中有数,消除客户的焦虑感。而现在许多城市开播的无线广播交通台提供路况信息服务,以及机场及时提供延误航班的信息,就很值得推广。

d. 了解原因的等待感觉比不了解原因的等待时间短。例如,如果航空公司的飞机晚点,而航空公司不进行任何解释,而任由客户去等待,当等待时间过长的时候,一些客户就有可能联想到恐怖袭击方面,这会使得等待更加不可接受,甚至引起恐慌。因此,服务机构要加强沟通,讲明原因。

e. 合理的等待感觉比不合理的等待时间短。合理的等待可取得客户的谅解,不合理的等待则会激怒客户。高效率的服务使等待容易被接受——客户一旦看到工作人员紧张忙碌,就会对等待有信心——很快就轮到我了。因此,服务机构要树立高效率的服务形象,营造紧张忙碌的气氛和景象。

f. 集体等待感觉比单独等待时间短。大家都有这样的体会,当一个人走一段比较长的路时会感到很漫长,而当与他人,特别是与自己的亲人或好朋友边说笑、边走路时,会感觉同样长的路很快就到了。因此,在设计等待环境时,应该给客户创造便于相互进行沟通交流的条件,如将等待的客户安排在一起,把集体等待服务时间变成集体娱乐时间或社交活动时间,这样就可以缩短客户心理等待时间。

g. 公平的等待感觉比不公平的等待时间短。如果排队秩序混乱,后来的人通过插队先得到服务,那么排在后面的客户会产生极大的不公平感,因而会感到排队时间很长。在实际工作中,很多服务机构都对一些客户有着优先措施,对此,服务机构应该尽可能地使这种优先权准则透明、公道、合理。例如,对军人、对学生、对重要客户的优先权容易被其他客户认同和理解。这样,客户就不会产生不公平感。

卓越实践 11-1　　　　零售银行缩短顾客等候时间

一家大型零售银行是如何与新的金融服务提供商加强竞争的呢?芝加哥的一家大银行认为,加强顾客服务是其战略中的最重要因素。改革的一个方面就是减少顾客在银行柜面等候的时间,这也是被顾客投诉最多的地方。考虑到单一的方法无法彻底解决这个问题,银行采用了一种三管齐下的方法。

首先,改进服务生产中的技术。电子排队系统不仅能够安排顾客向下一个空闲的服务柜台转移,而且能够给主管提供实时信息,以帮助他们根据顾客的需要来调配人员。与此同时,计算机的广泛使用给银行出纳员提供了更多的顾客信息,使他们不用离开柜台就可以解决顾客的更多要求。而给出纳员配置的新点钞机则使他们不必挑选钞票和进行两次清点(这为每一笔取款交易节约了 30 秒的时间)。

其次,人力资源策略的变革。通过修改出纳主管的工作职责,让他们有义务减少顾客排队时间,加快交易速度。然后,还有一个"当日主管计划",为选派的主管配备一台传呼机,让他协助处理复杂的交易。此外,银行还新设立了一种高峰时段的出纳员服务,他们每星期工作 12~18 小时,银行支付给他们的工资很高。对于现有的全职出纳员,为了提高高峰日的生产率,银行给予他们现金奖励和精神表彰。最后,银行还调整了午餐休息时间,包括半小时的午餐时间和繁忙的工作日提供的专门午餐,银行的自助餐厅也提前开放,为在高峰时段工作的出纳员服务。

　　最后，改进传递系统，以顾客为导向。除了保留新设的存款和支票兑现的特快出纳员柜台，在繁忙的工作日还设立了存款和对简单需求的快速处理柜台。大堂营业的时间由每周 38 小时延长到 56 小时，包括星期天在内。一份名为"如何减少等待时间"的顾客宣传手册提醒顾客哪些是繁忙的高峰时段，还提供了一些避免延迟现象的方法。

　　结果内部措施和顾客调查都显示，这些方法不仅减少了顾客等待的时间，更使顾客认识到该银行是这个地区"最好"的银行，他们等待的时间最短。这个银行也发现延长营业时间可以使原本忙碌的午间转变成工作前或工作后的时间。

思考与分析

　　1. 芝加哥的一家大型零售银行是如何缩短顾客的等候时间的？其效果如何？

　　2. 芝加哥这家大型零售银行的做法对我国银行加强顾客服务工作有何启示？

11.2　服务业的生产率

11.2.1　了解服务业生产率的含义和影响因素

　　1. 服务业生产率的含义

　　生产率的含义通常是一种生产过程的产出相对于投入总值的比率。传统的生产率观念包含两项重要假设：第一，产出与各种生产要素都有完整的定义，具有同质性并可以计量。据此标准，那么，生产的每项要素贡献率，以及因使用这些要素的改变而造成投入—产出比率的改变也都可以计算出来。第二，产出的效用毋庸置疑。同时假设：产出产品的消费不会发生满足以外的副作用，换言之，传统观念中的生产率是把生产过程和社会背景因素全然分开，将生产率看作一种封闭体系的性质。

　　2. 影响服务业生产率衡量的因素

　　衡量服务业生产率的问题，可以说是传统计算方式的沿用。所谓的传统方式基本上是为制造业而不是为服务业设计的。因此，有必要设计一些新的衡量方式，并应考虑会影响到生产率评估的某些重要的服务业特性及营销方式，如下所述。

　　(1) 服务是被表现而不是被产出的。

　　(2) 服务设备必须存在于被使用之前。

　　(3) 服务不能储存。

　　影响生产率衡量的因素还包括如下内容。

　　(1) 许多服务业属于会受外来因素影响的开放系统而非封闭系统。

　　(2) 在传统式生产率衡量方式中，质量被视为是一种常数，但事实上，服务业部门在质量方面变化极大。

（3）许多服务业，其生产率往往有一部分依赖于消费者的知识、经验和动机。

（4）消费者在服务生产过程中通常扮演一定角色，此项投入的质量也会影响到服务的生产率。

消费者在服务业生产率方面会扮演一定的角色，这主要包括以下原因。

（1）物品是被产出的而服务是被表现的，顾客可能需要参与并且在服务被表现时必须在场。

（2）营销在交易过程中的位置不同。

物品是从被产出、销售然后到被消费，而服务则是先被销售，然后被表现与被消费才会同时进行。物品营销的买主和卖主之间，只有一个层次的互动关系，而服务业的买主和卖主之间的互动关系则包括了两个层次，即营销和生产。

服务业生产率衡量，应该从数量层次和质量层次两方面加以探讨。事实上，对许多服务业而言，服务产品（如餐厅、企业顾问等）的质量层次是探讨其生产率的基本。

服务业衡量生产率的最后一项困难是：某些服务业的需求和其他厂商或机构的产出的需求具有相关性。比如，一家顾问公司或教育机构的生产率，受到被服务影响到的其他个人和机构对服务价值观的影响。

11.2.2 理解服务业生产率偏低的原因

服务业与制造业的生产过程及提供的产品等具有明显的差异，但是，服务业工资增长率与产品部门一样快，因而工资问题尤为严重。服务公司一直面临成本不断攀升，而又不能以增加产出来抵消劳动力成本升高的压力。因此，服务业生产率偏低现象可能会形成整体物价水平的通货膨胀压力。

服务业生产率比制造业低的原因大致有以下三点。

1. 服务业大都为劳动密集型产业

一般来说，服务业为劳动密集行业，要增加产出就需要更多的劳动力。而制造业一般是资本密集型产业，欲增加产品的产出，所需要的是更多的资本。通常，在资本密集产业，要降低每单位产出的成本，比在劳动力密集产业容易。

2. 服务业节约劳动力的方式较少

（1）服务业的技术变迁较为缓慢，也比制造业的资本投资少。

（2）获得经济规模的机会较少，尤其是小型的服务业。

（3）劳动力专门化的机会也较少。

（4）有些服务业是完全依赖人的，如顾问咨询服务业。

3. 许多服务业规模较小

许多服务业公司都很小，雇用人员也少，因此无法使用器械设备、加强职位专门化或得到分工的利益。此外，有些服务业，如技艺、保健和政府服务机构，对于良好的管理似乎并不注重。

11.2.3 理解提高服务业生产率的措施

提高生产率对于各种服务营销公司都是一项重要的工作。利润是服务业公司经营的目标,服务企业必须改善生产率维持市场地位,避免因价格过高而失去市场;公共行政机关也有必要改善生产率,以确保赤字增高不至导致服务水准下降。

服务生产率的提高是否有限度?目前有两种不同的意见。

有一种看法认为,服务生产率总会落后于制造业,服务业生产率的缓慢提高可以说是一种成本疾病。制造业的工资水平往往在一定范围内,因为生产率与工资直接挂钩。但对于服务业,工资水平即使与生产率密切关联,其工资仍占总成本的绝大部分,一旦成本增高,价格必然也会跟着上升。在政府机构,尤其是地方政府,较高的成本往往造成服务质量的变坏或服务量的减少。例如,对于艺术业,生产率改进的有限性即意味着高成本经营和增加竞争劣势。事实上,这些问题不局限于地方政府或艺术事业,它可能发生在生产率难以改善的服务业上(如教育、老人照顾和公园维护等)。

另一种看法则相反,认为服务业的生产率有可能提高,他们提出了几种提高服务生产率的方式。

1. 提高服务员工的素质

利用更好的招聘、训练、发展和激励制度,对有关服务递送与表现的新、旧员工,在知识、技能、态度和行为方面进行改进,特别要使之与顾客接触,将处理有形服务要素的员工,训练成可以处理疑难和抱怨,拥有产品的有关知识,并会操作内部系统的员工。采取兼顾产出与利益分享的生产率保证方案,作为奖励提高生产率的方法。换言之,可以用激励方式使员工工作更努力。

2. 采用系统化与科技

在服务业方面多利用一些制造业的方式是必要的。一般而言,一提到服务业的改善问题,就往往拘泥于从改善服务员工的技术和态度上去解决,而从不考虑其他改善的可能性,这可以说是一种自我限制。因此,欲改善服务的质量效率,服务业公司必须采取科技化思维方式,采取此方式的许多其他行业,往往可以把高成本、精确度不够的手工技术,用低成本、质量可预知的大规模制造来取代。

以麦当劳为例,每个汉堡包的包装纸以颜色来暗示汉堡包的作料,汉堡包放置于加热的容器中,可供应急切的需求。整个系统是工程式的,并依照严格的技术原则作业,不但能确保服务的迅速、清洁和可靠,同时,可以产生一种让待遇不优厚的员工感到荣誉和尊严的环境气氛。麦当劳成功的关键之处,不只是它开发了一种高度精密的技术,还因为它引用制造业的观念适用于人员密集的服务业。

所以,服务业公司要想在生产率增进方面有所收获,只要它们能采用更系统化和技术的方法,把任务视为一个整体来看,即寻找出关键性作业及其他可选的表现方法配合使用,去除不必要的做法,改善整个体系内的合作方式,变换陈设布局、改善设计,并考虑系统整体成本,就能体现系统化管理的特色,取得良好的服务效果。

服务业系统化管理的应用有三种方式：采用硬件技术、软件技术和混合式技术。

（1）硬件技术是指以器械和工具取代人力（如自动洗车、机场 X 光检验设备、自动停车场、自动销售设备、视听设备和计算机）。

（2）软件技术是指预先计划系统，它通常包括利用某些科技，但其基本的特点是系统本身是为获得最佳成效而设计的。

（3）混合式技术是指硬件技术和软件技术相结合，以使服务过程更合理、更快速及更有效率（如限额服务、快速汽车轮胎修理设备及刹车器修理）。

这种应用方式对于服务业的生产率将有很大影响。尤其是分工制度和服务业工业化的结合，可以为许多已有的问题提出新的解决办法。

要使服务生产标准化不太容易，因为在有些情况下，顾客需要个人化照顾，而有时工作的性质是属于高度个性化的，如专业服务业。

另外，硬件技术应用于服务业，在程度上也有一定限制。限制科技方法在服务业中的运用有许多原因。

第一，许多服务业都是由小型劳动力密集的公司所提供的。

第二，小型的服务业公司根本没有足够的资源去考虑，更不用说去实际采用资本密集式的服务表现及服务递送方式。

第三，在某些情况下，以资本取代人力并不见得更划算，要视所涉及各种生产要素的关联成本而定。

第四，即使是服务人员与顾客接触较少的行业，也必须凭借某种接触度才能使顾客对服务产品有所认知。对高接触度服务，服务人员与顾客间的互动性是顾客对服务产品产生认知的主导性因素。有些服务业由于其所涉及各种问题的性质不同，并不能完全借助科学技术予以解决。

第五，虽说科技对服务业生产率的改善作出了很大贡献，但也带来了相关的人性问题。

第六，技术解决手段必须考虑采用时的大环境，如社会、组织和程序等条件的配合。

3. 降低服务水平

服务生产率的改进，也可通过减少服务数量或者降低服务质量来实现，但这种方式具有一定的危险性，尤其是对于过去曾经承诺递送较高水平服务的公司。此外，竞争者也往往以其服务数量和质量的扩充与升级来差异化其服务产品。

4. 用产品代替服务

生产率也可以通过以产品代替服务的方式而获得改善。

5. 引入新服务

设计一套更有效率的服务来消除或减少对效率较低服务的需求。例如，目前的横跨大西洋旅行，几乎已由航空飞行取代航海；信用卡也取代了以前的银行透支的方式。

6. 顾客互动性

改变顾客与服务提供者之间的互动性，也可以改进服务业生产率，尤其是高接触度服务业。在生产过程中，需要顾客的分量越多，越要了解顾客行为及其背后的种种原因。因此，必须发掘更多的方法，以能更好地掌握顾客。由于消费者主动或被动地参与服务递送过程，因此，可以利用服务递送产生的利益来引导及说服其转变行为，争取并保持消费者在生产过程中的合作与配合,从而激励其购买服务的种种利益。

7. 减少供需间的错位

许多服务业公司的一大问题是其供需之间往往存在错位现象。服务业营销上的目标是:更有效地控制供给与需求,使二者之间趋于均衡。服务营销者面临着以下的问题:增高需求(如用尽备用产能)、减少需求(如存在超额需求情况)、取得更均衡的服务供给(即符合波动需求形态)。

科特勒曾经使用"低营销"一词来说明一种消极策略,即一家公司主动采取暂时或永久减少顾客的行动。另外,他又使用"同步营销"来说明这个问题,同步营销指服务业公司主动使供给和需求更均衡的一种策略。

11.3 服务质量管理

服务是服务营销的精髓,而服务质量则是服务营销的关键和核心。无论是生产有形产品的生产企业,还是生产无形产品的服务业,服务质量都是企业在竞争中制胜的法宝。服务质量对服务企业搞好市场营销活动有重要意义。第一,加强服务过程的质量管理有利于增强服务性企业的竞争力。第二,加强服务过程的质量管理是防止服务差错、提高顾客感觉中的整体服务质量的有利举措。第三,加强服务过程的质量管理有助于树立企业良好的市场形象,增强顾客"认牌"购买的心理倾向。

11.3.1 掌握服务质量评估的方法

1. 服务质量体系

国际标准化组织 1991 年颁布的 ISO 9004-2: 1991(GB/T 19004.2—1994)《质量管理和质量体系要素第 2 部分:服务指南》,在其质量体系原则中,将服务质量体系的关键方面用一个"三角四圈"图来表示,如图 11-2 所示。该图表示出顾客是质量体系三个关键方面的焦点,只有当管理职责、人员和物质资源以及质量体系结构三者之间相互配合协调时,才能保证顾客满意。这个图是服务质量体系中最重要、内容最丰富、最深刻的一个框图,人们称之为"服务金三角",其核心就是顾客。

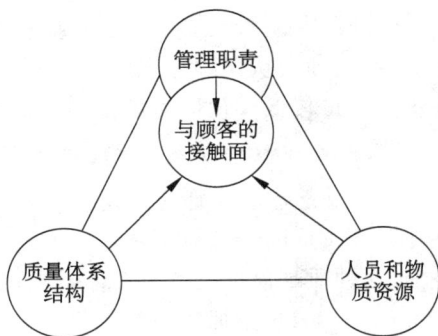

图 11-2 服务金三角

服务业与生产制造业的最大区别在于,制造业的产品生产过程和消费过程是分开进行的,顾客不直接参与产品的生产过程,顾客见到和接受的是企业生产出来并经过检验的产品。因此,制造企业一般只考虑企业内部员工的劳动管理,机器设备的维护和改造,生产工序的严格控制,产品半成品、成品的层层检验等提高产品质量的各项措施。而在服务业,由于服务的生产和消费在时间和空间上是不能分离的,因此,服务业提供的服务过程与顾客的消费过程是在同一时间和空间里进行的。顾客不仅直接接触到服务人员,还会直接接触到服务设施和设备及服务的环境气氛,与此同时,顾客也在营造或影响服务的环境气氛。所以,服务行业必须以顾客为核心,以满足顾客的需求为服务的目的。

"服务金三角"的三个顶端圆表示了服务质量体系的三个关键方面——管理职责、人员和物质资源、质量体系结构。管理者的首要职责是制定服务企业的质量方针和目标,以便全体员工理解和掌握,充分调动全体员工的积极性。管理者还要建立一个完善的质量体系,实施对所有环节的服务质量的控制、监督、评价与改进。人员和物质资源都是企业的资源,没有良好的人力资源和物质资源,企业就不能提供优质的服务。当然,如果企业没有建立起有效的质量体系,再好的人员和物质资源也不能得到合理的配置,也难以充分发挥作用。三个关键方面必须最大限度地面向顾客这一"服务金三角"的核心与焦点。

2. 服务质量评估模式

现代市场经济的竞争特性要求企业必须为顾客提供优质服务,以获取较大的竞争优势。然而,"优质"对服务来讲,却是一个相对的而又难以把握的概念,它既要符合企业制定的服务标准,又要较好地满足顾客的需要;既要考查服务的结果,又要评估服务的过程。而服务标准的制定又必须以顾客满意为指导。因此,现实生活中顾客对服务质量的评估是一个相当复杂的心理判断过程,如图 11-3 所示。顾客感受到的整体服务质量不仅与顾客所接触到的服务经历有关,而且与顾客对服务质量的

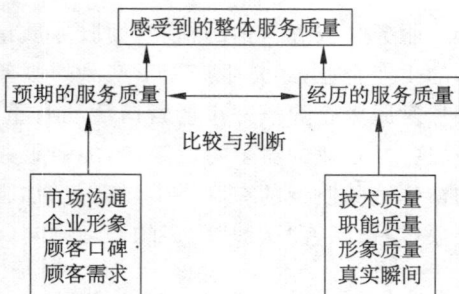

图 11-3 顾客感受到的服务质量

期望有关。顾客实际经历的服务质量符合或超过他们的期望,他们感受到的整体服务质量就好;反之,如果顾客实际经历的服务质量达不到他们的期望,他们感受到的整体服务质量就差。

预期服务质量是影响顾客对整体服务质量的感知的重要前提。如果预期质量过高,不切实际,则即使从某种客观意义上说他们所接受的服务水平是很高的,他们仍然会认为企业的服务质量较低。预期质量受四个因素的影响:市场沟通、企业形象、顾客口碑、顾客需求。

3. 服务质量评价的方式、准则和一般标准

(1) 服务质量评价的方式和准则

服务质量的评价有两种基本方式:一是由鉴定、批准、注册、认证或认可机构给出的质量评价,这种质量评价是:"对实体具备的满足规定要求能力的程度所作的有系统的检查"(见 ISO/DIS 10014《全面质量管理经济效果指南》)。由于质量要求是对需要的具体表述,所以这种质量评价的目的是落实在满足需要上。二是由顾客给出的质量评价,它存在于顾客的主观感觉中,反映在市场的变化中,标准只有一个,即是否满足顾客的需要。所以,两种质量评价的准则只有一个,即满足顾客需要。

作为企业家,既要关心第一种质量评价,更要关心第二种质量评价。关心第一种质量评价的目的在于确定产品和品牌乃至企业的知名度和信誉度,从而提高产品的市场占有率。

关心第二种质量评价的目的在于提高顾客的满意度,从而从根本上提高产品的市场占有率。

显然,如何提高顾客的满意度,这对于一个企业来说,是一个很重要的问题。顾客的满意度纯粹是一个顾客的主观感觉的问题,顾客的需要满足与否只能由顾客的主观感觉——满意度来确定,组织无法进行精确的预测。

（2）服务质量评价的一般标准

根据服务质量的四个基本构成要素,并考虑服务管理的自身特点,一般认为一项优质服务至少应满足以下标准。

○ 规范性和技能化。服务提供者具有一定专业知识和技能,并达到了一定的行业或国家或国际通用的等级标准。在提供服务的过程中,能运用专业知识和技能规范作业,解决顾客疑难问题,为消费者提供满意的服务。（参见有关行业技能标准）

② 态度和行为。服务人员以和蔼可亲的服务态度,文明规范的行为举止,为每一位消费者提供规范的服务。（岗位标准）

③ 可亲近程度与灵活性。服务时间、服务地点、服务人员和服务系统的安排与设计,应充分考虑顾客的特点,并依据顾客的要求能够进行灵活的调整,以取得最满意的服务。（和过程标准有关）

④ 可靠性和忠诚度。全心全意为顾客服务,最大限度满足顾客的利益是企业的宗旨,企业及其员工有能力履行企业承诺,及时为顾客解决各种疑难问题。让顾客在享受服务的过程中感受到舒心和放心。（和过程标准有关）

⑤ 自我修复。服务对象是千差万别的,服务过程也有不同程度上的差异,差错和意外必然客观存在。及时可行的补救措施是提高服务满意度的有效方法之一。无论发生什么情况,服务供应者有能力并能有效地采取行动,控制局势,寻找新的切实可行的补救措施。（和过程标准有关）

⑥ 名誉与可信度。良好的企业业绩和较高的品牌价值,为企业创造良好的声誉。业绩属于企业,价值却属于顾客。企业的经营活动可以信赖,顾客的投资是物有所值。（和形象标准有关）

在以上六个标准中,规范化和技能化与服务的技术质量相关,名誉和可信度与形象有关,可充当过滤器的作用。而其余四个标准——态度与行为、可亲近程度和灵活性、可靠性和忠诚度、自我修复,都显然与过程有关,代表了职能质量。这六个优质服务标准是在大量实证和理论研究基础上提出来的,对我们一般的服务过程管理具有一定的实用价值和指导意义。各个不同的服务行业都有自己特定的服务内容和服务对象,因此,还有一些专业化很强的质量标准可能会出现在这六个标准之外。即使是采用这六个标准,不同的行业或企业也会有主次之分。例如,修理行业通常将规范化和技能化标准放在第一位,养老院和福利院对服务人员的态度和行为标准要求就很高。

4. 服务质量评估的一般方法

服务质量评估一般采取评分量化的方式进行,基本程序如下:

（1）依据行业的特点,确定服务质量的评价标准。

（2）根据每条标准的重要程度确定其权数。

（3）针对每条标准设计相关的具体问题(4～5题)。

（4）问卷制作。

(5) 发放问卷进行市场调查,请顾客逐条评分。

(6) 问卷结果统计。

(7) 依据消费者期望值模型对统计结果进行数学分析,获得评价结果。消费者期望值模型的数学表达式为:服务质量＝预期服务质量－感知服务质量

值得注意的是,根据消费者期望值模型所获得的服务质量,反映的是感知的服务质量距离预期的服务质量的差距。如果差距值越大,表明服务质量越差;反之,则服务质量越好。下面举例说明评价方法的运用。

现在有五家旅店,通过市场问卷调查统计,获得的感知服务质量值如表 11-1 所示。

表 11-1　五家旅店市场调查统计表

旅馆 / 属性	A	B	C	D	E	权重
安全性	100	90	90	80	80	0.3
声誉	100	80	70	60	80	0.3
价格	90	100	100	100	100	0.2
客房及浴室的设备	100	100	90	80	70	0.1
地理位置	90	90	100	60	100	0.1

根据表 11-1,可计算出消费者对上述五家旅店的感知服务质量的评分值。计算过程如下:

$$A=100\times0.3+100\times0.3+90\times0.2+100\times0.1+90\times0.1=97$$
$$B=90\times0.3+80\times0.3+100\times0.2+100\times0.1+90\times0.1=90$$
$$C=90\times0.3+70\times0.3+100\times0.2+90\times0.1+100\times0.1=87$$
$$D=80\times0.3+60\times0.3+100\times0.2+80\times0.1+60\times0.1=76$$
$$E=80\times0.3+80\times0.3+100\times0.2+70\times0.1+100\times0.1=85$$

假设消费者对这五家旅店的预期服务质量分别为

$$A=98\quad B=95\quad C=92\quad D=85\quad E=90$$

那么,预期服务质量与感知服务质量的比较结果为

$$A=98-97=1\quad B=95-90=5\quad C=92-87=5\quad D=85-76=9\quad E=90-85=5$$

上述结果表明,A 旅店服务质量最好,其感知服务质量也最高。B、C、E 三家旅店的服务质量差不多且比 D 旅店要好,D 旅店服务质量最差。

5. 服务质量差距管理

美国营销学家巴拉苏罗门等学者通过对不同服务行业的考察,在认真分析了服务传递过程中所涉及的各主体的沟通差距的基础上,于 1988 年系统地提出了一种服务质量差距模型,并用它来评估企业的服务质量。他们认为,企业服务质量低下的原因在于服务过程中存在着五个差距,这些差距共同决定了顾客对服务质量的满意程度,如图 11-4 所示。

首先,模型说明了服务质量是如何形成的。模型的上半部涉及与顾客有关的现象。期望的服务质量是顾客的实际经历、个人需求以及口碑沟通的函数。另外,也受到企业营销沟通活动的影响。

实际经历的服务质量,在模型中称为感知的服务质量,它是一系列内部决策和内部活动

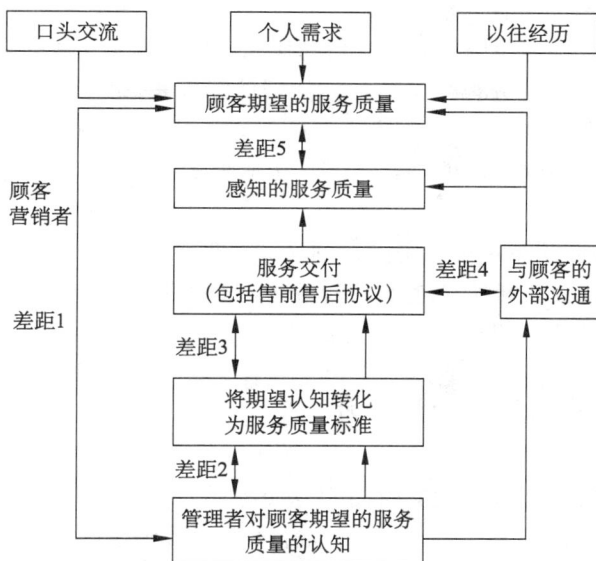

图 11-4　服务质量差距模型

的结果。在服务交易发生时,管理者对顾客期望的认识,对确定组织所遵循的服务质量标准起到了指导作用。

　　当然,顾客亲身经历的服务交易和生产过程是作为一个与服务生产过程有关的质量因素。生产过程实施的技术措施是一个与服务生产的产出有关的质量因素。

　　一般来说,无论公司作了多大的努力,顾客感受到的服务质量与其期望之间总是不可避免地存在着差异。为什么呢?是否公司对此就无能为力了呢?图 11-4 所示的服务质量差距模型有助于辨别顾客所得到的、感觉到的服务质量和他们所期望的服务质量之间的差距。

　　差距 1:顾客期望的服务质量与管理者对顾客期望的服务质量认知的差距。

　　差距 2:管理者对顾客期望的服务质量的认知与服务质量标准的差距。

　　差距 3:服务质量标准与实际交付的服务质量的差距。

　　差距 4:服务交付与顾客的外部沟通的差距。

　　差距 5:顾客所期望的服务质量与感知的服务质量的差距。

　　差距 5 是顾客看到的服务质量的不足,而差距 1 至差距 4 是服务机构内的不足,这些差距存在的最后结果,集中反映为差距 5。可以看出,质量差距存在是由质量管理前后不一致造成的。最主要的差距是期望服务质量和感知服务(实际经历)质量差距(差距 5)。五个差距以及它们造成的结果和产生的原因分述如下。

　　(1) 管理者理解的差距(差距 1)

　　差距 1 表现为顾客期望的服务质量与管理者对顾客期望的服务质量认知的差距。研究显示,金融服务机构通常认为隐私和保密性相对不太重要,而顾客则认为它们非常重要。当受到不好的服务时,更多的顾客不善于投诉,而是一走了之,使公司丧失了大量的顾客。这种差距是管理者对顾客期望质量的感觉和认知不明确造成的,因此缩短这一差距的正确方法是管理者要更新观念,重新认识顾客对服务质量的期望。

（2）质量说明的差距（差距 2）

差距 2 是管理者对顾客期望的服务质量的认知与服务质量标准的差距。管理者设置的服务质量标准是以他们所确信的顾客需求为依据的。但是这并不一定准确。因此，许多企业都把重点更多地放在技术质量上，而事实上顾客感觉到有关交付服务的职能质量、形象质量和过程质量等方面的问题更加重要。特别是在某些服务行业标准比较成熟和统一的情况下，这种现象会更加突出一些。

理想的状况是，服务质量标准除得到规划者和管理者的同意外，还要得到服务生产者的理解和顾客的认同。这就需要服务企业的管理者在通过市场调查认识到顾客期望后，将他们对顾客期望的理解转化为具体的服务规范或标准。然而，由于资源限制、企业的短期行为、市场不利或管理不当等因素的存在，使得管理者对顾客期望的认识无法充分地体现在所制定的具体服务质量标准上，从而引起差距 2 的出现。

（3）服务交易的差距（差距 3）

差距 3 是指服务质量标准和所交付的实际服务质量之间的差距。在实际服务过程中，服务人员可能会由于这样或那样的原因而无法使所提供的服务符合质量标准。由于这类差距是在服务过程中形成的，所以又称为"服务交易差距"。

可能出现的问题是多种多样的，通常引起服务交易差距的原因是错综复杂的，很少只有一个原因在单独起作用，因此缩小差距的措施并不是那么简单。差距原因粗略分为三类：管理和监督；职员对标准规则的认识和对顾客需要的认识；缺少生产系统和技术的支持。

① 管理与监督。与管理和监督有关的问题相对要多一点。例如，管理者的方法不能激励和支持员工的质量行为，或者管理控制的制度可能与优质服务标准甚至是质量标准发生冲突。控制和奖惩制度与质量标准的实施相脱节的组织并不少见，它们都存在引发交易差距的隐患。故缩小差距的措施应包括改变管理者对下属的态度和管理体系中控制和奖惩制度实施的方式。而且，管理者必须注意与企业文化和内部营销有关的重大问题。一个与监督相关的问题是，服务标准与控制和奖惩制度相矛盾。当顾客对服务生产者行为所提出的要求与现行标准截然相反时，他就会处于非常尴尬的境地。提供服务的人员知道顾客的合理要求没有得到满足，尽管他可能做到，但管理制度又不允许他采取相应的行为，这肯定会逐渐扼杀员工追求卓越的动机。对此应采取的措施是消除员工中所有模棱两可的因素。限时改革监控制度，使之与质量标准统一起来。

② 员工的技能和态度。服务企业实际提供的服务质量的高低，往往取决于服务第一线人员的专业素质。许多服务企业对一线员工的专业素质认识不足，招聘员工时对其素质要求不高，上岗前也未进行专门的岗前职业培训，员工缺乏必要的服务技能（包括心理学知识和语言沟通技能等），因而不可能提供高质量的服务。针对这种现状，一方面要求服务企业建立、健全人事选拔培养体系，将此项工作制度化、规范化，并保证在这方面的资金投入。另一方面要按照企业所经营的项目及岗位对各类服务人员的素质要求，严格选拔服务人员，并对他们进行岗前和岗位中的定期与不定期的服务知识的讲授与技巧的培训，使他们具有从事该服务岗位应有的知识与技巧。员工的服务态度是很难用硬性指标进行衡量的，但服务态度的好坏直接影响到员工所提供的服务质量。对此，人性化管理就显得特别重要。通过人性化管理使企业员工深刻地认识到，良好的服务态度对顾客评价他的工作质量高低的重要性。有一些过于自信的员工往往会陷入这样的误区：只要自己的服务技术好，不愁没人找

我服务。然而,事实上有许多的服务项目是非常讲究工作环境和氛围的。服务人员的工作态度则是营造良好的工作环境和氛围的主要因素。因工作态度恶劣而导致服务质量差的例子在我们的生活中屡见不鲜。

③ 管理的技术或制度。包括决策和其他日常工作,可能不适合员工。当然,问题可能出在员工身上,但更大的可能是,向员工介绍技术与生产和管理制度的方法不正确。技术和制度不完善,当然无益于质量改进。或者,尽管它们可能是完善的,但是如果没有正确地介绍给员工同样会产生质量问题。解决办法是改进技术和管理制度以使质量标准得以执行,或者是加强培训,重视内部营销。

(4) 营销沟通的差距(差距 4)

差距 4 是指服务企业在营销沟通过程中所做出的承诺与实际提供的服务不一致。引起这一差距的原因首先是服务企业内部各职能部门之间的横向沟通不够。企业内部有许多部门,各有不同的职能活动,但他们都是围绕提高服务质量这一主题而展开的。良好的沟通是部门间相互协作的基本前提。如果沟通不到位,就会形成各部门协调上的差异,从而导致顾客对企业整体服务质量的质疑。尤其是在推出一项新的服务项目时,决策、广告策划与公关宣传等部门应与实际销售部门、服务第一线的人员做好协商,统一服务标准,统一宣传口径,按既定的原则推出自己的服务项目。这样既可使顾客形成正确的期望,又可使服务人员按照营销宣传的要求做好服务准备,使实际服务水平与对外宣传的质量水平相吻合。其次是服务企业与顾客之间的纵向沟通出现了偏差。在激烈的市场竞争中,企业为了获取竞争优势,急于推出新的服务项目,而决策者和管理者并没有考虑到本企业实际提供相关服务的能力,在促销宣传活动中做出了夸大的宣传,或过多的承诺,误导顾客对服务质量的期望而在实际提供的服务过程中又没有达到承诺的标准,这势必会引起顾客感受服务质量的负面影响。缩小差距 4 的方法是要千方百计保持企业内外信息渠道的畅通,加强企业部门与部门之间、企业与市场之间的沟通,使企业的外部营销沟通的计划和执行与服务生产统一起来;同时在广告宣传中实事求是地介绍企业和服务项目与标准,防止虚假、夸大和存在过多承诺的倾向;加强与改善企业的软硬件设施建设,努力提高企业实际服务水平。

(5) 可感知服务质量的差距(差距 5)

差距 5 是指顾客感知或经历的服务质量与顾客期望的服务质量的差距。这是上述四种差距的综合反映。在不同的环境下,顾客对服务质量的期望是不同的。如果服务人员不注意这种区别,刻板地运用通常的服务标准,就会使自己认为的"标准服务"与顾客所期望的服务之间存在差距。例如,一对热恋的情侣,平常都忙于工作,难得相聚,周末来到餐馆用餐,期望在一个安静舒适、没有外人干扰的环境下倾诉相思之情。可服务人员没有注意到这一点,而是根据热情周到的服务标准,不断地询问他们的需求。显然服务人员过分热情的举动,一次又一次地打扰了他们所期望的温馨气氛。顾客对这种"标准化"服务是不会认同的,他们会认为服务员没有礼貌。

对服务质量的主观判断受许多因素影响,所有这些都可以改变对已经交付服务的感受。一位顾客在酒店的整个停留过程中都享受到了出色的服务,除了糟糕的结账设施以外。这最后的经历可能破坏了他之前对该酒店全部的良好感受,也导致了他对该酒店服务质量偏低的评价。

服务的实际质量如果达不到顾客的期望,必然会引起顾客的不满,带来消极的质量评价,损害了企业的形象。如果企业不努力改进自己的服务质量,顾客肯定会重新作出选择,其结果是客户的流失,业务量的减少。

差距分析模型指导管理者发现引发质量问题的根源,并寻找适当的消除差距的措施。差距分析模型的意义正如一些西方学者总结的那样:"差距分析是判定服务活动中厂商与顾客之间不协调性的一种直接和合适的途径。分析这些情况是制定使预期与实际相一致的战略战术的一种逻辑基础,这样做可以提高顾客满足感和正面质量评价的合理性。"差距分析模型是一种直接而有效的分析工具,利用它可以发现服务提供者与顾客之间对服务观念存在的差异。明确这些差距是制定战略、战术以及保证期望质量和现实质量一致的理论基础。这会使顾客给予质量积极评价,提高顾客满意程度。

6. 影响服务质量的因素分析

质量的四个来源,即设计、生产、交易及与顾客的关系——这些方面的管理方法也影响着顾客感知服务的质量。服务的技术质量、与买卖双方有关的职能质量都会受到这些因素的影响。

产品或服务的设计影响着技术质量。这是职能质量的一个来源。例如,顾客或潜在的顾客可能参与设计过程。这可以改进技术质量,但对职能质量也有影响。顾客会认为卖主对他们非常重视,能够尽力解决他们的问题。这就是相互作用过程中职能质量的作用。

就服务业而言,生产是质量的一个来源,产出的技术质量是全部生产过程的结果。参与这个过程中的顾客可以观察到大部分过程。于是买卖双方的相互作用就产生了生产对职能质量的影响,这对制造业亦是如此。当然,生产还决定着技术质量。然而,顾客可能只是偶然地接触生产过程,例如生产设备和生产过程可能向顾客演示。对顾客与生产、生产资源、生产设备、生产过程的相互作用的认识方式,对职能质量亦会产生一定的影响。

同时,在许多情况下很难区分交易和生产。交易或多或少是全部生产过程的一部分。因而上面提到的有关生产质量的各个方面也适用于服务业的交易。对产品制造企业来说,交易可以形成一个独立的职能,当然,交易的结果是买者得到了产品。这样,顾客通过产品的交易感受到了产品的技术质量。除此之外,还有与过程有关的因素,即交易的方式。

最后,买卖双方的关系在制造行业和服务行业都是质量形成的原因,这种关系对质量的影响主要是与职能过程方面有关。职员在与顾客关系中越是具有顾客意识和服务导向,买卖关系对质量的影响就越有利。

顾客对质量的期望的产生是在自己经历企业所提供服务之前。顾客对企业的形象可以有多种认识。企业的形象对质量的作用就像一个过滤器。一个声誉良好的形象是一个遮掩物,即使有一些消极的方面,它们也不会显得那么突出。顾客感知的质量是对期望和实际经历比较的结果,它必须考虑组织的形象问题。

管理者必须研究和理解企业各种职能对质量的影响。质量来源涉及方方面面,生产只是其中之一。在设计、生产、交易以及计划和管理组织中参与买卖交易的员工,对技术和职能两方面都不能顾此失彼。

(1) 质量是顾客感知到的对象。

(2) 质量离不开生产交易过程。

(3) 质量只是在买卖双方相互作用的真实瞬间实现。

(4) 每个员工都对顾客感知的质量作出了贡献。

（5）外部营销必须与质量管理融为一体。

11.3.2　掌握提高服务质量的制度、方法与策略

1. 提高服务质量的制度

（1）服务承诺制度

服务承诺又称服务保证，是一种以顾客为尊，以顾客满意为导向，在服务产品销售前对顾客许诺若干服务项目以引起顾客的好感和兴趣，招徕顾客积极购买服务产品，并在服务活动中忠实履行承诺的制度和营销行为。

服务承诺通常包括如下内容。

① 服务质量的保证。

② 服务时限的保证。

③ 服务附加值的保证。

④ 服务满意度的保证。

服务承诺制的实行有利于企业提高服务质量，满足消费者需求并令其满意，改善企业自身的形象。承诺服务的优化设计及顾客满意理念引发的经营革命触及行销导向、社会性导向两个层次，将触角深入且广泛深入市场及整个社会，企图通过种种努力，掌握顾客爱好和市场需求这种由微而巨、抽象而复杂的层次。例如，美国的汉普敦连锁旅馆，1993 年全部退款高达 110 万美元，但汉普敦连锁旅馆的大胆保证，却为其带来了 1 100 万美元的额外收入。尤其让人惊讶的是，员工士气因此大振，他们开始主动发现、积极回应各种服务质量问题。服务承诺的实质是保持与顾客的联系与沟通，并着眼于为顾客谋利。"与顾客保持的联系多 5%，便可使企业多赢利 50%。"获得新顾客与保持现有顾客相比，前者的成本比后者多 56 倍，对内部顾客的无知导致成本猛增。一个错误发现得越晚，其代价就越高。质量专家认为在这里有一种所谓的十倍规则：一个错误到顾客手中才发现，要花去 1 000 马克；在产品出厂最终检验时消除这一错误，只需花 100 马克；如果一开始就查出问题，消除它只用 10 马克。德国一家生产热塑成型部件的公司经理卡尔也认识到了这一点，他的企业整体的运作过程都着眼于为顾客谋利的宗旨。专业部门基本上被解散，每一笔订货都交由尽可能小的项目小组管理，在生产线上称王称霸的头头退位了，完成各项订货的项目负责人代替了车间主任。从这些案例中我们可以看出，服务承诺直接影响着一个企业的成功或失败，而服务保证能落到实处就会拥有顾客的信任，同时，企业也会获得意想不到的收入。

实行服务承诺制度可以采取以下措施。

① 制定高标准。可以是无条件的满意度保证，也可以是针对例如运送时间等的单项服务提供高标准保证。无条件保证的好处是，不论时间如何变化，顾客所期待的与实际得到的服务都能保持一致。

② 不惜付出相当的赔偿代价。不管提出什么保证，赔偿代价都要有相当的意义，才能吸引心存不满的顾客主动前来抱怨，有效地挽回失望的顾客，刺激企业吸取失败的教训。不痛不痒的保证，等于没有保证。

③ 特别情况特别处理。美国波士顿一家餐厅的员工，在客人食物中毒之后，拿着免费

餐券要补偿对方,结果是更严重地得罪了客人。可想而知,餐厅如果还想跟这些火冒三丈的客人重修于好,需要的当然是比免费餐券更有意义的东西。这时,应通知较高层次的主管部门处理,他们一方面可采取适当措施;另一方面更可以借此机会,实际了解顾客所遭受的不幸。

④ 提供简洁的保证。企业的服务保证,必须言简意赅,让顾客一看便知。

⑤ 简化顾客申述的程序。提供服务要多花一些心思与代价,尽量减少申述过程的不便,才不致既流失顾客,又失去从申述中学习改善的机会。

⑥ 将服务满意度列入企业发展的经济指标。在现代服务营销活动中,由于人们的价值观、时间观念的进步,企业推行服务承诺的必要性更强烈,服务承诺成为企业提高服务质量不可分割的组成部分。

(2) 服务质量认证制度

① 质量认证。质量认证是产品或服务在进入市场前,依据国际通行标准或国家规定的标准和质量管理条例,由第三方认证机构进行质量检查,合格后发给合格证书,以提高企业及其产品、服务的信誉和市场竞争力的行为。质量认证包含以下要点。

a. 质量认证的对象是产品或服务。

b. 标准化机构正式发布的标准是认证的基础。

c. 证明批准认证的方式是合格证书或合格标志。

d. 质量认证是第三方从事的活动。

e. 质量认证与安全认证统称为合格认证或综合认证、全性能认证。通常对安全认证实行强制性认证制度,对综合性认证实行自愿认证原则。

实行服务质量认证制度的重要作用表现为:指导消费者选购自己满意的服务;帮助服务企业建立、健全高效的质量体系;给服务企业带来信誉和更多的利润;节约大量的社会检验费用;提高服务企业及其产品的国际竞争力;国家通过质量认证有效地促进服务企业提高服务质量,保护使用者的安全、健康和利益。

② 质量认证制度——ISO 9000。质量认证制度最早的雏形为1903年英国工程标准委员会首创的世界第一个用于符合标准的标志,即"BS"标志或称"风筝标志",用于铁道钢轨的认证标志。20世纪30年代开始形成受法律保护的认证标志,至50年代基本普及所有工业发达国家,60年代起苏联和东欧国家陆续采用,70年代发展中国家相继实施。

服务合格认证与商品合格认证一样,在国际上是由政府或非政府的国际团体进行组织和管理的国际通行的认证制度。各国为进行认证工作都制定了一整套程序和管理制度。国际合格认证是消除国际营销活动中贸易壁垒的重要手段。

质量认证包括服务质量认证、质量体系认证、检查(审核)人员及评审员认可等。它是涉及生产、贸易、检验、标准、计量等部门的一项综合性工作。目前国际上已有60多个国家和地区开展了质量认证工作。为了统一质量标准,简化质量认证程序,国际标准化组织(ISO)于1987年发布了《ISO 9000标准系列》。这个标准系列包括五个独立标准。

a. 《ISO 9001标准》,即《选择和使用指南》,含三种模式、八种形式。

b. 《ISO 9002标准》,即《质量体系——开发、设计、生产、安装、服务模式》。

c. 《ISO 9003标准》,即《生产和安装的质量保证模式》。

d. 《ISO 9004标准》,即《质量体系——最终检验和试验质量保证模式》。

e.《ISO 9005 标准》,即《质量成本核算要素指南》。

《ISO 9000 标准系列》认证包括以下内容。

a. 产品:原材料、零件、部件和整机。

b. 过程:工艺生产和全部加工过程。

c. 服务:洗染、商业、出租车、旅馆等第三产业。

d. 管理:技术人员素质、水平等。

国际标准化组织 ISO 是在 1991 年 8 月正式颁布的世界上第一套针对服务业开展质量管理的国际标准——ISO 9004。依据 ISO 9004,全国质量管理和质量保证标准化技术委员会于 1994 年正式颁布 GB/T 19004.2—1994(idtISO 9004-2:1991)《质量管理和质量体系要素第 2 部分:服务指南》,并在其引言中明确指出:质量管理的成功应用为服务业提供了以下重要机会:提高服务业绩和使客户满意;提高生产率、效率和降低成本;提高市场占有率。我国开展质量体系认证采用 ISO 9000 系列的国际标准,有利于各国评审机构与我国评审机构的相互认证,有利于我国质量认证与国际质量认证对接。

质量认证的表示方法。质量认证的目的不在于"证明符合标准",而是有关方面"提供证明服务",使企业能够放心地利用已被认证的可靠的质量,将第三方认证机构公正地证明产品或服务的质量符合规定的标准,准确无误地传递给消费者、用户、生产者、政府机构、贸易机构等有关方面。研究质量认证的表示方法就是要解决质量认证的质量信息的传递方式。根据不同的用途,质量认证有两种表示方法。

a. 认证证书。认证证书即合格证书,是由认证机构颁发给企业的一种证明文件,证明某种产品或服务符合特定标准和技术规范。认证证书不等于企业的产品合格证。前者是第三方认证机构签发的,更具权威性;而后者是企业自己签发的,属于企业自我声明合格的性质。

认证证书的内容包括:证书编号;认证依据的法规文件和编号;企业名称;服务产品的名称、特色或等级;采用标准的名称和编号;有效期;认证机构名称、印章;颁发日期。

认证证书一般在做广告、展销会、订货会或促销活动时加以宣传、展示,以提高企业的声誉和认证产品或服务的信誉。

b. 认证标志。认证标志即合格标志,是由认证机构设计并发布的一种专用标志,用以证明某产品或服务符合特定的标准或技术规范,经认证机构批准后在产品或服务载体上使用。认证标志不同于商标。商标是某种商品品牌的法律化的标志,不同企业的不同产品或服务,各有不同的商标。而认证标志则不分企业或产品服务的品种,只要是按认证管理办法的规定,都使用同样的标志。认证标志是质量信得过的识别标志。

(3) 全面服务质量管理制度

全面服务质量管理是指由企业所有部门和全体人员参加的,以服务质量为核心,从为顾客服务的思想出发,综合运用现代管理手段和方法,建立完整的质量体系,通过全过程的优质服务,全面满足顾客需求的管理活动。

① 全面服务质量管理的内容。

a. 全企业的服务质量管理。每个企业的服务质量管理都可以分为上层、中层和基层管理,涉及整个企业。上层管理侧重于服务决策,并统一组织,协调各部门、各环节的服务质量管理活动;中层管理则要实施领导层的服务决策,对基层工作进行具体的业务管理;基层管理则要求员工按标准进行操作,严格检查实际操作情况。

b. 全员性的服务质量管理。顾客在与企业接触的过程中，会把对某一员工的负面印象不明智地用于企业及企业的其他员工。这虽然不公平，但顾客就是这么想的。我们把这种思维称为"顾客逻辑"。在顾客看来，员工不是个体，而是集体中的一员，他代表的是整个企业。

随着科学技术的发展和现代生活水平的提高，顾客对服务有越来越多和越来越高的要求，使服务工作向综合性发展，这种综合性表现为组织每一项服务工作都需要企业各职能部门通力协作，共同完成。其中既有直接提供服务的业务部门，也有提供服务支持的资源保障部门。因此服务绝不仅仅是销售部门的事，它要求企业的生产、技术、采购、保管、财务、人事等部门人员都关心服务质量，参与服务质量管理。

c. 全过程的服务质量管理。服务产品的质量是在其过程中体现的，服务质量管理要求从设计、制造、成套供应、安装、调试到使用过程中故障的排除、维修等，为用户提供从售前到售后的长期服务。实施服务质量管理，必须把服务质量产生的全过程管起来，才能保证和提高服务质量。

② 搞好全面服务质量管理，提高服务质量，必须要加强和健全各项服务管理工作，要重点做好以下几个方面的工作。

第一，建立服务的计划制度。计划制度是实现营销服务工作正常化、制度化的重要手段。企业每年要制订年度的各项服务计划，如技术服务计划，顾客访问计划，顾客技术培训计划，备品、配件供应计划等，以保证服务工作有目的、有节奏地进行。

第二，建立服务质量责任制。服务质量责任制是企业各部门、各岗位和个人在服务质量管理工作中为保证服务质量所承担的任务、责任和权利。建立服务质量责任制使企业内部各管理部门间明确职责范围、工作或服务标准，把服务的各项工作同员工的积极性结合起来，形成严密的质量体系，保证服务质量的提高。

第三，制定服务工作标准。制定服务工作标准就是根据服务质量责任制的要求，制定各项服务工作标准，如接待顾客工作标准，访问顾客工作标准，检修、安装、调试服务工作标准，质量三包服务工作标准，技术培训工作标准等，以便根据标准来检查、考核服务工作质量，根据工作质量来决定服务人员的奖惩。

第四，建立服务的信息管理制度。顾客信息的收集和反馈，对提高产品质量，发展新产品，提高服务质量具有重要作用。因此，要建立服务信息管理制度，如顾客档案制度、产品档案制度、顾客服务信息传递等，以利于实现服务工作的连续性和为营销决策提供依据。

第五，做好服务决策工作。服务决策是整个服务工作的基础。服务项目、服务水平、服务形式决策的优劣决定着服务质量的高低。企业领导者必须在顾客意见和本企业服务质量与竞争者的服务质量相比较的基础上作出最佳决策。在服务项目决策中，由于售后服务是最重要的服务工作，所以要特别注意建立什么样的售后服务体系，既要满足顾客要求，又要考虑到经济性，尽量降低企业的服务成本。在此原则下决策是否提供送货上门、安装调试、人员培训、维修保养、事故处理、零配件供应、产品退换等售后服务项目。

第六，建立服务的统计和分析制度。对服务工作的情况要进行分类统计，定期进行认真分析，写出分析报告，以供企业领导和有关部门作为检查服务计划执行情况的依据和改善经营管理的参考。

③ 建立和完善营销服务组织。服务在现代市场竞争中显露出的综合性、全面性、快速

性、重要性要求企业必须建立一个配备有各种技术、业务力量的精干高效的服务组织。服务组织的建立要根据企业规模、产品类型、市场范围以及竞争对手的情况来决定。一般来讲，大中型企业设服务部，部下面按服务项目设组，如顾客接待、访问组，技术培训组，设备安装调试组，质量、信息反馈处理组等，形成既有分工，又有相互协作的服务系统。小型企业可以在销售部门下设服务组织。如果服务工作量很小，可临时组织服务小组，服务工作结束后，随即解散。服务组织机构一般要求配备知识水平较高、技能精熟、经验丰富并善于交际的服务人员。除配备级别较高的技术工人外，根据情况应配备一定数量的工程师和公关人员。他们能及时、准确地回答顾客提出的各种疑难问题；能迅速、熟练地为顾客进行技术服务；能认真听取和收集顾客对产品质量的意见和要求，具有及时处理和反馈能力。

　　服务人员直接面对顾客，代表着企业形象，企业要重视对服务人员的选拔、培养和考核，加强服务质量意识教育和服务技能教育，提高服务人员的综合素质，把为顾客服务的思想真正落到实处。

卓越实践 11-2　　　　海尔新的质量管理理念与实践

　　任何一个熟悉海尔集团发展史的人都会记得这样一件事，在海尔创业之初，首席执行官张瑞敏亲自抡起铁锤，带领员工砸毁了 76 台冰箱，也砸醒了全体海尔人的质量意识。16 年以来，海尔集团通过不断的创新，不断提出新的质量管理理念，结合海尔集团自身文化特色，在实践中取得了丰硕的成果。海尔集团参考国际国内产品认证测试标准，提炼全球最高标准要求，结合用户最大满意需求，编制自己企业内部"HR 认证标准"，在集团范围内推进产品 HR 认证模式，确保设计的产品达到最高标准的要求，使海尔集团在新产品质量控制方面又跃进一步。为更好地进行产品质量改进，海尔集团在各产品事业部推进质量改善室模式，实现了对质量信息的及时分析、处理，对涉及质量的一切过程进行持续改进，不断减少用户抱怨，实现用户最大限度的满意。"同步流程"是海尔集团质量管理新模式，通过内部流程再造，整合内外部资源，建立海尔商流本部、物流本部和资金流本部作为海尔集团全球营销网络、采购网络和资金运营网络，这些网络直接与用户和产品事业部接口，以最快的速度对市场信息作出响应，将信息直接传送给生产部门，以便最快速地满足市场的需求。

　　资料来源：百度文库，http://wendu.baidu.com.

思考与分析

　　1. 海尔集团提出的新的质量管理理念的主要内容是什么？

　　2. 海尔集团提出的新的质量管理理念对加快企业的发展有何重要指导作用？

2. 提高服务质量的方法

　　近年来，研究人员和实业界人士曾提出许多方法和技巧来提高企业服务质量。在这里主要介绍两种常用的方法，即标准跟进和蓝图技巧。

　　（1）标准跟进法

　　企业提高服务质量的最终目的是在市场上获得竞争优势，而获得竞争优势的简捷办法就是向自己的竞争对手学习。标准跟进法即是指企业将自己的产品、服务和市场营销过程等,同市场上竞争对手尤其是最好的竞争对手的标准进行对比,在比较和检验的过程中逐步提高自身的水平。施乐公司是较早采用这种方法的公司之一。20 世纪 80 年代初期,施乐公司面临严重的竞争压力和财务危机。在不到十年的时间内,该公司市场份额由 80% 下降到 20%,产品的成本和质量也出现了很大问题。后来,该公司采用了标准跟进法,很快就扭转了被动局面,不仅重新获得了较高的市场份额,而且降低了生产成本,提高了产品质量。

尽管标准跟进法最初主要应用于生产性企业,但它在服务行业中的应用也是显而易见的。服务企业在运用这一方法时可以从策略、经营和业务管理等方面着手。

① 在策略方面,企业应该将自身的市场策略同竞争者成功的策略进行比较,寻找它们的相关关系。比如,竞争者主要集中在哪些细分市场,竞争者追求的是低成本策略还是价值附加策略? 竞争者的投资水平如何? 他们在产品、设备和市场开发等方面是如何分配的? 等等。通过这一系列的比较和研究,企业将会发现过去可能被忽略的成功的策略因素,从而制定出新的、符合市场条件和自身资源水平的策略。

② 在经营方面,企业主要集中于从降低竞争成本和提高竞争差异化的角度了解竞争对手的做法,并制定自己的经营策略。

③ 在业务管理方面,企业应该根据竞争对手的做法,重新评估那些支持性职能部门对整个企业的作用。比如,在一些服务企业中,与顾客相脱离的后勤部门,缺乏适度的灵活性而无法同前台的质量管理相适应。学习竞争对手的经验,使得二者步调一致无疑是企业提高服务质量的重要保证。

(2) 蓝图技巧法

服务企业要想提供较高水平的服务质量和顾客满意度,还必须理解影响顾客认知服务产品的各种因素。而蓝图技巧(又称服务过程分析)法为企业有效地分析和理解这些因素提供了便利。蓝图技巧法是指通过分解组织系统和架构,鉴别顾客同服务人员接触点,并从这些接触点出发来改进企业服务质量的一种方法。它最先由萧斯塔克引入服务市场营销学中。

蓝图技巧法借助流程图的方法来分析服务传递过程的各个方面,包括从前台服务到后勤服务的全过程。它通常涉及四个步骤。

① 把服务的各项内容用流程图的办法画出来,使得服务过程能够清楚、客观地展现出来。

② 把那些容易导致服务失败的点找出来。

③ 确立执行标准和规范,而这些标准和规范应体现企业的服务质量标准。

④ 找出顾客能够看得见的服务证据,而每一个证据将被视为企业与顾客的服务接触点。

在运用蓝图技巧的过程中,甄别和管理这些服务接触点具有重要意义,因为在每一个接触点,服务人员都要向顾客提供不同的职能质量和技术质量。而在这一点上,顾客对服务质量的感知好坏将影响到他们对企业服务质量整体的印象。

比如,一家航空公司提供服务的过程中至少涉及以下几个接触点:顾客向航空公司寻求信息;顾客预订机票;顾客到达机场大厅;顾客排队等候;顾客办理登机手续;顾客寻找登机门;乘务人员验证顾客的登机牌;顾客登机;顾客寻找座位;顾客摆放行李以及顾客落座等。

其中的任何一个环节出现问题,都可能会导致顾客认为该家航空公司的服务质量较差。

此外,由于服务产品的不可感知性、不可分离性等特征的存在,顾客在购买服务产品时往往显得犹豫不决,因为产品质量可能不符合顾客期望水平的风险很高。而服务企业若能消除或减少这种风险,则对于提高服务产品质量也有莫大裨益。企业减少顾客"质量风险"的顾虑,可以从以下几个角度考虑。

① 集中强调质量。这就要求服务企业的高层管理人员真正投资于质量管理的活动中,包括履行承诺保证,在资源配置上支持质量管理活动,建立以质量为核心的服务企业文化,使得各个管理层次都能自觉为维持良好的产品质量作出贡献。如果顾客感到企业内部各员工皆能认识到质量的重要性,竭尽全力提供优质服务,则质量不符的风险自然会逐渐消除。

② 加强员工培训。仅有"提供优势服务"的意识是远远不够的。为避免"眼高手低,力有不足",企业必须进行员工培训,让员工接受新的服务技巧,改善服务态度,丰富服务产品的知识。

③ 广告的重点是"质量"。顾客心目中对服务产品质量多有怀疑,企业在设计广告宣传时应针对这一心理状态,形象地突出有关产品的质量特征与水平。例如,利用现有顾客做广告模特儿,说出个人使用此产品后的心理感受,有利于增强顾客购买产品时的信心。

④ 利用推广技巧。站在顾客的立场上,产品质量不佳意味着他们在金钱或面子上的损失。如果顾客认为金钱损失的重要性较大,则企业可充分利用销售推广技巧,例如免费试用等,鼓励顾客勇于尝试。这些销售诱因会使顾客认为金钱损失的风险降低。很多信用卡公司以低价入会或免收入会费的方式,鼓励顾客申请使用信用卡便是最好的例证。

⑤ 善用口碑。不少研究发现,在选购服务产品时,顾客容易听取曾经使用过类似服务的朋友或亲人的意见。因此,善用已有顾客的口碑也能增强顾客的信心。

3. 提高服务质量的基本策略

(1) 服务公司要在对目标市场和顾客需求的深入调查和透彻分析的基础上,制定正确和明确的公司战略并尽力满足顾客的需求,以赢得顾客的长期信赖。

(2) 公司的最高管理者要高度重视服务质量工作,亲手抓质量工作,负质量管理之责任,建立符合公司实际的质量检查、审核和监督制度,确保服务工作质量水平。

如麦当劳、迪士尼等公司的最高管理者都对质量完全负责,这些公司的管理者不仅按月查核财务成绩,而且也查核服务成绩。

(3) 制定高标准。例如,花旗银行的目标是电话铃响 10 秒钟之内必须有人接听和顾客来信必须在两天内作出答复。建立标准应有适当的高度。区别一个公司,就在于它是提供"最起码"的服务还是"有突破"的服务,即瞄准 100% 的无缺点服务。

(4) 建立服务绩效监督制度。通用电气公司一年发出 70 万张调查卡给许多家庭,请他们对公司服务人员的绩效进行评比。花旗银行在 ART,即准确性(Accuracy)、反应性(Responsiveness)和时间性(Timeliness),这几项标准上不断进行检查。它作"佯装购买",以发现其雇员是否提供良好服务。

(5) 使顾客不满变为满意的系统。经营有方的企业都对顾客的抱怨作出随和友善的反应。达拉斯的一家汽车经销商,第一次没把车修好,于是便开着一辆拖车到顾客家把汽车拉回去重修,并免收任何费用。当该顾客的小汽车修复后,他还同时收到了一件表示问候的礼物。

(6) 通过开展把内部员工当作顾客,尽力满足员工需求,提高员工满意度和综合素质的内部营销,创造出一种能够得到员工支持并对优良服务绩效给予奖赏的环境,提高员工的工作积极性,从而达到使员工和顾客都满意的目的。

管理当局应经常地检查员工对工作是否满意的情况。过去,花旗银行规定顾客满意度为 90% 和雇员满意度为 70%。然而,如果有 30% 的雇员不高兴,怎么会有 90% 的顾客满意呢?卡尔·阿尔布雷克特观察到不高兴的雇员是"恐怖"的。在《顾客是第二位》中,罗森布拉和彼得走得更远,他们说,如果真正希望使顾客满意的话,那么,公司雇员,而不是公司的顾客,雇员必须是第一位的。

(7) 创造良好的服务环境。服务环境对顾客感觉的整体服务质量有很大影响。在服务消费过程中,顾客不仅会根据服务人员的行为,而且会根据服务环境中的有形证据评估服务质量。因此,服务企业应根据目标细分市场的需要和整体营销策略的要求,做好每一项服务工作和有形证据管理工作,为顾客创造良好的消费环境,以便提高顾客感觉中的整体服务质量。

知识窗 11-1　　　　　定义与测量电子服务质量的新思考

乔·柯里尔(Joel Collier)和卡罗尔·比恩斯托克(Carol Bienstock)说:"对于有公司网站的管理者,了解顾客如何认识服务质量,是理解他们在在线服务交易中重视的方面所必需的。"电子服务质量不仅与通过网站交易有关,还包括"流程质量"并延伸为"结果质量"和"补救质量"等方面。必须测量它们当中的每一个。在线交易过程中,顾客与供应商的相互分离强调了评估一家公司如何有效地处理顾客的问题、顾客关心的事情以及他们的挫败感的重要性。

(1) 流程质量。顾客首先通过五个流程质量维度评估他们在电子零售网站上的经历:隐私保护、设计、信息、易用性和功能性。最后一个维度指迅速登录网页、不会无法链接、可选择的支付方式、准确执行客户命令以及能够吸引广大的访客(包括残疾人和说别国语言的人)。

(2) 结果质量。顾客对流程质量的评估会深刻地影响他们对结果质量的评估,结果质量由订单的及时性、订单的准确性和订单条件构成。

(3) 补救质量。出现问题时,顾客评估补救过程的标准有:互动公平(找到并联系网站技术支持的能力,包括电话支持)、程序公平(政策、程序及在投诉过程中的回应度)以及结果公平。公司如何反应对顾客的满意度及其未来意图将产生深刻的影响。

(4) 多渠道问题。瑞·苏萨(Rui Sousa)和克里斯托夫·沃斯(Christopher Voss)进一步强调,许多服务让顾客自主选择虚拟和有形的传递渠道。顾客对服务质量的评估是在他们与公司接触的每一个点上形成的。在多渠道背景下,研究者必须测量有形质量、虚拟质量和整合质量,即通过多渠道为顾客提供完美的服务体验。公司增加新的虚拟渠道,专家技术支持系统与现有系统不能很好地兼容时,通过这样的互动实现一致性显得尤其重要。为了避免程序分裂,实现一致的服务质量,苏萨和沃斯要求明确地联系起公司的营销和操作部门。

11.3.3　掌握服务补救的实施对策

1. 理解服务补救的意义

任何一家服务机构在提供服务的过程中都难免会出现失误。有时候员工会犯错误，系统会出现故障，一些客户的行为会给另外一些客户造成麻烦等。

研究结果表明，服务失误是服务提供者提高客户感知服务质量的第二次机遇。在出现服务失误之后，如果服务人员能够作出积极的响应，往往会给客户留下深刻的印象，将不利因素转化为有利条件。

2. 掌握服务补救的实施对策

（1）服务质量的监控

服务质量的监控是指服务机构为了及时发现服务失误，而依据服务理念和服务标准，建立有效地服务质量监控体系，对服务活动及其质量进行全面监控所采取的措施。

① 开通客户投诉和建议的渠道，据西方市场营销专家调查统计，95%的不满意客户不会投诉，大多数人仅仅是停止购买。所以，服务机构要主动向客户征求意见，了解服务失误的原因和客户不满意的原因等。服务机构必须给客户提供投诉的方便条件，鼓励客户投诉。现在有些服务机构开设了 800 免费客户热线，客户拨打投诉电话或反映自己的需求由服务机构支付话费。这一做法体现了服务机构倾听客户意见的诚意，服务机构会因此收集到很多宝贵意见。

② 经常进行客户满意度调查。服务机构可采取抽样调查和重点调查的方法进行客户满意度调查，也可以利用网络技术的各种网上信箱、投诉专区和自由论坛等客户互动方式获取客户意见，及时发现服务中存在的问题，采取措施加以解决。

③ 成立或委托质量监督机构到服务第一线进行监督检查。国内外的很多公司为了使考核督导能够尽量真实、客观、全面地反映网点服务状况，委托第三方机构对本公司所属网点进行严格客观的检查，与此同时，为克服基层应付定期检查临时"抱佛脚"易于失真的弊端，有些公司还推出了"神秘客户"的检查机制，对网点随机、随时进行检查，有力地促进了营业网点服务的长效化、常态化。

所谓神秘客户制度，是指安排隐藏身份的调查研究人员，或者聘请社会上的人员装扮成客户去各门店体验特定服务，并完整记录整个服务流程，以此测试整个公司的服务水平和销售状况等。

例如，肯德基公司的品控部门从社会上招募一些素质较高，但与肯德基无任何关系的人员（除了敏锐的观察力外，还必须"相貌平平"，以免引人注目），对他们进行专业培训，包括理论和实践培训，使他们了解肯德基食品的温度、重量、色泽及口感标准，以及对每位客户的服务时间应该是多少等。这些检查人员在接受培训后，开始以一般客户的身份不定期地到各个餐厅购餐，并按全世界统一的评估表要求进行打分。

这些"神秘客户"来无影、去无踪，而且没有时间规律，使分店经理及职员每天战战兢兢，如履薄冰，丝毫不敢疏忽，不折不扣地按总部的标准去做。此外，这些神秘客户的检查结果，直接关系到员工及管理人员的奖金水准,因此,没有一个人员抱有侥幸心理来对付一天的工作,而是脚踏实地地做好每一项工作。

(2) 服务质量的补救

① 避免服务失误,争取在第一次做对。服务质量的第一条规则,就是在第一次就把事情做对。如果能这样,补救就没有必要了。迪克·蔡斯(Dick Chase)是著名的服务运作专家,他建议采用防故障程序来防止服务失误。

例如,在医院经常采用防故障程序来防止出现潜在的危及生命的失误。例如,外科手术工具托盘上每一件工具都有对应的凹槽,并且每一件工具都放在与其外形一致的凹槽内,这样一来,外科医生及其助手们在缝合病人的伤口前,可以清楚地知道是否所有的工具都在它的位置上。

对于服务机构而言,形成一种零缺陷的文化来保证第一次就把事情做对是至关重要的。

② 以真诚的态度面对客户,提供及时充分的解释。服务机构要主动解决服务失误问题,而不要等客户提出来再被动地去解决。客户还希望看到服务机构承认服务失误并且正在采取措施解决这一问题。

在许多服务失误中,客户尝试着去了解为什么会发生失误,客户希望被诚实、细心和有礼貌地对待。因此,服务提供者要在解决服务失误的过程中,使客户处于知情状态,特别是当不能立刻解决问题的时候,更应坦诚地告诉客户"我们正在努力,请给我们一些时间"。

研究表明,只要公司能够提供充分的理由,就可以减少客户的不满情绪。为了使客户感知到提供的解释是充分的,首先,服务机构给出的理由和解释的内容必须是正当的。其次,服务机构的解释风格,即接受者的信用度和真诚度要能够让客户感知是诚实的、真诚的。

③ 培训并授权给一线员工,以使其能及时有效地进行服务补救。服务补救的及时性影响顾客的感知,因此,应该注重培训并授权给一线员工,使他们具备服务补救的能力并及时解决服务补救问题。服务人员要对客户表示同情和关心,要具有在一定范围内不需要事先请示就可直接处理问题的权力。

④ 了解顾客期望,实施恰当的补偿。合理的经济补偿是必要的,它能弥补因服务失误给客户带来的损失,可以避免客户散布服务机构不好的口碑。

服务机构的补偿方式包括道歉、折扣、免费赠送优惠券等多种方式,对于在何种情况下应采取何种补偿方式并无通用的标准,服务机构要了解客户的期望,和客户友好协商,才能有效消除客户的不满情绪,重新获得客户的忠诚。

(3) 跟踪客户对服务补救的满意程度并吸取教训

服务机构要对客户进行追踪调查,了解他们对服务补救的满意程度,不断改进服务工作,直至客户对服务补救表示满意。

服务机构要认真从组织、员工等各个方面查找服务失误的原因,总结经验教训,防止此类事情的再度发生。

通过对服务过程、人力资源、服务系统和客户需要等多方面的详尽分析,服务机构可以找到服务失误的"高发地带",并采取措施加以预防。

● 实训课业

一、技能训练

（1）选择一家健身中心，以客户的身份去参观考察，感受其服务的流程，然后对服务流程进行评价，并提出改进建议。

（2）选择一家星级酒店去参观考察，感受和评价其服务的质量并提出改进建议。

（3）假如你是一家百货公司的经理，请谈一谈要想提高百货公司的服务质量，一般来说应该采取哪些服务营销策略？

（4）假如你是沈阳市公交运输集团公司 136 路大客车的司机，有一天晚上 17 点钟你开的车在途中突然出现机械故障而不能行驶了，这种现象在服务营销学里叫作服务失误，作为司机，你应该怎样处理这种服务失误情况？公交运输集团公司怎样才能减少或杜绝这种服务失误现象呢？

二、实训项目

服务过程质量管理的应用

1. 实训内容

组织学生对某一商业企业进行调研，学习、了解和分析企业的服务质量管理工作。

2. 实训目的

利用服务过程管理和服务质量管理的理论，分析、研究和解决企业存在的实际问题，提高学生的实践应用能力。

3. 实训要求

（1）采取多种教学形式。一是聘请水平较高的企业高级管理人员到学校做专题讲座；二是组织学生以 6 人为一组，由导师负责，利用实训课时间到企业去考察和学习。

（2）以小组为单位座谈讨论，分工协作撰写调研报告。报告的主要内容包括：企业服务的基本内容和过程有哪些？对服务过程是如何管理和控制的？企业的服务质量如何？服务存在的问题和原因是什么？解决问题的方法和策略有哪些？

第 12 章

服务有形展示

本章阐释

　　本章通过对服务有形展示的基本理论和实务的介绍,使学生了解服务有形展示的含义、类型和效应,掌握对服务有形展示进行有效管理的方法,了解服务环境的功能和影响因素,掌握创造良好服务环境和服务形象的方法。

能力目标

　　(1) 能熟练应用有形展示管理方法的理论,对某一服务型企业的服务有形展示工作的现状进行分析和评价并制定出改进方案。

　　(2) 能应用影响服务环境和服务形象形成的关键性因素的理论,对某一服务型企业的服务环境现状进行分析和评价并制定出改进方案。

12.1　服务有形展示概述

● 案例导入

迪士尼魔法国度的设计

　　沃尔特·迪士尼(Walt Disney)是环境设计者中公认的冠军。惊人的细心和注重细节的规划是该公司的招牌,这在其主题公园中随处可见。比如,中央大街是有角度的,使它在入口处看起来比实际长很多。在大街的两边排满了各种设施和景点,这使顾客更加向往通向城堡的漫长旅程。但是,从城堡的坡上看入口就会使中央大街显得比实际短,这样可以缓解顾客的疲劳感。这种设计鼓励人们步行,这样可以减少乘坐巴士的顾客的数量,减轻交通堵塞的问题。

　　弯曲的通道两旁摆满了娱乐设施,顾客自己娱乐或者看别人娱乐都会感到很快乐。垃圾桶随处可见,暗示顾客不要随地乱扔东西。粉刷一新的设施显示出精心的保养和清洁。

　　迪士尼的服务场景设计和保养有助于塑造顾客的服务体验,提高顾客的愉悦感和满意度,这不仅仅适用于它的主题公园,在游轮上和宾馆里也一样。

思考与分析

　　1. 迪士尼是怎样对服务场景进行设计的?

2. 迪士尼服务场景设计的出发点是什么?

12.1.1　理解有形展示的含义

名词点击

所谓有形展示,是指在服务市场营销管理的范畴内,一切可传达服务特色及优点的有形组成部分。在产品营销中,有形展示基本上就是产品本身,而在服务营销中,有形展示的范围比较广泛。事实上,服务营销学者不仅将环境视为支持及反映服务产品质量的有力实证,而且将有形展示的内容由环境扩展至包含所有用以帮助生产服务和包装服务的一切实体产品和设施。

根据环境心理学理论,顾客利用感官对有形物体的感知及由此所获得的印象,将直接影响到顾客对服务产品质量及服务企业形象的认识和评价。消费者在购买和享用服务之前,会根据那些可以感知到的有形物体所提供的信息而对服务产品作出判断。比如,一位初次光顾某家餐馆的顾客,在走进餐馆之前,餐馆的外表、门口的招牌等已经使他对之有了一个初步的印象。如果印象尚好的话,他会径直走进去,而这时餐馆内部的装修、桌面的干净程度以及服务员的礼仪形象等,将直接决定他是否会真的在此用餐。对于服务企业来说,借助服务过程的各种有形要素必定有助于其有效地推销服务产品的目的的实现。因此,学者们提出了采用"有形展示"策略,以帮助服务企业开展营销活动。

【小问答 12-1】 有形产品展示和服务产品展示的主要区别是什么?

答:二者的主要区别是:①有形产品可以利用产品实体本身来对产品进行有形展示,也可以借助一些消费者看不见的抽象的无形的联想来推广自己的产品。服务产品无法用服务产品本身和另外一些无形的联想来推广服务产品,但它可利用环境和所有用以帮助生产服务和包装服务的一切实体产品和设施来展示服务产品。②服务产品的形象在很大程度上取决于人,所以人就必须被适当地包装。

12.1.2　了解有形展示的类型

对有形展示可以从不同的角度作不同的分类,不同类型的有形展示对顾客的心理及其判断服务产品质量的过程有不同程度的影响。

1. 根据有形展示能否被顾客拥有进行划分

根据有形展示能否被顾客拥有可将其划分成边缘展示和核心展示两类。

(1)边缘展示是指顾客在购买过程中能够实际拥有的展示。这类展示很少或根本没有什么价值,比如电影院的入场券,它只是一种使观众接受服务的凭证;在宾馆的客房里通常有很多包括旅游指南、住宿须知、服务指南以及笔、纸之类的边缘展示,这些代表服务的物的设计,都是以顾客心中的需要为出发点,它们无疑是企业核心服务强有力的补充。

(2)核心展示与边缘展示不同,在购买和享用服务的过程中不能为顾客所拥有。但核心展示却比边缘展示更重要,因为在大多数情况下,只有这些核心展示符合顾客需求时,顾客才会作出购买决定。例如,宾馆的级别、银行的形象、出租汽车的牌子等,都是顾客在购买这些服务时首先要考虑的核心展示。因此,我们可以说,边缘展示与核心展示加上其他现成服务形象的要素(如提供服务的人),都会影响顾客对服务的看法与观点。当一位顾客判断某种服务的优劣时,尤其在使用或购买它之前,其主要的依据就是从环绕着服务的一些实际性线索、实际性的呈现所表达出来的东西。

2. 根据服务展示的内容进行划分

根据服务展示的内容进行划分,可以将有形展示分为物质环境展示、信息环境展示和人文环境展示等三个层面。

(1) 服务的物质环境

服务的物质环境主要包括服务机构的建筑物、设施、工具、用品,以及内部装饰、场地布局、陈列设计等。

① 建筑物。建筑物的规模、造型、使用的材料以及与邻近建筑物的区别,都是塑造客户观感的因素,因为它们往往能令人联想到牢靠、永固、保守、进步等。有人说"建筑是空心的雕塑、建筑是凝固的音乐"。建筑物对塑造服务机构形象起着重要的作用,在不同情况下,可传达威严、安全感、老练沉稳、效率、现代精神或传统等风貌。

例如,星巴克在中国的一些门店融入了许多本土的元素,北京的前门店、上海豫园店、成都宽窄巷子店等,既透着浓厚的中国传统文化,又保持着原汁原味的美式风情,二者并行不悖,结合得天衣无缝;位于城隍庙的星巴克,外观就像座现代的庙宇;而濒临黄浦江的滨江分店,则表现出花园玻璃帷幕和宫殿般的华丽。

② 设施。服务机构可以利用服务设施来传递服务能力、服务质量和服务形象,展示为客户提供优质服务的条件。

例如,经济型酒店如家舍弃了传统星级酒店过多的豪华装饰及娱乐设施,不设豪华气派的大堂,也舍弃了投资巨大、利用率低的康乐中心、KTV、酒吧等娱乐设施。但空调、电视、电话、磁卡门锁、标准席梦思床具、独立卫生间、24 小时热水等设施一应俱全。

③ 工具、用品。工具、用品指服务机构对客户实施服务的媒介、载体或客户自助工具,如零售商场的手推车、饭店的菜单等,它们也是影响客户感受的环境因素。

例如,麦当劳餐厅使用的桌椅款式通常都比较简洁、时尚,设计尺寸舒适,符合人体工程学。就普通的麦当劳餐厅来说,桌椅主要包括以下分类:软包卡座、固定餐桌、活动餐桌、单椅、固定椅、快餐桌、固定凳、高吧凳、吧台、连体桌椅、儿童椅等。

④ 内部装饰。恰到好处的内部装饰可以加强客户对服务机构的印象和好感。例如,如家酒店的客房装潢十分讲究色彩和空间的运用:墙面以淡粉色、淡黄色为主,挂着法国风格的艺术画;地毯的色彩与墙面协调,小巧的高圆桌代替了写字台和茶几,木质的床头柜简洁到极点。简洁、温馨、方便是客人最直接、最深刻的印象,在这里每一个人都会感受到家的温暖。

⑤ 场地布局与陈列设计。场地布局与陈列设计是指对服务场所内的服务设施、装饰物件、行走路线等进行战略性的设计,通过严谨的布局和独特的摆设突出服务机构的服务宗旨和服务特色,展示服务质量和管理水平。

例如,医院通过门诊大堂的咨询台、方便病人的自动扶梯、敞开式的收费窗口、为急救开辟的绿色通道等来改善与病人的关系。

（2）服务的信息环境

服务的信息环境主要包括品牌标志与指示、价格、目录、票据、宣传品、图片、照片、题词、橱窗、录像、影视、证明、荣誉、表彰、理念、口号等。

① 品牌标志与指示。服务机构的品牌标志和指示可以传达服务机构的服务信息。例如，麦当劳取其英文名称 McDonald's 的第一个字母"M"为其品牌标志，并且将其设计成象征双扇打开的双拱门，表示着欢乐与美味，像磁石一般不断地把客户吸进这座欢乐之门，拱形的大门还给人以家的感觉。据研究发现，黄色和红色在任何天气情况下都最容易识别，所以麦当劳餐厅的形象设计以红色和黄色为主色调，无论在何处人们只要见到金色拱门标志，一眼便能识别出这是麦当劳的标志。

② 价格、目录、票据。在服务行业，正确的定价特别重要，因为客户往往把价格看作评价服务优劣的一个线索——价格过低，实际就暗中贬低了他们提供给客户的价值；价格过高，又会给客户以不关心客户，或者"宰客"的形象。因此，价格能培养客户的信任，同样也能降低这种信任，制定正确的价格不仅能获得稳定的收益，而且也能传达适当的信息。

目录展示是宜家促销策略的重要组成部分，每年 9 月初以及新的年度开始时，宜家都要向广大客户免费派送制作精美的目录。这些目录上不仅仅列出产品的照片和价格，而且经过设计师的精心设计，从功能性、美观性等方面综合表现宜家产品的特点，客户可以从中发现家居布置的灵感和实用的解决方案，很多人都把宜家的目录当作装修指导来使用。

票据也承载着传达服务信息的作用，例如，我国香港地铁票分别设计有旅游纪念票和生肖纪念票两款，旅游纪念票为游客设计，以香港风光、名胜为主题，具有纪念价值，票值 20 元，售价 25 元；生肖纪念票票值 20 元，票价 30 元，可作纪念且会升值（据说龙年纪念票可卖到 1 000 元）。全世界的地铁只有香港不亏损且有赢利，票据的设计立下了汗马功劳。

③ 宣传品、图片、照片、题词。服务机构通过宣传品、图片、照片、题词来展示服务设备的数目和先进程度、分店或连锁系统的数量、员工的人数和素质结构等，展示自己的服务能力。

例如，医院通过文字、数字和图片来介绍专家履历、治愈率，通过展示成功开展的医疗项目案例、先进的医疗设备等来显示自己的医疗技术和实力；还可以运用某些辅助事物，如利用石膏或挂图，展示手术前后的变化，帮助患者看清医疗服务的效果。

④ 橱窗。橱窗是连接服务内外环境的重要部分，可将内部过程透明化，使客户对服务过程心中有数。服务机构可将一部分后台操作工作改变为前台服务工作，透过橱窗向客户展示服务工作情况，提高服务工作的透明度，提高客户对服务的信任感。

例如，全聚德烤鸭店现场切烤鸭，锋利无比的刀具，眼花缭乱的刀法总能赢得客户的称赞。

⑤ 录像、影视。服务机构可以通过录像、影视等来展现服务特色、服务水平。

例如，人们通常不能看到外科手术治疗过程，而医院通过放映录像、影视或视频展示手术全过程，这样就能使人们对外科手术有个基本的感知。

⑥ 证明、荣誉、表彰。服务机构可以通过已证实的成功的历史资料或政府、行业协会等权威机构或第三方评审的结果，如行业排名、获奖证明、荣誉、被确定的等级，以及客户、领导或政府的表彰、奖励和重视等方面的信息来进行宣传，以反映其服务规模、质量和水平。

例如,学校将办学资源和办学成果,包括学生的学习成果、教师的教学科研成果等用图片、文字等在玻璃橱窗里或在学校网站上展示出来,可以吸引学生及其家长对学校的青睐。

⑦ 理念、口号。服务机构可以通过服务理念、服务口号来展示自己的服务宗旨,使客户认识到服务机构的真诚,增强客户对服务机构的信心。

服务理念是指服务机构用语言文字向社会公布和传达的自己经营的思想、管理哲学和服务文化,主要包含:机构或公司的宗旨、精神、使命、原则、目标、方针、政策等。

在服务理念中,"宗旨"和"精神"的思想层次较高,但较抽象,较难操作,"目标"、"方针"和"政策"较具体,较易操作,但思想层次相对较低,而"使命"和"原则"的思想层次、操作性介于上述两组之间。

例如,国航的服务理念是"放心、顺心、舒心、动心",远景和定位是"具有国际知名度的航空公司",其内涵是实现"竞争力世界前列、发展能力持续增强、客户体验美好独特、相关利益稳步提升"的四大战略目标。服务精神强调"爱心服务世界、创新导航未来",使命是"满足客户需求,创造共有价值",价值观是"服务至高境界、公众普遍认同"。

知识窗 12-1　　　　　　信息沟通的方法

(1) 服务有形化。服务具有无形性的特点,但有时用适当的手段让服务变得实实在在而不那么抽象也是可能的。常用的办法之一,就是在信息交流过程中强调与服务相联系的有形物,从而把与服务相联系的有形物推至信息沟通策略的前沿。

麦当劳公司推行的"儿童快乐套餐"计划的成功,正是运用了创造有形物这一技巧。麦当劳用各种各样的儿童玩具来体现服务产品所提倡的"快乐"宗旨,它将目标顾客的娱乐和饮食联系起来,使用有形因素使服务更容易被感觉,因而更真实。

(2) 信息有形化。信息有形化主要是指营销人员通过营销手段使得与服务有关的信息更加有形化。信息有形化的一种方法是鼓励对公司有利的口头传播。企业的信息通过大众的口头传播,尤其是某些专家的传播,常会影响消费者对于服务的看法,特别是那些经常选错服务提供者的消费者,更容易接受其他顾客或专家提供的可靠的口头信息,并据此作出购买决定。值得提出来的是,这种口头传播并非都是对企业有利的,它也可能是一些负面消息,所以营销人员要注意发展对企业有利的口头传播。

信息有形化的另一种方法是在广告中创造性地应用容易被感知的展示。实在的展示使广告语不再抽象,而变得活泼生动起来。

(3) 服务的人文环境

服务的人文环境主要包括服务场所的气氛、服务机构的文化、服务人员和其他客户的形象等,也包括服务过程的舒适程度、文明程度、和谐程度等。

① 服务场所的气氛。气氛是指特定环境中给人以强烈感觉的景象或情调,气氛是影响服务质量的重要因素,优雅、舒适、轻松、愉快的气氛能够提高客户的满意度。影响服务场所气氛的因素除设计、装饰、布局外,还包括气味、声音、色调、灯光、温度、湿度等。

a. 气味。气味会影响服务场所的气氛。

例如,新鲜而芳香的店堂空气能够使客户感到产品更新程度较高。零售商店,如咖啡店、面包店、花店、香水店等,都可使用香味来提示相关服务,从而吸引客户接受其服务。

b. 声音。声音往往是气氛营造的背景,音响效果也会影响客户的感受。

例如,不同的餐厅要选择不同风格的音乐,在快餐厅可能适合于播放节奏性较强的流行音乐,而格调高雅的餐厅则更适合旋律优美、速度缓慢的古典音乐等。

c. 色调。不同的色调会给服务场所带来不同的气氛。

例如,一个餐厅的标准用色如果选择暖色调的红色和黄色的话,这样的色彩组合有两个功能:一是可以增进食欲;二是长时间内在大面积的红、黄色的氛围中会让人血液循环、心跳加速,人会变得急躁,不愿在此地久留,从而会加速用餐速度。

d. 灯光。灯光明暗度对客户影响很大,强烈的灯光使客户感知到热情、豪爽的服务态度,柔和的灯光使客户感到温情,而昏暗的灯光,则很可能使客户感到沮丧、没精打采。

例如,高级西餐厅需要制造柔和的气氛,所以灯光在 60～80 瓦之间。日本料理店为了使生鱼片显得更新鲜,灯光在 130～160 瓦之间。咖啡店的灯光则在 40～60 瓦之间。

e. 温度、湿度。室内温度、湿度会影响客户对服务的感受。

例如,百货公司冬天温暖宜人的温度使客户感到温暖,夏天凉爽的温度又使人感到舒畅。

② 服务机构的文化。服务机构的文化就是服务机构在长期的对客户服务过程中所形成的价值取向的总合,是服务机构的灵魂,是凝聚服务机构成员的精神力量,以此形成全体员工共同遵循的最高目标、价值标准、基本信念以及行为规范。一个没有文化的服务机构是没有生命力的,也是缺乏核心竞争力的。

例如,北京同仁堂已走过三百年的历程,始终没有放弃"炮制虽繁必不敢省人工,品味虽贵必不敢减物力"的规训,坚持传统的制药特色,以质量优良、疗效显著使其品牌延绵流传。

③ 服务人员和其他客户的形象。对客户来说,服务场所中出现的人,除服务人员外还有其他客户。一方面,服务人员的数量、服务态度和服务技能会影响客户的认知和感受。另一方面,客户之间有很多的接触机会,如饭店、剧院、医院服务等都是在其他客户也在现场的情况下发生的。在这些多客户并存的服务中,其他客户的行为、数量会影响客户的认知和感受。因此,服务机构一方面要通过内部营销,加强对服务人员的培训、激励等方面的管理,提高其综合素质和服务水平;另一方面要加强对顾客需求的调研、市场秩序的维护等方面的管理。

例如,当客户之间是志趣相投、相互对话、相互帮助、和谐共处的,就会对客户产生积极的影响;相反,周围客户相互之间的破坏行为、过度拥挤、彼此冲突,则会产生消极影响。

12.1.3　理解有形展示的效应

有形展示的首要作用是支持公司的市场营销战略,在建立市场营销战略时,应特别考虑对有形因素的操作。有形展示是服务企业实现其产品有形化、具体化的一种手段,在服务营销过程中占有重要地位,其主要效应如下。

1. 影响顾客对服务产品的第一印象

对于新顾客而言,在购买和享用某项服务之前,他们往往会根据第一印象对服务产品作出判断。既然服务是抽象的、不可感知的,有形展示作为部分服务内涵的载体无疑是顾客获得第一印象的基础,有形展示的好坏直接影响到顾客对企业服务的第一印象。例如,参加中国国际旅行社组织的新加坡、马来西亚和泰国七日游的旅客,当抵达他国时,若接旅客去酒店的专车是陈年旧物,便马上会引起乘客的不快,甚至有一种可能受骗、忐忑不安的感觉。反之,若接送的专车及导游的服务能让人喜出望外,则顾客会觉得在未来随团的日子里将过得舒适愉快,进而也增强了对旅游公司服务质量的信心。

2. 通过感官刺激让顾客感受到服务给自己带来的利益

消费者购买行为理论强调,产品的外观是否能满足顾客的感官需要,将直接影响到顾客是否真正采取行动购买该产品。同样,顾客在购买无形的服务时,也希望能从感官刺激中寻求到自己所需要的东西。努力在顾客的消费经历中注入新颖的、令人激动的和娱乐性的因素,从而改善顾客的厌倦情绪。例如,顾客期望五星级酒店的外形设计能独具特色,期望高格调的餐厅能真正提供祥和愉悦的气氛。因此,企业采用有形展示的实质是通过有形物体对顾客感官方面的刺激,让顾客感受到无形的服务所能给自己带来的利益,进而影响其对无形产品的需求。

3. 引导顾客对服务产品产生合理的期望,消除负面影响

顾客对服务是否满意,取决于服务产品所带来的利益是否符合顾客的期望。但是,服务的不可感知性使顾客在使用有关服务之前,很难对该服务作出正确的理解或描述,他们对该服务的功能及利益的期望也是很模糊的,甚至是过高的。不合乎实际的期望又往往使他们错误地评价服务,以及作出不利的评语,而运用有形展示则可以让顾客在使用服务前能够具体地把握服务的特征和功能,较容易地对服务产品产生合理的期望,以避免因顾客期望过高而难以满足所造成的负面影响。

4. 促使消费者对优质服务作出客观评价

服务质量的高低是由多种因素决定的,有形展示是服务产品的组成部分,也是最能够传达企业形象的工具。有形展示如同物质产品的包装,好的包装能使顾客对物质产品产生优质的感觉,完美的有形展示也可使顾客对服务产品产生优质的感觉。服务企业要根据市场需要改变企业形象,这种形象的改变不仅是在原来形象的基础上加入一些新的东西,有时更需要打破陈旧观念。服务中有形产品作为新设计形象的中心载体,形象的改变必须是消费者可见的信息,消费者通过这些信息感知企业形象的改变。例如,服务设施、服务设备和服务人员的仪态仪表,都会影响顾客感觉中的服务质量。有形展示及对有形因素的管理也会影响顾客对服务质量的感觉。优良的有形展示及管理能使顾客对服务质量产生"优质"的感觉。因此,服务企业应强调使用适用于目标市场和整体营销策略的服务展示。

5. 帮助顾客识别和改变对服务企业及其产品的印象

有形展示是服务产品的组成部分,也是最能有形地、具体地传达企业形象的工具。企业形象或服务产品形象的优劣直接影响着消费者对服务产品及公司的选择,影响着企业的市场形象。形象的改变不仅是在原来形象的基础上加入一些新的东西,而且要打破现有的观念,所以它具有挑战性。要让顾客识别和改变服务企业的市场形象,更需要提供各种有形展示,使消费者相信本企业的各种变化。

6. 协助企业培训服务员工

从内部营销的理论来分析,服务员工也是企业的顾客。由于服务产品是"无形无质"的,从而顾客难以了解服务产品的特征与优点,那么,服务员工作为企业的内部顾客也会遇到同样的难题。如果服务员工不能完全了解企业所提供的服务,企业的营销管理人员就不能保证他们所提供的服务符合企业所规定的标准。所以,营销管理人员利用有形展示突出服务产品的特征及优点时,也可利用相同的方法作为培训服务员工的手段,使员工掌握服务知识和技能,指导员工的服务行为,为顾客提供优质的服务。

知识窗 12-2　　　　　　在服务设计中用音乐来规范顾客的行为

大量实验表明,音乐可以对顾客起到很大的作用。比如,在一家饭店中为期八周的实验表明,与播放快速的音乐相比,在缓慢音乐的环境中,顾客购买饮料支出的费用明显上升。与快速音乐环境相比,顾客在缓慢音乐环境中会待更长时间。与此相同,顾客在缓慢音乐环境中步伐也会慢一点,这增加了他们冲动购物的概率。播放熟悉的音乐可以刺激顾客,减少浏览的时间,但是播放不熟悉的音乐,顾客就会花更多的时间。

在需要等候的服务中,使用音乐可以使顾客感觉等待时间过得很快,提高顾客满意度。放松的音乐可以减轻医院外科手术等候室内紧张的情绪。愉快的音乐可以改善顾客对服务人员的感觉和态度。

12.2　有形展示的管理

◯ 案例导入

格兰仕是如何通过服务有形化来开拓和培育市场的?

1999 年,格兰仕微波炉的产销量达到 600 万台,其 50% 的产品出口,占据了国际市场份额的 15%,规模已经超过以往处在第一位的日本夏普公司,成为世界最大的微波炉生产企业。

从一个十几个人、生产鸡毛掸子的小作坊,到世界最大的微波炉生产企业,格兰仕仅用了短短七年的时间。那么,格兰仕微波炉是如何开拓市场,在短短几年内从默默无闻到家喻户晓的呢?

从 1995 年开始,公司斥资数百万元在全国 150 多家新闻媒体上开辟"微波炉菜谱500 例"栏目,指导消费者做微波炉菜肴。1996 年,在南京、杭州、上海、北京、广州等大城市举行了"首届微波炉烹饪大赛",大赛吸引了全国各地微波炉消费者的极大兴趣,效果非常明显;为了使更多的消费者了解微波炉,格兰仕同年还在全国各大城市的大型商场免费赠送公司自己花费一年多时间编辑出版的《微波炉使用大全——菜谱 900 例》和《如何选购和使用家用微波炉》等书,共赠送书几百万册;1997 年年初,格兰仕又联合百余家报纸媒体开辟"微波炉知识窗"专栏,从微波炉的发明、发展、原理、性能、结构、使用、维修、保养等各方面定期定版给予介绍,使消费者全方位了解微波炉的基础知识;同年 4 月又在全国 30 多个城市开展声势浩大的"质量连着你我他,微波情系千万家"的现场咨询活动,在商场现场进行微波炉质量知识咨询答疑。为了让更多的农村消费者认识微波炉,格兰仕于 1998 年 7 月,在全国百城千县展开微波炉的"上山下乡"活动,将满载微波炉的大篷车开进农村市场。格兰仕还制作推出形象直观的《微波炉美食》VCD 菜谱光碟,作为赠品送给消费者,并联系了全国一百多家电视台联合推出微波炉美食节目,手把手教消费者使用微波炉做菜,在社会上引起了巨大的反响,获得了各方的赞誉。后来,格兰仕还应教育部的要求参与编写有关微波炉原理、使用、维修知识的全国统一教材,以推动微波炉行业走上更加规范发展的轨道。

资料来源:元妙企业管理网. 格兰仕培育市场——经典营销创意.

思考与分析

1. "格兰仕"是如何通过服务有形化来开拓和培育市场的?
2. 你对"格兰仕"所采用的服务有形化的措施是如何评价的?

12.2.1 理解有形展示管理的意义

成功市场营销活动的关键是管理与无形服务相关的有形因素,通过服务展示管理向顾客传送适当的线索,这样能帮助顾客更好地理解购买何种产品,以及为何购买。因为,顾客总要在服务的物质环境、服务的信息环境和服务的人际环境中寻找服务的代理展示物,根据有形线索推断服务的质量价值和特点,用来指导其购买选择。

鉴于有形展示在服务营销中的重要地位,服务企业应善于利用组成服务的有形元素,突出服务的特色,使无形无质的服务变得相对有形和具体化,让顾客在购买服务前,能有把握判断服务的特征及享受服务后所获得的利益。因此,加强对有形展示的管理,努力借助这些有形的元素来改善服务质量,树立独特的服务企业形象,无疑对服务企业开展市场营销活动具有重要意义。

服务企业之所以要采用有形展示策略是因为服务产品具有不可感知的特性,而对"不可感知性"则可以从两个方面理解:一是指服务产品不可触及,即看不见、摸不着;二是指服务产品无法界定,难以从心理上进行把握。因此,服务企业要想克服营销方面的难题,采用有形展示策略,也就应以这两个方面为出发点,一方面使服务有形化;另一方面使服务易于从心理上进行把握。

1. 服务有形化

服务有形化主要针对服务的无形性这一特点,因为服务产品很多是看不见、摸不着、不可触及的,所以对服务产品的有形展示管理的任务之一就是使服务有形化,使服务的内涵尽可能地附着在某些实物上。服务有形化的典型例子是银行信用卡。虽然信用卡本身没有什么价值,但它显然代表着银行为顾客所提供的各种服务,以至只要"一卡在手,便可世界通行"。

2. 使服务在心理上较容易把握

除了使服务有形化之外,服务企业还应考虑如何使服务更容易为顾客所把握。通常有三个原则需要遵循。

（1）把服务同易于让顾客接受的有形物体联系起来。由于服务产品的本质是通过有形展示出来的，所以，有形展示越容易理解，则服务就越容易为顾客所接受。运用此种方式要注意以下两点。

① 使用的有形物体必须是顾客认为很重要的，并且也是他们在此服务中所寻求的一部分。如果所用的各种实物都是顾客不重视的，效果往往适得其反。比如，雪白的床单、明亮的床几是病人感受住院治疗服务质量的主要着眼点，而地板的质地、窗帘的图案等也许让设计者耗费心思，但病人却很少关注。

② 必须确保这些有形实物所暗示的承诺，在服务被使用的时候一定要兑现，也就是说，各种产品的质量，必须与承诺中所载明的相符。如果以上的条件不能做到，那么所创造出来的有形物体与服务之间的联结，必然是不正确的、无意义的和具有损害性的。当然，有些服务广告明显是通过夸张手法来进行创意的，顾客能轻而易举地辨识出来。例如，广告语"今年20，明年18"强调了美容服务的效果，但并没有人把这作为一种切实的服务承诺。但对过去的服务成果、服务质量认证、顾客服务感受反馈等有形展示，必须遵守"展示平均质量，保留最高质量"的原则，否则，高期望下的低满意会使有形展示招致适得其反的营销效果。

（2）重视发展和维护企业同顾客的关系。服务的有形展示并不仅仅为了让顾客对服务产生明确的认同，对服务相关信息实现系统有所了解，而是要通过有形展示在顾客与服务企业之间建立持久的联系。例如，顾客对某服务人员专业技术的欣赏，对恬静舒适的服务气氛的认同，对服务设备精密准确的首肯等。这条有形线索的存在是培养品牌忠诚、发展长期顾客关系的基础。服务业的顾客，通常都被鼓励去寻找和认同服务企业中的某一个人或某一群人，而不只是认同于服务本身。服务企业的员工直接与顾客打交道，他们的言谈举止、衣着打扮会影响顾客对于服务质量的认知和评价，而且员工与顾客之间的关系将直接决定着顾客与整个企业之间的融洽程度。如在广告代理公司的客户经理，管理研究顾问咨询公司组成的客户工作小组等。所有这些都强调以人表现服务。因此，服务企业必须注意培训员工，使员工保持良好的服务形象，并与顾客保持友好的关系。

另外，其他一些有形展示也能有助于发展同顾客的关系。比如，企业向客户派发与客户有关的具有纪念意义的礼物以增进关系。不过，在贯彻上述这两个原则时，企业必须做到以下两点：①确切了解目标顾客的需要，以及使用这种方式想获取的效果是什么。②应确定独特的推销重点，并将此重点纳入为该服务产品的一部分，真正满足目标市场的需求。

（3）有形展示必须易于使顾客在服务空间内定向。定向是顾客进入一个服务环境的第一个行为需要，包括地点定向（如"我在哪里？"）和功能定向（如"这个组织是怎样工作的，我应该怎么做？"）当进入某一服务环境时，顾客可以利用企业的有形展示以及以往的经验，来确定我在哪里、将要去哪里以及我需要做什么。如果有形展示不能满足顾客的这些需求，就会降低企业整体的服务水平。通过有形展示的统一管理和设计，可以消除定向问题，消除顾客对企业的不良印象。

12.2.2　了解有形展示效果的形式

克伦特勒在一项报告中，将有形展示的效果分为三种。

(1) 能唤起顾客想到该服务的利益。

(2) 可以强调服务提供者和消费者之间的相互关系。

(3) 可以连接非有形产品性服务和有形物体而让顾客易于辨认。

在报告中,她采用焦点小组访谈的方式,研究了三种消费者服务业的展示效果:储蓄账户、干洗和美发。这些服务展示效果的测定,是用"利用这些展示的广告所能产生说服消费者相信服务利益"的能力来衡量的。该报告的结果显示:有形展示的效果,往往因所考虑的利益不同而不同。至于服务提供者与客户相互之间的展示效果,根据提供者和客户之间对于服务利益的个人信任程度而定。也就是说,服务企业有形展示的类型必须与顾客寻求的利益相关,如果顾客没有考虑这些利益,企业就不应该使用该类型的有形展示。服务业营销最重要的问题是找出这些利益点,然后利用企业现有资源,采用适当的有形展示去表现。服务业公司所能利用的展示方式有很多,从环境到装潢、设备、文具、颜色和照明等,都是服务企业形成与塑造环境气氛的一部分。

12.2.3　了解有形展示管理的执行方法

服务展示管理不仅是营销部门的工作,每个人都有责任传送有关服务的适当线索,下面列出的是一份行动问题清单,所有的管理人员都应定期考虑这些问题。

(1) 我们有一种高效的方法来进行服务展示管理吗?我们对顾客可能感觉到的有关服务的每一件事都给予了充分的重视吗?

(2) 我们是否积极地进行了服务展示管理?是否积极地分析了如何使用有形因素来强化我们的服务概念和服务信息?

(3) 我们对细节进行了很好的管理吗?我们是否关注"小事情"?举例来说,我们保持了服务环境的一尘不染吗?如果我们的霓虹灯忽然坏了,我们是立即换呢,还是过后再换?我们作为管理人员有没有举例向员工说明没有任何细节小到不值得管理?

(4) 我们将服务展示管理和市场营销计划结合起来了吗?例如,当我们作出环境设计的决定时,是否考虑到这一设计能否支持高层营销策略?我们作为管理人员,是否熟知展示在市场营销计划中的作用,进而对计划做了有益的补充?作为管理人员,我们知道在营销计划中什么是首要的吗?

(5) 我们通过调查来指导我们的服务展示管理了吗?我们有没有寻找来自员工和顾客的有价值的线索?我们预先有没有测定我们的广告向顾客传递了什么样的信息?在服务设备设计过程中,我们征求过顾客和员工的意见吗?我们有没有雇用"职业顾客"按照清洁度、整齐度、营销工具的适用性等标准,对我们的服务环境作出评价?我们作为管理人员,在提高公司整体形象过程中,是如何运用环境设备和其他展示形式的?

(6) 我们将服务展示管理的主人翁姿态扩展到整个组织范围了吗?在服务营销中,我们向员工讲授了服务展示管理的特点和重要性吗?我们是否向组织内的每个人提问,让他们回答个人在展示管理中的责任?

(7) 我们在服务展示管理过程中富有创新精神吗?我们所做的每件事都有别于竞争者和其他服务提供者吗?我们所做的事有独创性吗?我们是不断地提高展示水平使之合乎时

尚呢,还是跌入沾沾自喜、自鸣得意之中?

(8) 我们对第一印象的管理怎么样? 和顾客接触早期的经历是否给我们留下了深刻印象? 我们的广告、内部和外部的环境设备、标志物,以及我们员工的服务态度对新顾客或目标顾客是颇具吸引力呢,还是使他们反感?

(9) 我们对员工的仪表进行投资了吗? 我们有没有向员工分发服装并制定符合其工作角色的装扮标准? 对于负责联系顾客的员工,我们考虑到为其提供服装津贴了吗? 我们考虑过提供个人装扮等级津贴吗?

(10) 我们对员工进行服务展示管理了吗? 我们有没有使用有形因素使员工对服务不再感到神秘? 我们是否使用有形因素来指导员工完成其服务角色? 我们工作环境中的有形因素是表达了管理层对员工的关心呢,还是缺乏关心?

12.2.4　掌握有形展示策略的引导方法

为了使服务组织更有效地运用有形展示策略,我们在文中给出了一些思路。这些将为有效的有形展示策略提供一些引导。

1. 充分认识有形展示的战略影响

有形展示在决定顾客期望和感觉方面起着重要的作用。对某些服务组织而言,认识有形展示仅仅是第一步,之后它们可以利用有形展示的潜力,进行战略计划。

有效的有形展示策略一定要和组织的总体目标或愿景相一致。因此计划者一定要知道组织的战略,然后决定有形展示如何提供支持。两者必须相互匹配。如果有形展示策略不能很好地配合组织战略,将会对组织经营和发展造成严重影响。

2. 画出服务有形展示图

实际上,每个人都能见到服务的过程和有形展示中的因素。有效地描述服务展示的方法是应用服务图或蓝图,因此,这一步是要画出服务图。服务图有多种用途,从视觉上抓住有形展示的机会时,它们就特别有用。人、过程和有形展示在服务图上可以很容易地看出来。从图中可以看到服务传递的过程、所涉及的行为、顾客和员工以及员工之间交互作用的点,这些点提供了展示的机会和每一步的表示方法。

3. 有形展示机会的确认和评定

设计者通过了解现有的有形展示,结合服务图、外部环境以及组织战略,可以清楚地看到现有展示的优点和需要改进的地方。设计者面临的问题是:组织有没有错过提供服务展示的机会? 要开发一种有效的策略以提供更多服务展示,向顾客明确表明他们为什么东西付钱。

如果设计者发现现有展示向外部传递了无效信息,这种信息不能增强公司形象和目标,也不适合目标市场的需求和选择,就需要对现有展示做相应调整。例如,一家餐厅发现其高价位定位和餐厅的设计不一致,而设计原本建议以家庭用餐为方向。这样,按照餐厅的总体战略,价格和设备的设计都要改变。

4. 做好展示更新和现代化的准备

展示的某些方面,特别是服务场景要求经常变化,至少要做到周期性更新和现代化。即使愿景、目标和公司的物品不变,时间本身也会对有形展示产生损害,因此有必要进行更新和现代化。这涉及一个很时尚的因素,随着时间的推移,不同的颜色、设计、款式表示不同的信息。因此,有必要根据外部环境的变化,来调整组织的有形展示,使之更适应目标市场的需求。

5. 跨职能部门合作

组织在把自己展示给顾客时,其关注的是传播期望的形象,通过各种形式的展示传递一致的、相互协调的信息,提供目标顾客想要的并能够理解的服务有形展示类型。然而,展示的决策经常是在一段时间内由多种职能部门作出的。例如,有关员工制服的决策由人力资源部门作出,服务场景设计的决定由设备管理部门作出,加工设计决定主要由业务经理作出,广告和定价决定由营销部门作出,这样,服务有形展示有时就会不一致。因此,组织内部不同职能部门就需要进行沟通,使组织的有形展示保持一致,向目标顾客传递一致的信息。

12.3　有形展示与服务环境

● 案例导入

海口香江得福酒店的环境差异化

香江得福酒店是香港人在海口投资的,在餐饮方面档次是较高的。该酒店将其整体的差异定位在"饮食文化"上。顾客到香江得福不仅能享受到高品位且风格独特的菜肴,更重要的是,在这里能享受到高雅文化的陶冶。

当顾客步入香江得福时,要通过一个长廊,这是经营者用心设计的。这个长廊前半段两旁的雕梁画栋一下就使顾客的脚步慢下来。接着长廊又把顾客带进海底世界,长廊两边都是高档材料垒成的透明墙,里边全部都是供人食用的鲜活海鲜,人们在此可以欣赏到海洋世界。当顾客进入不同的就餐包厢时,仿佛又进到不同民族文化的博物馆,如中国厅、英国厅等。这些厅从空间布置、墙上图案,以及家具造型、颜色方面都充分体现出民族的文化特色,每一件物品都是一个独立的文化掌故。酒店经营正宗的粤、湘菜肴,主理师傅来自香港,每一道菜从造型到名称都是精致的艺术品,而且每一道菜的原料来源及烹饪流程,以及对人体的作用又都包含着一个个精彩的故事。在席间,伴随着优雅的音乐,顾客又能欣赏到大厅中心舞台上优美的舞蹈表演……

"饮食文化"的定位体现在香江得福经营的每一个环节之中,因此这里每天顾客如织,香江得福在海口获得了巨大的成功。

思考与分析

1. 香江得福酒店服务环境的特点是什么?

2. 有形展示在香江得福酒店的经营中起了什么作用?

12.3.1　了解服务环境的功能

在实施有形展示策略的过程中,服务环境的设计往往是企业营销努力的重点,因为,顾客在接触服务之前,他们最先感受到的就是来自服务环境的影响,尤其是对于那些易先入为主的顾客而言,环境因素的影响更是至关重要。

名词点击

所谓服务环境,是指企业向顾客提供的服务的物理场所、信息及人际关系的各个方面,它包括服务的物质环境、服务的信息环境和服务的人际环境。

服务环境在整个服务营销管理中具有贯穿性的作用,顾客的服务期望、服务调研、服务标准、服务人员、服务承诺、服务定价等都直接与服务环境有关。服务环境内的各组成部分实际上可被视为有形实据,在服务过程中具有服务包装、服务使用、服务关系和服务特色四大功能。

1. 服务包装

服务环境就是服务包装。一家服务机构的服务是无形的、不容易被感知的,因此需要用环境对服务进行包装,让顾客根据环境包装感知和判断"里面"的服务质量,这也有助于强化服务在顾客脑海中的印象和促进建立服务机构的形象。包装是服务环境的首要功能。

2. 服务使用

服务生产及消费的不可分性和服务过程顾客的参与性,需要顾客使用服务环境,并在环境的使用中感知服务质量。让顾客通过使用服务环境如服务场所为生产和消费服务,是服务环境的一个重要功能。这类似于产品包装的使用功能。如香水瓶,不仅是香水的包装,而且在使用香水时具有喷雾的功能。服务环境也是存放服务"香水"的"瓶",不仅能包装和提示里面的服务"香水",而且能在顾客享受服务时发挥各种功能。尤其在顾客自助服务中,服务环境的使用功能更加明显。如零售超市、仓储店、便利店的内部环境,包括货架的设计、布局、商品的陈列、商品的标牌、各种信息或促销指示牌、室温、灯光、行走路线、食品冷藏条件、手推车、篮筐等,都具有明显的使用功能。

3. 服务关系

服务环境可以用来建立和发展顾客关系,即用来开展关系营销。比如,关系营销的一项策略是开展社交活动,而开展社交活动需要提供活动场地或环境。又如,结构型关系营销策略要运用结构性整合手段,而许多结构性整合手段都涉及服务环境。例如,健身房向顾客提供免费培训是一种结构性整合手段,而提供免费培训需要场地、健身器材和培训手册等,这些都属于服务环境的内容。

4. 服务特色

服务环境还具有明显的展示服务特色的功能,许多服务特色是通过服务环境的各方面来体现的。如智利首都圣迭戈有一座造型别致的双蜗牛商场,就是靠环境设计来体现特色的。这家商场的建筑是连在一起的两只"蜗牛"——顾客走进其中一个商场,沿着坡面,在选购商品的过程中,不知不觉地从顶层走到底层;然后经过通道,走到另一个蜗牛商场,又在不知不觉中从顶层走到底层。由于它建筑形式新颖、独特,顾客不必走回头路,便于流通。既免除了乘电梯的烦恼,又满足了部分顾客逛商场的心理需求。

12.3.2 了解服务环境的特点

对大多数服务业公司而言,环境的设计和创造并不是件容易的工作。虽然对于在顾客处所或家庭中提供服务的服务业,这个问题并不很重要,但它们也应该注意到器械装备的设计、制服、车辆、文具以及可能会在顾客心目中形成对服务公司印象的类似事项。

从服务环境设计的角度看,环境具有如下特点。

(1) 环境是环绕、包括与容纳,一个人不能成为环境的主体,只可以是环境的一个参与者。

(2) 环境往往是多重模式的,也就是说,环境对于各种感觉形成的影响并不是只有一种方式。

(3) 边缘信息和核心信息总是同时展现,都同样是环境的一部分,即使没有被集中注意的部分,人们还是能够感觉出来。

(4) 环境的延伸所透露出来的信息总是比实际过程的更多,其中若干信息可能相互冲突。

(5) 各种环境均隐含有目的和行动以及种种不同角色。

(6) 各种环境包含许多含义和许多动机性信息。

(7) 各种环境均隐含有种种美学的、社会性的和系统性的特征。

因此,服务业环境设计的任务,关系着各个局部和整体所表达出的整体印象,影响顾客对服务的满意度。

12.3.3 掌握理想服务环境的创造方法

设计理想的服务环境并非一件容易的事情,除了需要大量的资金花费外,一些不可控制的因素也会影响环境设计。一方面,我们现有的关于环境因素及其影响的知识及理解程度还很不够,例如,空间的大小、各种设施和用品的颜色与形状等因素的重要性如何? 地毯、窗帘、灯光和温度等因素之间存在怎样的相互关系? 诸如此类的问题具有较强的主观性,很难找到一个正确的答案。

另一方面,每个人都有不同的爱好和需求,他们对同一环境条件的认识和反应也各不相同。因此,设计满足各种类型人的服务环境,如旅馆、大饭店、车站或机场等,存在一定的难度。尽管如此,服务企业如果能深入了解顾客的需求,根据目标顾客的实际需要进行设计,仍可以达到满意的营销效果。例如,虽然顾客之间需求各异,但某些顾客群体却具有需求共性,如同一年龄段的顾客、处于同一社会阶层的顾客或者是其他群体等。企业根据他们的需求共性来设计服务环境,无疑将拥有更多的顾客。

以一家餐厅为例，其环境的设计应该考虑如下几个方面。

1. 适当的地点

适当的地理位置容易吸引更多的顾客。不过，适当的地点主要是指使餐厅接近于目标顾客集中的地区，并非单纯指餐厅应处于客流量较多的繁华商业区或交通便利的地方。这说明，了解各种地段的特点，了解顾客的消费需求是有效地推广服务产品的前提。

【小问答 12-2】 为什么一些高档健身中心选择在临近市区的郊区开办健身会馆？

答：因为停车方便。

2. 餐厅的环境卫生状况

环境卫生是餐厅经营的最基本条件。顾客选择餐厅前，首先要看的就是餐厅是否清洁卫生。从外部看，它要求招牌整齐清洁、宣传文字字迹清楚、盆景修剪整齐；从内部看，要求顾客坐席、餐厅摆设和陈列台、厨房、备餐间以及洗手间等整齐清洁。

3. 餐厅的气氛

餐厅的气氛是影响餐厅服务质量的重要因素，因而，无论餐厅外部还是内部的设计与装饰，都要烘托出某种气氛，以便突出餐厅的宗旨和强有力地吸引现有的和潜在的顾客。餐厅的设计、装饰、布局、照明、色调和音响等都会影响餐厅的气氛。比如音响，餐厅中通常都要播放音乐，音量适中的音乐能使顾客心情愉快，增加食欲；反之，音量过大则可能影响顾客的交谈，使人感到厌烦。不同的餐厅亦要选择不同风格的音乐，在快餐厅可能适合于播放节奏性较强的流行音乐，而格调高雅的餐厅则更适合旋律优美、速度缓慢的古典音乐等。

环境设计如此重要，但不能错误地认为，只有环境设计，尤其是室内设计才是可供利用的，应配合全套营销组合的有形展示策略。很多中小企业虽然认识到有形展示的战略性作用，却碍于缺乏资金改善环境设计，而视有形展示为一种奢侈的投资。事实上，正如前面所指出的，有形展示除了环境与气氛因素以及设计因素之外，还有社交因素。社交因素代表服务员工的外观、行为、态度、谈吐及处理顾客要求的反应等，它们对企业服务质量乃至整个营销过程的影响不容忽视。社交因素对顾客评估服务质量的影响，远较其他两类因素显著。因为根据对社交因素的观察，顾客可以直接判断服务员工的反应性、能否诚心诚意地处理顾客的特殊要求、能否给顾客一种对企业服务质量颇具信心的感觉以及服务员工是否值得信赖等。

卓越实践 12-1　　　　大连友谊商场是如何营造购物环境的

在零售业买方市场已形成的今天，越来越多的大商场将吸引消费者的目光瞄准超值的售后服务。而看得见、听得到、闻得着的购物环境和氛围却被一些商家有意无意地忽略了。于是乎，商店的音响、电视柜台，"你方唱罢，我已登场"，噪声"对唱"一比高下；原本美观、整洁的售货区里堆起一人多高的鞋盒，基本上混同于临时仓库；售货员口中刺鼻的蒜味和细致的商品讲解一同"热情"地涌出……这些购物环境问题充斥在消费者周围，虽然看似问题不大，却难免惹人心烦。这些情况在一定程度上影响了消费者购物的欲望和热情，成为购买者不愿购买的原因之一。

零售业从原始的价格竞争发展到如今的品种、管理服务等全方位、立体化竞争，购物环境已成为商业竞争中不可小觑的一环。应该如何看待、解决购物环境中存在的问题呢？

以大连市友谊商城为例，它们为自身"号脉"，开出的名曰"环保服务"的"药方"，确有值得借鉴之处。

该商城从消费者的视觉、听觉、嗅觉三方面划分购物环境中的问题。视觉方面从灯光入手，一方面，把以往的销售柜台一种光度到底的做法改为依据商品的色泽、质地和吸光性而采用不同光度，避免光度影响导致商品色泽失真；另一方面，卖场浏览区的灯光全部被调整为柔和光，以防消费者由于灯光过亮或过暗引起心理上的不安全感或压抑感。听觉方面，过去存在的问题是播音员喜欢听什么，背景音乐就放什么，随意性很大。自我"号脉、诊治"后，音乐与购物心理相结合，形成了早上人流稀少时播放激发员工工作热情、消费者购买欲望的迎宾曲；午间客流增大、环境嘈杂时，播放减轻购物者精神压力的轻音乐；下午人们精神疲劳时，用熟悉的名歌、名曲来改善工作、改善购物情绪。嗅觉方面，商城除了明确规定定时喷洒空气清新剂外，还从营业员接待顾客方面考虑，明令禁止食堂出售带葱、蒜味道的菜饭。诸如此类30多个购物环境问题被具体分析，逐个开出"处方"。商城的购物环境也更加优雅、宽松、舒适和整洁。

联想大连市友谊商场的做法，如果大小商家都能结合自身问题自我"诊治"、"对症下药"，消费者也就无须再忍受浮躁、震耳欲聋的广播音乐，化妆品与食品混合散发的怪味，以及燥热难耐的卖场温度，而舒心的购物环境也势必使商家受益，为其带来更多的消费者和商机。

思考与分析

1. 大连友谊商场是如何营造购物环境的？
2. 大连友谊商场营造购物环境的做法对我国大小商家有何启示？

12.3.4　掌握影响服务形象形成的关键因素

一家服务业公司所要塑造的形象，受很多因素的影响。营销组合的所有构成要素，如价格、服务本身、广告、促销活动和公开活动，既影响顾客与当事人的感觉，又成为服务的实物要素。影响服务环境形成的关键性因素主要有两点：实物属性和气氛。

1. 实物属性

服务业公司的建筑构造设计，有若干层面对其形象塑造产生影响。如零售场所的外形、颜色、商品陈列、灯光等因素都是影响形象的因素，其中任何一项都会影响其他各项的个别属性的表现。换言之，这些属性可能对形象的创造与维持有帮助。

服务业公司的外在有形表现会影响其服务形象。一栋建筑物的具体结构，包括其规模、造型、建筑使用的材料、其所在地点的位置以及与邻近建筑物的比较，都是塑造顾客感观的因素。至于其相关因素，诸如停车的便利性、可及性、橱窗门面、门窗设计、招牌标示等也很重要。因为外在的观瞻往往能联想到牢靠、保守、进步或其他各种印象。而服务业公司内部的陈设布局、装饰、家具、材料使用、空气调节标记，视觉呈现如图像和照片等，所有这一切合并在一起往往就会创造出"印象"和"形象"。从更精细的层面而言，内部属性还包括：记事纸、文具、说明小册子、展示空间和货架等项目。

能将所有这些构成要素合并成为一家服务公司"有特色的整体个性",需要具有相当的技术性和创造性。有形展示可以使一家公司或机构显示其"个性",而"个性"在高度竞争和无差异化的服务产品市场中是一个关键特色。

2. 气氛

服务设施的气氛也会影响其形象。"氛围"原本就是指一种借以影响买主的"有意的空间设计"。此外,气氛对于员工以及前来公司接洽的其他人员也都有重要的影响。所谓的"工作条件",是指它会影响到员工对待顾客的态度。就零售店而言,每家商店都有各自的实物布局、陈设方式,有些显得局促,有些宽敞。每家店都有其"感觉",有的很有魅力、有的豪华典雅、有的朴素大方。商店必须保有一种规划性气氛,适合于目标市场,并能诱导购买。

许多服务业公司似乎都已认识到气氛的重要。餐馆的气氛和食物同样重要是众所皆知的,大型饭店、旅馆应该让人感觉温暖与亲切,零售商店也应注意尊重顾客,进而增添一些魅力气氛;有些广告公司细心地下功夫做气氛上的设计;此外银行、律师事务所和牙医诊所的等候室,往往由于是否注意气氛的缘故,而使顾客产生"宾至如归"或"望而却步"的差别。影响"气氛"的一些因素如下:

(1) 视觉。零售商店使用"视觉商品化"一词来说明视觉因素会影响顾客对商店观感的重要性。视觉与形象的建立和推销有关,零售业的视觉商品化,旨在确保无论顾客在搭电梯,或在等待付账时,服务的推销和形象的建立仍在持续进行。照明、陈设布局和颜色,显然都是"视觉商品化"的一部分,此外,服务人员的外观和着装也是如此。总之,视觉呈现是顾客对服务产品惠顾的一个重要原因。

形状这种视觉符号可以产生巨大的营销效果,CK ONE 的香水瓶利用瓶子形状的价值来谋取超额的利益。形状也是独特的标志中的主要要素,并且容易跨越文化差异。圆形等同于柔和、持续甚至完美;对称消除紧张,不对称带来忧虑,对称和少许的不对称放在一起又产生平衡的感觉。

红、橙、黄是暖色,给人以热情温暖的感觉,而蓝、绿、紫是冷色,宁静而平和。比如,红色强有力、令人激动,但具有保护性,黄色令人愉悦,绿色和蓝色给人以是宁静、放松、悠闲的感觉。黑白和金、银色是有影响力的颜色。黑与白通常代表着浓度与亮度的两个极端,金银等金属色具有灿烂的形象,给人以明亮、豪华和优雅的感觉,使之联想到富裕和贵金属。

(2) 气味。味觉主要来源于嗅觉,嗅觉是最强烈的感觉。气味会影响形象、建立识别,但通常不太引人注意。不同成分组成的气味产生各异的感觉。零售商店,如咖啡店、面包店、花店和香水店,都可使用香味来推销其产品。面包店可巧妙地使用风扇将刚出炉的面包香味吹散到街道上;餐馆、牛排馆、鱼店或洋芋店,也都可以利用香味达到良好的效果;至于那些服务业的办公室、皮件的气味和皮件亮光蜡或木制地板打蜡后的气味,往往可以发散一种特殊的豪华气派。

人类具有优秀的辨别各种气味的能力,对气味的记忆可能是其所具有的最强烈记忆,因此通过气味来建立企业所期望的认知和感觉非常有效。

(3) 声音。音乐是一种强大的感情和行为暗示,许多服务业者,酒店、饭店、超市、百货商店、美发厅、机场,以及专业服务提供者,如医生、律师、会计师等,经常利用听觉刺激来加强与顾客的联系,从而得到顾客的认可、令人愉快的联想、各种感觉,以及较高的评价。在电话服务、销售大厅、候客室,以及其他任何顾客可能会访问的地方,都会存在音乐。

音乐往往是气氛营造的背景。服务业可以根据其细分市场确定目标顾客最喜欢的音乐和曲调。电影制造厂商很早就觉察其重要性，即使在默片时代，配乐便被视为一项不可少的气氛上的成分。青少年流行服装店的背景音乐，所营造出的气氛当然与大型百货店升降梯中听到的莫扎特笛音气氛大不相同，也和航空公司在起飞之前播放给乘客们听的令人舒畅的旋律的气氛全然迥异。若想营造一种"安静气氛"，可以使用隔间、低天花板、厚地毯以及销售人员轻声细语的方式。这种气氛在图书馆、书廊或皮毛货专卖店往往是必要的。最近对于零售店播放音乐的一项研究指出，店里的人潮往来流量，会受到播放音乐的影响，播放缓慢的音乐时，营业额度往往会比较高。例如，多年来，联合航空公司一直将乔治·格什温的《蓝色狂想曲》作为创建识别的一种风格。《蓝色狂想曲》已经成为公司的一个特点，顾客在打免费订票电话时，或者在各个航班进行安全演示时，都能听到它。格什温的音乐是现代的动态音乐，也是一首美国的经典乐曲。音乐是伍迪·艾伦的电影《曼哈顿》中的主要特色，这加强了顾客对纽约大都市的联想；同时也表达了联合航空公司的定位，即一家现代的美国国际航空公司，它能将商务旅行者送到他想要去的世界上的任何目的地。

（4）触觉。材料可以使顾客产生对产品的某种"感受"，材料的质地可以成为非常好的感觉来源。厚重质料铺盖的座位的厚实感、地毯的厚度、壁纸的质感、咖啡店桌子的木材感和大理石地板的冰凉感，都会带来不同的感觉，并发散出独特的气氛。某些零售店以样品展示的方式激发顾客的购买欲，但有些商店，如精切玻璃、精制阀瓷店，古董店、书廊或博物馆，就禁止利用触感。但不论何种情况，产品使用的材料和陈设展示的技巧都是重要的因素。能使人产生与温暖、力量和自然有关的联想。皮革温暖和柔软；花草树木能使人们放松，融于大自然之中；砖块被认为冷且硬，但由于其红色色调，仍然可以体现出温暖的感觉，适用于壁炉、内墙、露台等。表面粗糙的纸质材料配上皮革表面，适于做西餐厅与酒吧的菜单；光滑洁白的信纸唤起顾客写上漂亮文字的欲望。

美国北卡罗来纳的夏洛特，Bank America 公司与当地艺术团体合作，共同对一个价值2 000万美元、有1 600个车位的停车场的正面进行重新设计。该墙除了外饰彩色反光玻璃、每小时鸣钟外，当用手触摸墙壁时，它还能发出现代音乐的声音。参观者被"触摸我的建筑物"吸引而至，故其也被称作互动雕塑。

卓越实践 12-2　　　　在色彩的情调中沉醉

说到现在的美容院，它不再是一个单纯做美容的公共场所，而是糅合更多的文化元素，也就是人们通常说的"情调"。客人进美容院，除了改善生理上的瑕疵以外，通常也是为寻求一种心灵的减压与放松。从美容业的发展趋向看，美容院的卖点渐渐开始转移到"情调"二字。而"情调"最直接的表现形式无疑就是色彩，即通过色彩的搭配来营造氛围，影响人们的心境。这样就增强了美容院与客人的融合力度，美容院四周环境符合客人的心境，让人向往，那么客人便会念念不忘，经常光顾。

豪华的装修不一定能够淋漓尽致地传达一种文化氛围。打造一家富有情调的美容院，首先要确定整个美容院的基调，即情调的主旋律。基调的选择是根据店面所处的环境和光顾的客人层次来决定的，一定要达到和谐统一。另外，根据基调来确定主色调与辅助色。下面有一个很好的案例，它有一个很好听的名字：红美人。显而易见，这个美容院的色彩基调切合了美容院的主题:红粉佳人。这家美容院的顾客群大都属于白领阶层,承受着繁重的工作压力,但对生活品质又有着绝对高的要求,是一些典型的"个人完美主义者",因此,杂乱无章的环境是留不住她们的。所以,设计者把这家美容院的主色调定位在红色系,希望彰显一种尊贵的品质。

在外观设计上,柔和的紫色和蓝色对比的墙面吸引了无数消费者的眼球。入口处是前台接待处,入眼的首先是大面积的白色墙面和红色背景墙,体现出简洁、柔和的清新感。等候区的长椅款式简洁,也用了配套的红色,与背景墙的红色形成呼应。

这个美容院整体给人感觉色调简单和谐,却不显单调,很重要的原因是在小细节上做了大文章。比如淋浴间小方瓷砖、灯光的运用等。小方瓷砖给人雅致的效果;灯光使整个色调附上一层柔光,同时强调了每个区域的层次感。

在美容院装修的"硬件"中,除了色彩表现的情调以外,还应该注意利用一些"软件",运用无形的东西来烘托气氛。比如音乐,在这个充满大自然情趣的店面,应该选择一些轻柔的乐曲,比如排箫、钢琴曲等,把音量调至若有若无,声光色融于一体;还有香氛,美容院中不应当仅仅充斥着化妆品的脂粉味道,适当地做点熏香,使它清新淡雅地附着在店堂的空气中,同样也是烘托情调的妙招。

情调美容院渐渐成为一种发展趋势,这是与社会的发展紧密相连的,因为美容不单纯是一种商业行为,最终它必然要回归到文化上来,谁能将美容文化和商业操作做到完美的结合,谁就必然是美容行业的大赢家。

资料来源:中青在线,2004 年 3 月.

思考与分析

1. "红美人"美容店是如何利用人的视觉、听觉及嗅觉因素来创造良好的服务情调的?

2. 您对"红美人"美容店创造良好的服务情调的经典做法如何评价?

● 实训课业

一、技能训练

(1) 以有形展示的内容为标准,可以把有形展示划分为物质环境展示、信息环境展示和人际环境展示三种类型。根据这个理论,请你谈一谈,一个著名旅游景点应如何提高服务形象水平?

(2) 一家时装店,其目标客户为年轻的大学生和刚参加工作的年轻人,请你帮助该店制定出有效可行的有形展示策略。

(3) 作为某城市一个居民小区的健身俱乐部经理,应当采取哪些有形展示的措施为会员创造良好的健身环境和氛围。

(4) 一所著名医院,根据服务有形展示的理论,应当重点从哪些方面来宣传医院,从而扩大其影响呢?

(5) 请你为到一所高职院校参观的人们画出一幅简单的该校服务有形展示项目参观示意图。

二、实训项目

服务有形化管理的应用

1. 实训内容

组织学生到大型商场学习和调研,了解和分析商业企业是如何将服务有形化的?

2. 实训目的

利用服务有形化管理的理论,分析、研究和解决企业存在的实际问题,提高学生的实践应用能力。

3. 实训要求

(1) 采取多种教学形式。一是聘请水平较高的商场高级管理人员到学校做专题讲座;二是组织学生以 6 人为一组,由组长负责,利用实训课或其他时间到管理水平较高的商场去考察和学习。

(2) 以小组为单位座谈讨论,分工协作撰写调研报告。报告的主要内容包括:企业是如何使服务有形化的? 采取的措施和取得的成绩是什么? 存在的问题和原因是什么? 解决问题的可行性对策和建议有哪些?

参 考 文 献

[1] 郭国庆．服务营销管理[M]．3版．北京：中国人民大学出版社，2013．

[2] [韩]申光龙．整合营销传播战略管理[M]．北京：清华大学出版社，2013．

[3] 苏朝晖．服务营销管理[M]．北京：清华大学出版社，2012．

[4] 刘金章．服务营销[M]．北京：中国水利水电出版社，2011．

[5] 克里斯托弗·洛夫洛克，约亨·沃茨．服务营销[M]．6版．北京：中国人民大学出版社，2010．

[6] 刘红一．服务营销理论与实务[M]．北京：清华大学出版社，2009．

[7] 马作宽．现代营销战略与应用[M]．北京：清华大学出版社，2008．

[8] 陈广．家乐福内幕[M]．深圳：海天出版社，2007．

[9] 叶素贞．麦当劳标准化管理手册[M]．广州：广东经济出版社，2007．

[10] 董观志，李立志．盈利与成长——迪士尼的关键策略[M]．北京：清华大学出版社，2006．

[11] 范秀成．服务管理学[M]．天津：南开大学出版社，2006．

[12] 贾昌荣．服务营销战[M]．北京：中国经济出版社，2006．

[13] 傅云新．服务营销学[M]．广州：华南理工大学出版社，2005．

[14] 刘光明．企业文化[M]．北京：经济管理出版社，2004．

[15] 邱华．服务营销[M]．北京：科学出版社，2004．

[16] 吴必达．顾客满意学[M]．北京：企业管理出版社，2003．

[17] 赵海风．沃尔玛营销[M]．北京：经济科学出版社，2003．

[18] 李怀斌，于宁．服务营销学教程[M]．大连：东北财经大学出版社，2002．

[19] 叶万春．服务营销学[M]．北京：高等教育出版社，2001．

[20] 傅浙铭，张多中．市场定位方略[M]．广州：广东经济出版社，1999．